数据科学与大数据管理丛书

江苏省高等学校重点教材
（编号：2021-2-130）

Information
Resource Management

信息资源管理

孙建军◎主编
裴雷 柯青 李阳◎副主编

U0368776

机械工业出版社
CHINA MACHINE PRESS

本书共 10 章，以经典信息资源管理理论为基础，以大数据、人工智能等新环境下信息资源管理的新问题、新范式、新方法、新技术、新知识、新兴研究领域等为着力点，系统梳理和搭建全新的信息资源管理知识体系。在基础知识介绍、案例分析、政策解读等方面都非常注重理论知识与实际应用问题的连接。本书特别注重教学性和启发性的结合，配备了相应的延伸阅读、讨论资料等供讨论式教学参考。

本书章后设计了复习思考题，帮助学生巩固每章学习的知识，可以作为本科生、研究生等课程学习的教材。

图书在版编目（CIP）数据

信息资源管理 / 孙建军主编 . —北京：机械工业出版社，2023.8（2025.5 重印）
（数据科学与大数据管理丛书）
ISBN 978-7-111-73686-8

Ⅰ. ①信… Ⅱ. ①孙… Ⅲ. ①信息管理 Ⅳ. ① G203

中国国家版本馆 CIP 数据核字（2023）第 154254 号

机械工业出版社（北京市百万庄大街 22 号　邮政编码 100037）
策划编辑：张有利　　　　　　　责任编辑：张有利
责任校对：薄萌钰　　陈　越　　责任印制：刘　媛
涿州市殷润文化传播有限公司印刷
2025 年 5 月第 1 版第 3 次印刷
185mm × 260mm · 18.75 印张 · 404 千字
标准书号：ISBN 978-7-111-73686-8
定价：59.00 元

电话服务　　　　　　　网络服务
客服电话：010-88361066　机　工　官　网：www.cmpbook.com
　　　　　010-88379833　机　工　官　博：weibo.com/cmp1952
　　　　　010-68326294　金　书　网：www.golden-book.com
封底无防伪标均为盗版　机工教育服务网：www.cmpedu.com

信息资源一直被视为重要的战略资源，信息资源的研究、开发和利用能力在很大程度上决定了一个国家和地区的经济水平和竞争实力。随着数字化、数据化、智能化等的兴起，信息资源的战略地位更加凸显。尤其是在数智赋能新环境下，信息资源的主要特征、特有科学问题、管理范式等发生了重要变革。信息资源管理作为一个与社会、技术、人文等密切相关的领域，在新环境下其研究广度不断扩大，研究深度逐渐深化，研究内容日益丰富，其理论体系、技术体系、知识体系、场景体系、话语体系等正在不断改变、更新、拓展与完善，这同时也对教育教学层面的信息资源管理的相关教材建设提出了新的要求。

面向这样一个全新又复杂的信息和数据世界，本书试图为读者开启新环境下的"信息导航"。本书以经典信息资源管理理论为基础，以大数据、人工智能等新环境下信息资源管理的新问题、新范式、新方法、新技术、新知识、新兴研究领域等为着力点，系统梳理和搭建全新的信息资源管理知识体系，以表达我们对信息资源管理领域的综合认识和新理解。

本书共分为 10 章。

第 1 章是信息资源管理概述。首先，从"信息链"理论出发介绍了信息流运动的内在逻辑。其次，回顾了信息与信息资源的基本概念。再次，较为系统地梳理了信息资源管理的产生与定义、信息资源管理的发展脉络、信息资源管理与信息管理的关系、信息资源管理的层次和手段、信息资源管理的主要应用等。最后，对大数据时代的信息资源管理进行了分析，包括大数据与智慧数据、大数据对信息资源管理的影响以及大数据时代信息资源管理的新领域等。

第 2 章是信息资源管理的技术基础。本章介绍了信息技术对信息资源管理的重要作用。首先，介绍了信息资源管理的基本技术，包括计算机技术、通信技术、网络技术和数据库技术。其次，立足数智环境，介绍了大数据技术、人工智能技术、区块链技术等新一代信息技术背景下的信息资源管理相关技术基础。

第3章是信息资源的分布及其规律。本章主要回顾和梳理了信息分布中的马太效应、帕累托法则、长尾理论、信息的增长与老化规律、文献计量学的三大基础规律（布拉德福定律、洛特卡定律以及齐普夫定律）、引文分布规律、互联网结构及规律等。

第4章是信息采集。本章系统地梳理了信息采集全过程的相关知识和方法体系，包括信息源、信息采集的定义与原则、信息采集基本方法（如调查法、访谈法、观察法）、平台数据采集、网络数据采集等。

第5章是信息组织。本章回顾了信息组织的概念、对象、步骤，系统地介绍了文献资源信息组织、信息描述与组织方法、网络资源信息组织、知识组织、信息资源组织的前沿与发展等内容。

第6章是信息分析。本章首先介绍了信息分析的概念、类型、特点、作用、流程以及发展趋势等基本知识。其次，较为系统地梳理和介绍了信息分析基本方法，如推理法、分析与综合法、信息计量法、回归分析法、社会网络分析法；最后，介绍了大数据分析法、情报关切下的分析与应用等。

第7章是信息交流。本章概述了信息交流的含义与特征、类型、条件与要素、渠道、规律等基本知识；介绍了信息交流的内在机制、信息交流的模式；系统论述了网络信息交流的兴起、模式及特点，论述了网络环境下的科学信息交流、网络信息交流的发展等。

第8章是信息用户。本章首先介绍了什么是信息用户、信息用户研究的重要性、主要内容、主要方法等基本知识。其次，论述了用户信息需求、用户体验、用户信息行为等内容。最后，介绍数据驱动的用户画像、用户数据的利用与价值实现等内容。

第9章是信息政策与信息治理。本章系统地梳理了信息市场失灵与政策干预、知识产权、信息公开、个人信息保护、国家信息安全等信息资源管理过程中涉及的信息政策与信息治理问题。

第10章是信息资源管理的前沿方向与未来发展。本章主要梳理了信息资源管理领域的前沿方向、信息资源管理面临的新机遇与新挑战以及信息资源管理的未来发展趋势。

本书的特色主要体现在三个方面：第一，在参考国内外信息资源管理相关研究成果的基础上，我们重新梳理和构建了信息资源管理的知识体系，补充了一些信息资源管理领域的新内容，如大数据时代的信息资源管理，信息资源管理相关大数据、人工智能等技术基础，平台数据采集，大数据时代的信息组织，大数据信息分析方法，等等。第二，本书积极贯彻理论与实践相结合的理念，在基础知识介绍、案例分析、政策解读等方面都非常注重理论知识与实际应用问题的连接。第三，本书的整体编写还特别注重教学性和启发性的结合。在查阅国内外相关资料的基础上，我们尽可能地为本书提到的一些知识点配备了相应的延伸阅读资料等，供讨论式教学参考。此外，本书每章后面设计了复习思考题，帮助学生巩固每章学习的知识。本书可以作为本科生、研究生等课程学习的教材。

本书由南京大学信息管理学院孙建军教授、裴雷教授、柯青教授、李阳副教授合作编写。其中：第 1 章由孙建军、李阳、赵又霖撰写；第 2 章由孙建军、赵又霖、石静撰写；第 3 章由孙建军、李江、张靖雯撰写；第 4 章由柯青、张靖雯撰写；第 5 章由裴雷、施艳萍、是沁撰写；第 6 章由刘千里、陈依彤撰写；第 7 章由闵超、石静撰写；第 8 章由柯青、刘雨农、李阳撰写；第 9 章由裴雷、李阳撰写；第 10 章由孙建军、李阳、裴雷撰写。全书由孙建军组织编写并负责统稿，付少雄、石静、张靖雯、陈依彤等协助完成了大量的校对工作。本书写作过程中得到了机械工业出版社的大力支持与帮助，在此表示衷心的感谢。本书的顺利完成也得益于参阅大量的信息资源管理学人的研究成果，在此向相关文献资源、资料信息等的作者表示诚挚的谢意。

鉴于本书作者水平有限，书中难免有一些不足之处，敬请各位专家与读者批评指正。

作者

2023 年 3 月

信息资源管理概述

■ **教学目的与要求**

理解信息链视角下信息流运动的内在逻辑；熟悉信息、信息资源、信息资产等相关概念；了解信息资源管理的产生与定义、发展脉络、层次和手段等；认识并理解大数据、智慧数据以及其对信息资源管理领域的影响等。

1.1 信息流运动的内在逻辑：从信息链说起

信息运动的轨迹及其发展规律催生了信息链这一概念[⊖]。信息链是将信息作为中心环节，解释信息流运动的一种逻辑体系和结构。目前关于信息链的说法和内容介绍不尽一致，主要有四要素、五要素和六要素三种模型。

其中经典的模型便是 DIKW 模型，它主要包括四个要素：数据（Data）、信息（Information）、知识（Knowledge）和智慧（Wisdom）[⊜]，如图 1-1 所示。该模型强调数据转化为信息，升级为知识，升华为智慧的逻辑递进关系。其中，数据是直接对客观事物的描述，可以通过观察或者测量获取。信息是对数据的处理和加工，可以回答关于"何人（Who）、何时（When）、何地（Where）、何事（What）"的问题。知识是对信息进行筛选、整理和加工而得到的有用资料，通过推理和分析还可以产生新的知识，可以回答关于"何法（How）"的问题。智慧是对知识的使用，是人类掌握知识后做出的判断、决策和预测，可以回答关于"何因（Why）"的问题。

⊖ 梁战平．情报学若干问题辨析 [J].情报理论与实践，2003（3）：193-198.

⊜ 王琳，赖茂生．中国科技情报事业回顾与展望：基于情报学理论的视角 [J].中国图书馆学报，2021（4）：28-47.

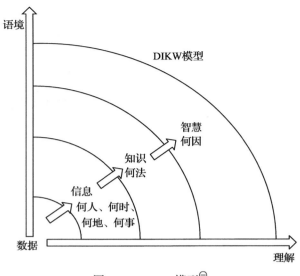

图 1-1　DIKW 模型[⊖]

以珠穆朗玛峰为例说明 DIKW 模型中各要素的内涵。珠穆朗玛峰高 8848.86 米是一项数据；一本介绍珠穆朗玛峰地理环境、地质演化、生物生态的图书是关于珠穆朗玛峰的信息；对相关信息进行过滤、处理和加工，制定的攀登珠穆朗玛峰的行动计划和报告就是知识；最后，基于这些知识，做出的是否有能力攀登珠穆朗玛峰的判断则是智慧。

信息与情报是（图书）情报学的核心关切。从情报与信息的差异视角出发，"信息链"由事实（Facts）→数据（Data）→信息（Information）→知识（Knowledge）→情报 / 智能（Intelligence）五个链环构成。而信息链六要素模型，是在五要素模型的基础上，在情报要素后增加了智慧要素，使整个信息链更为全面完整，如图 1-2 所示。此模型认为信息链是由事实（Facts）→数据（Data）→信息（Information）→知识（Knowledge）→情报 /智能（Intelligence）→智慧（Wisdom）6 个链环构成^{⊖⊜}。

基于图 1-2，可以归纳出相关内涵：数据是客观事实的记录，信息是有意义的事实和数据，知识是系统化的信息，情报是进入人类社会交流系统的运动着的知识，智慧是运用信息和知识解决问题的能力。其中，作为中心链环的"信息"既有物理属性也有认知属性，因此成为"信息链"的代表称谓。从情报学角度看，情报学一直致力于对整个信息链的研究[⊕]。

⊖　MBA 智库百科 .DIKW 模型 [EB/OL].（2021-08-26）[2023-02-01]. https://wiki.mbalib.com/wiki/DIKW%E6%A8%A1%E5%9E%8B.

⊜　王琳，赖茂生 . 中国科技情报事业回顾与展望：基于情报学理论的视角 [J]. 中国图书馆学报，2021，47（4）：28-47.

⊜　李后卿，董富国，郭瑞芝 . 信息链视角下的医学信息学研究的重点及其未来发展方向 [J]. 中华医学图书情报杂志，2015，24（1）：1-5.

⊕　马费成 . 情报学发展的历史回顾及前沿课题 [J]. 图书情报知识，2013（2）：4-12.

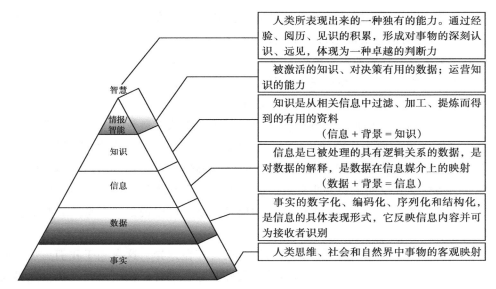

图 1-2 信息链六要素模型

值得一提的是，基于已有信息链相关理论，一些学者尝试对信息链模型进行改造优化或场景应用。如：张家年学者架构了一个有反馈和循环的信息链网络图，在信息链基础上凸显动态化、流程化、网络化等特征，从而更加完整地阐释信息链各要素之间的关系[⊖]；李阳学者基于突发事件应急管理领域对应急信息链问题进行了探讨，提出突发事件应对处置也是一个信息链上各要素的层级传递和升级过程[⊖]；等等。这些研究很好地拓展了信息链的研究范畴，也便于我们更好地理解信息流运动的规律。

1.2 信息与信息资源

1.2.1 时代催生的"精灵"：信息

（1）信息的定义

实际上，我们在生活中阅读、学习，这本身就是一种信息活动，我们的手机通信、电脑编程等也是一种信息活动。因此，可以说信息是无处不在、无时不有、无所不包的。尤其在信息化高速发展的当下，信息已经成为数字经济和智慧生活的重要组成要素。那么，什么是信息呢？在不同的约束条件下，信息的定义不尽相同。

过去，人们对信息的理解相对肤浅，甚至将信息看作消息的同义语。唐朝诗人就曾吟出了"梦断美人沉信息，目穿长路倚楼台"的佳句，其中的信息主要是指音信、消息。在英文中，"Information"和"Message"也经常相互通用。在通信领域，信息被最早作

⊖ 张家年.国家安全情报和战略抗逆力的融合模型与绩效研究 [D].武汉：武汉大学，2017：25-26.
⊖ 李阳.面向应急管理的情报支持研究 [M].南京：南京大学出版社，2019：40.

为科学对象来加以研究。通信专家香农对信息的定义是："信息是用来减少随机不确定性的东西。"这也是对信息最常见的一种理解。

词典中对信息的界定如下。根据美国《韦氏词典》，信息被定义为：用来通信的事实，在观察中得到的数据、新闻和知识。根据《中国百科大辞典》，信息可界定为：一般指消息、情报、指令、数据、密码、信号等有关周围环境的知识。

不同学科对信息的理解也存在差异：哲学界倾向于从信息哲学的角度出发阐释信息的内涵；新闻学界倾向于从新闻价值的角度理解信息，并重视传播视角下的信息问题；经济学界认为信息是决策依赖的关键要素，重视探索信息不对称、信息成本、信息价值等问题；图情档学界早期主要关注文献信息角度，而后逐渐延伸到多个领域的信息范畴，主要关注资源、流程、政策、人文等层面的信息问题，可以说是"信息"研究的主要学科阵地。

总之，从不同的视角出发，对信息的理解就会存在差异，这有利于我们更加全面地认识信息。然而，信息本身的内涵仍然具有共性，综合来看，我们强调：在自然界及人类社会活动中普遍存在信息，它是对事物状态的一种直接或间接的描述和表述。信息是一个不断发展的概念，其内涵与外延随着时代环境的变更而发生变化。正如跳动的"精灵"一般，信息在不同的场景和社会情境中发挥着不同的作用和功能。

（2）信息的分类与性质

① 信息的分类。

信息的分类如表 1-1 所示。

表 1-1　信息分类表

分类标准	内容	分类标准	内容
产生和作用机制	自然信息、社会信息	价值观念	有用信息、无用信息
感知方式	直接信息、间接信息	物质属性	广义信息、狭义信息
存在形式	内储信息、外化信息	准确情况	正确信息、错误信息
动静态	动态信息、静态信息	传递的范围	公开信息、内部信息、机密信息
符号种类	语言信息、非语言信息	发布的渠道	正式渠道信息、非正式渠道信息
外化结果	有记录信息、无记录信息	信息的时代	过去信息、未来信息
流通方式	可传递信息、非传递信息	稳定程度	固定信息、流动信息
产生的范围	内部信息、外部信息		

从更细化的角度来看，依据不同的分类标准，我们可对信息做不同的分类。例如：从产生和作用机制来看，可以将信息分为自然信息、社会信息；从存在形式来看，可以将信息划分为内储信息和外化信息；根据传递的范围划分，可以分为公开信息、内部信息、机密信息；等等。此外，还可以根据信息的载体特点对信息进行分类：从载体的物质介质出发，信息可分为以书写介质为载体的文本信息、以磁介质为载体的磁信息、以电介质为载体的电信息、以光介质为载体的光信息、以声介质为载体的声信息、以实体介质为载体的形态信息等；从载体对人体器官的影响出发，信息可分为视觉信息、听觉

信息、嗅觉信息和触觉信息等。

② 信息的性质。

信息的性质如表 1-2 所示。

表 1-2　信息的性质

信息的性质	含义解读
普遍性	无时不在，无处不在，普遍存在于人类的精神或思想领域、人类社会、自然界中
客观性	信息是对事物的状态、特征及其变化的客观反映，不能随意夸大或缩小，也不能通过人为加工修饰，使其变异
时效性	价值和作用体现在一定的时间和空间范围内
传递性	可传递给不同的主体所认知、利用，信息可在短时间内广泛扩散
共享性	在被众多的客体共享过程中，信息不会丧失，反而会增值 区别于能量与物质的重要特点
变换性	信息内容有多种表达形式和描述方法
转换性	在一定条件下，信息可以转化为物质、能量、时间、金钱、效益、质量及更多东西
可伪性	主要源自信息主体对信息的认识、理解等方面，对真实的信息作错误的描述，产生虚假信息、伪造信息
无限性	信息无处不有，信息是取之不尽、用之不竭的，随着人们对信息的认识与利用能力增强，出现信息爆炸
层次性	本体论层次与认识论层次，本体论信息加上人类对信息价值的认识，则成为认识论信息
相对性	认识论所认知的信息具有相对性，不同的信息主体对同一信息客体的认识程度不同，掌握的信息不同，利用后产生的效果不同
知识性	信息是具有普遍性和抽象性的新知识
转移性	可以脱离信源，依靠载体进行信息的转移、复制、记录、复现、存储（可存储性）、传送
可处理性	信息处理后可形成新的有用信息

尽管从不同的角度出发，信息的含义、分类都会不同，但对于信息的基本性质，人们还是有共同的认识。信息主要具有普遍性、客观性、时效性、传递性、共享性等基本性质。例如，信息最基本的性质是普遍性，它无时不在，无处不在，普遍存在于人类的精神或思想领域、人类社会、自然界中。文字、声音、语言、数据、图片、视频、颜色、气味、味道、触觉、思想等都直接或间接包含着信息。同时，信息又是实实在在存在的，是对事物的状态、特征及其变化的客观反映，不能随意对其进行修改，具有客观性。信息的价值和作用体现在一定的时间和空间范围内，如时事新闻、气象预报、交通信息、股市行情等，因此信息具有时效性。信息可以传递给不同的主体，这是信息的本质特性，故信息具有传递性。传递信息的载体多种多样，除了信源与信宿的面对面交流外，还可以通过书信、报纸、杂志、电话、电报、传真、电视、网络等渠道进行沟通。信息可被众多的客体多次、同时接收和使用，因此信息具有共享性。在第一个人接收到信息后，第二个人接收到的信息并不会因此而有所减少，这是信息区别于其他物质的根本特征。对此，萧伯纳曾经做了一个经典比喻："你有一个苹果，我有一个苹果，彼此交换一下，我们仍然是各有一个苹果。如果你有一种思想，我也有一种思想，我们相互交流，我们就都有了两种思想，甚至更多。"信息往往是具有普遍性和抽象性的新知识，因此又具有知识性。除此之外，信息还具有可伪性、相对性、转移性、可处理性等特征。

1.2.2 信息是宝贵的资源和资产

（1）信息资源的定义

我们在了解清楚信息的基本问题后，需要理解何为资源。广义的资源指代人类社会发展需求的物质、非物质的要素，例如水力资源、电力资源、森林资源、海洋资源、石油资源、信息资源等都是生活中常见的资源类型。我们所讲的信息资源是新技术革命催生的新兴战略资源，是指信息和它的生产者以及信息技术等信息活动要素。

信息的广泛存在性并不意味着任何信息都能被称为资源，它依赖于一定的条件。对信息资源的理解主要从两个方面来考虑：狭义的信息资源是指信息内容本身，是指处理加工后累积的有用、序化的信息集合；广义的信息资源是指人类社会信息活动中累积的信息活动要素集合，如信息生产者、信息、信息技术⊖。

为此，从广义上看，信息资源涵盖三要素：信息生产者、信息、信息技术⊜。

① 信息生产者，是有目的进行信息生产的劳动者，根据生产信息的不同，可以进一步分为原始信息生产者、信息加工者和信息再生产者。

② 信息，是信息生产者的劳动成果，能够直接为社会生产活动提供效用。在信息生产中，信息既是原料，又是产品。

③ 信息技术，是指在各个环节能够拓展人类信息能力的技术集合，作为生产工具开展文字、声音、图像等各类信息的采集、加工、存储、传递和利用。

（2）信息资源的类型

关于信息资源的类型，学者提出了差异化的方案。在大数据时代到来之前，一些学者探讨了信息化、网络化环境下的信息资源类型构成。如代根兴等学者⊜就提出，现实的信息资源依据其载体可以被分为体载信息资源、文献信息资源、实物信息资源、网络信息资源四种主要类型，具体如下。

体载信息资源。体载信息资源是指以人体为载体并能为他人识别的信息资源。按其表述方式又可分为口语信息资源和体语信息资源。口语信息资源是人类以口头语言表述出来但被记录下来的信息资源，如谈话、授课、讲演、讨论、唱歌等。体语信息资源是以人的体态表述出来的信息资源，如表情、手势、姿态、舞蹈等。

文献信息资源。文献信息资源是以文献为载体的信息资源。文献信息资源依据其记录方式和载体材料又可分为刻写型、印刷型、缩微型、机读型、视听型五类。这五类又可进一步细分，如刻写型文献信息资源可分为手稿、日记、信件、原始档案、碑刻等；印刷型文献信息资源可分为图书、报刊、特种文献资料、档案、图片、舆图、乐谱等；缩微型文献信息资源可分为缩微胶片、缩微胶卷、缩微卡片等；机读型文献信息资源可分为磁带、磁盘、光盘等；视听型文献信息资源可分为唱片、录音带、录像带、电影胶

⊖ 文庭孝，陈能华. 信息资源共享及其社会协调机制研究 [J]. 中国图书馆学报，2007（3）：78-81.

⊜ 李兴国，左春荣. 信息管理学 [M]. 2 版. 北京：高等教育出版社，2007：22.

⊜ 代根兴，周晓燕. 信息资源类型研究 [J]. 中国图书馆学报，2000（2）：76-79.

卷、胶片、幻灯片等。

实物信息资源。实物信息资源是指以实物为载体的信息资源。依据实物的人工与天然特性又可将实物信息资源分为以自然物质为载体的天然实物信息资源和以人工实物为载体的人工实物信息资源（如产品、样品、样机、模型、雕塑等）。

网络信息资源。网络信息资源是由计算机技术、通信技术、多媒体技术相互融合而形成的网络上可查找到的资源。按人类信息交流的方式，网络信息资源可分为：①非正式出版信息，指流动性、随意性较强的，信息量大、信息质量难以保证和控制的动态性信息，如电子邮件、专题讨论小组和论坛、电子会议、电子布告板新闻等工具上的信息。②半正式出版信息，又称"灰色"信息，指受到一定产权保护但没有纳入正式出版信息系统中的信息，如各种学术团体和教育机构、企业和商业部门、国际组织和政府机构、行业协会等单位介绍、宣传自己或其产品的描述性信息。③正式出版信息，指受到一定的产权保护，信息质量可靠，利用率较高的知识性、分析性信息，用户一般可通过万维网查询到此类信息，如各种网络数据库、联机杂志和电子杂志、电子图书、电子报纸。

近些年来，数字资源、大数据资源等正在兴起和不断发展，从而进一步拓展了信息资源的内涵空间和应用范畴。在此背景下，数据类信息资源受到人们的关注和重视，各类数据资源建设与管理蓬勃发展。数据类信息资源一般是指数值性数据、非数值性但可用数值表示的数据和事实。它来源于文献资料或直接来自实验、观测和调查研究。例如：针对经济数据资源，它主要涉及宏观经济统计数据、微观经济数据和经济资源数据；针对科学数据资源，它主要涉及基础科学数据、基础地理数据、空间数据、地震科学数据、生命科学数据等[⊖]；针对文化数据资源，它涉及文化行为数据、文化内容数据、文化时空数据等，还有相关文化衍生数据资源；等等。

总体来看，作为动态演化的有机体，新的信息资源类型将随新一代信息技术的变革持续涌现，相关领域性或全局性的分类标准及方法也将发生变化。因此，信息资源的构成体系与解读应实时跟进，不断拓新。

（3）信息资源的特征

作为现代社会发展的重要资源类型，信息资源与物质资源、能源资源等具有共性特征。这些特征包括以下三个。

第一，作为生产要素的人类需求性。信息资源可以被理解为经济资源的一种，作为生产要素，信息资源参与了经济活动的方方面面。例如，开发信息资源实现增值，管理信息资源指导其他非信息生产要素流动，提高生产力。

第二，作为经济资源的稀缺性。尽管我们身处信息爆炸的时代，但信息资源仍然具备稀缺性这一经济资源的共有特征，这也解释了为什么需要对信息资源进行配置和管理。

第三，使用方向上的可选择性。信息资源具有强烈的渗透性，参与了经济活动的方

⊖　马费成，赖茂生，孙建军，等.信息资源管理 [M].3 版.北京：高等教育出版社，2018：35-39.

方面面。通过与不同生产要素的结合，信息资源可以发挥不同的作用。因此，可以根据使用的需求，将信息资源使用在不同方向。

当然，与物质资源、能源资源相比，信息资源也存在其特殊性，具体体现为信息资源的共享性、驾驭性、生产和使用过程中的不可分性、时效性、不同一性和累积性。

第一，共享性。物质与能源资源具有消耗及占有性，即当一人使用了物质与能源资源后，其他人可以使用的资源总量就会减少，也就是说这些资源的使用具有比较强的竞争性。而信息资源的使用体现为共享性，将一份信息资源分享给多人使用并不会减少信息资源的量。

第二，驾驭性。信息资源具有管理和配置其他资源的能力，经济活动的各个环节都依赖信息资源。

第三，生产和使用过程中的不可分性。不同信息往往反映问题的不同方面，因此针对特定的目标，整体信息集合相比单独的信息能够带来更多的价值。此外，在信息生产过程中，为一个用户生产信息和为多个用户生产信息所需要花费的成本没有太大差别，因此整体的信息生产能够产生规模经济，这也进一步增强了信息的不可分性。

第四，时效性。信息资源的价值与时效性密切相关，能够及时提供特定场景下所需的信息才能实现信息的价值，而过期的信息可能毫无价值。

第五，不同一性。对于特定的信息资源集合而言，它所包含的所有信息必定有所差异，每条信息都具有独特性。

第六，累积性。信息资源并非一成不变的，在信息开发利用中可能伴随着新信息的产生，原本的信息资源得以增值，继续供他人使用。

（4）信息资源的功能

如前所言，信息资源作为一种战略资源，已成为现代社会生产力的基本要素，它在整个社会经济活动中发挥了重要功能，具体如下。

①经济功能。信息资源既可以像劳动者、劳动工具等有形的独立要素一样构成生产力，又可以作为无形的非独立要素，优化其他要素的结构和配置，协调生产关系。

②管理功能。协调控制组织的人、财、物、设备和管理方法五种基本资源以实现组织的目标。

③决策和预测功能。没有信息就无任何选择和决策可言；没有信息反馈，选择和决策就无优化可言。

④其他功能。其他功能包括教育功能、支持科学研究功能、政治功能、娱乐功能、军事功能等。

在具体实践应用中，信息资源的价值体现在各个领域、各个方面，蕴含着无限"财富"。比如，信息资源的"学术力"方面，以学术研究与协作需求为导向，信息资源展现出其独特的"学术力"。目前，各类学术库、专题数据库、特色资源库、数据中心等层出不穷。例如：中国知网、万方数据库、维普数据库等连续动态更新的国家重点建设知识工程；北京大学的管理科学数据中心、中国人民大学的调查与数据中心、复旦大学的社会科学数据平台等开放数据平台。信息资源的"生产力"方面，以社会生产需求为导向，信息资源正在创造社会信息财富和数字红利，展现出其"生产力"。企业的信息化建设，包括管理信息系统、企业的资源计划系统、企业的内部网/外部网、电子商务、工业互联网平台等都是信息资源建设的典型成果。例如，华为公司从 2009 年开始规划信息化建设创新变革，主要包括八大信息化项目的建设，良好的信息化规划、制度最终保证了华为的信息化建设。信息资源的"文化力"方面，以文化传承需求为导向，信息资源在文化传播和文化产业链的拓展中发挥着重要作用，展现出其"文化力"。一些国家已经将信息资源建设纳入国家图书馆的战略规划。例如：日本国立国会图书馆提出的《国会图书馆里程碑目标 2017—2020》、美国国会图书馆提出的《2016—2020 战略规划》，都将馆藏资源服务、信息获取和保存作为战略目标；德国国家图书馆的《2017—2020 战略规划》也提出了通过开放平台来提供数字文化服务。同时，各国图书馆都非常注重国家特色、民族特色以及各类文化遗产的信息资源建设。此外，还有图书馆领域的公共文化服务建设，包括全民阅读、"图书馆 +"模式、阅读空间建设等内容，都是基于信息资源的公共文化服务工程的广泛应用，对于营造文明和谐的社会文化环境，满足广大人民群众的精神文化需求具有积极意义。

（5）信息资产与数据资产

信息资源发挥了越来越重要的核心竞争力，人们逐渐将信息作为资产来看待，出现了信息资产的概念和思维。信息资产，它既是一个知识体系，也是一个价值体系，一般作为一个单一的实体来组织和管理。一个组织机构的信息资产是组织对信息、信息源和管理人员以及设施所进行的信息投入的一种考量，以实现其功能价值。

信息资产有很多具体的种类，如：科技层面的专利权、版权、技术机密、计算机软件等；市场层面的品牌、客户关系和合同等；生产层面的原材料信息、加工信息、存储信息和传输信息等。这些都属于信息资产的范畴。

信息资产是组织拥有和控制的一项特殊资产，既具有一般物质资产的特征，又兼有无形资产和信息资源的双重特征。概括来说，信息资产特有的特征主要表现在以下几个方面[○]。

第一，共享性，即使用的非排他性。信息资产持有者不会因为传递信息而失去它们，信息资产的获得者取得信息资产也不以其持有者失去信息资产为必要前提，二者在信息使用上不存在竞争关系，因而信息资产可以被反复交换、反复使用。

第二，高附加值。信息资产一旦被组织应用，就能创造出巨大的潜在价值，其所产生的经济利益将不可估量。信息资产所带来的经济利益的规模，通常不是受到生产规模的约束，而是受到市场规模的约束。

○　百度百科 . 信息资产 [EB/OL]. （2021-08-25）[2023-02-01]. https://baike.baidu.com/item/%E4%BF%A1%E6%81%AF%E8%B5%84%E4%BA%A7/1313733?fr=Aladdin.

第三，高风险性。信息资产的高风险性源于信息资产使用的高附加值和传播的低成本性。一般来说，信息资产经常处于公共的介质中或处于流动状态，这就使信息资产的复制成本较低，从而导致组织拥有和控制的信息资产的安全性很差。

第四，强烈的时效性。对于一些流动性极强的信息资产，如市场类信息资产，如果不能在最恰当的时机加以开发利用，机会就会稍纵即逝，此后再对该信息资产进行利用，就不可能达到最好的效果，甚至会完全失去其效用⊖。

在大数据时代，数据资产问题引起人们的新关注，作为信息资产的重要组成部分，数据资产的开发利用逐渐成为当前的重点任务。不同领域对数据资产的定义也有所不同⊜。在企业管理领域，数据资产是指被企业所拥有和控制，预期会给企业带来经济利益和价值的数据统称。在政府管理领域，数据资产是指电子政务系统、智慧城市工程等政府所拥有和控制的，用于管理和建设的有价值的数据。在信息管理领域，数据资产是指信息服务机构等产生和控制的，能用于提高其管理与服务能力，促进信息服务事业发展，实现其重要价值的重要数据。总地来说，数据资产是指对组织发展有重要价值的、可控制的、可量化的、可变现的数据资源。

1.3 信息资源管理

1.3.1 信息资源管理的产生与定义

（1）信息资源管理的产生条件

信息资源管理⊜的思想起源较早，但是相关理论直至 20 世纪 70 年代末才得以诞生。信息资源管理的兴起有着深刻的社会历史背景，与社会经济发展等众多因素相关。

首先是信息经济的崛起。人类社会在经历了农业革命和工业革命之后，迎来了信息革命，社会经济形态发生了巨变，工业经济逐步转变为信息经济，无形的信息成了重要的资源。

其次，人们对于信息的态度转变也催生了信息资源管理。信息在促进经济科技进步的同时，其快速传播也产生了负面影响，如信息污染，因此人们开始意识到信息是一种重要的资源，要使它发挥作用，必须对其进行管理。

再次，信息技术的发展为社会生活的方方面面带来了变革。先进的信息技术使大量信息的有效管理成为可能，成为信息资源管理的重要工具和支持手段。

特别指出，企业的根本转变从另一个角度促进了信息资源管理的产生。20 世纪以来，企业经营环境发生了巨大变革，包括信息和信息技术价值的突增、竞争的加剧、市场需求的多样化和多变化，以及资源观念的变迁和管理信息系统的应用与反思，它们都有效

⊖ 高建忠. 信息资产的概念及特征 [J]. 合作经济与科技，2007（10）：10-11.

⊜ 胡琳. 大数据背景下图书馆数据资产的建设框架与管理体系 [J]. 图书馆理论与实践，2019（3）：88-92.

⊜ 孙建军，柯青，陈晓玲，等. 信息资源管理概论 [M]. 南京：东南大学出版社，2008.

促进了信息资源管理的产生。

（2）不同角度对信息资源管理的定义

不同学者从不同角度对信息资源管理给出了不同的定义。

从管理哲学的角度来看，美国学者马钱德（D. A. Marchand）和克雷斯莱因（J. C. Kresslein）认为，信息资源管理是一种对改进组织的效率有独特认识的管理哲学。美国另外两位学者史密斯（N. Smith）和梅德利（B. Medley）也认为，信息资源管理是整合所有学科、电子通信和商业过程的一种管理哲学。

从管理过程来看，霍顿（F. W. Horton）提出，信息资源管理是对一个机构的信息内容及支持工具，包括信息、设备、资金等的管理的过程。马丁（W. J. Martin）认为，信息管理就是与信息相关的计划、预算、组织、指挥、培训和控制过程。怀特（M. S. White）认为，信息资源管理是有效地确定、获取、综合和利用各种信息资源，以满足当前和未来的信息需求的过程。

从管理活动来看，博蒙特（J. R. Beaumont）和萨瑟兰（E. Sutherland）等认为，信息资源管理是一个集合词，它包含了所有能够确保信息利用的管理活动。麦克劳德（R. Mcleod Jr.）认为，信息资源管理是公司各层次的管理者为确认、获取和管理满足公司信息需求的信息资源而从事的活动。

从管理手段的角度来看，莱维坦（K. B. Levitan）与迪宁（J. Dineen）等认为，信息资源管理是一种集成化的管理手段，主张从管理对象的角度来探讨信息资源管理。

从系统方法的角度来看，里克斯（B. R. Ricks）和高（K. F. Gow）认为，信息资源管理是为了有效地利用信息资源这一重要的组织资源而实施的规划、组织、用人、指挥、控制的系统方法。伍德（G. Wood）则认为，信息资源管理是信息管理中几种有效方法的综合。

1.3.2　信息资源管理的发展脉络

了解信息资源管理的历史，有助于我们更好地认识和理解信息资源管理的内涵。对于信息资源管理阶段的相关研究，最著名的应该是诺兰阶段模型。诺兰把信息系统的成长过程分为初装、蔓延、控制、集成、数据管理和成熟六个阶段，如表 1-3 所示。

表 1-3　诺兰阶段模型

阶段	动因	应用部门	用户状况	预算	管理和控制	技术
初装	计算机的出现	财务、统计	陌生、怀疑	少量投入	集中，放松	批处理
蔓延	计算机的功能与作用不断被认识	向其他部门扩展	表面热情　过高期望	快速增长	集中/分散，较放松	远程批处理
控制	计算机费用持续上升，但未获得应用的效益	出现集中控制信息技术（系统）的部门，如信息中心	用户参与	快速增长到增幅降低	集中，正式的规划和控制	计算机应用 DBMS

（续）

阶段	动因	应用部门	用户状况	预算	管理和控制	技术
集成	信息和通信技术的发展，信息技术在组织中的普遍应用	信息技术分布于组织各部门	用户责任	又一次大幅增长	集中/分散规划和控制	DBMS 和联机应用
数据管理	（数据）信息才是组织的重要资源的认识	组织的各部门	承担系统运行和开发的责任	稳定增长	分散，共享数据	分布式网络
成熟	信息管理观念和信息、通信技术的完善和发展	组织的所有部门	用户和信息技术人员的融合	稳定增长	数据资源战略规划	数据资源管理

而马钱德和霍顿在《信息趋势：如何从你的信息资源中获利》一书中将信息资源管理的发展过程划分为五个阶段，包括文书管理——信息的物理控制、自动化技术管理、信息资源管理、竞争者分析与情报、战略信息管理，具体如表1-4所示。

表1-4　信息资源管理的五个发展阶段

发展阶段	重点问题	媒体与内容	组织地位	内外部观点	人员状况	服务目标
文书管理——信息的物理控制	对纸张等资源和载体的管理	物理属性的管理	监督的、文秘的和支持的功能	重点是内部	物理资源的管理	提供程序效率
自动化技术管理	信息技术的管理	技术属性的管理	中层管理功能	重点是内部	技术资源与技术人员的管理	技术效率
信息资源管理	信息资源管理	关注信息技术、手工与自动化信息的成本——效益管理	对最高管理层的支持功能	重点是内部，同时兼顾外部	信息资源和信息系统的经营管理	信息资源和技术的成本——效益
竞争者分析与情报	营业单位的战略和方向	关注情报分析和信息使用的质量	最高管理层的参谋职能	重点在外部	重视人力资源管理和信息	为营业单位和企业获取竞争优势
战略信息管理	公司的战略方向	集中于为战略决策提供支持	最高管理层的战略支持职能	同时关注内外	人力资源管理	提供整个企业的业绩

史密斯和梅德利在1987年联合出版的《信息资源管理》一书中提出了现代信息系统发展的五阶段理论，包括数据处理、信息系统、管理信息系统、终端用户、信息资源管理，如表1-5所示。

表1-5　现代信息系统发展的五阶段理论

发展阶段	系统类型	管理者类型	用户角色	技术重点	信息存储技术
数据处理	仅限于财务数据的处理系统	非正式的监督者，未受过培训	数据的输入/输出	批处理	穿孔卡片
信息系统	财务系统和其他作业系统	受过计算机方面的培训	项目的参与者	应用程序	磁带、磁盘
管理信息系统	管理信息系统	受过管理方面的培训	项目的管理者	数据库/应用程序一体化	随机存储、数据库

（续）

发展阶段	系统类型	管理者类型	用户角色	技术重点	信息存储技术
终端用户	决策支持系统和集成系统	有广泛背景的合作伙伴	小型系统的建造者	第 4 代语言	数据管理 / 第 4 代语言
信息资源管理	专家系统和战略系统	主管阶层	完全的合作者	第 5 代语言	激光视盘 / 超级芯片

我国学者将信息资源管理发展划分为四个主要阶段，如图 1-3 所示。

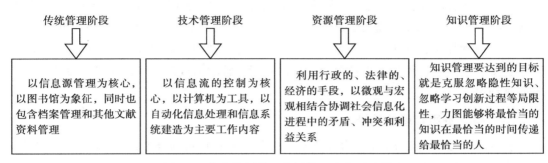

图 1-3　信息资源管理发展的四个主要阶段

一是传统管理阶段，这个阶段的主要特点是以信息源管理为核心，以图书馆为象征，同时也包含档案管理和其他文献资料的管理。

二是技术管理阶段，强调以信息流的控制为核心，以计算机为工具，以自动化信息处理和信息系统建造为主要工作内容。

三是资源管理阶段，主要强调利用行政的、法律的、经济的手段，以微观与宏观相结合协调社会信息化进程中的矛盾、冲突和利益关系。

四是知识管理阶段，强调将最恰当的知识在最恰当的时间传递给最恰当的人。当前，我们正在迈入知识服务新时代，以知识创新、知识共享、知识转移、知识服务等为主要内容的知识型范式成为信息资源管理研究与实践的新方向。

1.3.3　信息资源管理与信息管理的关系

从相关学科和研究方向来看，信息资源管理与信息管理的关系，一直是分歧较大的一个理论问题⊖。目前学术界主要有三种观点：第一种观点认为信息资源管理与信息管理是等同关系，两者只是同一种概念的两种说法，其内核是一致的。第二种观点认为是从属关系，即信息资源管理从属于信息管理，是信息管理的组成成分。第三种观点认为是发展关系，信息资源管理是信息管理在新时代的发展新阶段。实际上，无论是从什么角度去理解两者之间的关系，信息资源管理本身仍然是围绕信息、信息资源进行的，是对信息资源进行组织、整理、加工和协调，是信息管理的延伸与发展。

另外，信息资源管理与管理信息系统也是一对密切相关的概念，管理信息系统在发

⊖　王进孝 . 网络商务信息资源管理的理论与实践研究 [D]. 北京：中国科学院文献情报中心，2002：12-13.

展中产生的问题促进了信息资源管理的产生和发展，两者在研究内容上存在交叉，学科界限不再分明。同时，两者在成熟度、研究范围、学科性质等方面又有所区别。

1.3.4 信息资源管理的层次和手段

（1）信息资源管理的层次

信息资源管理按层次区分，可划分为微观信息资源管理（组织层次）和宏观信息资源管理（社会层次）。从微观视角看，信息及相关的支持手段被看作组织的重要资源，规划、开发、集成和控制这些重要资源就是组织信息资源管理的主要内容。从宏观视角看，信息不仅是组织资源，还是一种社会资源，信息资源管理被看作一种社会层次的管理思想和管理理论。

（2）信息资源管理的手段

作为一项综合性工作，信息资源管理的手段按照性质可划分为技术手段、经济手段、法律手段和行政手段四类。

①技术手段是指在计算机和通信技术基础上发展的各种信息加工方法，进行信息获取、存储、加工、处理等工作，如信息资源采集技术、信息资源压缩技术、信息资源存储技术、信息资源共享技术等，是信息资源管理工作开展的基础。

②经济手段是指在信息市场中，利用价格、税收、信贷和工资等经济杠杆，按照经济规律诱导、调节和控制信息资源的开发、利用活动，以平衡国家政府、信息产业、信息劳动者之间的经济关系，加强信息资源的管理。

③法律手段是指利用各个层次的法律规范协调各个信息资源开发主体和信息资源管理各个环节的活动。在实践环境中主要依靠国家政权力量实现，具有普遍的约束性、严格的强制性、相对的稳定性和明确的规定性等。

④行政手段是指凭借一定的权威，采取命令、指示等形式来辅助信息资源管理及其相关活动，可以加强组织秩序、减少混乱，也能够进一步促进技术手段、经济手段、法律手段的运用。特别是在当前我国信息立法体系尚不完善的背景下，行政手段可以作为一种有效的支持手段参与信息资源管理活动。

上述四种信息资源管理的手段具有各自的特点，在其应用范围内也形成了不同的学科领域和方向，如信息技术、信息经济和信息政策等。它们之间的关系不是孤立的，而是相互结合和渗透，共同服务于信息资源管理工作。我国现阶段信息资源管理的正确方法应当是继续发展和完善技术手段，强化经济手段和法律手段，辅以必要的行政手段，并强调各种手段的协调与配合。

1.3.5 信息资源管理的主要应用

随着人们对信息资源价值的认识逐渐增强，信息资源管理的应用范围逐渐扩大。信息资源管理的主要应用领域有以下几个方向。

①企业信息资源管理。企业信息资源管理是指企业为达到预定的目标，运用现代的管理方法和手段对与企业有关的信息资源和信息活动进行组织、规划、协调和控制，以实现对企业信息资源的管理开发和有效利用。

②政府信息资源管理。政府信息资源管理主要立足于电子政务环境，通过对政务相关信息资源进行管理来提高政府工作效率、提高政府公共服务水平。政府信息资源管理领域主要致力于推动政府相关信息资源的开放、共享、开发、利用，相关内容包括电子政务、数字政府、信息公开与数据开放、政府信息资源安全管理等。

③图书馆信息资源管理。在现代信息技术影响下，图书馆作为人们获取信息的首要渠道的地位受到动摇，如何更有效地对传统的文献资源进行数字化、管理电子型信息资源及收集和处理网络海量信息资源是现代图书馆信息资源管理的工作重点。相关内容包括智慧图书馆、数字图书馆、信息服务与智慧服务等。

④档案信息资源管理。作为承载历史信息的工具，档案信息资源是一种特殊的信息和知识产品，能够发挥巨大的价值。为了满足政府部门、企业等档案信息资源的管理与服务需求，需要加快档案信息化建设，同时解决广域分布、异构信息源的档案开发问题。相关内容涉及档案内容管理、数字记忆与档案资源开发、档案治理现代化等。

⑤网络信息资源管理。网络信息资源数量增长迅速、来源广泛、动态变化频繁，网络空间的信息资源也面临着失序等问题，包括各种信息泛滥、信息污染、信息谣言等。在此背景下，网络信息资源管理引起了学术界的高度关注。目前，网络信息资源管理主要集中于网络信息资源的结构、网络信息资源政策法规、网络信息资源质量控制、网络信息内容生态治理等。

⑥公共信息资源管理。公共信息资源管理主要指以政府为主的公共组织，综合运用各种技术、经济、法律、政策手段，最大限度地开发、利用公共信息资源，维护社会公共利益，服务人民群众的多元管理活动⊖，包括不同公共领域的信息资源管理、多主体参与的利益协调等。

1.4　大数据与信息资源管理

1.4.1　大数据与智慧数据

当前，大数据作为重要的生产要素之一，已经渗透到各个行业和领域。从大数据主要发展节点来看，"大数据"一词于 1980 年出现在《第三次浪潮》一书中，该书将"大数据"称为"第三次浪潮的华彩的乐章"。2008 年 9 月，《自然》杂志推出了名为"大数据"的封面专栏。2011 年 6 月，麦肯锡发布了关于"大数据"的报告，正式定义了大数据的

⊖　牛红亮 . 关于公共信息资源管理的探讨 [J]. 情报理论与实践，2007（2）：164-167.

概念，后受到各界关注。2012 年，美国奥巴马政府在白宫网站发布了《大数据研究和发展倡议》。由于大数据的快速发展，2013 年也被广泛认为是中国的"大数据元年"。2015 年 10 月，我国正式提出实施"国家大数据战略"，标志着大数据战略正式上升为国家战略，开启了大数据建设的新篇章。大数据时代的主要发展历程如图 1-4 所示。

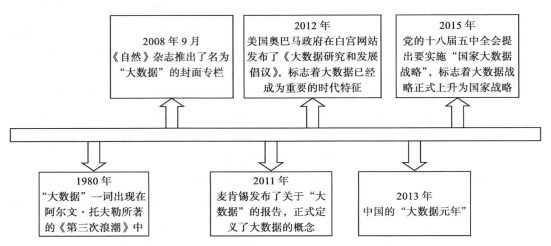

图 1-4　大数据时代的主要发展历程

大数据具有 4V 的典型特征，具体如下。

第一，数据量大（Volume）。超大规模是大数据的基本特征，大数据时代的数据计量单位从 TB 跃升到 PB（1 024TB）、EB（1 024PB）或 ZB（1 024EB）。其中以非结构化数据增长最快，其数据量是传统数据仓库的 10 ～ 50 倍甚至更多。

第二，类型繁多（Variety）。海量的数据并非具有规整统一的结构，随着数据来源增多，数据也逐渐多样化，从类型来看包括网络日志、音频、视频、图片、地理位置信息等，从结构来看包括结构化、半结构化、非结构化数据，从形式来看包括图像、音像、视频等，异构、多样的数据缺乏明显模式、连贯的语义，对数据处理能力提出了更高的要求。

第三，价值密度低（Value）。从整体来看，类型繁多、超大规模的数据的确蕴含着规律和模式，但少量数据并不能揭示这样的规律，也就是说大数据价值密度相对较低，在海量数据中同时存在大量不相关的甚至是干扰的信息，如何通过强大的机器算法更迅速地完成数据的价值提炼，是大数据利用亟待解决的难题。

第四，速度快、时效高（Velocity）。我们知道信息是具有时效性的，过时的信息其价值会大打折扣，甚至毫无用处，因此，在大数据处理过程中，不仅不能因为数据规模、复杂结构延误处理时间，反而应该实时、快速地进行数据处理和分析，满足相关主体需求。持续、连贯地进行数据的输入、处理和分析，实时而非批量，这是大数据区别于传统数据挖掘最显著的特征之一。

大数据使得基于大数据的数据挖掘和知识发现成为可能，推动了研究范式和服务模式的发展，科学研究从问题驱动转为数据驱动（见图 1-5）。另外，大数据的产生和发展正在对实际的管理活动产生影响，并进一步提高了管理与决策的准确性。

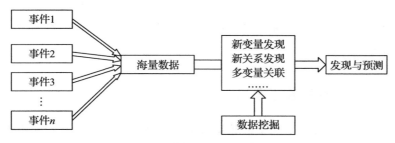

图 1-5　从问题驱动到数据驱动："大数据"发现与预测

基于大数据的资源观和管理的视角，可以认为大数据是一类能支持管理决策的重要资源。大数据资源管理的特征主要表现为复杂性、决策有用性、高速增长性、价值稀疏性、可重复开采性和功能多样性六个方面。

①复杂性。大数据是海量的数据集合，它的形式、特征十分复杂多样。这不仅表现在数据规模大、数据来源广和形态结构多，还表现在其状态变化和开发利用方式等的不确定性。

②决策有用性。大数据自身是客观的、低价值密度的数据资源，其直接功用和价值比较有限。它的价值主要通过对其背后隐藏的信息进行分析、挖掘来实现，进而在实践情境中提供利用价值、支持决策，这就是大数据的决策有用性。

③高速增长性。大数据资源与石油等自然资源不同，不可再生的自然资源会随着人类开采利用而逐渐减少，但对数据资源的开采，非但不会减少其资源总量，反倒会增加，这种增长的速度可以很快，有时是指数性的，有时甚至具有爆发性。

④价值稀疏性。大数据具有低价值密度的特征，大数据的开发、利用也具有价值稀疏性，这也增加了开发和利用大数据资源的难度，成为大数据价值挖掘的主要挑战之一。

⑤可重复开采性。自然资源的开发、利用过程通常是不可重复的，但大数据资源可以被重复开采。任何拥有数据使用权的人或组织都可以对其进行开采。在这个重复开发的过程中，数据资源的价值会随之大大提高。

⑥功能多样性。不同主体可以基于不同的开发目的，对大数据进行开发，基于不同的开发目的和方式，赋予了数据资源多样化的功能，如公共管理、商业分析等[一]。

另外，"智慧数据"是近几年来的新提法，即通过对任何规模的可信的、情境化的、相关切题的、可认知的、可预测的和可消费的数据的使用来获得重大的见解和洞察力，揭示规律，给出结论和对策[二]。不同领域对智慧数据的理解会有所差异。在数字人文领域，智慧数据更加强调语义互联和专题数据库建设等内容，例如国际文化历史项目"文化历

[一]　杨善林，周开乐. 大数据中的管理问题：基于大数据的资源观 [J]. 管理科学学报，2015，18（5）：1-8.
[二]　曾蕾，王晓光，范炜. 图档博领域的智慧数据及其在数字人文研究中的角色 [J]. 中国图书馆学报，2018，44（1）：17-34.

史的网络框架"，通过关联维基数据、艺术家辞典、艺术家联合人名规范文档等多个来源的数据，重现了跨越三千年的欧美文化迁徙模式。在智慧城市领域，智慧数据则倾向于强调数据的透明性、协同性、开放性、安全性等。实际上，智慧数据本身就是大数据的升级与延伸，其基本逻辑路径和目标是促使大数据更加智慧、智慧数据更大，以此实现数据与智慧的充分结合。

1.4.2 大数据对信息资源管理的影响

当今社会已经不是传统意义上的数据匮乏的时代，最显著的问题在于如何在海量的数据中找到真正需要的数据。可以说大数据概念的出现影响了各个层面的信息资源管理活动，包括国家、政府等宏观层面，各种企业、组织的中观层面，以及公众个体的微观层面。

大数据对具体的信息资源管理领域产生了潜移默化的影响。例如，从空间结构来看，在 2005 年以前，一般认为政府是信息资源的最大存有者（80% 左右），信息机构（信息中心和图书馆等）是信息资源体系的核心节点，而 2011 年麦肯锡公司的报告显示，政府拥有约 848PB 数据，约占数字信息资源总量的 12% 左右，信息机构的信息资源总量更是远远低于信息服务商的数据总量，因而大数据环境下信息资源的空间结构分布更加扁平化和多样化。从流程管理来看，一直以来信息资源管理理论集中于信息资源的采集、加工和处理阶段；而大数据环境更加凸显了数据产生的管理（物联网）、数据汇集和交换效率（云计算）以及数据存储（云存储），并使得不同生命阶段的数据之间的内部关联性大大增强，信息生命周期模型逐渐从一个描述信息资源管理理念的"概念模型"演变为可行的"架构模型"$^{\ominus}$。

总之，在大数据、智慧数据等思维和技术的持续影响下，信息资源管理范式也发生了重要改变。大数据对信息资源管理的影响主要表现在以下四个方面。

一是信息资源观的改变。信息资源管理的研究对象和领域边界逐渐向数据资源延伸，开始重点关注数据资源的建设与管理问题。在理念上，数据资源的建设与管理更加强调"大"与"智"的结合，通过合理的方式、途径、机制实现资源的跨界融合。

二是信息资源管理的学理范式发生了变化。随着数据驱动知识发现范式的兴起，信息资源管理领域的知识发现"路径"开始缩短，信息分析流程也发生了改变，并更加重视因果关系与关联关系的结合。在内容层面，信息资源管理的学理研究更加注重片段数据、海量数据、非结构化数据的采集、清洗与分析，数据资源的开放化、关联化、可计算化水平成为新热点。

三是信息资源管理应用逻辑的转变。自从有了数据利器，信息资源管理更加强调"数据增值"和数据驱动的智慧服务，开始不断面向需求积极向用户提供数据产品、数据工具、数据培训，不断释放"数据红利"。

⊖ 张斌，马费成. 大数据环境下数字信息资源服务创新 [J]. 情报理论与实践，2014，37（6）：28-33.

四是研究团队的变化。在大数据的影响下，数据分析类人才十分抢手，信息资源管理研究团队开始与大数据团队不断加强结合与协作，进一步推进具有信息资源管理领域特色的专家智慧协同。

总体来看，不可否认，大数据从各个方面推动了信息资源管理的发展，正在影响、改变乃至重塑信息资源管理的研究范式和应用逻辑，成为信息资源管理整体体系的重要补充，具有不可估量的潜力。当然，在大数据环境下，信息资源管理的传统优势和社会使命仍然没有改变，而优化社会数据资源配置效率、维护数据服务的公益性等成为新的重要目标。

1.4.3　大数据时代信息资源管理的新领域

大数据的飞速发展与信息资源管理发生了碰撞，摩擦出许多新兴的"火花"，发展出许多信息资源管理研究的新方向。

例如，在数字人文方向上，信息资源管理领域积极利用大数据环境下的各类新的信息处理技术，使得数字人文研究在本领域蓬勃兴起，数字人文研究内容、发展形态、项目建设等也注入了很多新的元素和内涵。在具体应用上，如：数字记忆，即运用新兴数字技术对承载记忆属性的档案资源进行开发、利用的一种建构活动；城市记忆，即集合城市历史、文化，运用大数据技术进行城市形象表达等。

在大数据环境下，社交网络的开源数据资源等逐渐成为可感知的、可观察的"社会信号"，大数据与社会计算成为重要方向。目前相关研究内容涉及虚拟社会网络的人物节点分析、互联网信息传播、学术交流模式、行为动机等。

在大数据环境下，各种安全隐患和风险错综复杂。对国家安全大数据信息资源的整合与管理，以及相关的挖掘、分析，是国家安全管理与决策的重要方向。目前其主要研究方向有面向国家安全事件的数据分析、学术信息资源安全保障、关键数据资源安全管控等。

大数据同时也是新型智慧城市建设的生命线，信息资源保障、解决"信息孤岛"和"数据孤岛"、提供数据驱动的智慧服务等成为其重要内容。例如，辅助城市应急管理、勾画区域产业发展态势、改善居民信息困境等内容和方向，都是信息资源管理领域将大数据与智慧城市进行融合的典型示范。

总体来看，在大数据环境下，信息资源不再局限于人脑所存储的知识和文献层面的内容[⊖]。信息资源管理正在从文献信息资源拓展到更广泛的大数据资源空间（如科学大数据、政府大数据、应急大数据、健康大数据等），并在国家安全与国家发展决策等多个领域得到广泛应用，体现出巨大的社会价值和无限的产业空间。

⊖ 陈健. 大数据背景下信息资源管理与利用 [J]. 合作经济与科技，2019（20）：132-133.

◎ 复习思考题

1. 请从信息链视角分析信息流运动的内在逻辑。
2. 信息的基本特征有哪些?
3. 请谈谈对观点"信息资源是一种重要的生产要素"的理解。
4. 请论述信息资源管理的产生与发展脉络。
5. 请谈谈大数据对信息资源管理的影响。
6. 请结合某个具体领域论述大数据时代的信息资源管理的拓新。

第 2 章

信息资源管理的技术基础

■ **教学目的与要求**

　　了解信息技术在信息资源管理中的基本作用；熟悉信息资源管理基本技术，包括计算机技术、通信技术、网络技术、数据库技术；了解大数据技术、人工智能技术、区块链技术等数智时代的信息资源管理技术基础。

　　信息资源管理是由现代信息技术特别是以计算机和现代通信技术为核心的技术应用催生的。从广义上看，信息技术包括在人类社会生活中所有用于获取、处理、存储、展示与传输文字、图像、音频等各种形式信息的技术方法。这些技术方法能够帮助扩展人们有限的信息感官功能，更好地服务于人类的生产生活。具体来看，信息技术在人类社会发展过程的方方面面均发挥了重要作用，如：通过提高生产部门的生产率、降低生产成本，大大促进了社会生产的增长，加速了物质经济到信息经济的转变；帮助突破国家、地区的空间限制，扩大了市场范围，提高了市场效率，这也进一步作用于经济组织，进而革新了经济组织管理方法；等等。

　　信息技术作为一系列技术的集合，按照不同的标准可以将其划分为不同的类别：按照实现功能，信息技术可以分为信息采集、信息组织、信息存储、信息检索、信息安全等各类技术；按照表现形态，信息技术可以分为与各种信息设备有关的硬技术、与信息管理过程有关的软技术；按照设备载体，信息技术又可以分为电话技术、电报技术、广播技术、电视技术、缩微技术、卫星技术、计算机技术与网络技术等。

2.1 信息资源管理基本技术概述

　　本部分选取信息资源管理领域相关基础信息技术，对其基础知识进行简要介绍。

2.1.1　计算机技术

计算机技术，泛指计算机领域中所应用的所有技术方法与手段，包括硬件技术、软件技术、应用技术等，它具有较强的综合性特征，不仅自身发展迅速，也极大地带动了多个领域的进步。1946 年，世界上第一台通用电子计算机——ENIAC（Electronic Numberical Integrator and Calculator）诞生于美国费城的宾夕法尼亚大学摩尔学院。从名字就可以看出，ENIAC 是一个"庞然大物"，拥有近 18 000 只电子管，重量达到近 30 吨，占地面积约为 1 500 平方英尺⊖，它当时主要用于计算火炮弹道，每秒钟加减运算速度达到 5 000 次左右，单次的弹道计算时间仅为 30 秒。这台昂贵的电子自动计算机，虽然功能简单、耗电量巨大，但却无疑是电子计算机开发方向的里程碑，开启了人类计算新时代。在它问世后，电子计算机发展异常迅速，并不断更新换代。

电子计算机的每次更新换代都是以电子元件的更新为标志。第一代电子计算机，产生于 20 世纪 40 年代～50 年代，基本电子元件是电子管，内存储器是水银延迟线。由于电子技术的限制，其运算速度仅为几千～几万次/秒，存储容量也只有几千字节。整体来看，第一代电子计算机的体积大、耗电多、速度低、价格贵，基本只用于军事部门和科研部门。

20 世纪 50 年代～60 年代，第二代晶体管计算机出现，晶体管计算机以晶体管取代电子管，内存材料也改为磁性材料。与第一代电子计算机相比，晶体管计算机的体积已经小了很多，耗电量和造价也大大降低，运算速度也达到 10 万～100 万次/秒。

20 世纪 60 年代～70 年代，第三代集成电路计算机出现。半导体技术的发展大大促进了集成电路的发展，几十上百个电子元件集成在几平方毫米的基片上。1958 年，美国德州仪器公司制造了第一块半导体集成电路。1965 年，集成电路计算机 IBM-360 研制成功。除了电子元件更新为中小规模的集成电路，其存储器也更换为性能更好的半导体存储器，其体积进一步缩小、价格降低、可靠性增强，运算速度达到几十万～几百万次/秒。不仅如此，基于第三代计算机的软件也得到了快速发展，出现了更高级的计算机语言，成为计算机大规模生产应用的转折点。

20 世纪 70 年代中后期，集成电路规模进一步扩大，出现了第四代大规模集成电路计算机，电子元件的数量达到成千上万个，运算速度达到几百万～上亿次/秒，计算机向巨型计算机发展，但此时的巨型指的不是体积巨大，而是运算速度、存储容量等性能更强大。目前我国的巨型计算机拥有量位居世界领先水平，主要应用于高科技领域、尖端技术领域研究。基于微处理器的微型计算机是第四代计算机技术的重要分支，具有更小的尺寸和更低的使用成本，它的出现大大加速了计算机在个体用户的普及和计算机的商业化。

现代计算机的发展基于冯·诺依曼架构，计算和存储功能分别由中央处理器和存储器完成，中央处理器在执行命令前必须从存储器读取数据。这种串行方式在处理海量数据实时分析时往往性能不足，产生冯·诺依曼瓶颈。智能计算机、量子计算机等计算机前沿技术的发展突破了原本冯·诺依曼计算机结构模式的限制，推动了人工智能、专家

⊖　1 平方英尺 ≈ 0.093 平方米。

推理等技术的进步，对人类社会的发展带来了深远影响。

在长期的更迭发展过程中，计算机也形成了相对稳定的系统结构，计算机系统主要由两部分构成：硬件系统和软件系统。硬件系统主要包括主机和外部设备，其中：主机又包括中央处理器和内存储器；外部设备包括硬盘、软盘等外部存储器，键盘、鼠标等输入设备，显示器、打印机等输出设备和其他设备。软件系统包括系统软件和应用软件，系统软件包括操作系统、程序语言处理系统、数据库管理系统和服务程序，应用软件可以分为通用应用软件和专用应用软件。

当前计算机技术性能逐渐增强，已经被广泛应用于科学计算、自动控制、测量测试、信息处理、教育安全、医疗诊断等多个领域，大大降低了人力成本，提高了运行效率，极大地改善了人们的生活方式，已经成为推动国家经济发展的重要动力。

2.1.2　通信技术

人类的生产、生活离不开信息的传递，通信技术就是对信息的传递、交流、管理和处理的各种技术的总称。自古以来，人们创建了多种通信方式，如古代的烽火台、旌旗，近代的灯光、信号，现代的电话、传真等。

通信系统一般包括三个要素：信源、信道和信宿。信源是指产生各种信息的实体；信道是指信息传输的媒介；信宿是指接收各种信息的实体。从信源产生的信息包括两种类型：一类是离散信息，即信息的状态是离散可数的，比如数字、符号等，又被称为数字信息；另一类是连续信息，如强弱连续变化的声音、亮度连续变化的图像等，又被称为模拟信息。据此，通信技术可以分为数字通信技术和模拟通信技术。由于数字信号易于加工和处理，因此一般来讲模拟信号也会先进行数字化再发送。这种将数据转化为数字信号并进行传递的系统被称为数字通信系统。数字通信具有抗干扰能力强、无噪声累积、便于计算处理、便于加密、易于小型化、便于集成化等优点，在实践中应用广泛。

按照业务功能，可以将通信系统分为电话通信、卫星通信、光纤通信、移动通信、图像通信、多媒体通信、计算机网络通信等，下面就较为主要的移动通信、卫星通信和光纤通信做简单介绍。

移动通信是指移动体与固定点，或者移动体相互间通过有线或无线信道进行的通信，包括移动台、基地站、移动业务交流中心以及与市话网相连接的中继线等部分，是全球使用范围最广、使用人数最多的通信系统。自 20 世纪 20 年代起，移动通信技术发展经历了五个阶段：以车载无线电为代表的专用移动通信、公共移动通信、具有自动选频与自动接续功能的移动通信、蜂窝移动通信和数字蜂窝系统。当下 5G 技术的突破也为移动通信的性能增强与应用提供了新的动力，为广泛用户的应用带来更多方便。

卫星通信是指利用地球卫星作为中继站来转发或反射无线电信号，在信源与信宿之间进行的无线电通信，通常包括地球站子系统、通信卫星子系统、跟踪遥测及指令子系统、监控管理子系统四部分。世界第一颗通信卫星是美国于 1960 年 8 月发射的"回声"1

号，这是一种简单的无源通信卫星，被用于美国和英国之间的通信。相比其他通信方式，卫星通信的里程碑意义在于它解决了通信范围受限的问题，在卫星无线电覆盖的范围内，任意两点间的通信不受天气、地形等因素的影响，具有通信范围广、可靠性高、简单迅速等优点，广泛应用于多媒体及其他各种领域中。当前基于通信卫星提供的服务主要包括三种：大众消费通信（如电视直播、音频广播、卫星宽带）、卫星固定通信（如转发器租赁协议、网络管理服务）、卫星移动通信（如移动语音、移动数据业务）。

光纤通信，亦称"光缆通信"，是指利用光波在光导纤维中传输信息而达成的通信，一般包括光源、光纤和光检测器三部分，属于有线通信，其信息载体为光，传输媒介为光纤。与传统的电信通信方式相比，光纤通信具有以下特点：①传输的频带宽，信息容量大比例增加；②损耗低，中继距离长；③抗干扰性强；④信息的完整性和保密性强；⑤资源来源丰富，节省有色金属；⑥线径细、重量轻、耗能少；⑦易于安装。自1981年第一个光纤通信网络问世以来，光纤通信的发展已经更迭了三代，短波长多模光纤、长波长多模光纤和长波长单模光纤正在成为有线通信网络的重要研发方向。

2.1.3　网络技术

通常所说的网络技术是一种广义的概念，泛指采取一定的通信协议，将分布在不同地点上的多个独立计算机系统通过互联通道连接在一起的技术，包括 Internet、Intranet 和 Extranet 等。网络技术通过融合计算机技术和通信技术，实现资源共享与协作、信息传输与处理、信息服务综合提供等功能。

按照覆盖范围，可以将网络分为三类：局域网（Local Area Network, LAN）、城域网（Metropolitan Area Network, MAN）、广域网（Wide Area Network, WAN）。局域网的覆盖区域最小，通常小于10km，通常采用有线方式连接，具有短距离、低延迟、高速率、安全可靠的特点。城域网的规模限制在城市范围内，大概为 10 ～ 100km。广域网的范围最大，可以跨越国界、洲界，甚至覆盖全球。按照拓扑结构，可以将网络结构分为星型结构、环形结构和总线型结构。星型结构中有一个高性能的网络核心，提供多个端口，通过光纤与下一级交换机连接成为分支网络。这种网络结构由于集中放置核心设备，因此便于安装、调试、维护以及升级等，大大降低了成本。环形结构中的每个节点都通过环中继转发器与其左右相邻的节点串行连接，在传输介质环的两端各有一个阻抗匹配器形成封闭的环路。环形结构的实现简单、投资小，但也存在维护困难、扩展性差、传输效率低的问题。总线型结构中文件的服务器和工作站全部连在一条公共电缆上，节点发出的信息包携带目的地址在网络中传输。这种网络安装简单灵活、成本较低，单个节点故障一般不会引起整个网络的瘫痪，但主干光纤的故障会导致局部网络瘫痪，可靠性与安全性低、难以监控。一般在实际应用中，多采用几种网络结构结合使用的方式，以更好地满足需求。

起初各个计算机网厂家都有自己的网络体系结构，如 IBM 的 SNA 网络结构、DEC 的 DNA 体系结构等，不同的体系结构具有不同的分层和协议，导致网络之间难以互联。

因此在 1981 年，国际标准化组织（ISO）提出统一的开放系统互连（OSI）参考模型，将整个网络体系结构分为七层：应用层、表示层、会话层、传输层、网络层、数据链路层和物理层，各层及其主要功能如图 2-1 所示。

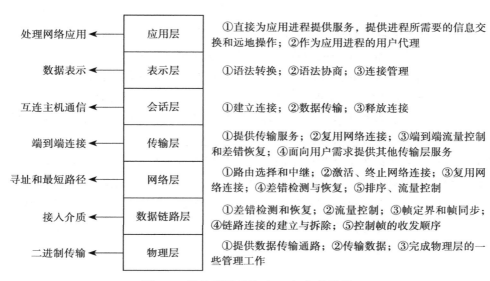

图 2-1　开放系统互连（OSI）参考模型

2.1.4　数据库技术

数据库技术是指对数据进行采集、分类、存贮、检索、更新和维护的技术，是信息管理技术中的重要组成部分。一般来说，数据库技术具有较强的灵活性、分享性、可控性和独立性。从历史沿革来看，数据管理方法经历了人工管理、文件系统和数据库系统三个阶段，其中文件系统可以看作数据库技术的前身，文件系统中的数据通过磁盘、磁鼓存储，也有了专门的数据管理软件，不仅可以通过文件名访问、修改和删除数据，还可以进行科学计算，被大量应用到管理领域。但当时的数据库是无结构的，共享性差，无法反映数据之间的内在联系。20 世纪 60 年代，计算机在硬件、软件方面都获得了较大的进步，被广泛应用到数据管理中，数据库管理系统应运而生。

20 世纪 70 年代出现了第一代数据库系统——层次和网状数据库系统，其中最具代表性的是 1969 年 IBM 公司研制的 IMS 和美国数据库系统语言协会（Conference Data System Language，CODASYL）的 DBTG 报告。在层次数据库中，现实生活中的实体以及实体之间的关系通过树形结构来描述，只有一个根节点；但在网状数据库中，则存在多个根节点。层次数据库是数据库系统的先驱，网状数据库则是数据库概念、方法与技术的奠基者。

第二代数据库系统是关系数据库系统，其中实体类型以及实体之间的关系通过二维表来描述。IBM 公司在 1970 年提出了这一概念，其开发的 System R 与伯克利大学的 Ingres 以及商业领域的 DB2、Oracle 都是关系型数据库的典型代表。成熟的关系型数据库集成了传统应用与非传统应用，能够灵活支持多种数据类型，因此用户群很大，当前仍然有很多大型系统采用关系型结构。

第三代是以面向对象模型为主要特征的数据库系统，要求数据库灵活处理各种类型的数据，而不是让数据去适应事先定义好的数据结构。第三代数据库延续了第二代数据库的优点，保持和集成了第二代数据库系统的技术，并且对其他系统开放。此外，第三代数据库还发展出了自己的特点，包括支持数据管理、对象管理与知识管理等。

早期的数据库技术以单一的数据源为中心，主要用于支持数据搜集和数据访问，对数据分析、辅助决策提供的支持较少，无法应对多变的市场环境。于是 20 世纪 90 年代，数据仓库、Web 数据库等分析型数据库开始出现。数据仓库就是面向主题的、集成的、稳定的、不同时间的数据集合，支持在各层次追溯动态的历史信息，辅助管理层的决策过程。一个数据仓库系统包括源数据、仓库管理、数据分析工具和数据仓库等几个部分。源数据是数据仓库中内外部数据的来源；仓库管理负责进行源数据的抽取、净化、转换和装载，之后存储到数据仓库中；数据分析工具帮助用户对数据进行分析、获取信息，由于数据仓库是面向分析的，因此数据分析工具是数据仓库系统的重要组成部分，也是信息挖掘的基础。数据仓库不是取代数据库的概念，相反数据仓库来源于数据库，也可以被认为是一个特殊的数据库。

WWW（World Wide Web，Web）系统是一个大型的分布式超媒体信息数据库，它极大推动了互联网的发展。Web 数据库就是将数据库技术与 Web 技术相融合，使数据库系统成为 Web 的重要组成部分，用户可以在 Web 界面上检索、存储、修改数据库内容。与传统数据库不同的是，Web 数据库不仅可以管理数字、符号信息等结构化、半结构化数据，还可以处理全文、图像、多媒体等非结构化数据，有着传统数据库难以比拟的优势。

进入 21 世纪，以高级算法、多处理系统和海量算法为支持的数据挖掘概念被提出，它是指采用数理统计、人工智能和神经网络等方法，从大量的、不完全的、噪声的、模糊的、随机的实际数据中，提取隐含的、预先不为人知但有用的信息与知识的过程。数据库技术是数据挖掘的基础，提供了数据存储、组织等功能。根据挖掘目标的不同，可以将数据分为描述型数据挖掘和预测型数据挖掘。描述型数据挖掘是指根据数据的相似性把数据分组，或对数据中存在的规则进行描述，包括聚类分析（Cluster Analysis）、关联分析（Association Analysis）、异常检测（Anomaly Detection）等。预测型数据挖掘则需要根据已知的属性去预测未知属性的值，包括分类（Classification）、回归（Regression）等。

随着经济的发展与技术的进步，未来的数据库管理系统将更加强大，融合云计算和"互联网＋"等新概念，更好地满足社会生活的需求。

2.2 大数据技术

当前，大数据这个词已经逐渐被广泛认知和普遍认可。前文已经简要说明了大数据与信息资源管理之间的一些基本关联关系，这部分主要从技术基础的角度介绍大数据技术，以更好深挖大数据技术赋能下的信息资源管理变革。

2.2.1　大数据技术概述

针对海量的、复杂的、非结构化的数据，如果不进行系统处理与分析，便无法发挥出大数据的价值。而传统的数据分析方法处理海量数据时往往效率低下，因此需要借助大数据技术来实现大数据的价值挖掘。国际数据公司（International Data Corporation, IDC）将大数据技术定义为：大数据技术描述了新一代的技术和架构体系，通过高速采集、发现或分析，提取各类大量数据的经济价值[⊖]。

大数据技术的诞生得益于互联网技术的飞速发展与日益增长的数据分析需求。2008年，雅虎、谷歌等互联网公司就率先将大数据技术应用到了现实中。相对于传统的数据处理技术，大数据技术具有精确、理性和抽象的特征，可以实现对海量数据的快速处理和价值挖掘，对社会生活的方方面面产生了实质影响。例如：大数据技术通过在智慧医疗、智慧出行、购物推荐等领域的创新应用，改善了人类的生活方式；通过优化产业结构、提升管理效率，推动了创新产业的蓬勃发展；通过提高政府部门的管理效率、提升社会综合服务水平，提高了社会管理能力等。此外，大数据技术还颠覆了人们认识和了解科技、经济、文化的方式，改变了人类的生产生活方式和思维模式，让人们能够更加全面、完整、客观地认识世界。

2.2.2　大数据相关关键技术

大数据技术系统是一个庞大而复杂的系统，涉及数据产生、获取、存储和分析的各个环节，大数据技术使用非传统的工具来对大量的结构化、半结构化和非结构化数据进行处理，从而获得有价值的信息。从流程视角看，大数据技术包括大数据采集技术、大数据预处理技术、大数据存储技术、大数据处理与分析技术、大数据可视化技术等[⊖]。

（1）大数据采集技术

传统的数据采集（或信息采集）存在数据单一、结构单一、存储数据量小等问题，并以关系数据库和并行数据库为主要导向。大数据采集技术关注的是来源更加广泛、数据类型更加丰富的多源异构多模态数据，并以分布式数据库为主要导向。大数据采集源涉及 RFID 数据、传感器数据、社交网络数据、移动互联网数据等，相关采集方法包括 Web 数据采集、系统日志数据采集、数据库数据采集等。目前广泛应用的大数据采集平台有 Apache Flume、Fluentd、Logstash 等。

（2）大数据预处理技术

大数据采集通常会涉及多个数据源，不同数据源的数据结构也存在差异，故存在很

⊖　IDC. Extracting value from chaos[EB/OL].（2021-08-21）[2023-02-01]. http://www.itu.dk/people/rkva/2011-Fall-SMA/readings/ExtractingValuefromChaos.pdf.

⊖　莫祖英 . 大数据处理流程中的数据质量影响分析 [J]. 现代情报，2017，37（3）：69-72.

多噪声数据、数据值缺失、数据冲突等问题，因此在大数据分析前需要对大数据采集得到的数据资源进行预处理。

大数据预处理技术涉及数据的清理、集成、归约与转换等内容，以确保大数据质量。其中：数据清理技术涉及数据的不一致检测、噪声数据的识别、数据过滤与修正等方面；数据集成技术是汇总多个数据源的数据，形成完整性的数据体；数据归约技术是在不损害分析结果准确性的前提下降低数据集规模，涉及维归约、数据归约、数据抽样等技术；数据转换技术则包括基于规则或元数据的转换、基于模型与学习的转换等技术，主要是提高大数据的一致性和可用性。

（3）大数据存储技术

在移动互联网环境下，数据爆炸式增长，相关主体根据业务需要对数据存储提出了新要求，而传统的数据存储技术在大规模数据、非结构化数据以及高并发用户访问等问题解决上存在极大限制和瓶颈，为此，构建高性能、高拓展性的大数据存储系统和基础设施是大数据时代的必然要求。

大数据存储系统的选择一般有 NAS（Network Attached Storage，网络附属存储）和分布式存储两种路径。NAS 主要针对文件级别的存储，主要将多个存储节点以网络连接的方式来增加存储容量和处理能力。尽管一定程度上 NAS 能用来处理高速增长的数据量，但是成本比较高。因此，分布式存储应运而生，其典型特点就是水平扩展、容错性高、高可用性、能快速检索出海量数据等。按照存储接口划分，分布式存储可分为对象存储、块存储和文件存储，并涉及元数据管理、数据去重、数据分布和负载均衡等关键技术[⊖]。

（4）大数据处理与分析技术

大数据处理技术与相关数据存储形式、业务数据类型等密切相关，主要计算模型有 MapReduce 分布式计算框架、分布式内存计算系统、分布式流计算系统等。其中，MapReduce 是一个批处理的分布式计算框架，可对海量数据进行并行分析与处理。分布式内存计算系统可有效减少数据读写和移动的开销，提高大数据处理性能。分布式流计算系统则是对数据流进行实时处理，以保障大数据的时效性和价值性。

大数据分析技术主要包括已有数据的分布式统计分析技术和未知数据的分布式挖掘、深度学习技术。分布式统计分析技术可由数据处理技术完成，分布式挖掘、深度学习技术则在大数据分析阶段完成，包括聚类与分类、关联分析、深度学习等，可挖掘大数据集合中的数据关联性，形成对事物的描述模式或属性规则，可通过构建机器学习模型和海量训练数据提升数据分析与预测的准确性。

（5）大数据可视化技术

大数据可视化即以计算机图形或图像的直观方式将大数据分析结果显示给用户的过

⊖ 冯周，左鹏飞，刘进军. 大数据存储技术进展 [J]. 科研信息化技术与应用，2015，6（1）：18-28.

程，并可与用户进行交互式处理。大数据可视化呈现形式多样，如数据统计图表、GIS（地理信息系统）、三维建模、时空态势分析与展示等。大数据可视化技术可大大提高相关分析结果的直观性，便于用户理解与使用，最重要的是，大数据可视化技术的应用还有利于发现和洞悉隐含的规律性信息和知识。目前来看，大数据可视化技术包括文本可视化技术、网络（图）可视化技术、时空数据可视化技术、多维数据可视化技术等。另外，人机交互技术是支持大数据可视化分析的一个重要方面，涉及界面隐喻与交互组件、多尺度多焦点多侧面的交互技术、面向 Post-WIMP 的自然交互技术等关键内容⊖。

2.3　人工智能技术

人工智能是近年来兴起的新技术，在信息资源管理领域，"人工智能＋信息资源"模式正在成为一个新舞台。一方面，数字化、数据化的信息资源是相关人工智能开展的基础；另一方面，基于人工智能相关技术（如自然语言处理、知识图谱等）可以对信息资源开发优化及应用进行探索。当前，人工智能技术正在对新时代信息资源管理发展产生深刻影响。

2.3.1　人工智能技术概述

人工智能是研究、开发用于模拟、延伸和扩展人的智能的理论、方法、技术及应用系统的一门新的技术科学。从词语组成上看，人工智能由"人工"和"智能"合并而成，其中，"人工"是指人力所能及制造的地步，而"智能"是智力和能力的总称，这里多指人本身的智能，而其他关于动物或人造系统的智能也常成为人工智能的研究课题。总体上，人工智能技术本质就是了解智能的实质，进而生产出一种新的能以人类智能相似方式做出反应的智能机器，去完成人类胜任的工作⊜。

人工智能技术的发展历程可以划分为以下三个主要阶段⊜⊕：第一个阶段是人工智能的"推理时代"（1950—1970 年）。该阶段主要是模拟人类的概念学习过程，并采用逻辑结构或图结构作为机器内部描述。机器能够采用符号来描述概念（符号概念获取），并提出关于学习概念的各种假设。第二个阶段是人工智能的"知识工程"时代（1970—1990 年）。此阶段人们设法让机器学习知识，进而大量研发计算机系统。1992 年，支持向量机算法（SVM）出现，无论在理论层面还是实证层面，都具有重要地位。它在 20 世纪 90 年代风靡整个数据挖掘、机器学习、模式识别领域，至今依然很火热。第三个阶段是人工智能

⊖ 任磊，杜一，马帅，等 . 大数据可视分析综述 [J]. 软件学报，2014，25（9）：1909-1936.

⊜ 腾讯科学 . 为什么人工智能（AI）如此难以预测？ [EB/OL].（2021-09-30）[2023-02-01]. https://www.sohu.com/a/2939 1607_117396.

⊜ 深度学习 . 人工智能：技术发展史 [EB/OL].（2021-09-30）[2023-02-01]. https://blog.csdn.net/u014106644/article/details/84953608.

⊕ 郑洁红，彭建升 . 新一代人工智能变革大学教育的方向与限度 [J]. 中国高校科技，2018（12）：45-47.

的"数据挖掘"时代（21世纪之后）。这一时期，依托于不断增强的计算机硬件水平和社会各界日益增长的数据需求，机器采集、存储、处理数据的水平也大幅提升，各种机器学习算法被提出和应用。这也标志着机器学习逐步发展到深度学习技术阶段，智能化成为算法主要的学习目标。近些年来，多个国家将人工智能上升为国家战略，加之大数据的迅速发展，人工智能技术又进入了全新的繁荣发展期，人工智能技术发展呈现更加普惠和智慧的新特征。

2.3.2 人工智能相关关键技术

目前，人工智能大致可以分为弱人工智能、强人工智能和超人工智能。弱人工智能也被称为应用型人工智能，专注于解决特定领域的人工智能问题，相关观点认为人工智能不外乎是人赋予机器的看起来像是智能的某种算法，但机器并不能真正拥有智能。强人工智能也被称为完全人工智能，相关观点认为智能机器能够像真实的人一样可以自己推理、决策并解决问题，强调人工智能可以胜任人类的几乎所有工作。超人工智能是指人工智能技术已经跨过了所谓的"技术奇点"，在创造力、智慧和社交能力上都远超人类，能够重构一个新世界，目前相关定义和观点较为模糊，相关场景多见于科幻电影之中。

人工智能相关关键技术比较多，其核心技术包括计算机视觉技术、机器学习技术、自然语言处理技术、机器人技术、语音识别技术等[一][二]。

（1）计算机视觉技术

计算机视觉技术是指摄像机、电脑等从图像中识别、跟踪和测量出物体、场景或活动的一种技术，本质上可以理解为是一个如何让机器"看"和"感知"的技术体系，是"获取信息"人工智能系统的关键支撑。计算机视觉技术的运用是由图像处理操作及其他技术所组成的序列，来将图像分析任务分解为便于管理的小块任务。计算机视觉技术涉及图像处理、模式识别、图像理解等关键技术。从应用上看，计算机视觉包括医疗成像分析、人脸识别、智能安防、智能购物等。

（2）机器学习技术

机器学习技术被誉为计算机具有智能的根本途径。机器学习是指计算机系统无须遵照显式的程序指令，依靠数据就能提升自身性能，强调计算机的模拟和学习能力。换句话说，机器学习可以从数据或以往的经验中发现应用模式和路径，并通过该模式和路径来优化计算机程序性能或进行预测。

机器学习有多种分类：从学习策略角度可分为模拟人脑的机器学习、直接采用数学方法的机器学习；从学习方式角度可分为监督学习、无监督学习、强化学习；从学习目标角度可分为概念学习、规则学习、函数学习、贝叶斯网络学习等。常见算法包括决策

○一 丁晴. 人工智能的公共安全问题与对策 [J]. 网络空间安全，2018，9（7）：36-41.

○二 人工智能的五大核心技术 [EB/OL].（2021-09-12）[2023-02-01].https://www.sohu.com/a/219358847_100110445.

树、朴素贝叶斯、支持向量机、随机森林、人工神经网络、深度学习等。相关应用非常广泛，包括虚拟助手、交通预测、销售预测、库存管理、过滤垃圾邮件和恶意软件、公共卫生预警等[⊖]。

（3）自然语言处理技术

自然语言处理技术（Natural Language Processing，NLP），是人工智能的一个重要分支，是指计算机拥有的人类般的文本处理能力，目的是推动人类与计算机之间用自然语言进行有效通信。基础性的自然语言处理技术主要围绕语言的不同层级展开，可分为音位、形态、词汇、句法、语义、语用、篇章 7 个层级。这些基本的自然语言处理技术常被运用到下游的多种自然语言处理任务中，进而衍生出了文档摘要、观点提取、机器翻译、舆情监测、智能对话、智能问答等各类应用。

（4）机器人技术

机器人技术主要是指将机器视觉、自动规划等认知技术整合至极小却具备高性能的传感器、制动器以及设计巧妙的硬件中，进而催生出新一代的机器人。其能在各种未知环境下按目的灵活处理日常与应急工作。智能机器人关键技术涉及多传感器信息融合技术、导航与定位技术、路径规划技术、机器人视觉技术、智能控制技术、人机接口技术等[⊖]。相关应用包括无人侦察机、消防机器人等。

（5）语音识别技术

语音识别技术，也称自动语音识别技术（Automatic Speech Recognition，ASR），主要关注自动并且准确地转录人类的语音，其目标是将人类的语音中的词汇内容转换为计算机可读的输入，是人机交流接口的关键技术。语音识别技术涉及声学特征提取、声学模型、语言模型与语言处理等关键模块。语音识别技术的主要应用包括同声翻译、医疗听写、语音书写、电脑系统声控、声控家电、电话客服等。

2.4 区块链技术

区块链作为下一代信任互联网的底层技术基础，其重要性和延展性不可忽视。作为一种新兴技术和工具，它对信息资源管理的发展产生重要影响。区块链技术在数据透明共享、智能合约、数据去中心化、数据安全等方面有极大作用，对于信息资源管理在机构知识库建构、情报信息资源共享、档案存储、保密管理、知识服务、绩效激励、风险数据可追溯机制、信息全生命周期管理等方面具有极大意义。

⊖ 百度百科．机器学习 [EB/OL]．（2021-11-03）[2023-02-01]. https://baike.baidu.com/item/%E6%9C%BA%E5%99%A8%E5%AD%A6%E4%B9%A0/217599.

⊖ 百度百科．智能机器人 [EB/OL]．（2021-11-03）[2023-02-01]. https://baike.baidu.com/item/%E6%99%BA%E8%83%BD%E6%9C%BA%E5%99%A8%E4%BA%BA/3856?fr=aladdin.

2.4.1 区块链技术概述

区块链起源于比特币，2008 年中本聪（Satoshi Nakamoto）在其发表的比特币白皮书中首次提出区块链的概念[一]。从信任体系的变革角度看，区块链技术旨在变革和颠覆传统基于熟人、基于中介的信任模式，构建数字信任机制。作为分布式、去信任的基础架构，区块链提供了一种基于分布式账本实现信任的技术方案，通过融合现代密码学、点对点（P2P）网络架构、共识机制等要素，实现数据验证、交换、存储等功能，具有去中心化、可编程、可溯源、不可篡改等特性。因此，区块链技术不仅体现为数据的分布式存储，还表现为数据的分布式记录和表达，并由系统参与者共同维护[二]。

区块链技术总体上经历了三个发展阶段：区块链 1.0 阶段主要是一种与货币支付、汇款、兑换、交易和转移等功能相关的数字货币应用。区块链 2.0 阶段则在可编程金融上有重大突破，是一种与股票、债券、期货和智能合约等相关的金融领域应用。区块链 3.0 阶段则致力于实现可编程社会，催动区块链技术应用到任何有需求的相关领域，如金融、物流、医疗健康、电子政务、社交媒体等。

区块链可划分为公有链、私有链和联盟链。其中，公有链是指网络中的参与节点可任意接入，也可随意查看区块链上的任意信息，且对相关数据信息未设置读写访问权限。私有链由私有组织或单位创建，写入权限仅局限在组织内部，读取权限有限对外开放。联盟链是一种介于公有链和私有链之间的区块链模式，在结构上主要采用"部分去中心化"的方式，它一般由若干机构联合构建，并限定为联盟成员参与，某个节点的加入需要获得其他成员的许可，同时相关数据权限和规则也需要根据联盟规则进行定制和设计[三]。

2.4.2 区块链相关关键技术

区块链包含若干核心技术要素，业界目前对这些要素已基本达成共识，四大核心技术分别是分布式账本、共识机制、非对称加密以及智能合约，分别负责数据存储、数据处理、数据安全以及数据应用。

（1）分布式账本

分布式账本实质上就是一个分布式数据库，每个人都可以产生数据，处理后存储在这个"账本"中，"账本"同时也记录着链上的活动内容、时间、参与主体和方式。分布式账本具有去中心化的特点，这就是说在链上的任何节点都是地位平等地存储全部记录，不存在单一的中心节点。这需要一系列的技术作为支撑，包括哈希函数、时间戳和梅克

[一] Nakamoto A S. Bitcoin: a peer-to-peer electronic cash system [EB/OL].（2021-07-02）[2023-02-01]. https://bitcoin.org/bitcoin.pdf.

[二] 黄新平. 基于区块链的政府网站信息资源安全保存技术策略研究 [J]. 图书馆，2019（12）：1-6.

[三] 代闯闯，栾海晶，杨雪莹，等. 区块链技术研究综述 [J]. 计算机科学，2021，48（11）：500-508.

尔树。数据进入分布式数据库之后会被打包为数据块，通过哈希函数将其处理成一个链式结构，哈希算法具有单向性、防篡改的特点，因此可以保证上链的数据不可更改且可追溯。时间戳则用于记录活动时间，保证区块中活动时间的唯一性。梅克尔树是一种二叉树，常用于存储哈希值，它的作用是保证篡改发生时，区块上下层数据对应。三种技术共同作用保证了区块链中数据的一致性、安全性。

（2）共识机制

由于分布式账本是不同用户共同参与建立的，因此也存在难以统一的问题，共识机制就是全网对确定记账权的共识，起到统筹节点行为、明确数据处理的作用。为鼓励链上参与者积极记账，公有链一般会设置激励机制，奖励成功获得记账权的参与者。私有链由组织负责记账，无需激励机制。联盟链的共识机制是自定义的，通常做法是内部指定一个或多个预选的节点作为记账人，其他节点只参与链上活动，这种方式可以大大提升联盟链的运行效率，节省大量能源。

（3）非对称加密

非对称加密的密码由公钥和私钥两种密码配对生成，加密与解密使用的密钥不同。数据传输者使用数据接收者的公钥对数据加密，公钥在数据传输者和接收者间共享，而数据接收者使用自身私钥解密阅读数据。即使在数据传输过程中公钥泄露，也不会造成数据泄露，由此保障数据传输安全。

（4）智能合约

智能合约是部署在区块链上的一套自动执行的代码约束规则，区块链为其提供了可靠的运行环境。合约内容由参与主体共同制定，但不同的是当条件与合约规定内容一致时，合约可以自动强制执行[⊖]。

◎ 复习思考题

1. 请阐述信息技术在信息资源管理中的定位及基本分类。
2. 请阐述数据库技术及其在信息资源管理中的应用。
3. 请阐述人工智能技术及其在信息资源管理中的应用。
4. 请阐述区块链技术及其在信息资源管理中的应用。

⊖　GATTESCHI V, LAMBERTI F, DEMARTINI C, et al. To blockchain or not to blockchain: that is the question[J]. IT professional，2018，20（2）：62-74.

第 3 章

信息资源的分布及其规律

■ **教学目的与要求**

理解马太效应及其给信息资源管理带来的启示；理解帕累托法则、长尾理论及其启示；掌握信息的增长与老化规律、文献计量学的三大基础定律（布拉德福定律、洛特卡定律以及齐普夫定律）等基本知识；认识引文分布规律；了解网络信息资源分布视角下的互联网结构及规律。

3.1 马太效应

3.1.1 马太效应的基本含义

马太效应是对一种强者越强、弱者越弱现象的描述，它反映的是一种两极分化的社会现象。实际上，我国古代的哲学家老子就已提出："天之道，损有余而补不足。人之道，则不然，损不足以奉有余。""马太效应"正是老子思想中的"人之道"思想。

20 世纪 60 年代，美国知名的社会学家罗伯特·莫顿（R. K. Merton）首次将"贫者越贫、富者越富"的现象归纳为"马太效应"。马太效应是普遍存在于主体与他者之间的一种心理现象，在个人发展，企业、国家的竞争乃至生物演化中都普遍存在。

3.1.2 马太效应的具体表现

马太效应在各大领域都有所体现，可用于解释经济活动、政治活动、科学活动等众多领域活动中的现象。如经济领域的马太效应体现在贫富差距的存在和扩大使得富者越富、穷者越穷，区域经济发展的不平衡导致更多的资源聚集在发达地区，不公正、不合理的竞争手段使得利益垄断在少数人手中。政治领域的马太效应集中体现在权力的不均衡分布，特权阶级利用权力换取其他资源和更多的权力，产生了政治腐败和不民主、不平等的政治生态。科学活动的马太效应普遍存在于科学奖励系统、科学交流过程和科研机构中。

科学活动中的马太效应比较常见，也是信息资源管理领域关注的重要方向。科学奖励系统中的马太效应表现为不同学术声望的科学家获同行认可的速度和范围不同，学术声望高的科学家的研究成果通常率先获得承认，他们的研究成果受到同行认可的速度更快。即使具有类似的研究成果，但相对于无名之辈更为出名的研究者，往往能够得到更多的声望，也更有可能获得更多的资源。科学领域中的马太效应还体现在，科学家把过去的成绩累积起来，形成一种优势并影响以后的评价；当杰出成绩得到承认后，人们会追溯并重新评价早期工作；科学界的分层结构是单向流动的，科学家一般不会存在认可的降格。在科研机构中，马太效应往往是以知名度不同的科研机构之间有形研究资源的多寡和优劣这一方式体现的。知名度高的科研机构更容易获取优势资源，助推科学研究的展开和科研成果的产生，从而反向提升科研机构的知名度。

在信息资源领域，马太效应中的积累优势在信息分布过程中同样存在。例如，目前我国网络信息资源在地域上分布不均匀，有学者从域名、网站、网页三个方面分析发现，东部地区的域名数量、网站数量、网页数量、总页面大小均全国领先，中部、东北部地区次之，西部地区远远落后于中、东部地区，表明不同区域网络信息资源的整体发展水平存在明显的差距[⊖]。同时，核心出版机构、领域核心期刊、核心作者等都是马太效应核心趋势的表现。

总体来看，信息资源分布中的马太效应主要体现在两个方面：一是信息的核心趋势。如：高产作者群体的形成，在某一主题领域，可能出现少数的作者群体发表了该主题领域的大部分文章；高频关键词的出现，某研究领域或学科部分关键词出现频次非常高，从而形成了高频关键词；主要期刊信息密度的增大，部分的主要期刊可能刊载了学科领域内大部分文献。二是信息的集中取向。如：高被引论文被多次引用，当论文获得较高被引次数后，之后获得引用概率更高；热门网站的点击和浏览，当网站的点击和浏览量较高时，之后频繁地被用户点击和浏览的概率也更高；部分图书被频繁借阅；等等。

3.1.3 马太效应无处不在的原因

马太效应之所以存在于经济、政治、科研、生物演化等方方面面的领域，主要可归因为规模效应、领先效应、齿轮效应和资源效应。

①规模效应。规模效应又称规模经济，是指因规模增大而提升经济效益。规模优势是竞争优势的重要构成，规模化经营可以降低成本，带来巨额利润。而马太效应的产生

⊖ 李月明. 我国网络信息资源地域分布及优化配置研究 [J]. 四川图书馆学报，2015（5）：14-17.

正是由量的增加带来更大的收益和影响。

②领先效应。领先效应是马太效应的又一种解释，"一步领先，步步领先"，在领先的过程中，优势资源会逐渐流向领先者，一个小小的领先就可能造成巨大的差距，落后者想要追赶或反超领先者就变得更加困难。

③齿轮效应。一个齿轮通过环环相扣带动下一个齿轮转动，往往大齿轮转一圈时，小齿轮要转许多圈。相对于强者，弱者需付出成倍努力，才能获取同等回报，持续下去便会产生弱者愈弱、强者愈强的马太效应。

④资源效应。大多数情况下，资源的占有和利用情况是相对优势的来源，占有资源越多、利用越充分的人，相对优势就会越强，这会导致资源进一步向优势者集聚，资源占有的差距也就成为推动马太效应的内在驱动力。

3.1.4　马太效应的影响

"富者越富，穷者越穷"的马太效应现象具有积极影响和消极影响。马太效应的积极影响主要体现为激励作用，有利于人们充分发挥主观能动性。如在科学活动中，马太效应的积极影响包括：①学术权威能够指导和引领该学科的科研人员不断探索科学的深度与广度。马太效应的影响使得学术权威具有绝对的权威，不容易被质疑。②学术权威的产生有利于提高整个学术团体的社会影响力，提升学术地位与影响力。马太效应表明，想要获得权威和影响，需要逐渐进入权威之中。因此学术权威所在团队的学术地位与影响力更高。③学术权威使得正确的学术思想更加容易得到传播、认可和发展。当学术权威拥有正确的学术知识，那么在马太效应影响下，学术权威的思想更容易得到认可，进而产生影响。④学术权威结构能够保障学术团体的正常运转、协作和发展，等等。

马太效应的消极影响主要体现为资源的不公平分配。如果少数人掌握了优势资源，那么其他人就很难获取这些优势资源，甚至他们手中仅存的资源也可能被剥夺。例如，在科学活动中，马太效应的消极影响包括：①权威压制。学术新人的成败与其研究成果能否被及时认可密切相关，而这种学术认可又往往取决于少部分学术权威的态度。②不利于发扬学术民主，不利于学术创新。由于科学活动中马太效应的存在，学界往往会对学术权威存在盲目膜拜心理，将对学术成果的认可转变成对科研人员本人的认可，不利于学术的创新与发展。③学术成果认可和激励上的等级差异。因为科研成果的奖励机制中同样存在马太效应，因此部分人（比如声望高的科研人员）的研究成果更容易受到认可和奖励，这种学术成果认可中的贫富差异和等级机制违背了学术的公平、公正原则，对部分科研人员的积极性产生消极影响。

马太效应在信息分布中的影响可能会导致信息分布出现"富集"与"贫瘠"现象。其优点在于：第一，在信息资源的管理上，马太效应能突出重点，摒弃平均，为信息资源的选择、获取和开发利用提供依据，例如选择少部分的高被引文献探究高被引文献成果的原因等，这也降低了信息管理的成本，提高了信息利用效率和收益。第二，马太效应在理论上帮助人们认识信息集中和离散的特征、趋势和规律，发现信息分布的基础定律。

然而，马太效应也有其缺点：首先，信息分布的富集现象容易导致过分重视核心的信息源，忽略了其他信息中蕴含的价值。例如，对零被引文献的忽视，零被引文献可能是潜在的睡美人文献，蕴含较大的科学价值。其次，优势和劣势的累积限制了新思想、新知识的传播，使得信息工作者不求革新，颠覆性创新不被人们重视。再次，信息聚集造成信息价值评价误差，马太效应所形成的信息分布富集有时呈现的仅仅是表面现象。例如一篇论文的被引次数多并不一定代表其价值就高，富有争议的论文也可能引起高被引。

3.2 帕累托法则

3.2.1 帕累托法则的产生与发展

19 世纪末，意大利经济学家帕累托（V. Pareto）偶然注意到 19 世纪英国人的财富和收益模式，通过调查取样发现大部分的财富流向了少数人手里。帕累托（V. Pareto）在其著作中描述了观察到的现象，意大利 80% 的土地掌握在 20% 的人手中。这种现象在其他国家中也有体现。于是，他基于大量事实提出：社会上 20% 的人占有 80% 的社会财富，即财富在人口中的分配不平衡。

20 世纪 40 年代，美国管理学家约瑟夫·朱兰（J. M. Juran）在商业管理中发现 80%的影响来自 20% 的投入，他将描述社会财富分配不均的帕累托原理引入企业质量管理，并将该管理学原理命名为"帕累托法则"[⊖]。帕累托法则是帕累托思想在多领域的应用，帕累托法则认为事物的主要结果只取决于一小部分的因素。由于这些不平衡现象在数学上呈现出一种稳定的关系，因此帕累托法则又被称为"二八定律"。

3.2.2 帕累托法则的内容

帕累托分布是从大量真实世界的现象中发现的幂定律分布。齐普夫定律也是在帕累托思想指导下发展起来的。

假设 X 是一个符合帕累托分布的随机变量，那么 X 大于 x 的概率分布的生成函数为

$$\bar{F}(x) = Pr(X > x) = \begin{cases} \left(\dfrac{x_m}{x}\right)^\alpha & x \geq x_m \\ 1 & x < x_m \end{cases} \tag{3-1}$$

其中 x_m 是 X 最小的可能值（正数），α 是为正的参数。帕累托分布曲线特征就是由尺度参数 x_m 和形状参数 α 两个数量决定。

⊖ JURAN J M. Juran's quality handbook[M]. New York：Mcgraw-Hill（Tx），1951.

根据定义，可以得出帕累托分布的累积概率分布函数为

$$F_X(x) = \begin{cases} 1 - \left(\dfrac{x_m}{x}\right)^{\alpha} & x \geqslant x_m \\ 0 & x < x_m \end{cases} \qquad (3\text{-}2)$$

当 $x_m = 1$ 时，不同 α 取值下帕累托分布的累积概率分布如图 3-1 所示。

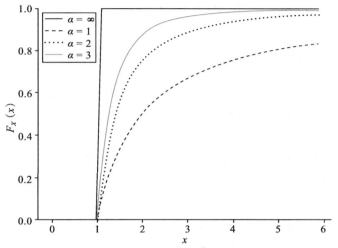

图 3-1　不同 α 取值下帕累托分布的累积概率分布

帕累托分布概率密度函数可表示为

$$f_X(x) = \begin{cases} \dfrac{\alpha x_m^{\alpha}}{x^{\alpha+1}} & x \geqslant x_m \\ 0 & x < x_m \end{cases} \qquad (3\text{-}3)$$

当 $x_m = 1$ 时，帕累托分布对应的概率密度函数图像如图 3-2 所示。

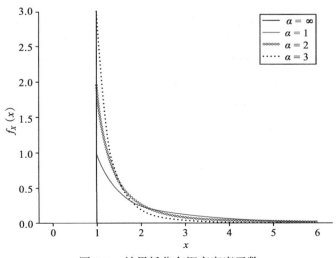

图 3-2　帕累托分布概率密度函数

帕累托分布属于连续概率分布。"齐普夫定律"可以被认为是在离散概率分布中的帕累托分布。从图 3-2 中可以直观地看出，在帕累托分布中，α 越小，后尾特征越明显。当 $x \to \infty$ 时，帕累托分布有一个阶数为 $\frac{1}{x^{\alpha}}$ 的尾部。

一个遵守帕累托分布的随机变量的期望值为 $\frac{x_{\min}\alpha}{\alpha-1}$（如果 $\alpha \leqslant 1$，期望值为无穷大），标准差为 $\frac{x_{\min}}{\alpha-1}\sqrt{\frac{\alpha}{\alpha-2}}$（如果 $\alpha \leqslant 2$，标准差不存在）。

3.2.3 帕累托法则与马太效应

帕累托法则与马太效应其实是对同一个现象不同表现形式的总结。马太效应是指好的越来越好、坏的越来越坏或者多的越来越多、少的越来越少的一种现象，而帕累托法则是发现大多数的财富掌握在极少数人手里。帕累托法则与马太效应的共同点是两者都是对现实社会中资源分布的不平衡现象的描述，在这两者思想之上更具有总结性的规律就是幂律分布⊖。在现实生活中，当资源有限而人口足够多时，总会出现少数极好和少数极差的现象，少数人获得多数资源。马太效应与帕累托法则的区别在于：首先，马太效应是对现象的描述，帕累托法则是根据社会现象通过数据进行数学统计上的验证和总结。其次，马太效应描述的是强者越强的动态资源分布，而帕累托法则是对资源分布不均衡的静态描述。最后，在马太效应与帕累托法则的应用中，马太效应更强调对消极影响的规避，实现资源合理分配；帕累托法则应用数学统计的方法，利用资源分布不均的现状，鼓励人们关注"少数"从而获得"更多"资源。

3.2.4 帕累托法则的应用

①数据分析中的二八定律思维。二八定律思维可以用来检验两组类似数据之间的关系，发现两组数据关系的关键起因，如 20% 的投入有 80% 的产出，80% 的维基百科词条的创建与维护来自 20% 的人口。不同于线性思维，二八定律思维关注影响某一变量的关键原因，检验被大多数人所忽视的非线性关系。二八定律思维的应用一方面能以最小消耗获得最佳成果，另一方面对长尾部分进行了改进。

②科学技术的突破创新。20% 的科学文献获得了 80% 的被引计数，20% 的科学研究实现了 80% 的科学创新与突破。因此，关注头部文献的创新模式有助于推进科学突破的进程。

③ App 应用的 UI 迭代。一个移动 App 大多拥有几十甚至上百个 UI 页面，然而仅有少数的页面是用户经常用的。因此在 App 应用更新时，将有限的资源和时间投入少数关键页面能带来更大收益。

⊖ 卢里达斯 . 真实世界的算法：初学者指南 [M]. 王刚，译 . 北京：机械工业出版社，2020: 163-167.

3.3 长尾理论

3.3.1 长尾理论的提出

◎ **导入案例：长尾需求——亚马逊在长尾书中的市场**

在图书市场中，流通的大多数书籍难以找到自己的目标读者。由于销量少，许多书店和出版商只能将畅销书作为经营的核心，关注"头部"图书，即"二八原则"，20% 的图书支撑了 80% 的销售额。

与实体书店不同，亚马逊作为一家万亿美元市值的电子商务公司，其超过一半的图书销售量来自排行榜上 13 万名开外的图书。如果以亚马逊的销售数据统计为依据，这意味着那些并不在实体书店销售的图书要比那些摆在书店书架上的图书具有更大的市场。显然，亚马逊意识到了"尾部"图书的需求一直存在。在传统的图书销售中，货架、门店、消费者找书成本等供给瓶颈抑制了需求曲线的长度，并非真正的需求本身如此。而库存和销售成本近乎为 0 的亚马逊线上书店，做到了藏书量在百万以上，有限货架变成无限货架，降低搜索和获得成本，让消费者可以接触到更多的图书，大大拉长了被忽视的"尾部"需求。

2004 年，美国《连线》杂志主编克里斯·安德森（C. Anderson）率先提出"长尾"（The Long Tail）。安德森基于亚马逊、Google、Netflix 等电商企业销售数据与传统零售商销售数据对比，观察到在互联网企业的销售中，以数量、品种为二维坐标的需求曲线拖着长长的尾巴，向"品种"横轴尽头延伸，"长尾"因此得名[一]。这一理论颠覆了传统的

"二八定律"。传统环境下，成本和效率的限制，使得人们只能将注意力放在最重要的人或事上。但在网络时代，很多资源的获取成本大大降低，"尾部"资源也能够以较低的成本获取，这进一步刺激了人们对这部分资源的需求。如果以海洋和陆地来形容市场，过去由于海平面的限制，人们只能接触到小部分的陆地；而到互联网时代，海平面的下降使得真正的需求曲线出现，被忽视的尾部越拉越长[二]。长尾理论示意图如图 3-3 所示。

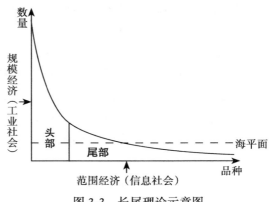

图 3-3 长尾理论示意图

[一] ANDERSON C. The Long Tail [EB/OL].（2021-10-01）[2023-02-01]. https://www.wired.com/2004/10/tail/?pg=1&topic=tail&topic_set=.

[二] 姜太公公. 亚马逊：长尾商品解锁的新价值曲线 [EB/OL].（2021-8-10）[2023-02-01]. https://baijiahao.baidu.com/s?id=1667280910960603479&wfr=spider&for=pc.

3.3.2 大数据时代的长尾资源开发及应用

随着大数据时代的到来，长期被忽视的长尾资源的价值和潜力逐渐得到重视，主要体现在：首先，大数据时代数据量的急剧增加。数据爆炸式的增长使得长尾中的海量数据进入了人们的视野，数据背后的复杂逻辑和机理成为无法忽视的问题。其次，科学技术的进步和成熟，使海量长尾数据中低价值密度信息的开发成为可能。最后，互联网普及和应用。Web2.0 时代的到来，互联网渗透到各个领域，互联网的便捷使得长尾部分在理论上实现了无限扩大，进一步加大了长尾数据的开发价值。

例如，科研活动中就存在典型的长尾现象。科研资助中 80% 的资金用于资助小投资项目，在 CSSCI 中，近 80% 的科学文献来自省、市级基金或无基金资助的成果，这些成果由于缺乏关注，因此其价值被长期忽视。Heidorn[⊖]在调查研究中指出，80% 的科研活动处于科研活动长尾部分，并首次将长尾理论用于描述科学研究中的科学长尾数据，进一步理解科学研究活动中的灰色数据。例如：在科研产出中，20% 的科研机构、团队、人员具有较高的科研成果产出，近 80% 的科研机构、团队、人员处在科研活动的长尾上；在科学期刊上，高影响力文章大多来源于 20% 的高影响力期刊，80% 的期刊处在科研数据的长尾上而被忽视。然而 80% 的期刊也可能产生大量高影响力文章[⊖]，小项目/机构的产出总和可能比大项目更多。因此，科学长尾数据的有效管护和利用能最大限度提高科学研究中的投资回报，使科学长尾数据发挥更大的科学价值[⊜]。

特别指出，隐藏在长尾中的"睡美人"文献也是一典型现象。根据二八定律，20% 的科学文献贡献了 80% 的科学引用。科学论文的引用是科学论文影响力的体现，因此过去对于科学文献的研究重点关注高被引的头部论文。在发表后一段时间内没有或极少被引用的零被引论文作为长尾部分，一直存在于科学界，因零被引而一直被人们忽视。长尾理论的提出引起了人们对于尾部文献的思考：我们是否忽视了零被引文献的价值？通过绘制引文曲线，学者注意到有些论文发表后一段时间不受重视，多年后突然被大量引用，被学界称为"睡美人"文献。尤金·加菲尔德（E. Garfield）认为论文零被引的原因除了研究创新和质量较低外，也可能是研究内容过于超前或具有变革性而不被引用[⊛]。"睡美人"文献代表着科学成果的重大发现，已有研究表明，在 1900—2012 年的诺奖获得者发表的论文中，"睡美人"文献有 758 篇[⊜]。隐藏在无数零被引论文中的"睡美人"文献，其价值可能高于部分高被引论文。

⊖ HEIDORN P B. Shedding light on the dark data in the long tail of science[J]. Library trends, 2008, 57（2）: 280-299.

⊖ SUN Y, GILES C L. Popularity weighted ranking for academic digital libraries[C]// Advances in information retrieval, 29th European conference on IR research, ECIR 2007. Rome, 2007: 605-612.

⊜ 杨滟, 孙建军. 基于生命周期管理的科学长尾数据管护研究 [J]. 情报理论与实践, 2016, 39（4）: 45-50.

⊛ GRAFIELD E. Uncitedness Ⅲ : importance of not being cited[G]. Current contents, 1973（8）: 5-6.

⊜ LI J, SHI D, ZHAO S X, et al. A study of the "heartbeat spectra" for "sleeping beauties"[J]. Journal of informetrics, 2014, 8（3）: 493-502.

◎ **延伸阅读资料：基于长尾关键词的领域新兴前沿探寻模型构建研究**[⊖]

　　领域新兴前沿是领域前沿的出生阶段，根据长尾理论，提出长尾关键词概念，能成为领域前沿的关键词往往从长尾关键词孕育而来，通过分析被忽略的具有重要价值的长尾关键词发现领域新兴前沿。

　　研究从生命周期角度出发，尝试从长尾关键词中探寻领域新兴前沿，提升领域前沿识别的时效性。根据领域新兴前沿特征，选择新颖性、成长力、催化力三个指标构建模型，为了更直观观测所探究的长尾关键词的潜力程度，通过构建战略坐标图，以可视化的方式对成长力和催化力指标进行展示并对领域新兴前沿进行预测。以图情领域核心期刊 2009—2013 年数据作为实验组，2014—2018 年数据作为验证组进行实验。

　　根据关键词词频从高到底排序，共得到 779 个长尾词，根据新颖性指标筛选得到 29 个新颖长尾关键词。根据催化力指标与成长力指标构建战略坐标系（见图 3-4），第一象限可以确定为领域新兴前沿，第二象限具有较高催化力和较低成长力，说明具有一定活跃度但需要得到核心研究者的关注，第三象限与第四象限关键词可能会逐渐退出领域研究。通过实验验证该模型能够将领域前沿的探寻时间提前至少 2 年，有助于科学研究的及时性。

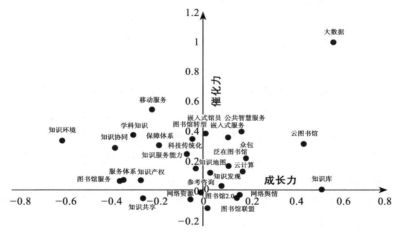

图 3-4　领域新兴前沿预测战略坐标系

3.4　信息的增长与老化规律

3.4.1　信息增长的规律模型

　　信息在时间轴上的动态分布可以揭示信息的增长与老化，用高效的理论模型来刻画

⊖　廖鹏飞，李明鑫，万锋 . 基于长尾关键词的领域新兴前沿探寻模型构建研究 [J]. 情报杂志，2020，39（3）：51-55.

信息随时间的推移所表现出来的趋势，把握信息量的变化，对信息实施动态管理。1972年，罗马俱乐部第一份报告《增长的极限》面世，该报告通过对人口、教育、健康、环境、生态进行预言，提醒人们警惕当时的经济发展与增长模式存在的问题[⊖]。2018年10月25日，全球顶级智库罗马俱乐部继《增长的极限》之后，推出又一力作 *Come On*，中文版译名为《翻转极限》，50年前的预言得到应验。我们生活在一个信息爆炸式增长的时代[⊜]，信息的增长是指随着时间推移，信息数量增加的情况。美国《化学文摘》在实现第一个100万篇文献时花了32年，而实现第二个100万篇则花了18年，第三个100万篇花了8年，第四个100万篇文献仅花了3.3年。科学技术的发展，带来了信息量的剧增，随之而来的是科学知识量的增长，这使得人们不得不关注信息增长。

（1）普莱斯提出的指数增长模型

早在20世纪初期，人们就已经注意到了科学文献具有增长规律这一社会现象。但直到20世纪40年代，这一现象才被研究者重视，最具代表性的研究成果就是普莱斯提出的指数增长模型。普莱斯（D. Price）考察统计了科学期刊的数量增长情况，发现科学期刊的数量大约每50年增长10倍。他进一步用坐标轴形象地展示了文献增长规律，以文献量为纵轴，以时间为横轴，以各个不同年代的科学文献为点，然后以光滑曲线连接各点，近似地表征了科学文献随时间增长的规律。

通过对曲线的分析，普莱斯发现科学文献增长与时间呈指数函数关系。如果用 t 表示时间，$F(t)$ 表示时刻 t 的文献量，则普莱斯提出的指数增长模型公式为

$$F(t) = \alpha e^{kt} \qquad （3-4）$$

式中，α 是统计的初始时刻的文献量；k 是文献量的持续增长率；e 是自然对数的底数。

普莱斯提出的指数增长模型是刻画文献增长规律的理想模型，近似反映了文献数量的实际增长情况。但由于没有考虑许多复杂因素对科学文献增长的限制，所以实际应用中该模型亦具有一定的局限性：第一，科学文献并不总是按照指数函数关系增长，普莱斯提出的指数增长模型与所研究的文献的学科和时间都有关系，并不是所有的学科在任何时期内的文献都是按照指数增长的。第二，在确立科学文献的指数增长规律时，没有考虑文献增长中日益老化的因素。第三，在统计某年科学期刊累计总数时没有考虑停刊的科学期刊这一因素。第四，根据上述规律，我们可以发现，当 k 趋于正无穷时，科技文献的增量会趋于正无穷，而这并不现实。因此，该模型无法预测文献的未来趋势。

（2）逻辑曲线

只有在没有任何因素限制增长时，增长才会表现为指数增长曲线[⊜]。而如果出现经济、制度、人力等方面的制约因素时，指数增长曲线都将转向其他增长曲线，如逻辑增长曲

⊖ MEADOWS D H，GOLDSMITH E，MEADOW P . The limits to growth[M].New York：Universe Books，1972.

⊜ 魏伯乐，维杰克曼. 翻转极限：生态文明的觉醒之路 [M]. 程一恒，译. 上海：同济大学出版社，2019.

⊜ RESCHER N. Scientific Progress[M]. Pittsburgh：University of Pittsburgh Press，1978：185.

线。逻辑曲线是指自然界与人类社会中广泛存在的增长模式，在生物学中便是有名的生长曲线。另外在有限条件下的人口增长、经济发展等过程也属于此类。与纯粹的指数增长曲线相比，逻辑曲线也被称作饱和的指数增长曲线。逻辑曲线的提出者为弗•纳里莫夫（Г. Влэдуц）和格•弗莱托茨（В. Налимов），基本内容是文献的增长是阶段性的。初始阶段的文献增长契合指数增长规律，但并不是一直保持指数增长趋势，而是当文献量增长到某一定值的时候，其增长率开始变小，最后阶段文献缓慢增加。最终提出逻辑曲线增长理论模型如下

$$F(t) = \frac{k}{1 + \alpha e^{-kbt}} \qquad (3\text{-}5)$$

式中，$F(t)$ 是时刻 t 的文献累积；k 是文献累积量最大值；α、b 是参数值。

当 t 较小时逻辑曲线与指数曲线相似。在曲线的最初阶段，科技文献是近似按照指数规律增长的。当 t 很大的时候，逻辑曲线趋近于一个固定值 k。之后，不管经过多长时间，文献累计量只能无限的接近一个数值，但永远不会超过这个极限。从大量的实证结果中可以看出，逻辑增长规律具有一定的合理性，但也存在一定的局限性。

逻辑曲线的局限性体现为：首先，逻辑曲线是依据趋势外推法，在大量统计基础上得到的结论，未系统考虑科学交流过程的复杂性。其次，按照逻辑曲线增长理论，当科学发展到一定阶段时，文献增长率为零。这就意味着到某个年代再也没有新的科技文献出现。显然这是走向了另外一个极端，不符合实际。

（3）龚柏兹函数

龚柏兹函数是应用统计学家和数据学家龚柏兹（B. Gompertz）提出的用作控制人口增长率的一种模型，可以用来进行产品生命周期预测[一]。龚柏兹曲线描述的是初期增长缓慢，而后逐渐加快，当达到一定程度后，增长率逐渐下降，最后接近一条水平线。龚柏兹函数的数学表达式为

$$C(t) = D \times A^{B^t} \qquad (3\text{-}6)$$

一阶导数为

$$C'(t) = D \times \ln A \times \ln B \times A^{B^t} \times B^t \qquad (3\text{-}7)$$

因为 $C(t) > 0$，所以有 $D > 0$；若该函数在 $t > 0$ 时为单调递增函数，则有 $\ln A \ln B > 0$。

比较龚柏兹曲线与逻辑曲线可发现，二者的二阶导数均有达到最大值、最小值和零值三个特征点，这三个特征点能够揭示二者的实质差异[二]。在时间轴的开始阶段，龚柏兹曲线增长较为缓慢，其后则迅速增长，在时间轴的结束阶段，龚柏兹曲线的增长如同起始阶段一样增长缓慢。这一特征常用于描述受限空间的人口增长特征[三]，起始阶段因为人

㊀ CROXTON F E, COWDEN D J. Applied general statistics[M]. London：Pitman & Sons，1955：267.

㊁ 朱正元，陈伟侯，陈丰. Logistic 曲线与 Gompertz 曲线的比较研究 [J]. 数学的实践与认识，2003（10）：66-71.

㊂ CRANE D. Invisible colleges[M]. Chicago: University of Chicago Press，1972：384.

口基数小，所以增长缓慢，其后则快速增长，但不久后受到空间的限制，人口数量的增长又趋于缓慢。

Egghe 与 Rao 基于 1968—1987 年间 20 个在线数据库中的数据累积发现：社会科学与人文类数据的增长符合龚柏兹模型[一]。Seetharam 与 Rao 采用相同的方法对全球食品科学文献的增长进行研究，发现文献增长依然符合龚柏兹模型[二]。夏蓓丽将其扩展到微博这一社交媒体情境，基于龚柏兹模型研究"超女"博文的增长与老化特征[三]。

3.4.2 信息增长的极限

（1）推动因素

随着社会经济和科学技术的高速发展，信息的爆炸式增长不断地影响着人们对于信息的利用和吸收。科学信息的增长主要受科学自身所处的环境条件所影响[四]。第一，目前我们正处于社会化、移动化、网络化、物联化的社会，人们可以通过智能手机、移动终端、便携设备快速产生、分享和获取信息，并通过网络进行迅速地传播；第二，科学技术的不断发展，比如载体技术、出版技术、电子计算机、现代信息技术等；第三，科研经费和科技人员的大量增加；第四，专业范围的扩大化和细分化以及学科之间的渗透；第五，科研活动的成果产出与转化的增速；第六，通信技术、出版技术、情报工作等的发展。

（2）制约因素

信息增长的制约因素主要包括用户需求因素和信息环境因素。首先，用户需求因素。用户对信息的需求是信息增长的根源，但随着信息复杂程度增加且质量参差不齐，用户对信息的需求开始降低或开始有选择性。其次，信息环境因素。信息环境瞬息万变，导致信息的增长存在不确定性。例如科学文献的增长不仅按照科学自身的发展规律进行，还受到各种信息环境的制约，而这些制约使科学文献表现出随机过程的特点，使信息呈现出多种增长模式。

3.4.3 信息老化的规律

信息不会无节制地传播，其影响力存在一定时间、空间范围内，也就是说信息的价值会随着传播的进程不断老化。关于文献信息的老化规律研究最为成熟，本节仍以文献信息为例介绍信息老化规律。通常，文献信息老化有四种情形：文献中信息仍有用，但

⊖ EGGHE L, RAO I K R. Classification of growth models based on growth rates and its applications[J]. Scientometrics，1992，25（1）：5-46.

⊜ SEETHARAM G, RAO I R. Growth of food science and technology literature：a comparison of CFTRI, India and the world[J]. Scientometrics，1999，44（1）：59-79.

⊜ 夏蓓丽. 网络信息增长模型研究 [D]. 南京：南京大学，2008：18.

⊗ 薛一波. 大数据的前世、今生和未来 [J]. 中兴通讯技术，2014（3）：41-43.

被包含在更新的其他论著中；文献中信息仍有用，但处于人们对其兴趣下降的领域；文献中信息仍有用，但被后来著作超越；信息不再有用。

（1）半衰期

1958 年，英国物理学家、科学学家贝尔纳（J. D. Bernal）建议使用物理学中测度放射性核素寿命长短的指标——半衰期，衡量情报学中的文献老化程度。文献老化的半衰期定义为某学科领域内尚在利用的全部文献中较新的一半是在多长时间内发表的。从定义来看，文献半衰期越小，该学科越倾向于引用近期的文献，侧面反映出学科内文献新陈代谢频繁。从计算方法来看，半衰期可以通过作图法、定量模型计算法得到。

①作图法。这种方法需要将统计数据制成引文频次分布表，之后以引文累积量或引文百分累积量为纵坐标，以被引文献的出版年龄为横坐标作图，在图中找到与纵坐标上引文累积量或百分累积量一半处的对应点的横坐标 T，即为所求结果。

②定量模型计算法。对统计数据建立文献老化模型，再根据定义找出半衰期的计算公式，将相应数据代入求得结果。

（2）普莱斯指数

1971 年，普莱斯（D. Price）对《科学引文索引》的数据进行统计分析，发现在调查年一年内所发表文献的全部参考文献中有一半文献是在近五年内发表的。据此，普莱斯提出了一个衡量各个知识领域文献老化的数量指标，即"普莱斯指数"。其计算公式为

P_r（普莱斯指数）= 出版年限不超过 5 年的被引文献数量 / 被引文献总量

普莱斯指数要优于半衰期和引文中值年龄，普莱斯指数扩大了半衰期的适应范围，它既可用于描述某一领域的文献老化，也可用作期刊、机构等的评价指标。普莱斯指数与半衰期相比：从功能上看是相同的，它们都是从文献被利用的角度出发来反映文献老化的情况；从数值上的表现却相反，普莱斯指数越大，半衰期就越短，文献老化速度就越快。

（3）负指数模型

负指数模型被用来衡量文献信息的老化，贝尔纳（J. D. Bernal）利用共时数据发现，文献被利用的程度与文献年龄的关系是负指数函数关系，表达式如下

$$C(t) = Ke^{-at} \tag{3-8}$$

式中，$C(t)$ 是 t 年所发表文献的引用频率；t 是文献的出版年龄；K 是常数，与学科性质有关；e 是自然常数；a 是文献老化率，与学科性质有关，且与文献半衰期有关系。实践证明，文献的老化从宏观上进行考察，基本上是遵循负指数定律的[一][二]。

文献信息的老化主要受到四个方面的影响：第一，文献增长。文献的增长和老化一

[一]　邱均平 . 信息计量学 [M]. 武汉：武汉大学出版社，2007：79.

[二]　朱庆华 . 信息分析：基础、方法及应用 [M]. 北京：科学出版社，2004：105.

体两面，从不同角度描述科学的发展，阐明科学知识的修正率。第二，学科差异。世界上 93% ～ 98% 的科学杂志引用寿命为 20 年左右，但不同学科的文献老化速率差异甚大。第三，学科发展阶段的差异。即使是同一学科，不同阶段文献的半衰期也有差异。第四，信息环境和需求。不同信息用户对文献信息的需求不同，因而信息利用者的需求及所处的信息环境就十分重要。

3.4.4　信息增长与老化规律的应用

（1）在文献管理中的应用

从信息增长的角度来看，科学文献信息增长规律的研究最早是出现在图书馆的文献管理中的。科学文献的数量以及未来的发展趋势在图书馆对于资料收集策略、经费分配、书籍期刊的购买等决策起着重要的指导作用。

从信息老化的角度来看，科学文献的老化规律能够指导文献情报服务效率的提升。将老化的文献从文献库中分离并剔除，一方面大大提高了有用文献的检索效率，减少老化文献对检索策略的影响；另一方面，图书馆的馆藏空间是有限的，大量的文献堆积将会导致藏书空间的拥挤，造成难以管理、流通差的问题。老化文献的剔除可以为馆藏空间腾出更多的空间，提高有用文献的利用率。因此，确定文献的老化在文献管理中至关重要。

（2）在科学研究和评价中的应用

文献数量的增长变化规律是科学知识发展的直接表现，对于文献数量增长规律的探索，其实质是对学科科学史发展的探索。很多对科学学及科学史的研究通过关注科学文献数量增长的规律来模拟总结某科学技术的发展过程及规律，如普莱斯指数等。因此科学文献的增长规律结合老化规律，可以完整地描绘科学发展的过程、速度及规律，更全面反映出科学发展历史中的知识继承以及当前科学发展所处的阶段。

从学科角度来看，文献信息的增长及老化与学科性质密切相关。根据文献的增长及老化趋势的指标数据，能够在众多学科中识别出重点学科、重点研究领域及其发展趋势，确定学科所处位置，找出"领头羊"学科。同时，也能发现短板学科，帮助制定相应的学科发展政策。从文献价值发现来看，文献的增长及老化指标有助于了解文献的特性，相关规律能帮助我们从时效性方面确定科学文献当前的价值。

（3）在科学发展预测中的应用

科学文献的增长规律是科技人员开展科学分析研究、掌握科技发展动态并进行科学预测的可靠手段。科学文献（如专利等）数量的增长能反映一个国家某项科学技术当前的发展水平。例如科技人员经常利用专利文献的发展变化来进行科学技术发展的分析。而从信息老化角度来看，有科学家认为，对信息老化问题的研究是建立在对已发表的文献进行分析的基础上，因此信息老化问题能够对未来的信息利用情况做出可靠的预测，支持科学决策。例如，对于半衰期较短的科学、技术，可以加强对相关学科或技术的报道、分析和传播。

3.5 文献计量学的三大基础规律

3.5.1 布拉德福定律

（1）布拉德福定律的发现

布拉德福（S. C. Bradford）之所以能够发现信息的集中离散分布规律，从客观背景来说主要有三个条件：首先，文献资源的分散现象客观普遍存在；其次，学科交叉与关联现象的存在，即科学统一性原则；最后，文献统计研究为布拉德福定律的提出奠定基础。为了摸清这些文献现象，布拉德福开始采用定量分析方法对文献体系进行了深入的探究。

布拉德福（S. C. Bradford）选择了"应用地球物理学"和"润滑"专业领域为样本，收集科技期刊上发表的相关论文，共统计 490 种期刊、1 727 篇论文，并将期刊按照相关论文载文量的多少降序排列，采用区域分析、图像观察和数学推导三种方法进行分析研究得出相应的结论。

区域分析：按照年平均载文量的多少，把上述两个学科的期刊分为三个区：一是四篇以上的期刊，作为核心区；二是多于一篇而少于或等于四篇的期刊，作为期刊的相关区；三是一篇或不足一篇的期刊，作为期刊的外围区。

图像观察：以横轴表示期刊累计数的对数、纵轴表示相关论文累积数，描绘两个学科的相关论文分布曲线。

数学推导：对经验数据及公式作数学推导。

（2）布拉德福定律的发展

如果将科技期刊按其刊载某学科论文数量的多少，以递减顺序排列，可以将期刊分为该学科领域的核心区、相关区和外围区。各区具有相同数量的文章，此时核心区、相关区、外围区的期刊数量比是 $1:n:n^2$。在布拉德福定律提出来后，也有很多学者对布拉德福定律进行了进一步研究和修正。

①维克利对布氏定律的推论。

英国情报学家维克利（B. C. Vickery）经过研究对布拉德福定律提出了修正，该定律不仅仅局限于划分为三个区，而同样适用于三个区以上的情形，即与选取区域无关；但是分区不同，比例系数就要发生相应的变化，推论如下：

$$n_1:n_{1-2}:n_{1-3}\cdots : n_{1-m}=1:V_1:V_2\cdots : V_{m-1} \qquad (3\text{-}9)$$

式中，n_{1-k}（$k=2$，3，…，m）是第 1 区到第 k 区的期刊累计数量；m 是划分的区域数；V 是分散系数（或称为维氏系数）。

②布鲁克斯对布氏定律的描述。

英国情报学家布鲁克斯（B. C. Brookes）发现，布拉德福最初描述科学论文分布定律时，虽然具有明确的思想，但未能使用数学公式表达。布鲁克斯创造性地提出了布拉德福定律的数学表达式形式：

$$R(n) = an^{\beta} \quad 1 \leqslant n < C \tag{3-10}$$

$$R(n) = k\lg(n/s) \quad C \leqslant n \leqslant N \tag{3-11}$$

式中，$R(n)$ 是对应于 n 的相关论文累积数，n 是期刊等级排列的序号（级）；a 是第一级期刊中相关论文数 $R(1)$，也就是载文率最高的期刊中相关文章数；C 是核心区的期刊数，即曲线进入光滑直线部分的交点的 n 值；N 是等级排列的期刊总数；β 是参数，与核心区的期刊数量有关，大小等于分布图中曲线部分的曲率；k 是参数，等于分散曲线中直线部分的斜率，可用实验方法求得，当 N 足够大时，$k=N$；s 是参数，其数值等于图形直线部分反向延伸与横轴交点的 n 值。

布拉德福定律揭示了文献分布的集中与离散规律。究其原因，文献的集中分布现象与"成功产生成功的原则"（The Success-Breeds-Success Principle）即马太效应密切相关，载文量越大的期刊往往会吸引越多的文章，形成"堆加效应"。文献的分散现象则是由于科学知识具有统一性，每一个学科都或多或少，或远或近地与其他任何一个学科相关联。因此，某学科的文献也可能出现在其他学科的期刊上。

（3）布拉德福定律的应用

布拉德福定律被广泛应用在实践中：第一，用于筛选核心期刊，针对特定的学科，可以使用区域法或图像法对期刊进行划分，从而筛选学科的核心期刊；第二，用于文献检索，利用布拉德福定律的数学式，可以对完全检索 n 种期刊所能得到的论文总数进行预估，也可以进行文献检索效率评估；第三，确定核心的出版社，通过统计分析各大出版社关于某一学科或专业的专著出版情况，从而掌握其专著的基本分布，确定某一个学科的"核心出版社"；第四，动态馆藏的维护，通过不断统计期刊流通的最小核心和连续区，预测未来一年的流通要求，从而指导采购，同时通过布拉德福定律找到经常被利用的核心期刊，为精准收藏提供服务；第五，检索工具完整性的测定，利用布拉德福定律的等级排列法和数学法，通过实际统计数据与理论值进行比较来评价某一特定学科的检索工具的完整性；第六，进行学科幅度的比较，对不同的学科的期刊论文数量进行分析，能得到大小不同的核心区和 s 值，学科的差别就得以体现；第七，指导读者利用期刊，用"核心期刊"这种量的概念来指导读者；第八，指导期刊的订购工作，用"核心期刊"为期刊选定提供证据，这对制定合理的经费分配方案具有指导意义。

在网络环境下，布拉德福定律也有用武之地。早在 20 世纪 90 年代初期，就有学者根据信息的电子化趋势，提出将传统的布拉德福定律等文献计量学方法应用到电子信息计量学中。对于网络版期刊来说，布拉德福定律同样适用。有研究表明，期刊网络下载频次在一定程度上能反映该期刊对于该专业的贡献大小和学术地位，并且在期刊中的分布具有明显的布拉德福分布特征。这一规律同时适用于网页链接度的分布，通过对在线学术网站中的网页数量分析，发现网站的网页分布与布拉德福分布近似，但也存在些许不同，如网络信息资源的集度更大，马太效应也更为突出。这说明布拉德福定律在网络环境下呈现出新的特征，因此，在运用布拉德福定律时要充分考虑统计对象的特点。

3.5.2　洛特卡定律

（1）洛特卡定律的内容

20 世纪初以来，全球范围内的科技文献增长态势迅猛，文摘杂志也如雨后春笋般不断涌现。文摘杂志的出现推动了出版行业的规范化发展，各种索引的兴起和发展又提高了学者对文献规律研究的热忱。在科技期刊和文献数量与日俱增的同时，作为科学研究主体的科研人员的数量在 20 世纪也开始大幅度增加，但是囿于个人科研能力和客观条件，不同科研人员的科研成果数量迥异，论文作者分布规律的探讨得到了研究者的关注。1926 年，洛特卡（A. J. Lotka）发表了一篇题名为"科学生产率的频率分布"的论文，引入了"科学生产率"的概念。"科学生产率"是指科学家在科学上所表现出来的能力和工作效率，通常用生产的科学文献进行衡量。通过这一概念的引入来测量科研人员撰写科学文献的能力，即"洛特卡定律"。洛特卡选取了化学和物理两个领域文献载体中的数据：在化学方面，他选择了美国化学学会化学文摘社（CAS）编辑出版的《化学文摘》（CA）；在物理方面，他对《物理学史一览表》进行了统计，其中收录了截至 20 世纪初的物理学领域的 1 325 名科学家及其论著。通过对数据进行归纳，他最终得出洛特卡定律。

洛特卡推论认为："检验发现，生产 2 篇文章的作者大约是生产一篇文献作者数的 1/4，生产 3 篇文章的作者大概是生产一篇文章作者的 1/9，写 n 篇文章的作者数是生产一篇文章作者数的 $1/n^2$；且生产一篇文章的作者数是全体作者的 60% 左右。"洛特卡表达式如下：

$$f(x) = C/x^2 \qquad (3-12)$$

式中，C 是特定领域的特征常数；$f(x)$ 是撰写 x 篇论文的作者数占作者总数的比例。

洛特卡定律提出后，也有很多学者做了更深入的研究。1985 年，科学家帕欧通过对涉及各领域的 48 组数据的研究，得出 n 属于（1.2，3.5）的结论，根据这一定律可以推导出洛特卡定律的倒幂形式，得出广义洛特卡定律，公式为

$$f(x) = C/x^n \qquad (3-13)$$

式中，x 是论文量；$f(x)$ 是写 x 篇论文的作者占作者总数的比例；C，n 是参数。

（2）洛特卡定律的发展

当今科学交流与合作日益频繁，科学研究越来越交叉化、高深化，而科研合作最显著的表现形式之一就是论文合作，以此提高科学劳动效率。洛特卡定律作为文献学中作者分布定律之一，在最早的研究中对合作者现象的研究比较少，洛特卡定律适用于文献

多为单独撰写的作者。普莱斯曾利用每位作者合作数量的分布来研究合作问题，他发现论文数量与每篇论文的平均作者数之间存在着显著的关系，依据普莱斯的思想，可得到方程：

$$y = C/x^n \qquad\qquad (3\text{-}14)$$

式中，x 是作者的平均合作论文数（与基本理论的区别）；C，n 是参数。

（3）洛特卡定律的应用

洛特卡定律的应用可以概括为五个方向。第一，情报学和图书馆学方面。洛特卡定律可用于预测发表不同数量论文的作者数量以及特定学科的文献总量，可用作评价指标评估文献的增长态势，帮助更科学地管理文献。第二，预测科学方面。基于统计或估算的作者数量，结合洛特卡定律预测文献数量和文献流动方向，帮助揭示文献交流规律；再者，从文献计量视角出发，洛特卡定律也可以用于预测科学发展的规模和趋势。第三，科学学和人才学方面。以科学家为研究对象，洛特卡定律可用于探究科学家的著述特征，从而为整个科学学和人才学研究提供支撑。第四，反映科技劳动成果方面。在科学研究领域内，科学论文的发表数量是评价科学家绩效的重要指标之一，洛特卡定律可以帮助考察某一个学科内的科研人员在一定时期内发表文献的数量及趋势，进而辅助科技成果评价。第五，掌握科学论文的作者队伍方面。通过对科学论文作者结构的统计和计量分析，可以更好地了解科学活动的特征，总结科学活动的发展规律，预测科学发展的趋势，进而科学分配、组织科研团队，促进科技创新。

洛特卡定律同样适用于网络环境下的信息计量学研究，但是要有严格的限定条件，对统计数据的全面性具有较高要求。G. Tolosa 等$^{\ominus}$收集了 15 万个阿根廷域名网站的近 1 000 万个网页的网络特征数据，包括页面内容、链接结构、所使用的技术等，研究发现，网页 PageRank 值的分布、网络中的强关联成分大小、页面大小都符合洛特卡定律。

3.5.3　齐普夫定律

（1）最省力法则

齐普夫（G. K. Zipf）发现，日常生活中每个人都受一个简单的基本法则的制约，即千方百计地选择一条最省力的途径，这个普遍存在的法则就是"最省力法则"，在生活中十分常见。例如，当我们试图与别人交流时，一方面希望想法能够尽可能被别人理解，另一方面希望表达尽量简短，这一对方向相反的力，即所谓的"单一化的力"和"多样化的力"就是"最省力法则"的体现。词汇是表达和载荷信息的基本单元，词汇的选择、使用及出现频次影响着信息的分布。两种作用力的平衡，使自然语言词汇的频次分布呈现双曲线，这就是最省力法则与词频分布的定律。

$\ominus$　TOLOSA G, BORDIGNON F, BAEZAYATES R, et al. Distinctive features of the argentinian Web[C]//Latin American Web Conference. Santiago，2007：136-143.

（2）齐普夫定律的内容

齐普夫在"最省力法则"思想的指导下，在以往研究的基础上又收集了大量统计资料，并进行了系统的分析，他发现任何一篇文章中，词的出现频率都服从如下规律。

如果把一篇较长文章（约 5 000 字以上）中每个词出现的频次统计起来，按照高频词在前、低频词在后的递减顺序排列，并用自然数给这些词编上等级序号，即频次最高的词等级为 1，频次次之的等级为 2，…，频次最低的词等级为 D。那么等级值和频次值的乘积是常数，即

$$F_r \cdot r = C \text{（C 为常数）} \tag{3-15}$$

式中，F_r 是该词在文章中出现的频次；r 是该词的等级序号。

令 N 为文章所包含的词汇总数（词容量），f_r 为第 r 级的相对频率，则有

$$f_r = cr^{-1} \tag{3-16}$$

式中，c 是常量，且 $c = C/N$；r 是该词的等级序号。

（3）齐普夫定律的发展

在齐普夫提出齐普夫定律后，也有更多的学者进行了研究，并对齐普夫定律做了修正。
①朱斯的双参数公式。

美国语言学家朱斯对齐普夫的单参数词频分布律提出了修正，他认为，齐普夫定律中 r 的负指数应该是一个参数，而不是一个常数。则有如下公式：

$$P_r = Cr^{-b} \tag{3-17}$$

式中，$b > 0$，$C > 0$，对于 $r = 1$，…，n，参数 b、C 要使 $\sum_{r=1}^{n} P_r = 1$。
②芒代尔布罗的三参数频率分布律。

美籍法国数学家芒代尔布罗运用信息论原理和概率论方法来研究词的频率分布定律，他通过严格地数学推导从理论上提出了三参数频率分布定律：

$$P_r = C(r+a)^{-b} \tag{3-18}$$

式中，$0 \leqslant a < 1$，$b > 0$，$C > 0$；对于 $r = 1$，…，n，参数 a、b、C 要使 $\sum_{r=1}^{n} P_r = 1$。

a、b、C 三个参数含义如下：

参数 C 与出现频率最高的词的概率大小有关。

参数 b 与高频率词的数量的多少有关，对于 $r < 50$ 的高频率词，b 是 r 的非减函数，随着 r 的增大，参数 b 并不减小。

参数 a 与词的数量 n 有关，由于 a 的选择自由较大，因而公式的灵活性很大，更能在各种条件下适合测定的数据。

（4）齐普夫定律的应用

中国数学家和语言学家周海中曾经指出，齐普夫定律虽然是经验定律，但在描述词频分布规律上十分强大。当然，齐普夫定律也有其一定的适用条件，对中频词的分布情

况刻画较为准确，但对高频词的分布描述偏差较大。研究词频分布对编制词表、制定标引规则、进行词汇分析与控制、分析作者著述特征等具有一定意义。经验表明，中频词往往是包含大量有检索意义的关键词。而一篇文献全文输入计算机后，计算机是很容易检出中频词的。因此齐普夫定律在文献标引和词表编制中应用广泛。齐普夫定律在情报检索和科学评价中也有相关应用。在科学评价中，关键词以精炼的语言反映了科研成果的精髓，可有效展现学科领域的研究主题和发展动向。利用齐普夫定律，基于网络环境所进行的大规模的词频统计分析，能够提高研究结果的可信度。

齐普夫定律在网络信息计量学中同样适用。例如，齐普夫定律还可以应用于论坛发帖者与发帖数量的关系分析。有研究表明，论坛发帖数量和发帖者数量、发帖数量和发帖者在论坛的等级之间的关系分别服从幂律分布和指数分布。有学者选取一个月内某网站收到的页面请求进行分析，发现网页点击率和网页的链接率都符合齐普夫定律，并认为可以通过齐普夫曲线分析网站的受欢迎程度[⊖]。还有学者发现，二重齐普夫模型可用于挖掘网页访问量与目标网址数量之间的关系，来表述网页的受欢迎程度。与此同时，也有学者提出，齐普夫定律的语言基础是英语，并且随后的研究也往往限于印欧语系，因此这种词频分布规律在中文环境下的适用性还有待确定[⊜]。

3.6　引文分布规律

科学文献的引证与被引证，从文献使用角度反映了科学与技术之间、科学之间的相互联系[⊜]。大量的统计分析发现，科学文献的引证及科学引文，具有一定分布结构和规律。

3.6.1　被引量的分布

（1）被引频次分布

当随机选取一定数量的文献或某一领域的特定文献时，根据论文的被引频次进行统计分析可以发现其分布呈现明显的长尾分布，即少部分文献获得了大量引用，大部分文献处于零被引或低被引状态。张靖雯等[⊕]选取美国物理学会（APS）文献引文数据中累计被引次数在 200 次以上且时间窗口在 10 年以上的文献 1 475 篇，发现论文累积被引次数在 500 次以上的文献仅占 16%，总被引次数越多，论文数量越少，呈现长尾分布（图 3-5）。

⊖　AIDA M, TAKAHASHI N, ABE T. A proposal of Dual Zipfian Model for describing HTTP access trends and its application to address cache design[J]. IEICE transactions on communications, 1998，E81-B（7）：1475-1485.

⊜　邱均平 . 文献计量学 [M]. 2 版 . 北京：科学出版社，2019：119-131.

⊜　邱均平 . 信息计量学 [M]. 武汉：武汉大学出版社，2007：362.

⊕　张靖雯，孙建军，闵超 . 引文起飞的定义与量化方法研究 [J]. 情报学报，2019（8）：786-797.

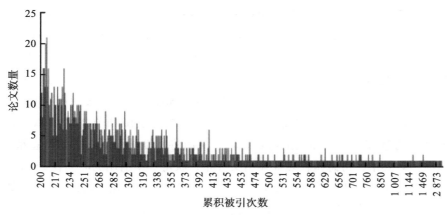

图 3-5　累积被引次数分布

（2）引文量的年代分布

从文献生命周期角度来看，一篇学术论文在发表之后几年内会被其他论文引用，被引次数逐年增加达到峰值，之后被引次数慢慢减少直至被人们遗忘。一篇论文发表后被引次数随时间的分布称为引文轨迹，也叫引文曲线或引用历史。

早在 1979 年，Avramescu 在大量数据的基础上，总结出了被快速认可、受认可程度一般、受认可程度较低的三种"经典引文曲线"和引文曲线单调递增的天才型论文以及认可后突然被否定的论文，共五种[一]。对于认可后突然被否定的论文，引文曲线突变后引用次数降至 0，这种文献较为罕见。而前三种"经典引文曲线"具有明显的生命周期特征，是引文曲线中较为常见的类型。此时 Avramescu 并未提出睡美人类型的引文曲线。然而，20 世纪 60 年代初，有学者注意到有些论文在刚发表时很少被引用[二]，多年后被人们发现，突然被大量引用，这种现象被称为"早熟的科学发现"（Premature Discoveries）[三][四]、"延迟承认"（Delayed Recognition）[五][六]。1985 年，Aversa 采用 K-means 聚类分析对 400 篇高被引文献的曲线特征进行聚类，分析总结了高被引文献的两种引文轨迹，分别是"延

[一]　AVRAMESCU A. Actuality and obsolescence of scientific literature [J]. Journal of the American society for information science, 1979, 30（5）: 296-303.

[二]　BARBER B. Resistance by scientists to scientific discovery: this source of resistance has yet to be given the scrutiny accorded religious and ideological sources[J]. Science, 1961, 134（347）: 596-602.

[三]　STENT G S. Prematurity and uniqueness in scientific discovery[J]. Scientific American, 1972, 227（6）: 84-93.

[四]　WYATT H V. Knowledge and prematurity: the journey from transformation to DNA[J]. Perspectives in biology & medicine, 1975, 18（2）: 149-156.

[五]　GARFIELD E. More delayed recognition. part 1. examples from the genetics of color-blindness, the entropy of short-term-memory, phosphoinositides, and polymer rheology[J]. Current contents, 1989, 38: 3-8.

[六]　MIN C, SUN J, PEI L, et al. Measuring delayed recognition for papers: uneven weighted summation and total citations[J]. Journal of informetrics, 2016, 10（4）: 1153-1165.

迟增长—缓慢下降"和"立即增长—快速下降"两种[○]，前者具有睡美人文献特征，后者具有昙花一现特征。荷兰科学家 Van Raan 教授在 2004 年将文献"延迟承认"的被引现象总结为"睡美人"（Sleeping Beauties），即一篇论文在发表后如同睡美人沉睡，很长一段时间都处于零被引或低被引状态，而后某个时点突然高被引，仿佛睡美人被唤醒了一样[○]。Costas 和 Van Raan[○]通过计算文献所在学科领域在同一年发表的所有文献获得的总被引次数的 50% 所需的时间按从短到长排序，以前 25% 文献和前 75% 文献达到 50% 引用所需时间作为基准，将单篇文献与之比较，从而将文献被引形态分为常态型、昙花一现型和迟滞型。其中，常态型代表经典引文分布，获得一半引用的时间在 25% ～ 75% 文献之间，3 ～ 4 年达到引用高峰；昙花一现型代表获得一半引用的时间在 25% 文献之前，即发表之初立即得到较多引用；迟滞型代表获得一半引用的时间在 75% 文献之后，"睡美人"文献属于此类，文献获得大部分引用所需的时间较长。2014 年，李江等[○]学者利用 Origin8 软件对 341 位诺贝尔奖得主的引文曲线进行拟合，发现除了"经典引文曲线"、"指数增长引文曲线"和"睡美人引文曲线"外，还存在另外两种引文曲线，即"双峰引文曲线"和"波形曲线"（其中，"双峰引文曲线"存在明显的生命周期，当处于"经典引文曲线"衰退期时出现了第二次生命周期，而"波形曲线"无生命周期特征），从而构建了基于这五种引文曲线类型的引文曲线分析框架。而在此之前，Li 和 Ye[○]在对获诺贝尔奖论文的引文曲线分析中发现了四个"睡美人"的特例，这四篇文献引文曲线在"睡前"有一个飞跃，在此基础上他们将这种现象称为全要素睡美人（All-Elements-Sleeping-Beauties）。从曲线类型来看，全要素睡美人也属于双峰引文曲线范畴。熊泽泉[○]选择中国学术期刊中图书情报领域相关期刊，采用聚类分析方法，发现了 3 种基于论文绝对被引量的引文模式和 6 种基于相对被引量的引文模式。

（3）引文分布模型

关于引文曲线的分类和识别，许多研究者对引文曲线分布提出了不同的引文分布模型用于描述和拟合引文曲线。

○ AVERSA E S. Citation patterns of highly cited papers and their relationship to literature aging：a study of the working literature[J]. Scientometrics，1985，7（3-6）：383-389.

○ VAN RAAN A F J. Sleeping beauties in science[J]. Scientometrics，2004，59（3）：467-472.

○ COSTAS R, VAN LEEUWEN T N, VAN RAAN A F J. Is scientific literature subject to a "Sell-By-Date"? a general methodology to analyze the "durability" of scientific documents[J]. Journal of the American society for information science and technology，2010，61（2）：329-339.

○ 李江，姜明利，李玥婷. 引文曲线的分析框架研究：以诺贝尔奖得主的引文曲线为例 [J]. 中国图书馆学报，2014，40（2）：41-49.

○ LI J, YE F Y. The phenomenon of all-elements-sleeping-beauties in scientific literature[J]. Scientometrics，2012，92（3）：795-799.

○ 熊泽泉，段宇锋. 中文学术期刊论文的引文模式研究——以 2006—2008 年图书情报领域期刊论文为例 [J]. 图书情报工作，2019，63（8）：107-115.

① Avramescu 一般曲线模型。Avramescu 通过大量文献的曲线拟合[⊖]，归纳了单篇文献引文曲线的一般公式，表示为

$$c(t) = C_0[\exp(-\alpha t) - \exp(-m\alpha t)], \quad m > 1 \tag{3-19}$$

式中，C_0 是引文曲线振幅；α 是时间常量；m 是初始增量。

当 C_0 较大、α 较小时，文献发表后被广泛关注，随着时间 t 的增加，引用数量下降缓慢，用于描述引用次数较高的经典引文曲线；当 C_0 较小、α 较大时，文献发表后获得关注较少，随着时间 t 的增加，文献老化速度缓慢，但总被引次数较低；当 C_0、α 均较大时，文献发表初期得到较多引用，随着时间 t 的增加，引用数量迅速下降，属于昙花一现型。然而 Avramescu 一般曲线模型无法描述所有的引文曲线，如"睡美人"文献和双峰引文曲线。

②对数正态函数模型。根据引文生命周期特征来看，引文曲线通常呈现逐渐上涨、达到峰值后逐渐下降的正态曲线分布，因此引文曲线通常可用对数正态函数来描述其特征。Egghe 和 Rao[⊖]等人的研究认为对数正态函数对曲线的拟合效果优于负二项式函数、反函数等。其数学表达式为

$$y = y_0 + \frac{A}{\sqrt{2\pi}wx}e^{-\frac{\left[\ln\frac{x}{x_c}\right]^2}{2w^2}} \tag{3-20}$$

式中，y_0 是偏移量；x_c 是正态分布中心；w 是宽度；A 是曲线振幅。

当 A、w 越大时，文献发表后获得的引用次数较多，且随着时间推移，文献老化速度较慢，文献生命周期较长。

③指数函数模型。对于引文曲线单调递增的形态，Sangam[⊜]提出指数函数对单调递增的引文分布形态进行拟合，其表达式为

$$y_t = y_0 + ae^{bt} \tag{3-21}$$

式中，y_0 是常数，代表函数偏移量；a 是初始值；b 是增长率；t 是时间。

当 a、b 值较大时，引文曲线增长速度较快，文献发表后短期内就能获得大量引用；当 a、b 值较小时，引文曲线增长速度较慢，文献吸引引用的速度较慢，但整体仍能获得较多引用。

3.6.2　引文动态分布：引文扩散

引文是连接科学知识的重要线索，为我们提供了理解知识产生、交流、转化乃至创

⊖　AVRAMESCU A. Actuality and obsolescence of scientific literature [J]. Journal of the American society for information science，1979，30（5）：296-303.

⊜　EGGHE L, RAO I K R. Citation age data and the obsolescence function: fits and explanations[J]. Information processing & management，1992，28（2）：201-217.

⊜　SANGAM, S L. Obsolescence of literature in the field of psychology[J]. Scientometrics，1999，44（1）：33-46.

新规律的金钥匙。科学载体（如文献、论文集等）在科学系统被引用的动态演化过程称为引文扩散。更具体地，引文扩散是指某个知识主体（如一篇论文、一个作者的论文集、一个知识主题的论文集）的被引状态，在科学系统中动态演进的过程与现象。这种动态过程可以在时间维度发生，也可以在空间维度发生，反映了科学系统自身的发展演化。

（1）引文扩散要素[⊖]

引文扩散的影响因素多种多样，不仅受制于基本的引文规律，而且受到随机噪声、重要历史事件等因素的影响。引文扩散体系中至少包含以下要素，如图3-6所示。

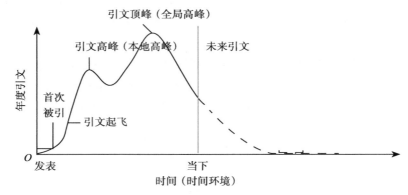

图3-6　引文生命周期及其基本要素的分析框架

注：“最终引文数量”与“引文生命周期”体现在随时间变化的整条引文曲线上。“引文累积速度”是较为抽象的要素，“文献网络/生态系统”是引文扩散结构维度的展现，二者均无法在图中展现。

①时间环境。时间环境是指文献发表的时刻以及发表时所处社会环境的特征，最典型的是论文发表的年代。不同年代发表的论文，其引文模式存在显著的差异。

②首次被引。首次被引是指文献发表后第一次被引用的时刻。相当比重的论文在发表之后，终其一生可能也未被其他文献引用，某些论文则在发表之后获得较多的关注和引用数。

③引文高峰。文献被引的次数可能会在某些年份形成峰值，即之前与之后年份的引文都明显低于这一年，被称为“引文高峰”。引文曲线上体现出两种高峰：一是“本地高峰”，即引文数仅在一小段时间内表现出峰值，而其他时段内可能存在另外的峰值，某些本地高峰可能会高于其他本地高峰；二是“全局高峰”（或者称为“引文顶峰”），即在所有本地高峰中最高的那一个，也就是文献发表以来，达到最高年度引文数量的时刻。

④最终引文数量。这是一个相对抽象的概念，是指文献在整个生命周期中，最终能够吸引到的所有引文数量的总和。

⑤引文累积速度。不同的文献在吸收引文的速度方面存在着明显的差异，有的文献快速积聚引文却后继乏力，有的文献启动缓慢却后劲充足。

⊖　闵超, DING Y, 李江, 等. 单篇论著的引文扩散 [J]. 情报学报, 2018, 37（4）: 341-350.

⑥引文生命周期。引文生命周期是指文献从发表、兴盛到衰老、死亡的整个生命过程。以往的研究认为，一篇典型文献的生命周期是它在发表之后 2 ～ 6 年[一]达到引文峰值，然后开始衰老的过程。

⑦文献网络 / 生态系统。文献网络是指经由文献之间的引用关系形成的网络系统。一篇文献通过引用其他文献和被其他文献引用，加入文献网络系统，引文的扩散也是在文献网络系统[二]中进行。

⑧引文起飞（Takeoff）。引文起飞是首次被引之后的另一个特殊时点，它衔接了文献从引入阶段到引文快速增长阶段的演进过程。

（2）引文扩散结构

引文的扩散在结构上呈现级联的特征。所谓级联，是指某个事件一下触发后续一系列事件的反应。引文级联具体是指，一篇论文会被后续论文引用，后续论文还会被后续论文引用，如此往复，形成一个由源头论文出发的有向无环图。我们将这样的一个有向无环图称为一个引文级联。图 3-7 为某文献触发的引文级联。

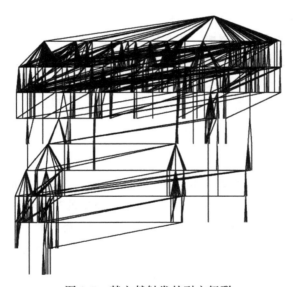

图 3-7　某文献触发的引文级联

◎ 延伸阅读资料：创新还是模仿[三]

1. 研究背景

两篇假想的论文，具有一致的被引总次数而引文模式截然不同。两篇论文发表于相

[一]　AMIN M, MABE M A. Impact factors: use and abuse[J]. Medicina（Buenos Aires），2003，63（4）：347-354.

[二]　李纲，巴志超 . 科研合作超网络下的知识扩散演化模型研究 [J]. 情报学报，2017，36（3）：274-284.

[三]　MIN C, DING Y, LI J, et al. Innovation or imitation：the diffusion of citations[J]. Journal of the association for information science and technology，2018，69（10）：1271-1282.

同领域、相同年份，在发表之后的前 15 年内获得了相同的被引总次数，但是论文获得未来影响方面的潜力不同。论文 1 未来能获得更多引用。图 3-8 为两篇论文的引文曲线。

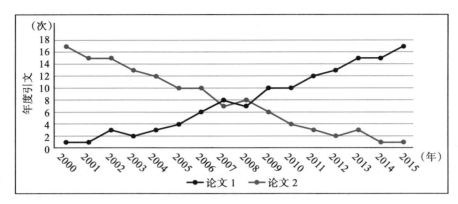

图 3-8　两篇论文的引文曲线

创新扩散中存在两种机制，一种是创新机制，另一种是模仿机制。创新机制是用户独自做出购买产品的决定而不受他人影响（这些用户具有创新精神）；模仿机制是用户的购买决定部分受到社会大众的影响，并且随着已经购买人数的增加而加大。而在科学文献中，新颖性是科学文献得以发表的一个重要的内在要求。那么，科学文献中包含的科学想法也是"创新"的一种类型。

创新扩散的理论与模型为理解引文过程带来启发。典型的引文时序曲线与典型的创新采纳曲线在外观上十分接近，两者都呈现钟形。

2. Bass 模型

Bass（1969, 2004）基于创新与模仿两种机制，提出了一种简洁的新产品销量预测模型，成为创新扩散的经典模型。按照人群划分，前 2.5% 的采纳者被称为"创新者"，剩余的采纳者被称为"模仿者"。Bass 模型假设一位在时刻 t 尚未购买某个新产品的用户将会在下一个微小时段内购买的概率，是系统内所有已经购买新产品的用户比例的线性方程：

$$h(t) = p + q F(t)$$

式中，$h(t)$ 是时刻 t 的采纳风险率；$F(t)$ 是时刻 t 已采纳用户的累计分布函数；p 是创新系数，与大众传播等外部影响相对应；q 是模仿系数，与人际传播等内部影响相对应。

3. 研究数据

诺贝尔奖得主论文数据集，包含 629 位诺贝尔奖得主的 58 963 篇论文的年度引文数据，学科覆盖化学、物理学、生理学或医学、经济学四个学科领域，论文发表时间跨度为 1900—2000 年，引文时间跨度为 1900—2011 年（时间窗口不低于 11 年）。

美国物理学会数据集，用于验证结果是否可靠。美国物理学会数据集收录了美国物理学会 1893—2013 年的 45 万篇论文以及 600 万对引用关系。

4. 研究方法

将 Bass 模型应用到单篇论文上，估计对应的模型参数值。为了保证实验结果的准确性与可靠性，对数据进行预处理。剔除被引次数较低的论文。将被引次数 19 次以下的论文剔除，得到 28 769 篇论文。选择参数估计方法。在本研究中我们倾向使用非线性最小二乘法。循环估计模型参数直到结果收敛。在第四次循环后，最终有 23 399 篇论文成功拟合模型，其中 22 028 篇的系数值与 R^2 非负。利用 R^2 筛选结果。保留 R^2 不小于 0.5 的论文，最终得到 11 037 篇论文。实验结果发现创新扩散的经典机制适用于绝大多数论文的扩散。

5. 研究结果

持续增长引文曲线符合小 p、小 q 特征，高影响力的论文常常兼具良好的潜力与良好的持久力。参数 p 反映了一篇论文在发表之后的早期阶段获得的引文数量在它整个生命周期中的比重。p 值大表明一篇论文在发表之后很快获得它生命周期中较大比重的引文数量，同时也意味着这篇论文在生命周期的剩余阶段获得更多引文的可能性不大。较小的 p 值显示早期阶段的引文比重相对最终能够获得的引文总数较低，这也表明论文随着时间的推移有较大的潜力获得更多的引文。参数 p 在一定程度上反映了一篇论文获得未来引文的潜力：一篇论文的 p 值较小，它将有更大的潜力获得未来的引文；一篇论文的 p 值较大，它在早期阶段被引用的比例很大，随后往往随着时间的推移呈现下降趋势。参数 q 反映了一篇论文被引的"持久力"。较大的 q 值可以增加某篇论文获得一次新引用的概率，然而它同时也加速了这篇论文的衰老或死亡。较大的 q 值意味着快速死亡，即缺乏持久力；较小的 q 值则使得一篇论文有更多的时间来持续积累引文。

对科研产出评估的启示主要有：引文总数衡量的只是科学产出的整体影响，引文扩散进程能够为我们理解科学影响力提供更多启示。科学引文不只是单一的、静态的统计数字，而且是动态的增长与消退过程，在时间上呈现出特定的模式与规律，与营销科学研究中的"创新效应"和"模仿效应"相对照，"潜力"与"持久力"在引文扩散模式中发挥着重要作用。那些具有突破性创新的科学想法，它们后续的引文增长都比那些平庸的论文扩散更加持久。

相关案例的研究也进一步表明了，马太效应对于信息分布注重核心信息带来的负面影响，在科学研究中，潜在的科学突破并不完全体现在被引次数上，更应探究其内在机制。科学突破的重要性在一定程度上可以从其引用方式的特征中得到体现。

3.7　网络信息资源分布：互联网结构及规律

3.7.1　Web 结构图与链接的相关概念

（1）Web 结构图

图论中的图是由若干给定的点及连接两点的线所构成的图形，这里可以用节点表示网页（可能是网址标识），用有向边表示从一个节点到另一个节点的直接链接关系，网络就可以用有向图来表示。

互联网结构以 Web 结构为主，即由节点与连线构成的网状结构。其中节点可以是网页、网站、域名等，而连线则是网页、网站、域名之间的超链接。研究互联网结构的增长，主要是研究这种网状结构中节点与连线互动式的增长。

Wood 等人[⊖]将 Web 的结构抽象成如图 3-9 所示的三维结构图。图中，白色的大球表示网站主页，小球代表网站的二级及二级以下页面；连线代表链接，将不同的网站、网页链接在一起形成网络。

（2）链接的定义

链接是指从一个网页指向另一个网页或同一网页不同位置的连接关系。所指向的目标可以是另一个网页，也可以是相同网页上的不同位置，还可以是图片、电子邮件、文件、甚至是应用程序。图 3-9 虽然形象的描绘出 Web 的空间结构特征，但并未标出链接的方向。事实上，Web 可被描述为有向图。图 3-10 展示了 Web 的二维结构。该有向图具有以下特征：①节点之间的连线可以指向其他节点，也可以指向自身；②节点之间的边线可以是双向的；③虽然这些节点与连线显示在时间轴上，但节点之间的连线是不受时间约束的；④该有向图是动态的，可以随时、随意地在图中添加、删除、修改节点与连线。

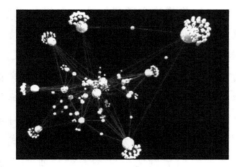

图 3-9　Web 的三维结构

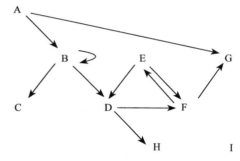

图 3-10　Web 的二维结构

根据链接的箭头方向，链接可以分为入链、出链、自链、互链、共入链、共出链。其中，入链是指指向某页面的链接。出链是指从某页面指出的链接，一般而言，这个链接应该指向某个特定集合以外的页面。自链是指从某页面指向该页面自身的链接。互链通常是指两个不同网站之间的链接。如果两个网页都含有来自第三个页面的入链，则称这两个网页共入链。如果两个网页都含有指向第三个网页的出链，则称这两个网页共出链。

在实际 Web 结构中，网站 / 网页与其间的链接随时都在变化。有新的网站、网页、文件加入 Web 中，有无人问津的网站、网页、文件被剔除；有新链接按照"优先连接"

⊖　WOOD A M，DREW N S，BEALE R，et al. Hyper space: Web browsing with visualization [EB/OL].（2021-08-10）[2023-02-01]. http://www.cs.bham.ac.uk/~nsd/research.html.

（Preferential Attachment）机制指向拥有很多入链的网站，也有新链接按照"均匀连接"（Uniform Attachment）机制指向入链数为 0 的网站。

（3）链接的功能

1997 年，阿曼德（T. C. Almind）和英格维森（P. Ingwersen）提出了"网络计量学"一词，旨在定量分析网络现象[一]。此后，链接分析便成为网络计量学的主要研究内容之一。链接的功能主要包括传达信息、搜索引擎与网站设计、网站健康度检查和知识挖掘四个方面，具体如下：①链接可用于传达信息。不同学术信息交流类型的链接动机也不同，因此判断创建链接的动机可用于判断学术网络上信息交流的类型。②搜索引擎与网站设计。链接分析算法用于检索结果排序，可有效提高检索效率，而网站根据搜索引擎的工作原理和排序算法改进网络结构，提高网站内容质量以增加其可见度。③网站健康度检查。通过分析网站中不同类型的链接数量等数据，可以评价网站的影响力和健康程度。④知识挖掘。从链接分析算法与链接网络图中可以挖掘出网页、网站的潜在属性及潜在关联，以获得新的知识。

3.7.2　Web 的相关理论

（1）链接的幂律分布

幂定律普遍存在于链接网络中，这一定律可用于解释网络拓扑结构的增长模式[一]。Björneborn 分析了英国学术网络中各站点入链数量与出链数量的分布特征，如图 3-11 与图 3-12 所示。两图都是对数尺度图，图中入链与出链的数量（纵轴）和子站的数量（横轴）之间近似呈线性关系，表明二者之积为常数，即入链与出链的分布近似符合幂定律[一]。Albert、Jeong 以及 Barabasi 在"Diameter of the World-Wide Web"一文中验证了入链与出链的分布均服从幂定律，入链分布的幂指数为 2.1[四]。

在网页幂指数层面，Broder 等人[五]借助 Altavista 收集到超过 2 亿个页面与 15 亿个链接，发现页面入链分布服从幂定律，指数为 2.1，与 Barabasi[六]、Kumar[七]的研究数据集完

[一]　ALMIND T C, INGWERSEN P. Informetric analyses on the world wide web: methodological approaches to "webometrics"[J]. Journal of documentation, 1997, 53（4）: 404-426.

[二]　THELWALL M. Link analysis: an information science approach[M]. New York: Elsevier, 2004: 59.

[三]　BJÖRNEBORN L. Small-world link structures across an academic web space: a library and information science approach[D]. Copenhagen: royal school of library and information science, 2004: 11-27.

[四]　ALBERT R, JEONG H, BARABASI A. Diameter of the World-Wide Web[J]. Nature, 1999, 401（6749）: 130-131.

[五]　BRODER A, KUMAR R, MAGHOUL F, et al. Graph structure in the Web[J]. Computer networks, 2000, 33（1-6）: 309-320.

[六]　BARABASI A, ALBERT R. Emergence of scaling in random networks[J]. Science, 1999, 286（11）: 509-512.

[七]　KUMAR R, RAGHAVAN P, RAJAGOPALAN S, et al. Trawling the web for emerging cyber-communities[J]. Computer networks, 1999, 31（11-16）, 1481-1493.

全不同，但幂指数一致。出链分布也服从幂定律，指数为 2.72。Kumar 等人的研究表明，包含 i 个入链的网页的数量大约与 $1/i^2$ 成正比。Barabasi 与 Albert 发现：入链分布服从幂定律，Zipfian 指数为 2.1；他们还发现：包含 i 个入链的网页的数量大约与 $1/i^{2.45}$ 成正比。

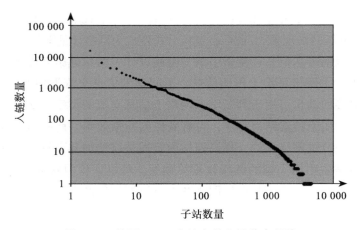

图 3-11　英国 7 669 个站点的入链分布规律

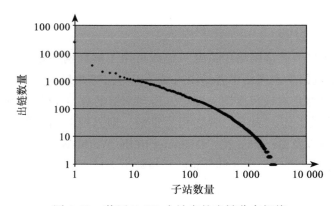

图 3-12　英国 7 669 个站点的出链分布规律

在网站幂指数层面，Bharat 等人[⊖]根据 2001 年 6 月 Google 数据库快照的数据发现：包含 i 个入链的网站的数量大约与 $1/i^{1.62}$ 成正比；包含 i 个出链的网站的数量大约与 $1/i^{1.67}$ 成正比。Liu 等人[⊖]以天极 2003 年 5 月搜集到的数据为基础，发现：包含 i 个入链的网站的数量大约与 $1/i^{1.4}$ 成正比；包含 i 个出链的网站的数量大约与 $1/i^{1.5}$ 成正比。

幂定律并非只存在于链接网络中，也存在于电影演员的合作网络中。该网络中合作频次服从 $P(k) = 1/k^{\gamma_{actor}}$，$\gamma_{actor} = 2.3 \pm 0.1$。Barabasi 与 Albert 对网页、美国西部电

　　⊖　BHARAT K, CHANG B W, HENZINGER M R，et al. Who links to whom: mining linkage between websites? [C]// In ICDM. San Jose，2001：51-58.

　　⊖　LIU G, YU Y, HAN J, et al. China web graph measurements and evolution[C]//In Asia-Pacific Web Conference. Berlin，2005：668-679.

网、引文网络中存在的幂定律进行了比较：网页的链接网络中存在幂定律，服从 $P(k)=1/k^{\gamma_{www}}$ ， $\gamma_{www}=2.1\pm0.1$ ，如图 3-13a 所示；美国西部电网中也存在幂定律，节点代表发电机、变压器、变电站等，连线则代表电缆，服从 $P(k)=1/k^{\gamma_{power}}$ ， $\gamma_{power}\approx4$ ，如图 3-13b 所示；引文网络中也存在幂定律，服从 $P(k)=1/k^{\gamma_{cite}}$ ， $\gamma_{cite}=3$ ，如图 3-13c 所示。

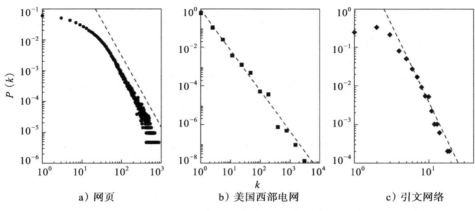

a）网页　　　　　b）美国西部电网　　　　　c）引文网络

图 3-13　大型网络中的幂律分布

注：a）图中 N=212 250， k=28.78；b）图中 N=325 729， k=5.46；c）图中 N=4 941， k=2.67。

综观前述研究中各国 Web 中的链接分布特征可知：① Web 中的链接分布均服从幂定律；②链接分布的对数散点图均呈扫帚形，即尾部较粗；③ Web 中链接分布幂定律中的幂指数呈稳定状态。

（2）领结结构模型

领结结构模型（Bow-Tie Model）是用于描述 Web 结构中的节点与连线分布的模型。对于 AltaVista 搜索引擎数据库的链接结构分析被认为是网络链接结构整体研究的起点，然而当时 AltaVista 数据库只覆盖了 15% 的可搜索到的网页⊖。Brobder、Kumar 等人用计算机软件分析 AltaVista 数据库的链接结构，将 Web 结构分成了五大部分⊖（见图 3-14）。

在领结结构模型中，SCC（强连通部分）位于领结中部，是网络中最大的网络集合，这些网页可以在任何一个网页中沿着链接的方向被找到。这部分网页彼此相连，我们以这些网页为起始点进行遍历就会发现，无论采用正向遍历还是反向遍历，从统计的角度上看，都可以遍历到占全部网页的 3/4 的网页数。当部分网页无法通过 SCC 中任何一个页面到达，但可以沿着链接到达 SCC 的页面，这些网页集合就是 IN，也被成为目录型网页。如果以这部分网页为起始点开始遍历，若采用正向遍历，那么也能够遍历到占全部网页的 3/4 的网页数；若采用反向遍历，那么可能只能遍历到有限的一些网页，所占的比

⊖　LAWRENCE S, GILES C L. Accessibility and distribution of information on the web[J]. Nature, 1999, 400（8）: 107-109.

⊖　BROBDER A Z, KUMAR R, MAGHOUL F, et al. Graph structure in the Web[J]. Computer Network，2000，33（1-6）: 309-320.

例可以忽略不计。那些能在 SCC 中沿着链接被找到却不在 SCC 中的网页集合就是 OUT，也被称为权威性网站。以这部分网页为起始点开始遍历，如果采用反向遍历，那么能够遍历到占全部网页的 3/4 的网页数；如果采用正向遍历，那么只能遍历到有限的一些网页，所占的比例可以忽略不计。

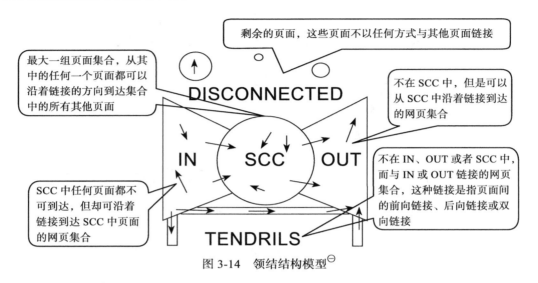

图 3-14　领结结构模型[一]

在领结的虚角，TENDRILS 是指那些跟 IN 或 OUT 链接但是不在 IN、OUT、SCC 任意集合中的网页，这种链接是指页面间的前向链接、后向链接或双向链接。以这部分网页为起点，不论采用正向遍历还是反向遍历，都只能遍历到有限的网站。其余的页面位于 DISCONNECTED 部分，这些页面不以任何方式与其他页面链接，这部分的页面数量占爬取页面总数的 8%，由此可见有相当大一部分网页与 Web 主体页面隔离[二]。大量统计分析证明，Internet 网络的领结结构具有稳定性。网页链接的微小变动对于领结的影响很小，SCC、IN、OUT 和 TENDRILS 四个集合中的网页数是动态变化的，但其总体结构是相对稳定的。

互联网的领结结构也反映了网络信息资源分布的不均衡。可以推测，高度互链的枢纽页面大部分在 SCC 中，链接稀少的页面大部分在 IN 或者 OUT 中，而所有没有入链的页面则在 DISCONNECTED 中[三]。

M. Thelwall 根据上述理论，以澳大利亚、新西兰、英国的大学网站为例，分析了其链接结构特征，发现：TENDRILS、DISCONNECTED 和 IN 三种结构中的网页集大小不确定，在三个国家中，OUT 的网页数量均是 SCC 的两倍多，且 OUT 网页集的相对大小都差不多。然而在 AltaVista 的研究中，OUT 比 SCC 小。可以看出 SCC 在国家学术 Web

［一］　BJORNEBORN L. Small-world link structures across an academic Web space: a library and information science approach[D]. Copenhagen: Royal School of Library and information Science，2004.

［二］　岳增慧. 高校图书馆网络空间链接特征研究 [D]. 曲阜：曲阜师范大学，2011，7.

［三］　塞沃尔. 链接分析：信息科学的研究方法 [M]. 孙建军，李江，张煦，译. 南京：东南大学出版社，2009：41.

中的比例比在 AltaVista 中的小得多，也进一步说明了学术 Web 与 Web 中的其他内容是相隔离的。

Liu 等人[一]以天网（http://e.pku.edu.cn）数据为基础，发现 140 000 000 个页面在领结图中，SCC 部分占了 80% 的比重，意味着在该 Web 结构中随机选取两个结点 u 和 v，它们之间存在路径的概率为 80%。

由此可见，Internet 并非均匀一致的随机网络，网络中看似杂乱无章的微观行为及结构，其实是大尺度的、稳定的有序结构。

（3）Web 小世界理论

Web 小世界理论源于对社会网络（可以把社会网络看作以人为节点，以人与人之间的关联为边线的图结构）的研究。1998 年，邓肯·瓦茨（Duncan J. Watts）和他的老师史蒂芬·斯托加茨（Steven Strogatz）在 *Nature* 联合发表论文，提出"Web 小世界"理论。相比随机图（与小世界图相比，节点数相同，平均每个节点的边数相同），Web 小世界具有更大的聚类系数、较小的特征路径长度[二]。

聚类系数（Clustering Coefficiet）C，用于描述图结构中的邻居节点之间相互连接的特性或"团"特性。所谓"邻居"是指两个节点间有链接使其相连。节点 v 的邻居节点是指图中所有与 v 相连的节点。计算聚类系数时，通常将有向的链接视为无向。设节点 v 有 k_v 个邻居节点，那么这些邻居节点之间最多存在 $k_v(k_v-1)/2$ 条连线，而实际存在的连线数为 T_v，Steyvers 与 Tenenbaum[三]将聚类系数 C_v 定义为

$$C_v=2T_v/k_v(k_v-1) \qquad （3-22）$$

C_v 的取值在 0 与 1 之间，如果为 0，表示节点 v 没有邻居节点，或 v 有邻居节点但其之间并不相连；如果为 1，则表示节点 v 的所有邻居节点均相连。

特征路径长度（Characteristic Path Length）L 指最短路径长度的平均值。具有小世界网络特性的 Web 中，L 一般可表示为

$$L=0.35+2.06\log N_p \qquad （3-23）$$

式中，N_p 是 Web 中的节点（网站或网页）个数。

与此相似的、易产生混淆的另外一个术语为"直径（Diameter）"，以 D 表示，指最长的最短路径。也就是说，从 Web 中的一个节点到另一个节点，平均需要点击 L 个链接，最多需要点击 D 个链接。

Albert、Jeong 与 Barabási[四]构建的 Web 拓扑模型中，一个随机文件可以通过平均

○ LIU G, YU Y, HAN J, et al. China web graph measurements and evolution[C]//In Asia-Pacific Web Conference. Berlin，2005：668-679.

○ WATTS D J, STROGATZ S H. Collective dynamics of "small-world"networks[J]. Nature，1998，393（6684）：440-442.

○ STEYVERS M, TENENBAUM J B. The large-scale structure of semantic networks: statistical analyses and a model for semantic growth[EB/OL].（2021-08-10）[2023-02-01]. http://arxiv.org/pdf/cond-mat/0110012.

○ ALBERT R, JEONG H, BARABÁSI A. Diameter of the World-Wide Web[J]. Nature，1999（401）：130-131.

19 次点击链接到达另一个随机文件。而随后，Broder 等人的 Web "领结模型（Bow-Tie Model)" 表明：如此短的链接路径（19）仅仅存在于 Web 图中连通性较好的 SCC 区域[⊖]。2004 年，L.Björneborn 选择英国 109 所大学的网站链接开展实证研究，以 109 个主网站、7 669 个子站形成的 48 902 个链接构建网络，对其网络特征进行分析。他发现，最大的最短路径长度为 10，平均路径长度为 3.46，网络直径为 4。也就是说，从任意一个子站到达另一个子站平均需要经过大约 4 个站点[⊜]。平均聚类系数为 0.09 038，即如果节点 $v1$ 与节点 $v2$、$v3$ 均相连，那么节点 $v2$、$v3$ 约有 9% 的概率也相连。

（4）网络拓扑模型

网络拓扑模型是对真实网络结构的模拟，可以根据已知信息尽量准确、有意义地反映真实网络结构的情况，是网络问题研究的基础。常见模型有：规则网络拓扑模型、随机拓扑模型、层次化网络拓扑模型以及基于幂法则的网络拓扑模型等[⊜]。规则网络拓扑模型最为简单，包括链状、环状、星型、网格模型等，较易处理，常用于评估算法性能。随机拓扑模型可以根据实际需要构建网络，但适合于对局部建模，难以建立大规模的整体网络，与真实网络差距较大。层次化网络拓扑模型的整体结构是由几个部分连接起来的，包括 N-层次模型、传输域—端域模型等，可以在保持较低节点度的情况下生成大规模网络。

幂定律是复杂网络系统中的一个经验规则，基于幂法则的网络拓扑模型更贴近真实情况。节点与节点之间的连接形成网络结构，像是自行组织的，大多数节点几乎没有连接，而只有较少数量的节点有许多连接。这种结构有助于解释为什么互联网络通常非常稳定而且很有弹性，但却对偶然的崩溃反应灵敏。网络运营对于稀疏的大多数节点的依赖度极小，一部分被除去后，这个网络还会存在并正常运营；但如果除去几个密集连接的节点，整个系统就会崩溃。

Barabasi 等人[⊕]计算单一节点链接的分布情况，通过添加新节点和新连线模拟 Internet 网络的发展，生成了符合幂法则的模型，即无标度网络概念，通常被称为 BA 模型。在这个模型中提出了增长和择优两种生成机制[⊗]：①生长（Growth），即通过持续向模型中添加新节点扩展网络结构；②优先连接，即新节点优先连接那些拥有较多连接的节点。新节点连接到第 i 个节点（节点 i 的度为 k_i）的概率为

$$\prod(i) = k_i / \sum_j k_j \tag{3-24}$$

⊖ BRODER A, KUMAR R, MAGHOUL F, et al. Graph structure in the Web [J]. Computer Networks，2000，33（1-6）：309-320

⊜ BJÖRNEBORN L. Small-world link structures across an academic web space: a library and information science approach[D]. Copenhagen：Royal School of Library and Information Science，2004：11-27.

⊜ 曾伟，徐明伟，吴建平. 网络拓扑模型评述 [J]. 计算机应用研究，2005（7）：1-5.

⊕ BARABÁSI A L, ALBERT R, JEONG H. Mean-field theory for scale-free random networks[J]. Physica A: statistical Mechanics and its Applications, 1999，272（1-2）：173-187.

⊗ ZHOU S, MONDRAGON R J. The rich-club phenomenon in the Internet topology[C]. IEEE Communications Letters, 2004，8（3）：180-182.

按照 BA 模型，新连线的生成仅仅是以节点的流行度（拥有度数的多少）为依据，因此，最老的节点通常拥有最多的度数[一]。Fitness BA 模型[二]、GLP 模型[三]（Generalized Linear Preference Model）以及下文将要介绍的 IG 模型都是对 BA 模型的修正。

IG 模型（Interactive Growth Model）是对 BA 模型的修正，旨在满足 Rich-Club 现象。Rich-Club 现象是指：富足节点，即小部分拥有大量连接的节点，彼此之间有很强的连通性，并且富足节点优先连向其他富足节点[四]。IG 模型也包括两种生成方式：节点的添加与连接的添加。在添加的每一步中，一个新节点与一个网络中已有的 Host 节点连接；新的链接则连接 Host 节点与其他已有的节点（Peer Node）。节点的添加与连接的添加是相互独立的。在实际网络中，新节点将会给 Host 节点带来流量负担（Traffic Load），即 Host 节点的流量增加以及 Host 节点周围流量类型的改变，导致 Host 节点与 Peer 节点之间会添加连接，以平衡网络流量并优化网络结构，这种新节点与新连接的共同增长被称为 IG 模型[五]。这种共同增长使得 IG 模型中的富足节点与 BA 模型中的富足节点相比有两个明显的特征：①连通性更好；②度数更高（连接数更多）。

BA 模型、IG 模型等网络拓扑模型并非专指 Web 网络，但对于研究 Web 网络的拓扑模型有启发意义。BA 模型与 IG 模型的两种生成方式可用于解释 Web 的增长过程。

◎ 复习思考题

1. 请简述马太效应以及信息分布中的马太效应。
2. 请论述帕累托法则和长尾理论及其启示。
3. 简述信息的增长与老化定律的启示。
4. 简述文献计量学的三大基础规律及其启示。
5. 论述互联网的结构及其规律给信息资源管理带来的启示。

[一] MENCZER F. Growing and navigating the small world Web by local content [J]. PNAS, 2002，99（22）：14014-14019.

[二] BIANCONI G, BARABÁSI A L. Competition and multiscaling in evolving networks[J]. Europhys Lett，2000，54（1）：37-43.

[三] ALBERT R, JEONG H, BARABÁSI A L. Error and attack tolerance of complex networks[J]. Nature，2000，406（6794）：378-382.

[四] ZHOU S, MONDRAGON R J. The Rich-Club phenomenon in the internet topology [J]. IEEE Communications Letters，2004，8（3）：180-182.

[五] ZHOU S, MONDRAGON R J. Towards modelling the internet topology——the interactive growth model[J]. Teletraffic Science and Engineering，2003，5：121-129.

第4章

信息采集

■ **教学目的与要求**

理解信息源的定义及类型；掌握信息采集的定义与原则；掌握信息采集基本方法，包括调查法、访谈法、观察法；掌握平台数据采集、网络数据采集等。

4.1 信息源

4.1.1 信息源的定义及类型

（1）信息源与信息资源

世界是物质的，物质是普遍存在的，物质都处于运动之中。凡有物质及其运动存在，就有信息产生。任何事物都能够产生、传递信息，因此信息源指所有产生、持有和传递信息的人、事物和机构，一切产生、生产、贮存、加工、传播信息的源泉都可以看作信息源。

但是信息源不等于信息资源，信息源是蕴含信息的一切事物，信息资源则是可利用的信息的集合；信息资源可以是一种高质量、高纯度的信息源，但信息源不全是信息资源。从时间序列来看，信息源是信息资源的源，是信息的"根据地"；在信息开发利用上，信息源则不断转化为信息资源。

（2）信息源的分类

按照不同的分类标准，我们可以将信息源分为不同的类型。

①按信息的加工和集约程度划分。

按信息的加工和集约程度由低到高可分为：一次信息源、二次信息源、三次信息源和四次信息源。一次信息源，也称为本体论信息源，是最根本的信息源，如空气、阳光、土壤、水等自然物质所传递的信息；二次信息源，也称为感知信息源，主要存储于人的大脑中，如感知、思维、情绪等所形成的信息；三次信息源，又称为再生信息源，可以通过二次信息源的加工获得，代表性的三次信息源有口头语言、体态语言、实物、文献等；四次信息源，也称为集约型信息源，既包括文献信息源的集成，如图书馆、档案馆、数据库等，又包括实物信息源的系统化，如博物馆、样品室、展览馆等。

②按信息的载体划分。

按信息的载体划分，信息源可以分为个人信息源、印刷型信息源、声像型信息源、实物信息源、电子信息源等。参与社会信息交流活动的每个人都是一个独立的个人信息源，他们通过交谈、讨论等方式将存储在人脑中的信息表达出来，在这个过程中，人同时作为信息的接收者与创造者。印刷型信息源主要是指纸质文献，是以纸介质为载体的信息源，通过书写或印刷来传播信息，具有历史悠久、存储量大的特点。声像型信息源又称视听型信息源，是使用电、磁、声、光等原理和技术将声音、视频存储起来，如唱片、录像带、录音带等，是人们认知、学习、进行文化娱乐活动的重要来源。实物信息源主要依托客观事物自身传递信息，使人们直观地了解实物的形状、颜色、构成、型号等信息，不仅包括各种实物，也包括提供实物的产品展览会、博览会，还包括各类百货公司、商场等。电子信息源是随着现代信息技术的迅猛发展而迅速发展起来的，通过计算机对数据的存取与处理实现纸质文献的电子化，如电子图书、电子报刊、磁盘、大型数据库等。

以个人作为信息主体来看[⊖]，信息源分为可及信息源和可获信息源。可及信息源是指现实物理上存在的信息，也被称为物理可及信息源；可获信息源是指通过个体实质加以应用获得认知发展的信息源，也被称为认知可获信息源[⊖]。

除上述几种分类方法之外，还可以依据信息源的内容类别、提供信息的部门性质等进行划分。在信息管理的实践活动中还需根据实际需要来决定采用何种划分标准。

4.1.2　主要信息源

（1）文献信息源

文献是记录、存储和传递人类精神内容最主要的方式之一，文献信息源是一类重要的信息源，具有较高的研究价值。文献一般由四要素构成：文献的符号系统、文献的记录方式、文献载体和文献信息。

①文献的符号系统。

文献的符号系统是指图画、文字、图表、声像信息和电磁信息等。其中，图画是最

⊖ 于良芝. "个人信息世界"：一个信息不平等概念的发现及阐释 [J]. 中国图书馆学报，2013，39（1）：4-12.

⊖ 周文杰. 教育水平之于个体信息贫富差异的影响研究：基于信息源可及性和可获性的比较 [J]. 中国图书馆学报，2021，47（4）：61-75.

早的文献信息符号，在文字出现之前，人类就用图画来表达精神信息，其优点是具有较强的直观性，但对于抽象的思维信息难以表达。文字是由图画演变而来的，是采用一系列的书写符号对有声语言信息的书面表达形式，它弥补了图画不能表达抽象思维信息的缺陷。声像信息是指留在唱片、录音带、光盘上的声频信息和摄录在胶卷、录像带上或刻录在光盘上的视频信号，声像信息必须通过特定的设备解读。电磁信息是指计算机可读磁盘或光盘上的信息符号，由二进制的 0 和 1 构成，这些信息符号也不能直接提取，必须通过计算机解读。

②文献的记录方式。

文献的记录方式是指使表达信息的符号系统附着于固态载体上的方法。自古以来，人类发明了多种方法用于记录信息，例如写画、雕刻、印刷、摄制、录音等。其中印刷技术的应用最广泛，经历了手工、机械化、电子自动化的不同发展阶段。

③文献载体。

文献载体必须适应于文献符号和相应的记录方式，同时又要有利于传播、整理和长期保存，因此文献载体的材质在人类文明的演进过程中一直在不断地发展。纸张是应用最广泛的文献载体，它具有价格低廉、质地柔软，易于书写、携带和收藏的优点。

④文献信息。

文献信息是利用某种符号系统及其相应的记录方式记载于一定载体上的、能够表达人类思想的信息。文献信息源内容丰富、体系庞大，科技图书、科技期刊、科技报告、科技会议文献、专利文献、标准文献、政府出版物、学位论文、产品样本、科技档案一般被称为"文献的十大信息源"。

作为一种重要的信息存在方式，文献信息既具有信息的普遍性质，又有其自身的特点，主要表现为：第一，文献信息是经过一系列加工后记录下来的信息，不是指文献符号系统本身的信息，也不是指文献载体本身的信息。文献信息独立于符号系统和记录载体，不会因为符号系统和记录载体的变化而改变，但是它又必须通过一定的符号系统和记录载体来记录和传递。第二，符号系统和载体是文献信息传递的必要条件，对文献信息的接收和吸收也会受到这些条件的制约。第三，文献信息是一种相对固化的静态信息，一经生产出来，就不会再改变，这也是文献老化的原因。第四，文献信息是人对客观世界的认识，因而不一定完全符合客观实际。

（2）个人信息源

人类具有独特的信息感知、传递、处理与存储的器官，并且在长期的社会实践活动中形成了独特的信息交流工具，因而能够不断地吸收、创造、传播信息。个人信息源是指存储于人脑之中，通过对话、创作、交谈、讨论、报告、演讲等方式表现、传播的信息。个人信息源具有及时性、新颖性、主观随意性、强化感知性和瞬时性等特点。及时性表现在通过与个人直接交谈，可以最为迅速地获得信息，而且及时进行反馈。新颖性是指交谈过程中涉及的内容大多是对方不知道或不清楚的事物，往往具有较强的新颖性。个人接收信息后，往往会根据已有的知识，对信息进行加工处理。主观随意性体现在信息交流过程中，人们根据自身的好恶和个人意志对信息进行曲解，这种主观随意性容易导致信息失真。强化感知性主要表现在面对面交流中，除了语言信息，声调、语气、动作和环境等都能让人感受到除语言外的更深层的信息，从而加深对语言信息的理解和判断。瞬时性是指口头交流信息转瞬即逝，必须记录在其它信息载体上才能长期保存。

个人信息源在社会信息交流系统中具有重要的作用。1965 年，卡尔森对美国国防部工程师的 3 400 人次信息查询登记进行分析，结果发现有 31% 的信息是通过口头交流获得的。个人信息源对历史研究具有独特的作用。司马迁漫游各地，学游天下，走访收集遗闻，创作了中国第一部纪传体通史——《史记》，后代才能了解没有任何文字记载的早期历史。可以看到，个人信息源是最重要的信息源。一方面，个人信息源传递的信息具有较高的价值，如行业专家的丰富经验知识；另一方面，个人信息源往往会因为人的自然死亡而消失。同时，个人信息源所包含的信息必须转换到其他载体上才能够长期保存，发挥其信息资源的潜在价值[一]。例如：对于个人的演讲、即兴发表的评论、个人口述回忆，我们可以通过录音的形式将其记载下来；对于科学讨论会、学术交流会上专家的见解、观点，可以利用会议记录保存下来；等等。

◎ 延伸阅读资料：真人图书馆

真人图书馆[二]是借阅者通过"借"一个人与之交谈，以获得未知的知识。真人图书馆的理念源于丹麦的非营利组织，2008 年上海交通大学首次尝试真人图书馆，而后已有多所中国高校图书馆开始尝试提供相关服务。真人图书馆以"我们每个人的经历本身就是一本书"为理念，改变了传统的图书阅读模式。借阅者通过面对面的沟通交流来"读"一位有故事的人，以此增进与"真人书"之间的了解，获得阅读纸质图书所不能获得的直观的感受。真人图书馆从某种意义上就是口述的保藏与传播。

（3）实物信息源

从某种程度上看，任何事物都能够产生、传递信息，任何事物在理论上也就可以是信息源。实物信息源也被称为现场信息源，主要提供有关实物本身的信息。除了实物本身，相关的产品展览、事物博览以及商场、百货等均属于实物信息源。实物信息源能真实、直观地为人们提供观察对象的形状、颜色、型号、大小等信息，具有其他信息源所不具备的优点，包括直观性、客观性、综合性、实用性和零散性。

⊖ 周英，郭布雷，范群发 . 动漫信息资源的收集与整理初探 [J]. 科技情报开发与经济，2012，22（19）：119-121.

⊜ 百度百科 . 真人图书馆 [EB/OL]. (2021-06-20)[2023-02-01]. https://baike.baidu.com/item/%E7%9C%9F%E4%BA%BA%E5%9B%BE%E4%B9%A6%E9%A6%86/2514957?fr=aladdin.

◎ 延伸阅读资料：日本摩托与瑞士钟表

1. 日本摩托

日本人在决定建立自己的摩托车工业时，就采用了搜集实物信息的方法。日本本田公司对世界各国 500 多种型号的摩托车进行反求研究，购买了 170 部摩托车样机，对不同技术条件下的技术特点加以分析、解剖并进行运行试验，之后结合搜集到的信息资料，对全部厂家、型号的摩托车及其零部件的质量、优缺点等进行比较、分析、综合，博采众家之长，最终研制出油耗少、噪声小、成本低、造型美的新型摩托，风靡世界。⊖

2. 瑞士钟表

瑞士钟表一直以精细做工、精美外表独步天下，然而由于日本手表行业的兴起，瑞士机械表受到市场的严重冲击。1984 年，SMH 集团成立，为保住瑞士钟表业的地位，该集团通过对市场手表的拆分研究，设计了轻薄、可流水线批量生产的 Swatch 手表。Swatch 鼓励经销商创建手表博物馆，并特制有纪念意义的手表，在全世界开办 Swatch 手表展览。成本的降低，博物馆、展览等以实物信息进行的宣传，使得 Swatch 手表从奢侈品转变为时尚单品，它不再是简单的计时工具，而成为了全球顾客的腕上"宠物"。

从案例中可以看出，首先，实物信息的最大优势是直观性。以产品样本为例，在造型、外观、包装等方面的信息可以很直观地从其外表获得；通过反求工程，可以了解其工作原理、工艺过程，全部信息都可以轻而易举地获得，而且容易理解；通过操作演示，可以直接了解其功能、作用。其次，实物信息还有一个优势是客观性。实物信息源是客观存在着的实物，接收者得到的信息是直接、客观的信息。再次，实物信息具有综合性，可以传递不同角度、不同层次的信息。例如，对于同一件产品实物，技术人员关注工艺、技术、材料信息，管理人员关注制造工序和成本信息等。最后，实物信息还具有实用性，兼具信息价值和使用价值，即使不被作为信息载体，也可以继续发挥其使用价值。此外，实物信息还具有零散性，在时间、空间上分布广泛、散乱，我们一般可利用产品展览会、发布会或者到商场直接购买相关产品。

现实中，实物信息以各种各样的形式存在，既有自然界形成的各种天然实物，又有人工发明、创造出来的人造物，其中蕴含着大量的文化、科技、经济信息，成为人类生产、工作和生活必不可少的信息来源。表 4-1 中列举了不同实物类型的信息价值。

表 4-1 不同实物类型的信息价值

实物类型	信息价值	实物举例
艺术类实物	文化价值、历史价值、商业价值	古代瓷器、兵器、古代建筑物，其他艺术作品
科技类实物	科研价值、实用价值	种子、博物馆、标本馆
商业类实物	实用价值、商业价值	样品

⊖ 查先进，严亚兰. 论企业竞争对手 [J]. 情报科学，2000（2）：123-125.

（4）电子信息源

电子信息源是以二进制代码方式将图书、文字、声音等信息存储在磁、光、电介质上，通过 PC 设备或者类似功能的工具来阅读使用，并可复制、传播、发行的文献信息来源[○]，主要包括广播、电视、数据库、网络等。电子信息源具有信息存储量大、载体体积小、检索速度快、便于管理、保存时间长等优点。随着信息资源越来越多地以数字化形式存在，利用网络来获得信息资源成为人们最主要的信息采集方式。

对于网络信息的采集主要有两种来源：一是网络数据库，包括商业数据库、学术数据库和特种文献数据库等，这些数据库界面直观、操作简单、信息更新快、信息容量大、使用成本较低。二是各种网站，如政府网站、企业网站、高校网站等，直接访问就可以得到很多具体到某一特定领域的相关信息。

随着 Web2.0 这种以用户参与为主要特征的网络技术的出现，各种 Web2.0 应用平台，如博客、维基百科、网络社区、资源聚合（Rich Site Summary，RSS）、即时通信（Instant Messaging，IM）等应用层出不穷，不断满足人们多样化的信息需求，同时也展现出作为不同的信息源的特征。这些新媒体在一些热点事件和突发事件的信息传播中，往往占据信息发布的制高点，成为第一时间发布第一手资料的媒体，进而引导舆论的走向。

◎ 延伸阅读材料：巾帼不让须眉——中国首位女航天员[○]

10 月 16 日凌晨，神舟十三号载人飞船发射升空，并取得圆满成功，而前往太空"出差"的三位航天英雄中，王亚平成为中国首位实施出舱活动的女航天员。这一新闻在经过各大媒体报道后引发了大众热议。其实早在 10 月 14 日下午，央视新闻就发布了新太空出差三人组简历，其中首位女性航天员出征太空引发了公众好奇，出现了舆情热度的小波动（见图 4-1）。伴随着 16 日神州十三号载人飞船的成功发射，该事件的信息量呈爆发式增长。关于王亚平的相关话题被大众热议，官方媒体及部分自媒体博主也进行积极科普，共同建立和谐舆论氛围，例如在"女航天员上太空有啥不一样"话题下，央视新闻从选拔标准、训练标准、量身定做太空服、女性太空快递化妆品等问题进行解答。网民情感发表集中在"平安、凯旋、致敬"等正面情绪，以及对"巾帼不让须眉"的女性力量的赞颂。

○ 赵惠洁. 电子信息源对图书馆参考咨询服务的影响 [J]. 河北经贸大学学报（综合版），2011，11（2）：124-126.

○ 蚁坊软件舆情监测平台. 巾帼不让须眉！媒体铺垫报道突出首位女航天员，激发网友好奇心 [EB/OL].（2021-12-28）[2023-02-01]. https://baijiahao.baidu.com/s?id=1714129952078972148&wfr=spider&for=pc.

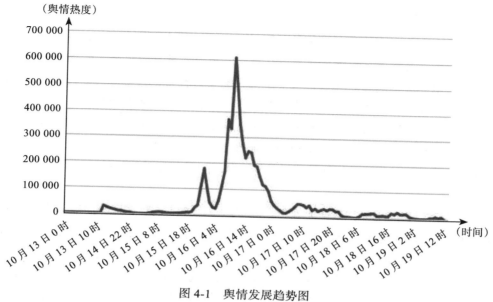

图 4-1　舆情发展趋势图

4.1.3　从信息源到数据源

进入 21 世纪以来，计算机技术快速发展，互联网广泛普及，数据呈现井喷之势，大数据作为一种新的现象渗透到各个领域，人类历史进入了"数据时代"。数据作为一种新的技术现象和社会现象[⊖]，与劳动力、资本一样，正在成为社会的核心资源。大数据背景下，信息链的各要素间关系也发生了变化，对数据的处理、加工不仅能得到信息，对数据的分析还能直接得到知识甚至智慧，数据成为科学发现、决策、治理的驱动力。以数为力，各领域借助数据的力量开启了新业态、新模式，信息资源管理的"原材料"也正从信息源转向了数据源。

◎ **延伸阅读资料：现代环境下的数据源**

1. 盒马鲜生超市的数据源[⊜]

盒马鲜生超市作为新兴线上线下零售店，在 2020 年疫情期间每天线上订单同比增加 3 ～ 5 倍。为了满足激增的线上订单，盒马利用数字化系统，将商品拣货、传送和打包的时间大大缩减，从而大幅提升了配送效率，保证 1 家门店就能让 5 000 户"盒区房"（距离盒马门店 3 公里的生活圈）的顾客不出门。

⊖ 张康之. 数据治理：认识与建构的向度 [J]. 电子政务，2018（1）：1-13.
⊜ 澎湃. 数字化战"疫"，加速传统企业转型升级 [EB/OL].（2021-07-01）[2023-02-01]. http://china.qianlong.com/2020/0320/3872404.shtml.

2. 谷歌意图预测○

谷歌是一家准确意义上的"大数据"科技公司。搜索研究公司 ComScore 的数据表明，谷歌一个月的搜索词条就能达到百亿级别，因此谷歌搜索引擎的特性使得它拥有更多的数据获取和应用途径。谷歌记录下了用户搜索的行为，包括时间、内容和方式，大量的搜索数据使得谷歌能轻松预测出用户的搜索意图。谷歌能在用户意识到自己要找什么之前预测出用户的意图。除了预测用户的搜索意图，基于搜索数据，谷歌可根据搜索量的涨跌来预测相关专题、行业的趋势，最为著名的就是谷歌流感趋势预测，跟踪了全球流感传播情况，抓取并存储数据进行分析、预测，真正做到了数据驱动。

在社会生产和应用中，数据无处不在。按照生产方式，数据可分为被动产生的数据、主动产生的数据和自动产生的数据。被动产生的数据主要来源于一些业务运营管理系统，伴随移动的运营活动产生并记录在数据库中，如超市、医院、研究机构、交通部门的管理系统中产生的数据。主动产生的数据是用户在不同的移动手机和终端，为了交流、交易而产生的数据。自动产生的数据主要为机器和传感器数据，如射频识别（RFID）信息、GPS 等定位系统数据等。

依据数据的来源，数据可以分为电子踪迹数据、用户生成内容（UGC）数据、数字化文本数据和空间位置数据。电子踪迹数据指用户在使用互联网后留下来的踪迹，主要包括点击流和搜索日志，如用户点击网络情况、浏览情况以及 IP 地址等都属于电子踪迹范围。用户生成内容（UGC）数据，包括社交媒体数据，以及采用群体智慧机制的互联网百科数据等。数字化文本数据是电子化处理后形成的文本数据，包括各类数字化图书馆网络数据库存储的文本数据等。空间位置数据是利用 GPS 等定位系统获取的定位数据。

依据数据的实时性，数据可以分为热数据和冷数据。数据的采集、分析很多时候是具有时效性的，当数据反映现实问题时，数据就具有时效热度。热数据反映了实时动态，是实时性数据；冷数据则偏向于成熟性数据，如保留多年的档案性成熟数据○。

4.2 信息采集的定义与原则

4.2.1 信息采集的定义

在信息管理活动中，信息采集是一项基础而又非常关键的环节，是信息资源开发利用的"起点"。有效的信息获取是获得重要情报、做出决策的基础，信息采集具有重要意义。

○ 搜狐. 准确定义了"大数据"概念, 谷歌的意图 [EB/OL]. （2021-07-01）[2023-02-01]. https://www.sohu.com/a/278724338_561752.

○ 马费成. 推进大数据、人工智能等信息技术与人文社会科学研究深度融合 [N]. 光明日报, 2018-07-29（06）.

信息采集是指根据特定的目的与要求，对分散在不同时空的各类信息进行集聚和获取的过程。简而言之，就是信息的选择过程。信息采集是信息开发和利用的基础，是信息产品开发的起点，决定着信息资源潜在的经济价值。信息采集是一项复杂的系统工程，有一定的技术性，影响着整个信息管理活动。

4.2.2　信息采集的原则

信息技术的迅猛发展促使信息正以爆炸式的速度在增长，而且信息交流速度飞速提高，导致信息老化、信息污染、信息分散的现象日益严重，这就给信息采集工作增加了难度。所以，为了保证采集信息的质量，减少人力、物力、财力的浪费，信息采集过程需坚持以下基本原则。

①计划性原则。信息采集的内容范围、精度、数量、费用等都应提前确定，避免造成资源浪费。信息采集的计划可分为时间计划和内容计划。时间计划是指信息采集过程的时间安排，内容计划是指确定采集信息的数量、范围、精度等。

②及时性原则。信息是有时效的，时效性是信息的基本性质。信息采集应能及时反映事物发展的最新情况，保证信息的新颖性，才能反映当前事物的真实情况，使信息效用最大化。

③系统性原则。在信息需求基础上要求采集的信息广泛、全面且系统，系统性原则是信息整序的基础。事物是在不断地发展变化的，而信息正是事物运动状态的表现。只有系统、连续的信息来源，满足空间上的完整性和时间上的连续性，才能准确、全面反映事物状态。这就是说：从空间角度，要采集齐全与某一事物相关的分布在不同区域的信息；从时间角度，要跟踪、搜集某一事物在不同时期、阶段的发展变化信息，才能有所选择、有所比较、有所分析，产生有序的信息流⊖。在大数据背景下，总体取代样本，能揭示更多相关性。

④针对性原则。当前环境下信息数量多，内容繁杂，但对于信息的需求是特定的。由于需求的限定、技术的约制，在信息采集过程中应根据实际需求，采集、利用价值大的信息，客观、科学地收集需要的信息，做到有的放矢，最终才能获得有价值、能为我们所用的信息。例如：在人口普查中我们关注人本身的基础信息，如姓名、性别、身份证号等；在质量检查中我们关注产品本身的信息，如产品工艺、材料、检测结果等。

⑤可靠性原则。在信息采集过程中，必须确认信息不具有偏见，通过比较、鉴别，采集真实、准确的信息。例如 2016 年美国总统选举，CNN 在首次大选辩论之后做了调查，发现希拉里以 62% 比 27% 大获全胜。但是选举结果几乎让所有人大跌眼镜，在所有民调中领先的希拉里输掉了选举。只要读过 CNN 给出的详细报告就会发现，在接受调查的 521 人中，共和党人仅占 26%，取样所获的信息存在赤裸裸的偏见，不可靠也不准确。

⑥经济性原则。由于当前信息环境日益复杂，社会信息爆发式增长，信息来源也更

⊖　林章武 . 企业信息资源采集的原则、途径和策略 [J]. 情报探索，2011（9）：77-79.

多元，如果不加筛选随意采集，随意选择采集方法，不仅耗费大量精力，浪费人力、物力等资源，还会因采集到的信息质量参差不齐、主次不分，造成采集的信息无法发挥最大价值。因此，根据信息的需求，确定合理的采集方法，才能避免浪费，利用信息获得最大经济效益。

⑦预见性原则。任何事物都是在发展变化之中的，尤其是在当今信息技术、生物技术迅猛发展的时代，我们周围的一切都是瞬息万变的，在采集信息的过程中如果仅仅考虑当前的信息需求，那么信息采集工作就会永远滞后于信息需求，永远处在被动的位置。信息采集过程不仅要立足于现实的需求，还要有一定的超前性，要掌握社会、经济、科学技术等的发展动态，制定面向未来的信息采集计划[⊖]。

4.3 信息采集基本方法

4.3.1 调查法

调查法是最常用的信息采集方法之一，是针对用户的需求，向各种社会活动了解其活动情况，主要用于获取潜在信息和有关现实信息资源的各种信息。

（1）调查法的类型

依据其实施的具体过程，调查法可以分为普遍调查法、抽样调查法。

①普遍调查法。

普遍调查法，又被称为普查，一般是一个国家或地区为详细调查某项重要的国情、国力，组织的大规模的全面调查。普遍调查法是统计调查的组织形式之一，通过对统计样本的总体进行调查来搜集信息。普遍调查获得的信息经常被用来说明现象在一定时点上的全面情况。例如人口普查、经济普查、农业普查等都属于普遍调查，常被用来说明现象在一定时点上的全面情况，最典型的大规模普遍调查就是人口普查。

◎ **延伸阅读资料：全国人口普查和流行病学普查**

1. 全国人口普查

截至 2021 年，我国已经进行了七次全国人口普查，最近的是 2020 年，人口普查一般 10 年一次。随着信息技术的发展，第七次全国人口普查在指标设置上与第六次相比，主要增加了公民身份证号码的填报。在登记方式上，第七次全国人口普查增加了普查对象通过互联网自主填报信息，信息采集方式由以往的纸质登记转为了电子登记。

由于普遍调查是收集某一群体所有成员的信息，所以普遍调查的优点有：容易确定调查对象；收集的信息全面，能获得全部调查对象的相关情况，准确性高；所收集的信

息可以为抽样调查或其他调查提供基本依据。而相对的，普遍调查的全样本调查也具有以下缺点：工作量大，花费大，组织工作复杂；由于工作量大，调查的内容很有限；容易产生重复和遗漏现象。

2. 流行病学普查

在流行病学的研究中经常采用普遍调查法为其他流行病学研究提供基础。流行病学普查主要将调查对象设定为某特定人群中的全体成员，没有抽样误差，可以全面描述疾病的分布特征，为病因研究提供线索，达到发现目标人群中的全部病例并给予及时治疗的目的，同时可以普及医药卫生知识。但普查对象多，难免漏诊、误诊；工作量大，难以进行深入细致的调查；不适用于患病率低且诊断方法复杂的疾病。

②抽样调查法。

抽样调查法，又被称为抽查，是从全体调查对象中选取一部分单位进行调查，根据调查所收集到的信息，从数量上推算总体信息的方法。抽样调查法可以分为随机抽样调查和非随机抽样调查。

随机抽样调查又被称为单纯随机法、抽签法或查乱数法，按照随机的原则，即调查对象总体中每个部分被抽中的可能性相同。根据被调查对象不同的分类标准，抽样调查又可分为分层随机抽样、分群随机抽样和等距随机抽样。例如免疫规划接种率的分层随机抽样调查，该调查分析了 2010—2017 年 8 年间某县常住儿童免疫规划疫苗接种情况和变化趋势，每年在全县随机抽取 5 个乡镇，每个乡镇随机抽取 6 个村或居委会，每个村或居委会随机抽取 0、1、2、3、4、5、6 岁组儿童各 7 名，调查其基础免疫接种情况[⊖]。

非随机抽样调查是指根据研究者自身的专业知识、经验来抽取调查样本的一种方法，配额抽样、判断抽样、任意抽样是非随机抽样的三种方法。配额抽样也称"定额抽样"，是指调查人员将总体样本分为不同的类别并确定各类（层）的样本数额，再根据配额在各类内任意抽选样本。配额抽样与分层随机抽样有相似之处，都是事先对总体中所有单位按其属性、特征分类，不同之处在于配额抽样是由调查人员在配额内主观选定样本。判断抽样又称"立意抽样"，是指根据调查人员的主观经验，从总体样本中选择那些被判断为最能代表总体的单位作样本的抽样方法。例如对福建省旅游市场状况的调查，可选择厦门、武夷山等旅游景区作为样本进行调查。任意抽样也叫"便利抽样"，是指调查人员在样本抽取前没有特定目标，而是随意选择样本。例如在市场调查时经常使用的"街头拦法"，把随机遇到的行人作为调查对象。

实施抽样调查时所需的调查人员少，调查样本数量确定且调查误差在调查前就可以进行计算和控制，调查准确度较高，因此抽样调查具有经济性好、实效性强、适应面广、准确性高等优点。但抽样调查存在调查结果的偏差问题，也就是所抽取的样本不具有代

⊖ 李永刚，陈春俊，龚桃 . 2010—2017 年仁寿县儿童免疫规划疫苗接种情况抽样调查 [J]. 预防医学情报杂志，2019，35（3）：288-296.

表性，因而可能导致错误的推论。

（2）调查法的常用工具

问卷是调查法中最常用的一种信息采集工具，是个人行为、态度、看法的主要信息采集工具，也被称为问卷调查法。问卷调查法是调查者通过事先设计好的问卷来向被调查者了解某些事实、意见或想法的信息采集方法。

问卷调查法一般包括以下几个步骤：①问卷设计。问卷设计是问卷调查法成功与否的基础。问卷中的调查内容必须围绕调查目的和调查对象来确定。问卷内容通常包括前言、调查项目和结束语。②选取样本。调查样本的选择直接关系到调查结果的代表性和准确性。③实施调查。实施调查应有一定的计划和组织，并对调查者进行适当的培训。必要的时候，可先进行试点调查，以及时发现问题并进行修正，然后全面展开调查。④结果统计。对回收的问卷进行统计分析，一般可以采用多种统计方法，并利用各种数学工具对统计结果进行分析，得出最后的结论。

根据填写方式的不同，问卷调查法可以分为自填式问卷和代填式问卷。自填式问卷是在没有调查员协助的情况下完成的问卷。依据发送到被调查者手中的方式的不同，自填式问卷可分为以下几种：送发式问卷，由调查者将调查问卷亲自送给调查对象，等被调查者填答完毕之后再统一收回；邮寄问卷，通过邮局将事先设计好的问卷寄给调查对象，被调查者填答完后又通过邮局寄回；报刊式问卷，随报刊的传递发送问卷，并要求报刊读者对问题如实作答后寄回给报刊编辑部；网上调研问卷，将事先设计好的问卷放在互联网调查平台上，通过调查对象直接访问互联网的方式来进行调查。代填式问卷是由调查者根据被调查者的回答如实填写问卷，因此也被称为问答式问卷或访问式问卷。按照使用的媒介不同，可以分为当面访问式、电话访问式等。

自填式问卷的特点是调查人员不在现场，出现疑问时无人解决，因此这种问卷调查法要求问卷结构严谨，有清楚的说明。其优点在于：首先易于管理，不需要调查人员全程跟进；其次费用较低，可以进行大样本的调查；再者时间自由，被调查者可以自由选择填答问卷的时间，同时可以参考有关材料进行回答；最后可以减少被调查者回答敏感性问题的压力，对于部分问题一定程度上保证了回答的真实性。而自填式问卷的缺点也很明显：首先因调查员不能全程跟进，调查的回答率比较低；其次结构复杂的问卷不适用于这类调查法；最后自填式问卷的调查周期比较长。代填式问卷的特点是调查者与调查对象能进行接触，因此其优点在于：一是可以有效提高回答率；二是可以进行概率抽样，选择更符合要求的调查样本；三是调查时调查员可以借助展示实物、录音、举例示范的技术手段帮助被调查者理解以保证调查结果的有效性；四是调查员能主观控制和调节信息采集的进度和时间。代填式问卷的缺点在于：调查成本比较高，需要配备调查人员；由于与调查者接触，因此被调查者对于敏感性问题回答率低。

总体而言，问卷调查法的优点有：成本低，节省人力、物力、财力，问卷发放后一般无需调查员进一步跟进；突破物理空间和时间的限制，可进行大范围的调查，问卷可通过邮件、网络平台大规模发放；避免主观偏见干扰，问卷设计完成后不受调查者本身主观意见影响；调查过程具有匿名性，被调查者填写问卷可匿名填写。但问卷调查法同时也存在问卷回收率低、调查问卷设计困难、调查结果广而不深、填答情境和回答质量难以控制等问题。

4.3.2 访谈法

访谈法是通过有目的地与调查对象直接交谈来采集信息的方法。访谈法是一种通过口语交流互动的信息采集形式，其过程是与一位或多位采访者进行面对面的、富有探究性的交流活动。访谈法通过与采访对象的直接交谈可以发现一些外在现象背后所蕴含的深层原因，通过双向的沟通，便于对问题进行深入的探讨，是探究用户内心世界、了解用户认知心理和情感状态的信息采集方法。因此在访谈过程中，采访者要尽可能多的挖掘采访者的深层信息。访谈法采集的信息能做到广泛地认识社会现象、深入地探究研究问题、收集的信息可靠准确、采集方式简单灵活等，但访谈法的访谈质量依赖于实施访问的人员素质，实施条件取决于被访者是否可以进行询问，同时访谈法消耗的费用大、持续时间长。

访谈法可以从不同的角度按照不同的层次进行划分，如：从调查对象角度可以分为集体访谈、个别访谈；从接触方式角度可以分为面对面访谈、电话访谈、网上访谈；按调查次数可以分为一次性访谈和跟踪访谈等。以下将详细介绍集体访谈和个别访谈。

（1）集体访谈

集体访谈是将许多调查对象集中在一起同时进行访问，也就是通常所说的"开调查会"。典型的集体访谈包括头脑风暴法、焦点小组法等。

头脑风暴法又称脑力激荡法、智力激励法、BS 法、自由思考法，由美国 BBDO 广告公司的奥斯本首创。该方法主要是在正常、融洽和不受任何限制的气氛中以会议形式进行讨论。所谓头脑风暴法，就是让人们自由地发表意见，通过相互交流、讨论甚至争论激发思维的"风暴"从而获取信息的方法。头脑风暴法一般以小组的形式展开，一个小组由一位主持人和几位专家组成，在主持人的主持下，小组成员按一定的顺序依次发言。第一位专家发言后，第二位专家可结合前一位专家的观点进行发言，以此类推，直至最后一位专家发言完毕，则第一轮发言结束。第一轮发言后，可进行第二轮、第三轮发言，直到每一位专家都没有要补充的观点。头脑风暴法的优势在于通过团队成员之间顺次发言，会产生像砖头一样逐渐堆砌而成的概念和分歧所带来的新想法。

头脑风暴法的特点主要有：第一，参与人员自由地发表观点。参与人员各抒己见，在一种自由、活跃的气氛中产生各种思维和想法的碰撞。这是头脑风暴法能够达到实施效果的关键。第二，坚持兼容和求异原则。兼容不同的意见和设想，不管其是否适当和可行。对意见相左的想法或者方案的评判是在头脑风暴法的最后阶段提出，而且特别强调突出求异、创新。第三，补充和完善并进。头脑风暴法能做到在过程中取长补短、相互启发、相互补充和相互完善，这也是头脑风暴法能够成功的标准。第四，追求数量和强调效率。头脑风暴法的实施是希望参与者提的意见越多越好，这是获得高质量创造性设想的条件。但同时，为了提高集体访谈的效率，专家小组的规模以 10 ~ 15 人为宜，会议时间一般以 20 ~ 60 分钟效果最佳。

焦点小组法又称小组座谈法，一般是选择一间装有单向镜和录音、录像设备的房间，挑选一组同一性质特征的人，在主持人的组织下，对某个专题进行讨论，从而获得对有关问题的深入了解。焦点小组法能够同时访问若干个被调查者，一个人的发言会点燃其他人的思想火花，在座谈过程中主持人与多个被调查者相互影响、相互作用。因此焦点小组法要求主持人要提前做好充分准备，熟练掌握主持技巧并且具有驾驭会议的能力，对主持人的要求较高。

焦点小组法的优点有：第一，信息采集快、效率高。焦点小组法可通过主持人进行采集时间的调节、控制，大大提高了信息采集效率。第二，具有群体动力、自由开放的特点。焦点小组法能发挥群体成员的智慧，小组成员间思想的碰撞以及和主持人的互动能使获得的信息更有价值。第三，结构灵活、适合探索目的等。由于焦点小组法结构灵活，主持人可根据实际情况对流程进行调整，因此适合对调查目的进行深入探索。同时，焦点小组法对主持人以及小组成员的选择要求很高，小组成员选择不当会影响信息采集的准确性和客观性；作为探索性方法，其过程的不当操作容易造成错误的判断；因采集的信息是小组成员的回答，回答结果的散乱和无结构性，也使得后续的编码、信息处理和分析解释过程困难；其会议上难以对涉及隐私、保密的信息进行讨论。

头脑风暴法和焦点小组法是集体访谈中常用的两种方法，两者之间的差异主要体现在以下两个方面。在发言顺序方面，头脑风暴法需要按特定的顺序发言，而焦点小组法的成员可自由发言；在主持人方面，头脑风暴法对主持人要求较低，主持人发挥的作用较小，而焦点小组法的主持人发挥着至关重要的作用。从总体上看：头脑风暴法的实施比焦点小组法容易，对主持人的要求和依赖也低得多，也因此，头脑风暴法没有了主持人的互动、适时追问、鼓励或激励；头脑风暴法的效果可能比焦点小组法的要差一些，焦点小组法的结果一般更深刻和全面。

（2）个别访谈

个别访谈也就是个体访谈，是以个人作为访问对象进行的访问，其典型方法包括深层访谈法、德尔菲法。

深层访谈法要求调查员和单个受访者在自然状态下围绕着特定问题进行一段时间的深入讨论，访谈过程中要让受访者能够自由表达意见和情感。这种访谈法直接、一对一开展，其内容也没有特定结构。首先，一对一的方式让受访者感受到自己的重要性，同时避免了群体压力，使得调查者与受访者能自由交换更为真实的信息。其次，访谈具有私密性，便于调研敏感问题。再次，访谈过程中调查者能时刻捕捉受访者的反应，辅助判断受访者提供信息的可信度。但是，这种方法也存在一定的问题，由于深层访谈是一对一的，也就无法在受访者之间产生刺激和碰撞。最后，与焦点小组法相比，深层访谈法的成本更高，对调查者自身素质的要求和依赖性较高。此外，深层访谈法的结果和数据往往是非结构化的，给事后的解释和分析带来困难。

由于深层访谈法所具有的缺点，因此访谈过程中调查员需要注意以下事项：第一，调查员应在访谈开始时向受访者详细介绍此次访谈的目的、意图、意义以及安全性，消除受访者的压力；第二，应提前拟好访问提纲，并在访谈过程中进行参考，防止访谈偏离目标；第三，访谈过程中调查员可由简入深，先从受访者关心或感兴趣的话题入手，逐步缩小访谈范围；第四，调查员应时刻谨记身份，保持中立态度，善于倾听并进行适当引导，表达尽量通俗易懂，避免生僻的专业术语。

德尔菲法是一种以集体访谈为基础的预测性调查方法，但在操作时，德尔菲法还是"背靠背"，以个体的方式进行。该方法始于 20 世纪 40 年代，由美国著名的咨询机构兰德公司首先提出，由于其预测的准确性较高，后来人们就以古希腊预言家们活动频繁的阿波罗神殿所在地德尔菲（Delphi）来命名。德尔菲法的实施流程为：调查机构将研究问题写成调查提纲，分别送给经过专门选择的专家，请专家用书面的形式对问题做出回答；入选专家独立的给出自己的回答并反馈给研究机构；研究机构将所有专家的意见汇总并进行定量分析，之后将结果反馈给各个专家；专家们根据反馈资料，重新考虑原来的意见，然后将最新的意见反馈给研究机构。这样的循环往复，经过 3 ～ 4 轮的反馈，调查意见将会逐渐趋向集中，最后研究机构将汇总形成集体的调查结论。

德尔菲法的优点在于：第一，匿名性。德尔菲法访谈过程是"背靠背"的形式，因此采集到的数据更真实。第二，反馈性。德尔菲法的访谈过程需要进行一轮反馈，因此采集的信息更加准确。第三，具有对调查结果定量处理的优点，因此调查结果具有统计推断性。德尔菲法的缺点有：第一，调查结果的判断依赖专家，缺乏客观统一的标准。第二，由于在反馈过程中专家能够得到调查者的反馈信息，专家可能受到影响做出平均化的结论，误导调查结果。第三，由于德尔菲法的调查反馈次数较多、持续时间较长，专家退出率偏高，也会影响调查结果的准确性。

4.3.3 观察法

马克斯·韦伯在《社会科学方法论》中说道，无论从什么地方开始对任何一个社会机构的研究，其必不可少的部分便是细致与长期的个体观察。通过这种观察，研究者能获得很多材料，并以此来让自己的观点和思想变清晰，修正自己先前的某些临时分类，检验某些试探性的假设。由此可见，观察法是社会科学研究的基本方法。

观察法，是指研究者根据一定的研究目的、研究提纲或观察表，用自己的感官和辅助工具去直接观察被研究对象，从而采集信息的一种方法。观察法可根据不同角度分为不同的类型。按观察结果的标准化程度，观察法可以分为控制观察和无控制观察；根据观察的场地，观察法可以分为实地观察法和实验室观察法；按观察者参与观察活动的程度，观察法可分为完全参与观察、不完全参与观察和非参与观察；从采集信息的时间特征来看，观察法可以分为纵向观察、横向观察和纵横结合观察；按观察的具体形式不同，观察法可分为人员观察、机器观察和痕迹观察。观察法有其独特的优点：如果观察方案设计得好可以增加信息的准确性；信息可以在正常实地情况下获得；只记录实际发生的信息；不依赖于实际观察者的交流能力。但是几乎所有方法都具有两面性，观察法也不例外。观察法的缺点是：观察的行为具有间断性；被观察者受影响可能会改变其自然的行为，使观察到的信息不准确；有些事件不易被观察到，如被观察者的内心真实想法等；造成被观察者行为的内在原因难以通过观察知晓等。

接下来将重点介绍实验室观察法。实验室观察法与实地观察法的主要区别是场地不同。实验室观察法是对观察的场所和对象进行控制和操纵，使得被观察者在一个各变量都控制良好的情况下按照实验者的原始目标进行实验，人文社科领域较多地使用了实验室观察法。而实地观察法则是深入现实生活中对实际发生的社会现象进行观察，环境原始而自然，不加以任何人为的控制，使得被观察者在最为自然的状态下进行活动。例如在一些重大灾难之后需要深入灾后现场进行实地观察。

实验室观察法通常是指在实验室内，需要借助各种实验仪器设备，严格控制实验条件，主动创造条件，用给定的刺激，引起一定的行为反应，在这种条件下研究用户行为的原因、特点和规律等内容。例如，关于消费者对购物环境的心理反应、关于用户信息行为、人机交互等研究就可以通过实验室观察法进行，实验设备能够准确记录受试者的一系列生理反应。

实验室观察法的优点可以概括为：第一，由于严格地控制了实验条件，因此可以尽可能排除由无关因素干扰而引起的误差，得到的数据较为精确；第二，实验室观察法可以用来收集研究对象的自然发生的行为的最真实、完整、全面的资料；第三，实验室观察法不仅可以观察到被试的外部反应如谈话、表情和行为，还可以借助各种仪器精确地测量和记录其内部生理和心理反应；第四，在实验室观察法中，实验者能够主动控制、创造研究条件，创造能引起需要研究的心理现象的环境，这使得研究具有科学研究所要求的精确、客观和可重复验证性，可以用来研究和发现事物之间的因果关系。例如研究者可以通过改变某些条件的同时保持其他条件不变，以发现或揭示心理现象出现的原因。

实验室观察法也存在一些缺点：首先，这种方法过分地强调数据，从而忽视了人的内在的心理活动。实验室观察法是一种注重量化的研究方法，其结果是要求用数据的形式得出一个结论或者是证实一个已经存在的结论。但是当人们面临的环境不同时，心理活动自然也会不同，这也就意味着人们在实验室这种控制条件下的心理和在普通环境中的心理是存在差异的。在实验中，被观察者难免会和观察者有交互而产生影响，且被观察者在实验过程中的反应也未必都是由于实验刺激产生的。例如在智力测试中，实验分数并不能完全代表一个人真正的智力高低，也有可能是被观察者应试能力、身体状况产生实验结果的偏差。其次，个别群体参加实验得出的结论不能被广泛地推广。实验被试的来源面往往比较狭窄，大部分被试都来自身边的资源，不具有代表性和广泛性，因此所得出的结果并不能运用到广大的实践领域。再次，实验室观察法关注个体行为，缺乏社会性。实验室观察法关注的是个体的心理和行为，极少考虑文化、社会历史背景对心理和行为的影响。而文化和社会历史背景的影响在实验室中难以被操控和量化，这也造成了实验室研究往往脱离文化和社会背景去进行，其结果可能对现实的曲解，阻碍了对行为和心理本质的正确认识。最后，实验室观察法得到的结论不能直接被运用推广，来解释现实生活中的社会现象。许多社会现象，例如集群行为或隐私行为，不能通过操纵在实验室中发生，而很多可以在实验室中观察的社会现象和人类行为，由于实验情景需要对变量进行严格的控制，并对实验对象进行人为的操纵，难免在一定程度上就失去人类生活的现实性，因此失去对现实生活中社会现象的解释力。此外，实验结论各异、结果没有得到整合也是实验室观察法的问题所在。不同的研究者采用不同的实验手段对同一问题的研究结论存在差异，因此需要采用整合的方法来整合实验结论。例如 Meta-Analysis 方法就是对不同结论进行整合分析的方法。

◎ 延伸阅读资料：健康信息可读性对用户认知负荷和信息加工绩效影响眼动实验研究⊖

实验目的：从认知负荷和信息加工理论视角出发，探究健康信息的专业术语、句式和词数等引起的可读性问题如何影响公众的视觉注意力从而影响用户的认知负荷和信息加工绩效。

实验变量：自变量为健康信息的可读性，并对可读性进行量化计算。主要从总字数、平均句子长度和专业术语占比三个角度对可读性进行量化。因变量为认知负荷和信息加工绩效。其中，认知负荷利用眼动数据进行量化，分别选取总注视时间、注视点个数、首次进入时间、瞳孔直径变化四个指标；信息加工绩效是对用户执行信息加工任务的结果评价，测量方法是在每个实验任务结束后采用访谈的形式要求被试对照刚刚浏览的材料信息说出答案，并进行打分。

实验设计：实验刺激材料来自中国健康教育网，根据可读性高低分为高、中、低三组，后续任务设置高复杂性和低复杂性两个信息加工任务。

实验环境和流程：本实验一共有 31 名参加者，每名被试需单独完成 4 项试验任务，按照拉丁方矩阵顺序将 4 项任务逐一向被试呈现。访谈时再次向被试展示任务材料，并且进行提问。实验器材包括台式机一台、眼动仪、外置数据处理模块以及录音器材。

在该实验中一共运用了两种数据收集方法，分别为实验室观察法、访谈法。在实验室观察法中，利用眼动追踪法来捕捉并记录被试在进行不同任务时的眼跳运动与注视运动等相关的数据；访谈法则是在每个实验任务结束后，对被试进行简短访谈，通过再次展示任务材料，调查被试在四个任务后的信息加工任务完成情况，进行搜寻结果准确性评分。

⊖ 柯青，丁松云，秦琴．健康信息可读性对用户认知负荷和信息加工绩效影响眼动实验研究 [J]．数据分析与知识发现，2021（2）：70-82.

4.4 平台数据采集

4.4.1 数据交易平台

大数据在各行业的快速发展及其全球化的趋势，使得数据成为了新型社会资源和关键生产要素。2020 年 4 月中共中央、国务院印发的《关于构建更加完善的要素市场化配置体制机制的意见》中，提出了加快培育数据要素市场，提升社会数据资源价值，并对数据要素市场进行规范和布置。数据已然成为继土地、人口、能源、矿产等之后的又一重要的社会生产要素，数据的开发、共享和流通将成为趋势，数据交易也将成为实现数据价值的驱动力。

数据交易平台是数据成为要素在市场流通的必然产物，是数据流通、共享的重要渠道。数据交易平台是指提供数据交易场所或数据服务，实现数据流通，满足数据需求的机构。根据不同的分类标准，数据交易平台可分为不同的类型。根据数据交易平台提供的服务类型，数据交易平台可以分为第三方数据交易平台和综合数据服务平台。其中：第三方数据交易平台仅作为数据提供方和数据需求方的中介，为双方数据交易提供桥梁和场所，平台主要负责对交易过程进行监管，对工作人员的专业性要求不高；综合数据服务平台一般会进行数据采集或与数据拥有者合作，获取原始数据并根据用户需求进行处理，形成特定场景下的数据产品并进行交易，对工作人员的技术能力和专业水平有较高的要求。一般来说，综合数据服务平台同时也承担中介角色，为数据供应方和需求方提供交易的平台。根据交易平台成立的背景，数据交易平台又可分为三种：一是政府主导型，政府主导型是由政府鼓励支持创建的，国内最具有代表性的是贵阳大数据交易所；二是以市场需求导向建立的，该类型平台一般是由自身拥有大量数据资源或具有技术优势的企业创立的，能服务于市场需求，例如数据堂、京东万象等；三是产业联盟性质的交易平台，产业联盟大数据平台更侧重于为数据交易或数据共享提供场所。

数据交易平台根据自身的定位以及市场情况，为用户提供不同的交易产品类型。产品类型可以判断数据交易平台产品的丰富性并且也为用户需求提供更多的选择。交易产品的类型主要有 API、数据包、数据定制服务、云服务、解决方案等[⊖]。API 一般指应用程序编程接口；数据包包含原始数据或经过一定技术处理之后的数据；数据定制服务是为用户的需求进行数据采集、处理后满足用户需求；云服务是基于互联网来提供实时、动态的数据资源；解决方案是根据特定用户特定场景需求，利用已有数据进行分析，提供解决方案。根据提供的数据的成熟程度，数据交易类型可以分为原始数据交易、数据产品交易和数据 API 交易[⊖]。接下来介绍三个较为典型的数据交易平台。

（1）政府主导：贵阳大数据交易所

贵阳大数据交易所是贵州省省政府批准的成立于 2015 年的中国第一个以大数据命名

⊖ 王卫，张梦君，王晶. 国内外大数据交易平台调研分析 [J]. 情报杂志，2019（2）：181-186，194.
⊖ 杨张博，王新雷. 大数据交易中的数据所有权研究 [J]. 情报理论与实践，2018（6）：52-57.

的交易所，该交易所采取会员制，要求数据提供方与数据需求方都必须成为会员才可进行交易。截至 2018 年，该交易所会员数量突破 2 000 家，接入 225 家优质数据源，交易累计额突破 1.2 亿元。贵阳大数据交易所不进行基础数据的交易，其主要有两种数据交易模式：一是第三方中介交易模式，通过开发大数据交易的电子系统，撮合客户进行大数据交易，促进数据流通的同时对数据供给方及需求方进行评估，严格规范数据交易行为及市场秩序；二是提供数据分析结果的数据产品交易，根据用户需求，通过对底层数据的清洗、分析、建模、可视化等操作形成具有一定分析成果的数据产品并进行交易。目前交易所主要提供对政府数据、金融数据以及互联网数据的建模分析服务。

贵阳大数据交易所的主要优势在于：首先，该交易所具有较高的权威性和公信力，作为省政府批准成立的数据交易所，更能吸引和调动各方的资源及用户，汇集高价值数据。其次，数据质量及数据安全性高。该交易所在数据交易过程中对双方有严格的会员资格要求，双方必须注册成为该交易所会员才能进行数据交易。最后，规避数据隐私及所有权问题。该交易所不进行基础的原始数据交易，交易数据分析结果有效地保护了数据隐私并且不涉及所有权问题，有利于活跃数据市场。当然，贵阳大数据交易所的数据分析结果的交易模式，一定程度上限制了数据最大价值的发掘，且可能会由于对需求场景不熟悉、对跨行业的不了解而导致数据产品质量不高，因此对工作人员的综合素质要求较高。

（2）企业创立：数据堂

数据堂是于 2011 年成立的专注于提供数据获取和数据产品服务的数据服务企业，是中国第一家上市的数据服务企业。数据堂主要进行互联网基础数据的交易和服务，为用户提供语音、图像、文本等半结构化数据及解决方案。数据堂的数据交易模式主要有：①数据定制模式。数据堂自主研发了智能辅助技术，能够快速响应用户需求，为用户定制个性化数据采集及标注服务，采集定制后的数据可以进行交易。②原始数据交易模式。数据堂通过与数据拥有者合作，获得数据合法版权，通过对数据进行编辑、整合、清洗、脱敏后形成数据集并进行交易。目前平台成品数据集类型丰富，数据覆盖 6 万小时语音数据，50 万 ID 图像视频数据，4.5TB 文本数据，包含通信、交通、医疗、环境等领域。③场景化解决方案。数据堂同时提供多种场景化的解决方案，包括智能驾驶数据解决方案、游戏与娱乐数据解决方案、智能家居数据解决方案、新零售数据解决方案、语音识别数据解决方案等。

数据堂作为应市场需求而建立起的企业性质的数据交易平台，其优势在于：第一，完全采用市场化的运营模式，对于数据提供方和需求方没有严格的要求，门槛较低，能调动交易双方积极性，有利于数据汇集及开发。第二，基于用户需求采用个性化的数据定制模式，使平台、用户在数据采集、交易上更具目的性，大大提高了数据采集效率及使用效益。数据堂的劣势在于：一方面，平台所采用的爬虫等通过互联网获取数据的数据采集方法，不易得到一些企业运营状况、用户交易行为等核心的数据；另一方面，作为民营企业，与政府指导下建立的数据交易所相比，缺少了公信力，在用户有更多选择的背景下，数据堂竞争压力较大。

（3）产业联盟：中关村数海大数据交易平台

中关村数海大数据交易平台是由中关村互联网金融行业协会等60余家单位联合成立的大数据交易产业联盟，成立于2014年，也是全国首个大数据交易平台。中关村数海大数据交易平台属于第三方的网上数据商城，该平台本身不进行数据的分析和存储，而是通过API接口形式进行数据出售、提供数据使用权限，是数据API交易的代表。

通过API应用接口进行中介交易的数据交易模式的优势是这种模式是完全市场化的，调动了企业、用户进行数据出售和购买的积极性。其缺点是数据API交易容易产生数据合法性问题。由于目前国内数据市场尚不成熟，用户出售和购买数据的意识不强，因此难以建立高价值数据的生态系统。

4.4.2　数据库检索平台

数据库检索平台一般是指综合性数据库或专题性数据库，前者一般包括多种类型的数据库集合，后者则主要提供某领域、学科或某种数据形式的数据库，该类数据库针对某一特殊领域或类型进行数据采集、整理、加工后提供给用户使用。按照数据库所关注提供的数据情况或领域，数据库检索平台可分为文献数据库、专利数据库、金融数据库、企业数据库等。在科学研究中，无论是发现问题还是研究设计都离不开已有相关研究文献，文献资源的获取是科学研究的基础。本节主要介绍较为常用的文献数据库。

（1）ISI Web of Knowledge

ISI Web of Knowledge是由Thomson Reuters公司开发的全球学术信息资源整合体系，收录了超过22 000种学术期刊，1 300多万件发明专利，包含文献数据库Web of Science、专利数据库Derwent Innovations Index、期刊评价数据库Journal Citation Reports以及各领域数据库，如医学数据库Medine、动物学领域数据库Zoological Record。其中，Web of Science是该平台最为核心的科学文献文摘索引数据库，包括3个期刊引文子数据库和2个会议论文子数据库以及2个化学数据库。科学引文索引数据库（Science Citation Index，SCI）是全球最权威的科学技术文献的索引工具，提供了科学技术领域最重要的研究成果，学术论文是否被SCI收录已成为评价学术水平的重要标准。科学引文索引扩展（Science Citation Index Expanded，SCIE）共收录期刊6 700余种，涵盖超过100个学科数据，记录数据范围包括书、期刊论文、会议论文、专利等。社会科学引文索引数据库（Social Sciences Citation Index，SSCI）是最权威的社会科学引文数据库，收录超过3 000种社会科学国际高影响力的学术期刊，内容涵盖社会科学研究的各个领域。

Web of Science具有强大的文献及引文检索能力，其主要的功能及特点有：①文献全文获取。除了检索研究主题相关的文献，获取文献的题录、摘要，Web of Science还与全球 18 家出版社的 4 000 多种期刊建立了全文链接，提供全文获取渠道。②引文检索。引文检索功能可查看文献的参考文献记录、论文引用情况以及相关文献的记录，帮助使用者迅速建立起引文关系网络。③限定检索。平台提供多字段的检索功能，可对文献的出版时间、语种、类型进行限定检索。④检索结果分析。可对检索的结果进行保存、分析，例如研究主题的发展趋势、科学技术热点等。⑤个人文献资料库管理。可将检索到的文献添加到个人文献资料库进行管理。⑥引文跟踪服务。对查找的文献创建引文跟踪服务，了解该论文发表后的被引情况，揭示其影响力。⑦参考文献自动生成。Endnote Web 模块能自动生成参考文献，平台提供 2 300 多种期刊参考文献格式。

（2）中国知网

中国知网（CNKI）是以实现全社会知识资源传播共享与增值利用为目标的信息化建设项目，由清华大学、清华同方创建于 1999 年，CNKI 是中国国家知识基础设施（China National Knowledge Infrastructure）的英文缩写，是中国知识基础工程的主要成果。CNKI 的目标是要建成国家知识资源总库，实现信息服务、知识服务。CNKI 是目前世界上最大的动态更新的中国期刊全文数据库，覆盖学科包括数理科学、化学化工、能源与材料、工业技术、农业、医药卫生、文史哲、经济政治与法律、教育与社会科学、电子技术与信息科学等。CNKI 旗下包括多个子数据库，包括：中国学术期刊全文数据库，收录国内 8 000 多种重要期刊；中国优秀博硕士学位论文全文数据库，该数据库是国内最完备、动态更新的学位论文数据库；中国重要报纸全文数据库，收录 2000 年以来的国内 500 种重要报纸的资料；中国重要会议论文全文数据库，收录了我国 2000 年以来国家二级以上学会、协会、高等院校等单位论文集。

除了简单的文献搜索、全文获取、在线阅读、限定检索等功能，CNKI 的主要特点有：①智能检索，平台能根据用户的输入进行智能提醒，辅助用户更精准的检索；②综合分析，可将多次检索结果进行汇总，深层次分析引文关系、进行共被引分析等，发现文献簇之间的关系；③多终端浏览，支持智能终端浏览，突破仅电脑的终端限制，可在 Android、iOS 等系统进行浏览；④分享传播，CNKI 提供了微博、网易等社交媒体的分享渠道，同时个人图书馆的定制服务也有利于文献传播。

4.4.3 数据开放平台

在数据成为生产要素的当下，数据已融入经济价值创造中。2020 年年末，中央经济工作会议再次强调"实行高水平对外开放"。数据交易的快速增长，规模的不断扩大，推动了数据的开放共享。目前数据开放共享运动主要集中在政府数据开放共享和科学数据开放共享。开放数据的特点有可获取性、可再利用性以及普遍参与性。

（1）政府数据开放共享

政府数据开放共享是指用户可自由、免费访问、获取、使用或分享政府网站等相关数据资源。政府数据作为数据丛林的重要组成部分，其本质是一种公共物品，是数据要素市场中的公共数据。政府数据开放共享运动的兴起是大数据时代发展的必然需求，随着数据爆炸式增长，政府部门逐渐积累并拥有了大量公共数据。政府数据开放共享是政府数据潜能得到发挥、数据价值得以展现的基础，我国一直在推进政府数据开放共享，全国多个地市建立了政府数据开放共享平台，涉及教育科技、民生服务、健康卫生、环境资源、社会保障、城市建设等领域数据。

政府数据开放共享应符合以下八大原则：第一，完整性，只要不涉及国家、商业机密或个人隐私的政府数据，都应开放共享；第二，一手性，所有数据都应当是政府机构所拥有的原始数据；第三，可获取性，数据都可以被大规模的用户免费获取；第四，及时性，应及时更新相关数据以保证数据的价值和时效；第五，非歧视性，数据对于所有人都开放，可免费获取、无需注册；第六，可机读性，所有公开的数据应该是规整、结构化的数据，可利用计算机进行处理；第七，非私有，公开的政府数据不受任何实体所有和控制；第八，免于授权，政府公开数据不受版权、专利、商标等规则约束。

◎ 延伸阅读资料：政府公开数据平台

1. 国家数据[⊖]

国家数据的数据源主要来自国家统计局，该网站平台界面简洁，包含国家国计民生各个方面的月度数据、季度数据、年度数据、普查数据以及各地区数据、国际数据。该平台同时有提供开放数据相关的可视化分析产品，包括财政、金融、人口、城镇调查、能源、交通运输等 14 个领域。

2. 上海市公共数据开放平台[⊖]

上海是最早响应国家数据开放政策的地方政府。自 2012 年大力推进数据开放以来，上海市公共数据开放平台开放数据项总量达 3.2 万条，开放数据资源 3 988 个，开放数据部门 98 个，基本覆盖各市级部门主要业务领域，获得了丰硕成果。2018 年上海成为国家公共数据开放的 5 个试点城市之一。2020 年，该平台注重行业数据融合，对防疫复工、卫生健康、交通出行、信用服务、文化教育、普惠金融、商业服务 7 个领域重点加大数据开放力度。上海同时连续 6 年举办政府数据开放创新大赛即"SODA 上海开放数据创新应用大赛"，极大推动了政府公共数据价值的挖掘与释放。

3. 深圳市政府数据开放平台——"疫情数据开放"专题[⊜]

2020 年新冠疫情爆发以来，在没有特效药的情况下，最新的、权威准确的官方疫

⊖ 国家数据 [EB/OL].（2021-07-08）[2023-02-01]. http://data.stats.gov.cn/.
⊖ 上海市公共数据开放平台 [EB/OL].（2021-07-08）[2023-02-01]. https://data.sh.gov.cn/.
⊜ 深圳市政府数据开放平台 [EB/OL].（2021-07-08)[2023-02-01]. https://opendata.sz.gov.cn/data/epidemicDataSet/toEpidemicDataSet/epidemic/showEpidemicData.

情数据的开放对满足公众知情权以及加强防护管理有重要作用。疫情数据开放也在疫情防控、物资调度上发挥了重要作用。2020 年 2 月 1 日，深圳市政府数据开放平台第一时间上线了"新冠疫情数据"专题，发布了深圳市每日诊疗情况、每日确诊病例统计、病例个案详情、每日病例来源等十几个数据集，按主题进行细化，并提供 csv、json、pdf、xlsx 和 xml 五种数据格式。同时平台还发布了疫情数据应用，如病例信息汇总的可视化分析、深圳疫情报告等。

（2）科学数据开放共享

科学数据是指在学科知识指导下，科学研究过程中所形成的、以科学证据存在的基本数据、资料或数据产品[一]。随着科学数据资源的大量增长，以及以数据为基础的科学研究对数据的需求，科学数据开放共享成为科学研究的诉求。从科学研究的资金来源来看，大部分科学研究是由政府拨付的公共资金资助的，因此，公共资金资助所获得的成果理应免费向公众开放[二]。科学数据开放共享成为科学研究的内在要求，其优点在于：第一，有利于信息资源的流通和共享；第二，有利于加强对科研成果的监督，保证科研结果的可验证、可分享，防止学术不端；第三，有利于提高科研效率，开放的科学数据可供他人重现实验或引用，缩短研究周期，加快学科或领域的研究进程；第四，能有效提高研究成果的学术影响力。科学数据开放共享需要借助数据存储库平台实现科学数据的有效管理、公开共享和规范引用。

科学数据开放共享模式有以下五种[三]。第一，科学仪器共享模式。科学仪器是许多科学研究的基础，其中根据科学仪器类型又可分为：科学装置模式，如望远镜等；网络检测模式，如对于野外环境的检测的实时展示。第二，平台合作模式。与专业科学数据存储库合作，开展论文与支撑的科学数据的关联出版。例如《中华外科杂志》要求供稿人在稿件录用后，提供其相关支撑数据并纳入国家人口与健康科学数据共享平台进行管理。第三，独立平台开放共享模式。该模式是指由数据开放平台独立发布的，不依赖于任何出版物的数据发布的模式，其相关平台有"科学数据银行""复旦大学社会科学数据平台"等。第四，数据出版模式。以数据论文形式发布，如《中国科学数据》《全球变化数据学报》等数据期刊。第五，众包共享模式。数据平台的大量数据使得数据处理成为一大问题，众包可以整合大众资源完成机器难以独立完成的工作，通过大众参与完成数据处理后进行数据开放。专业的数据存储库平台负责数据的录入、存储和管理，能更长久地保存开放的科学数据。

———————————
[一] 温亮明，李洋. 我国科学数据开放共享模式、标准与影响因素研究 [J]. 图书情报研究，2021，14（1）：33-41.
[二] 李宗闻，姜璐璐，王鹏尧. 推动科学数据开放共享 [N]. 中国社会科学报，2021-03-30（004）.
[三] 温亮明，李洋. 我国科学数据开放共享模式、标准与影响因素研究 [J]. 图书情报研究，2021，14（1）：33-41.

◎ **延伸阅读资料：复旦大学社会科学数据平台和北京大学开放研究数据平台**

1. 复旦大学社会科学数据平台⊖

　　复旦大学社会科学数据平台是由复旦大学与哈佛大学合作成立的，它致力于收集、整理和开发中国社会经济发展数据。该平台除作为数据共享平台外，还具备提供数据服务、社会科学定量研究方法教学等功能。目前该平台拥有 279 个课题、164 个数据空间和 781 个数据集，并且建立了"复旦能源""长三角社会变迁调查""人口普查"和"居民消费和碳排放"等专题特色数据库。

2. 北京大学开放研究数据平台⊖

　　北京大学开放研究数据平台是北京大学为了推动研究数据开放、交流与共享，由北京大学图书馆、北京大学管理科学数据中心、北京大学科研部、北京大学社科部联合主办的。该平台为研究者提供研究数据的管理、发布和存储服务，鼓励科学研究者开放和共享数据。北京大学开放研究数据平台的功能有：数据提交、管理和发布；DOI 标识符，规范数据引用；实名学术社区，规范版权保护；版本存档和跟踪；在线数据分析和可视化。目前该平台收录了北京大学中国调查数据资料库、北京大学多个学院和研究中心的开放数据，现有 80 个数据空间和 320 个数据集。同时该平台举办了"全国高校数据驱动创新研究大赛"以进一步推动数据开放和数据价值的挖掘。该平台面向全球用户，所有数据均可免费使用。

4.5　网络数据采集

4.5.1　搜索引擎

　　互联网的迅猛发展，网页数量的剧增，使得我们在海量信息中获得想要的信息如同大海捞针，而搜索引擎正好解决了这个问题。搜索引擎是指根据一定的策略，运用计算机程序从互联网的"海洋"里采集信息，为用户提供检索服务，将用户所需要的信息呈现到用户的面前。搜索引擎按照工作方式可分为全文搜索引擎、目录搜索引擎和元搜索引擎。

　　全文搜索引擎是主流的搜索引擎，它通过从互联网上提取各个网站的信息保存在数据库中，根据用户查询条件在网页数据库中进行检索后，按一定的排列顺序返回匹配的网页信息和地址。全文搜索引擎根据返回结果的数据源，可分为两种：一种是拥有自建的网页数据库，从自身数据库中进行结果调用；另一种是租用数据库，对检索的结果按自定格式进行排列。国外典型的全文搜索引擎有 Google、Bing 等，国内典型的全文搜索

　　⊖　复旦大学社会科学数据平台 [EB/OL].（2021-07-10）[2023-02-01]. https://dvn.fudan.edu.cn/ home/index.jsp.
　　⊖　北京大学开放研究数据平台 [EB/OL].（2021-07-10）[2023-02-01]. https://opendata.pku.edu.cn/.

引擎有百度、搜狗等。全文搜索引擎具有检索功能强、全文搜索、更新速度快、方便快捷等优点，其不足在于提供的信息多但命中率和准确率却不一定高，可能出现重复的链接，造成杂乱、不清晰，需要用户进行甄别。

目录搜索引擎即通过目录索引，将相同性质的信息归类到一起并进行定义，以便用户查询。目录搜索引擎不算是严格意义上的搜索引擎，它提供的是按目录进行分类的网站链接列表，用户不需利用关键词进行查询。最具代表性的目录搜索引擎是一些导航站点，Yahoo、搜狐、新浪等都是目录搜索引擎。目录搜索引擎的一大特点是它的站点列表是由人工建立的，而全文搜索引擎是通过程序将互联网上所有的网站信息都收录到数据库中。因此，目录搜索引擎的优点是：结构层次清晰，易于查找；由于有多级类目，便于用户缩小范围、找到明确主题。其缺点是由于是人工建立，所以搜索的范围较小，更新速度慢且类目的建立容易产生遗漏。

元搜索引擎自身没有网页信息收集的程序和数据库，一般通过调用多个独立搜索引擎的搜索结果，在统一界面中进行展示。元搜索引擎能帮助用户在多个搜索引擎中选择合适的搜索引擎进行下一步的数据获取。其代表性的搜索引擎由 Dogpile、Vivisimo。

除了以上三种经典的搜索引擎，还有很多不同类型和功能的搜索引擎，如集合式搜索引擎、门户搜索引擎、垂直式搜索引擎等。以下将介绍一些较为常用的搜索引擎平台。

（1）Google

Google 成立于 1996 年，是全球最大的搜索引擎，也是目前使用人数最多的英文搜索引擎。Google 搜索设有网站、图像、新闻和目录四种信息搜索的模块，并有常规搜索和高级搜索两种功能。Google 引擎拥有独特的 Page-Rank 网页排序算法，因此也被认为是最准确、最科学的搜索引擎。

（2）百度

百度是使用人数最多的中文搜索引擎，从 2012 年至今长期占据搜索引擎中国市场份额的 75% 以上。百度搜索提供网页、新闻、音乐、图片、文库等多种信息类型的搜索服务，能满足用户对于不同信息类型采集的需求。百度采用超链接分析算法来评估网站受欢迎程度和质量，以此作为搜索结果排序的依据。百度拥有全球海量的中文网页库，服务于全球 100 多个国家和地区，且实现了多终端的同步搜索，如百度搜索手机客户端是获取中文信息的主要入口。

（3）中国搜索

中国搜索于 2014 年正式上线，其创办公司是由人民日报社、新华通讯社、光明日报社、经济日报社、中国新闻社、中央电视台、中国日报社中国七大新闻机构联合设立的。中国搜索致力于为用户提供丰富的国际新闻信息搜索服务，设立了国际头条、国际观察、即时新闻等十多个栏目，建立了最权威的互联网百科、数据、资料库。

4.5.2 网络爬虫

关于网络数据的信息采集，根据不同的目的和场合，需求者可选择不同的信息采集方式。网络中的数据一般是以互联网网站为载体而存在的，通过前面几种信息采集方式的介绍可知，对普通用户来说，在进行学习或研究时，搜索引擎和数据库是其信息获取的重要方式。通过关键词和检索技巧，各搜索引擎能够满足用户的一般性的需求，而数据库可以提供极具价值、全面的数据信息。作为研究型的用户或商业型的用户，要想获得感兴趣的足量的数据，可以去各大数据开放平台或数据交易平台搜寻一番。但这些数据获取方式往往存在一些数据采集上的局限，如搜索引擎只提供网页浅层的信息合集、数据库和数据交易平台需要考虑费用成本、数据开发平台需要作者提供科研数据等。网络爬虫就能很好地避免以上信息采集存在的问题。

网络爬虫，又称网页蜘蛛、网页机器人，英文名称为 Web Spider 或 Crawler，是一种按照一定的规则，自动抓取网页内容的程序或脚本。网络爬虫其实是搜索引擎的重要组成部分。如果将互联网比作蜘蛛网，那么网络爬虫就是在这张网络游走爬行的蜘蛛，它像爬行者一样在网络空间按照一定的规则获取信息。网络爬虫的基本流程是发送请求、获取响应内容、解析内容、保存数据，所以其技术框架一般包括控制器、解析器和资源库三个部分。网络爬虫程序的数据抓取方式一般有两种：一是通过模拟浏览器请求，直接依据网站地址获取网页数据；二是通过打开浏览器，模拟鼠标点击动作进行数据的获取。根据技术框架中解析器对数据解析方式的不同，网络爬虫可以分为正则式、XPath 式和 BS4 式；根据抓取目标不同，可分为基于目标网页特征、基于目标数据模式和基于领域概念的网络爬虫；根据爬取策略的不同，网络爬虫可分为以下四种类型：通用网络爬虫、聚焦网络爬虫、增量式网络爬虫、深层网络爬虫。

（1）通用网络爬虫

通用网络爬虫是全文搜索引擎抓取信息的重要组成部分。其主要目的是将互联网上的网页下载到本地，形成一个互联网内容的镜像备份。通用网络爬虫程序从一个 URL 集合开始运行，分析页面内容并且提取新的 URL 到待提取的 URL 队列；爬虫如此往复，遍历整个 Web，直到 URL 队列为空或满足爬虫终止条件。通用网络爬虫主要是用于搜索广泛的主题，因此在搜索引擎中具有重要的应用价值。然而，通用网络爬虫也有其局限：一是通用网络爬虫返回的是大量的网页信息，大部分网页信息并不符合用户需求；二是不同领域和背景的用户往往具有不同需求，通用网络爬虫无法做到个性化定制；三是随着网络数据形式越发丰富，出现图片、音频、视频等大量数据，通用网络爬虫不能很好地发现和获取这些数据。

（2）聚焦网络爬虫

聚焦网络爬虫，又被称为主题网络爬虫，是面向特定主题需求的网络爬虫程序。这种程序过滤与主题无关的链接，只抓取与主题相关的页面信息，这是聚焦网络爬虫和通用网络爬虫的主要区别。聚焦网络爬虫只爬取与主题相关的页面，节省了大量的资源和开销，保存的页面由于数量少因此更新速度相比通用网络爬虫更快，能够满足用户对特定领域信息的需求。聚焦网络爬虫也是科学研究中最常用的网络爬虫，一般用于爬取虚拟社区用户行为、用户评论、社交媒体用户社交网络数据等。

聚焦网络爬虫程序可通过 Python 语言进行编写，Python 拥有许多可用于聚焦网络爬虫程序的程序包，用户可直接下载调用。Python 进行聚焦网络爬虫程序编写时有两种数据获取方式：一种是模拟浏览器请求头进行数据请求；另一种是模拟鼠标操作进行数据获取。Python 编写爬虫框架时包括请求、解析和存储三个步骤，在请求库中一般调用 requests、selenium 包，解析库采用正则、BeautifulSoup 和 PyQuery 三种方式，在数据存储上可直接存为 excel 表格、text 或存储到 MySQL 数据库中。

通过编程语言进行爬虫框架的程序设计，可根据研究人员对数据的需求进行定制和调整，灵活性较高，但计算机编程对研究人员的计算机专业水平要求较高，这时可通过一些模拟爬虫的软件工具进行数据的采集。比较知名的数据采集工具有八爪鱼、后羿采集器、火车采集器、GooSeeker 等。许多数据采集工具甚至有半成型的数据采集模板，大大降低了数据采集门槛，但工具的使用灵活性较低且可能存在收费情况。

（3）增量式网络爬虫

增量式网络爬虫是指对已爬取的网页采取增量式更新的策略，程序只抓取新产生的页面或者是更新已变化的页面信息，一定程度上能保证所爬行的页面都是更新后的页面，保证了数据的及时性。与周期性抓取和刷新页面的网络爬虫相比，增量式爬虫只在需要的时候抓取新产生或更新的页面，它并不需要重新遍历未发生变化的页面，这种方式有效减少了数据下载量，极大地降低了爬虫在时间和空间上的开销，并尽可能地保证了资源池中页面的时效性。同时，增量式网络爬虫的算法的复杂度和实现难度较高。

（4）深层网络爬虫

Web 页面按存在的方式可以分为表层网页和深层网页。表层网页是指传统搜索引擎能够搜索到的页面；深层页面是指无法通过静态链接获取、隐藏在搜索表单后，存储在后台数据库、通过接口才能获得信息资源的 Web 页面，例如用户注册后才可看见的网页。深层网页中可访问的信息容量是表层网页的几百倍，深层网页具有极高的数据价值。为爬取深层网页而开发的爬虫就是深层网络爬虫，也称 Deep Web 爬虫。

目前，最成功的分布式网络爬虫系统主要应用在互联网公司中，如搜索引擎公司。著名的网络爬虫有 RBSE、WebCrawler、World Wide Web Worm、Mercator、UbiCrawler、WebFountain 和 Google Crawler 等。

4.5.3　网络日志

网络数据除了 Web 数据、数据库数据外，还有日志数据。日志数据是记录系统或平台、网页产生的过程性事件的记录数据。每一条日志数据都回答了 Who、When、Where 和 What 的问题。日志数据能让人们了解到用户在网站或平台的具体操作。日志数据的数据来源有服务器、网络设备、操作系统、业务系统、数据库等。日志数据可以分为 IT 硬件设备的状态日志和应用系统日志两大类型：IT 硬件设备的状态日志包括服务器 CPU 或内存的使用状态、网络设备流量状态等；应用系统日志包括 Windows、Linux、Unix 操作系统的日志，数据库日志，以及网站、平台的系统日志。日志数据的特点是：每时每刻都在不断产生，数据量大且较为分散，因此较难采用手工方式进行维护；日志的产生不受人为因素的影响，可以在较高水平上保证分析结果与事实接近，得出的分析结论也会比较客观。当前许多企业都拥有自己的日志系统，日志数据采集成为企业获取海量数据的重要方式。代表性的企业日志数据采集系统有 Hadoop 的 Chukwa、Cloudera 的 Flume、Facebook 的 Scribe、LinkedIn 的 Kafka、淘宝的 TimeTunnel 等。

网络日志是指在服务器或者是 Web 应用程序上有关网络访问等用户行为的各种日志文件，包括访问日志、引用日志、代理日志、错误日志等文件，是应用系统日志的一部分。在网络日志中包含了大量的用户访问信息，包括用户的 IP 地址、访问的 URL、访问日期、路径等。网络日志按照记录位置的不同可以分为三类：客户端的网络日志、代理服务器端的网络日志和 Web 服务器端的网络日志。

大数据时代网络日志的采集开源程序主要有 AWstats、Webalizer、Google Analytics、百度统计等。其中，AWstats、Webalizer 等是专门对 Web 服务器端的网络日志进行统计分析的开源程序。Google Analytics、百度统计等不直接分析网络日志，而是提供数据监测、统计分析等功能。对于个性化的数据分析，企业则需要依据其业务情况进行开发和定制，不能依赖这些开源的日志工具。当然，在数据驱动时代，数据已经成为企业的核心资产和竞争力，数据价值的最大化挖掘和分析能帮助企业进行决策，因此许多企业也建立了自己的系统日志采集平台。

◎ 延伸阅读资料：企业系统日志采集平台

1. 阿里巴巴的数据采集管理平台[一]

阿里巴巴的数据采集管理平台包括日志数据采集、关系型数据采集、外部数据采集三大部分，而日志数据采集占到集团数据采集量的 50% 以上，日志数据管理平台是所有业务的底层基础设施，包括 PC、App、IoT。但在数据采集规范及标准上，采集埋点技术体系、全终端数据采集能力（Web、App、IoT）、反作弊能力等方面也面临着挑战。

2. Facebook 的 Scribe[二]

Scribe 是 Facebook 开源的日志收集系统，在 Facebook 内部得到大量的应用。Scribe

─ 阿里巴巴数据技术及产品部.大数据之路：阿里巴巴大数据实践 [M].北京：电子工业出版社，2017.

─ 百度百科 .Scribe[EB/OL].（2021-07-15）[2023-02-01]. https://baike.baidu.com/item/scribe/2645984?fr=-aladdin.

从各种日志源上收集日志，存储到中央存储系统上（如 NFS、分布式文件系统等），从而进行集中统计分析处理。Scribe 为日志的"分布式收集、统一处理"提供了一个可扩展的、高容错的方案。

3. Hadoop 的 Chukwa[⊖]

Chukwa 是 Hadoop 系列产品之一，使用了很多 Hadoop 组件（如 HDFS、MapReduce），提供了许多模块以支持 Hadoop 集群日志分析。Chukwa 是一个开源的用于监控大型分布式系统的数据收集系统。这是构建在 Hadoop 的 HDFS 和 MapReduce 框架之上的，继承了 Hadoop 的可伸缩性和健壮性。Chukwa 包含了一个强大和灵活的工具集，用于展示、监控和分析已收集的数据。

◎ 复习思考题

1. 请结合实例，简述个人信息源的特点。
2. 简述信息采集应遵循的基本原则。
3. 简述调查法及其应用。
4. 简述访谈法及其应用。
5. 论述大数据环境下的网络信息采集。

⊖　百度百科 .Chukwa[EB/OL].（2021-07-15）[2023-02-01]. https://baike.baidu.com/item/Chukwa/1854010? fr=-aladdin.

第 5 章

信 息 组 织

■ **教学目的与要求**

　　理解信息组织的概念、对象、步骤等基本知识；熟悉文献资源信息组织相关知识；掌握常用的信息描述与组织方法（分类法和主题法）；掌握网络资源信息组织相关知识；理解知识组织的概念、类型、方法、应用等；认识新环境下信息资源组织的前沿与发展。

　　信息社会，伴随着信息爆炸、信息泛滥，大量无序信息飞速增长。与此同时，信息的载体也逐渐多样化，导致信息存储状态的无序化。序是事物发展和进步趋向于有序的基本结构形式，是事物构成要素之间的相互联系及其在时空结构中的表现⊖。信息资源管理围绕"序"展开，注重研究"序"的规律，揭示"序"的表现，最终按照特定的"序"来"管理"信息。研究和揭示信息资源的"序性"，不仅是信息资源管理的基本任务，也是设计最优信息系统、提供最优信息服务的基础。

　　信息组织是信息资源管理的中心环节，是建设信息系统的重要条件，亦是开展用户服务的有力保障，在信息资源管理过程中发挥着承上启下的桥梁作用。通过信息组织，信息将在很大程度上从无序状态转变为有序状态，信息质量将得到优化，信息价值将得到提升，为后续的信息检索、利用、互操作等奠定基础。因而，信息组织的必要性和重要性得以体现。

5.1 信息组织概述

5.1.1 信息组织的概念

　　信息组织是指在借助科学的规则、方法或技术描述和揭示信息的外部特征和内容特

　⊖　马费成.导言：情报学中的序 [J]. 图书情报知识，2008（3）：5-7.

征的基础上，按照既定的参数、序列或公式对信息进行排列，实现无序信息流向有序信息流的转换[二]。其中，信息的外部特征是由物理载体直接反映的信息对象，构成信息的外在、形式化特征，主要包括信息载体的物理形态，题名、作者、出版机构、发行时间等信息，流通或传播的标记等。信息的内容特征即信息涵盖的主题、观点、结论等深层次内容，可以通过分类号、关键词、主题词或其他知识单元体现或表达。信息的外部特征和内容特征是信息组织的基本对象。

5.1.2 信息组织的对象

有用的信息资源是信息组织的核心对象。凡是信息社会中存在的、被人类或机器所需要的有用信息，都应该通过信息组织来提高利用效率、提升利用效果。根据人类创造的信息与知识的存在形态，信息组织的对象至少包括以下 5 种基本类型。

①图书、期刊、档案与报纸等文献信息资源。

②电子记录、数据库等信息资源。

③网络信息资源。

④语义化与知识化的信息资源。

⑤用户生成内容（User Generated Content，UGC）、机器生成数据等新兴信息资源。

按照信息资源的载体类型，信息组织的对象在广义上可以被分为实体资源和网络资源。若信息的序化过程针对的是传统印刷型或非印刷型文献实体信息资源，该过程亦可以被称为文献编目。

5.1.3 信息组织的步骤

信息组织主要包括信息选择、信息分析、信息描述与揭示以及信息存储 4 个步骤，具体内容如下。

①信息选择，即从已经采集到的无序化信息集合中筛选出有用信息。

②信息分析，即遵循特定的逻辑关系，从语言学（语义、语法、语用）等不同层面细化、挖掘、加工被选择的有用信息的外部特征以及内容特征，最终进行整理归类。

③信息描述与揭示，指根据信息组织和检索的需求，在信息分析的基础上，对信息资源的形式表征、物质形态等外部特征，主题内容、观点内容等内容特征进行细化描述、全面记录的活动。如著录主要描述文献信息的形式特征，标引主要揭示文献信息的内容特征。

④信息存储，指对经过描述与揭示后的信息按照一定的格式与顺序科学有序地存放、保管于特定的载体中，以便查找、定位和检索信息的过程。信息存储的介质主要分为纸质存储和电子存储，且具有虚拟化、分级化趋势[二]。

○ 马费成.信息管理学基础 [M].武汉：武汉大学出版社，2002：131-140.

○ 百度百科.信息存储 [EB/OL].（2022-01-17）[2023-02-01]. https://baike.baidu.com/item/%E4%BF%A1%E6%81%AF%E5%AD%98%E5%82%A8/8343339?fr=aladdin.

5.2　文献资源信息组织

文献资源信息组织（以下简称文献编目）的面向对象为文献资源，即根据相关标准与规则，分析、选择、记录书目文献资源的内容特征、形式特征等，进而编制成各种类型的款目，并按照特定方法与原则将各类款目排列组合成各类目录[一]。

5.2.1　文献编目的历史缘起

1841 年，大英博物馆图书馆馆长安东尼·潘尼兹（A. Pannizzi）带领专门委员会经过几年的努力，正式出版了《大英博物馆印本图书著录规则》，即著名的《91 条规则》。这是西方现代首部完整、系统的编目规则，为未来编目工作的科学化与规范化，特别是英美编目体系的形成奠定了坚实的基础，被誉为世界编目史上的"大宪章"，开启了现代编目规则的先河[二]。

潘尼兹认为目录的作用在于赋予读者获取不同版本作品的所有特征信息的权利。美国图书馆协会主席莫里斯·弗里德曼（M. Freedman）将潘尼兹目录功能的核心思想概括为：建立著者作品之间的关系网络，以便读者了解该著者的所有作品；识别、区分特定作品的不同版本和译本，避免混淆；整合一部作品的所有版本，以便读者查找到不同版本的作品以及与之相关的其他作品[三]。

《91 条规则》明确了现代编目的两个基本思想：第一，目录应该考虑读者的检索需求。第二，目录是帮助读者打开图书中蕴含的知识宝库的钥匙。《91 条规则》的问世，实现了编目思想从书目单元到文献单元的重大进步，其中的编目思想一直延续到现在，成为编目实践的重要指南。

5.2.2　文献编目的思想变革

（1）奥斯本的《编目的危机》

潘尼兹的编目方法虽然提供了具体清晰的检索路径，但是，到了 20 世纪 30 年代，编目的规则越来越烦琐，编目的对象越来越多样，导致这类编目方法变得非常复杂，体系臃肿。另外，不同编目员的编目一致性也并不理想，从而出现了"同书不同号"的情况。

美国国家图书馆学家安德鲁·奥斯本（A. Osborn）敏锐地洞察到了这类编目方法存在的弊端，于 1941 年发表了《编目的危机》一文，文中严厉批判了同年的《著者、书名

　　○　来新夏. 文献编目教程 [M]. 天津：南开大学出版社，1995.
　　○　杜芸，从《91 条规则》到《国际编目原则声明（草案）》：图书馆目录功能的演变研究 [J]. 图书馆杂志，2007（3）：14-17.
　　○　WILLIAM D. FRBR and fundamental cataloguing rules [EB/OL]. (2021-08-26) [2023-02-01]. http://www.miskatonic.org/library/frbr.html.

款目规则（试用版）》条例，进而提出了基于实用主义的编目原则并建议实行详、简、基本三级的著录方法。编目的实用主义原则包括以下 3 条：第一，要简化编目的规则，充分尊重编目员的判断力和处理问题的能力，灵活地运用规则；第二，应该针对不同的图书馆类型，制定不同的编目标准；第三，编目规则应该尽量少且简单，尽量体现一些通用规则[⊖]。

奥斯本的观点得到了编目员和图书管理员的广泛认可。但是，由于当时正处于"二战"时期，该编目原则在图书馆中的实践推进并不理想。

（2）柳别斯基的《编目规则与原则》

美国图书馆学家西摩·柳别斯基（S. Lubetzky）是文献编目领域的巨擘之一。1953年，正在美国国会图书馆工作的柳别斯基公开了名为《编目规则与原则》的报告。通过该报告，柳别斯基对《目录规则：著者和题名款目》（简称"ALA 规则"）进行了分析和批判，首次明确系统地提出了基于目标的编目思想[⊖]。该报告是西方近现代编目史上重要的理论著作之一，对制定规范化的编目条例具有积极深远的指导意义，同时也促成了1961 年巴黎国际编目原则会议的召开。

此外，柳别斯基的创作生涯中还有另外两部代表性著作，分别为 1960 年出版的《编目条例》和 1969 年出版的《编目原则·最终报告》。其中，《编目条例》系统揭示了目录的核心功能：首要功能是检索功能，即通过检索目录能确定特定出版物的馆藏位置；其次为汇集功能，即目录能把图书馆所藏的同一著者的不同作品和同一作品的不同版本集中在一起。此外，柳别斯基提出应该更加重视目录编制的经济性与有效性。柳别斯基的编目思想对英美编目条例影响重大，同时也为现代编目理论奠定了理论基础。

5.2.3 文献编目的类型

在西方近现代文献编目思想的发展历程中，文献编目的类型的演变亦与时俱进，即在目录编写形式层面，近现代文献信息组织进行了相应的革新与改良。文献编目的类型经由卡片式编目发展到自动化编目，最终发展到联合编目。

（1）卡片式编目

卡片式编目是将能够反映文献内容特征和形式特征的项目记录到卡片上，然后将卡片按照一定顺序排列起来（见图 5-1）。卡片式目录体系由传统的字典式、书本式目录体系发展而来，在很大程度上为目录的增删、替换、更新与再组织提供了便利。标准化卡片目录由此推出，并得以广泛印刷与发行，最大限度地推进了目录编制的一致性。从用

⊖ GALLAGHUR H M. Dr. Osborn's 1941 " The Crisis in Cataloguing " [J]. Cataloguing and classification quarterly，1991（3/4）：3-33.

⊖ LUBETZKY S. Cataloguing rules and principles ：a critique of the A.L.A. rules for entry and a proposed design for their revision [M]. Washington：Processing Department，Library of Congress，1953.

户角度，其阅读查检文献信息的方式，从卡片方式进一步拓展到了半机械化的穿孔卡片方式。穿孔卡片可以按照孔洞位置或组合特征来表达特定的信息，用户可以通过穿孔的形式而不是阅读的形式来获取有用卡片。穿孔卡片方式是现代信息检索系统的雏形。

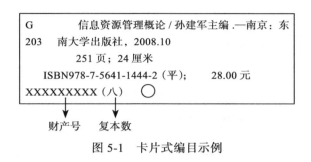

图 5-1　卡片式编目示例

（2）自动化编目

20 世纪初，作为文献组织的基本工具，书本目录、卡片目录在文献管理机构被广泛使用，极大地提高了图书文献的获取效率。但是，目录设计的知识体系庞大、编制周期漫长，不便于及时更新和管理条目。计算机作为一种有效的数据加工和管理工具，在编目、协作以及减少重复工作等方面均具有较大的优势。因此，从 20 世纪 60 年代开始，图书馆领域开始借助计算机自动加工和管理文献目录，机读目录便是自动化编目的产物。

机读目录中影响最大的是 MARC（Machine Readable Catalogue），中文翻译为"机器可读目录"，是一种以特定字段结构存储在计算机等机器载体上的、可以被计算机识别与阅读的目录。作为一种数据格式标准，MARC 定义的字段数量多、可检索、可共享、可复用，具有强大的扩充修改功能，充分展现了书目数据在描述文献形式特征及内容特征、检索信息等方面的作用。因此，MARC 是一种非常高效的编目方式。此后，多种基于 MARC 的机读目录形式相继被开发，并被广泛应用于当前的文献目录控制。

其中，中国机读目录（China Machine Readable Catalogue, CNMARC）共有 10 个字段区间，每个区间有若干个字段，每个字段用三位数字表示，具体内容构成如下：①标识块（0＝），主要包括记录控制号（001）、记录处理时间（005）、国际标准书号（ISBN）（010）等标识记录和作品的标识号；②编码信息块（1＝），主要包括通用处理数据（100）、作品语种（101）、出版国别（102）等描述作品各方面特征的定长数据元素；③著录块（2＝），主要包括题名与责任者说明项（200）、出版发行项（210）、载体形态项（215）等《文献著录总则》规定的除附注项和标准号以外的全部著录项；④附注块（3＝），主要包括责任附注（314）、提要、文摘附注（330）等对作品的文字说明；⑤连接款目块（4＝），主要包括分集项（462）等以数字和文字形式表示与其他作品记录标准连接关系的字段；⑥相关题名块（5＝），主要包括统一题名项（500）、并列题名项（510）等可以作为检索点的其他作品题名信息项；⑦主题分析块（6＝），主要包括学科名称主题项（606）与中图法分类号项（690）；⑧责任者块（7＝），主要包括人名等同责任项

（701）和人名次要责任项（702）等与作品责任相关的个人及团体名称字段；⑨国际使用块（8＝），主要包括记录来源项（801）等承担记录责任的机构标识；⑩国内使用块（9＝），主要包括馆藏信息项（905）等供国内文献情报机构记录馆藏信息的字段⊖。图 5-2 是中国机读目录示例。

图 5-2　中国机读目录示例

（3）联合编目

联合编目是指各个文献信息机构出于自愿，通过相关协议建立书目信息交换关系，并在遵循统一的编目条例与工作规程的基础上，分担编目任务、共享编目成果的编目方式。联合编目是一项长期的工作，需要各级各类图书馆的广泛支持。联合编目能够打破空间壁垒，实现资源一体化，具有降低编目成本，提高编目质量，避免重复建设，推进共建共享等优势作用。

典型的联合编目项目有联机公共目录检索系统（Online Public Access Catalog，OPAC）、联机计算机图书馆中心（Online Computer Library Center，OCLC）的 WorldCat 和 UNIMARC（IMP）等。

5.2.4　文献目录的类型

以目录和编目为形式的传统文献信息资源组织具有 3 种基本类型，分别为清单目录形式、查检目录形式和文献控制目录形式。

（1）清单目录形式

清单目录形式，也被称为财产清单形式。清单目录形式主要具有以下 3 个特征：第一，大多是粗略分类下的不规范著录；第二，大多由个人以手工方式编写，零散且缺乏标准；第三，款目排序不利于读者检索。

⊖ 吴丹，蔡卫萍，梁少博，等 . 信息描述实验教程 [M]. 武汉：武汉大学出版社，2016：224.

（2）查检目录形式

相较于清单目录形式，查检目录形式具有一定的著录规则。首先，为了达到查检目的，该形式的目录新增了文献的存放位置等相关描述信息。其次，目录组织与排架顺序保持一致，便于查找到特定文献。最后，为了提高查检速度，著录内容通常比较简略。

（3）文献控制目录形式

目录学主张以文献控制为归宿，书目信息是文献控制的重要方式。相对于浩瀚的人类知识，图书馆的存储空间是有限的。文献目录不但能够揭示特定文献的知识特征，而且能够反映当时知识领域的全貌。因此，成熟完备的文献目录体系能够打开读者面向全部知识的窗口。同时，文献目录也寄托了图书馆馆员完整记录人类文化遗产的乌托邦理想。

为了保证人类知识记录的完整性与一致性，集中编目、联合编目和全球编目等编目方法应运而生。例如，为了克服编目语言障碍，1961 年，国际编目原则会议在巴黎召开。1971 年，联合国教科文组织推出了国际书目控制计划（Universal Bibliographic Control，UBC）。此外，在国际图书馆协会联合会和联合国教科文组织合作牵头、全球出版业的鼎力支持下，《国际标准书目著录》（International Standard Bibliographic Description，ISBD）得以推出，推进了编目标准化进程。

5.3　信息描述与组织方法

5.3.1　信息组织的理论基础

情报语言学是情报学家构建的特定的信息描述和信息组织工具体系。信息描述和信息组织是一种普遍的社会实践活动，其发展建立在一定的理论基础之上[⊖]。语言学、逻辑学、术语学等原理共同组成了聚焦于信息描述和信息组织的情报语言学的理论基础。

（1）语言学

语言是人类最重要的信息交换符号系统，是信息的载体，由词汇和语法构成。在信息利用的过程中，需要建立基于词汇和语法的语言符号系统，并根据信息的内在知识逻辑和表意结构，将零散、混杂的信息组织成有序、优化的整体。这就是在自然语言的基础上，创造了用于信息组织的人工语言，即建立了情报语言学与自然语言之间的关联关系。有了这样的符号系统，各种信息单元能够对号入座，信息的内外部特征以及信息系统的有序性得以体现，自然语言表达的情报内涵更易于理解和解析。

（2）逻辑学

逻辑学是关于思维规律的科学。信息组织是一种思维过程，同时信息组织的各种语言亦建立在概念逻辑的基础上。信息组织不仅要明确地表达每一个信息单元，还要揭示

⊖　马费成，宋恩梅，赵一鸣 . 信息管理学基础 [M]. 3 版 . 武汉：武汉大学出版社，2018：155-156.

不同信息单元之间的逻辑关系。所以信息组织工作必然要用到逻辑学的一些方法，其组织过程必须符合逻辑思维规律。如在遵循概念、判断和推理等逻辑学科学思维方法的前提下，情报语言学可以运用形式逻辑中的归纳、演绎、比较、分析等推理机制，结合知识分类体系或工具，序化、优化信息组织。

（3）术语学

术语是一种指称概念的规范化符号，情报语言学的基本任务是建立不同主题概念的术语或标识体系，即术语整理。通过规范化、统一化、标准化的术语整理，能够更好地建立概念之间的关系。

此外，情报语言学还系统融合了知识分类原理、系统论原理、协同论原理等知识理论体系，建立了知识之间严密的逻辑关系，构建了体系化的信息描述和信息组织方法。

5.3.2　信息组织的基本原则

信息组织的对象、机构、方法和过程等均具有复杂性。因此，无论是社会信息流的宏观组织，还是信息组织的微观整理，都须遵循科学原则，以避免信息组织工作的随意性和盲目性。信息组织功能和作用的发挥，有赖于对客观性、系统性和实用性 3 项基本原则的贯彻[⊖]。

（1）客观性原则

客观性原则强调信息特征的描述和揭示工作必须客观而准确。具体而言，首先应优先选择具有客观依据的数据来源；其次，在信息加工和组织过程中，既不能破坏信息本身的涵义，又不能随意添加不准确的思想和观点，必须确保信息的完整性、全面性和准确性。此外，随着技术环境以及信息源自身的不断变化，客观性原则也强调信息组织的时效性和环境一致性。

（2）系统性原则

系统性原则体现了信息组织工作的整体性、关联性与一致性。首先，系统性原则要求信息组织工作考虑各个环节的共性需求，整体把握信息资源的核心特征。其次，系统性原则要求信息组织工作考虑不同领域、层次、需求的内在联系和转化规则，最终能同时揭示信息资源的共性和个性特征。此外，系统性原则还要求形成跨领域、多机构统一规范的信息组织标准和规则体系。

（3）实用性原则

信息组织的根本目的是满足市场和用户的信息需求。因此，信息组织必须充分考虑用户的真实信息需求以及获取信息的成本和收益，最大限度地方便用户的信息选择和利用。此外，在海量信息环境下，信息组织的相关性、时效性、可用性等实用性原则备受

⊖　马费成，宋恩梅，赵一鸣 . 信息管理学基础 [M]. 3 版 . 武汉：武汉大学出版社，2018：153.

重视，甚至超越了精准性、严密性等信息组织的设计原则，"以用户为中心"的信息组织理念和方法体系逐渐凸显。

5.3.3 信息组织的基本方法

信息组织的基本方法主要包括分类法、主题法以及分类主题一体化方法三种类型。

（1）分类法

分类法是按照性质、特征、用途等对事物进行区分和聚类，并遵循一定次序组织聚类结果的过程，是一种系统认知事物的方法。基于此，分类法是一种依照内容特征对信息资源进行系统分类、揭示和组织的方法。排序工具一般采用特定的标记符号，如数字、字母等通用性符号。因此，分类语言是一种不受语言、国别影响的世界性通用信息组织方法。分类法的不足表现为直观性较差，需要掌握一定的专业知识才能理解分类号的内涵，普通用户在使用上将存在一定困难。

从构建方法来看，主要有等级列举式分类法和分面组配式分类法两类分类方法。

①等级列举式分类法。

等级列举式分类法是指将所有类目组成一个等级系统的分类方法。该分类方法通过赋予具体信息加工对象一个主要分类号来确定其内容归属。例如，《杜威十进分类法》（Dewey Decimal Classification，DDC）和《美国国会图书馆分类法》（Library of Congress Classification, LCC）等均是典型的等级列举式分类法。等级列举式分类法具有以下典型特征。

第一，以学科分类方法为基础，强调系统化的知识组织，便于用户按学科或专业等分类逻辑进行系统化信息检索。

第二，通常采用阿拉伯数字或拉丁字母作为标记符号，具有国际通用性，适用范围较广。

第三，从逻辑方法来看，等级列举式分类法体系比较严密，组织效率较高。

第四，既可用于编排检索工具，又可用于管理书目文献，适用性广[一]。

②分面组配式分类法。

分面组配式分类法强调类目之间完全采用同一种分面结构，该分类方法将文献内容拆分为多个因素，在分面中寻找相应的类号，并按照一定次序将这些类号排列，最终组配成一个完整的分类号。分面结构能够揭示事物的不同属性，世界通用的分面组配式分类法有《国际十进分类法》(Universal Decimal Classification，UDC)、《冒号分类法》(Colon Classification，CC）等。分面组配式分类法具有以下特征。

第一，分类类目相对较少，能通过组配一些通用类目来表达众多概念主题。所以在针对复杂概念或复杂对象的分类标引中，分面组配式分类法要优于等级列举式分类法。

第二，可以自由设定标引、检索范围，提供多种文献检索途径，以及比较精确的组

⊖ 周文骏．图书馆学百科全书 [M]．北京：中国大百科全书出版社，1993：76.

配检索方式。分面组配式分类法在检索性能和效率两个方面均优于等级列举式分类法。

第三，采用分段标记制度，便于增补与修订分类表。相较于等级列举式分类工具，使用分面组配式分类工具检索更加灵活。

第四，适用于分类目录组织以及分类检索系统构建，应用范围广阔⊖。

上文提到的《杜威十进分类法》（DDC）、《美国国会图书馆分类法》（LCC）、《国际十进分类法》（UDC）以及《冒号分类法》（CC）均是目前应用广泛的典型书目文献分类法。其中，《杜威十进分类法》《美国国会图书馆分类法》与《国际十进分类法》被西方合称为世界三大分类法。

《杜威十进分类法》（以下简称 DDC）由美国图书馆学家麦维尔·杜威（M. Dewey）于 1876 年创立，迄今已有 140 年的使用历史，是目前世界上流行最广、影响最大的一部分类法，已于 2011 年更新至第 23 版。DDC 开创了文献分类法的新纪元，是西方现代文献分类法发展史上一个重要里程碑。在编制上，DDC 采用通俗简明的阿拉伯数字，从 000、100、200 到 900 将知识标识为 10 个基本大类，具体分类如表 5-1 所示，然后根据小数值的大小依次排列，以标识等级列举式类目体系。分类号大部分采用十进制层累标记制，数字以三位为基础，不足三位则用"0"补齐，三位数字后用小数点隔开。如 600 代表应用科学，630 代表农业，631 代表农业经营，631.5 代表作物栽培。

表 5-1　杜威十进分类法类目体系⊖

编码	分类	编码	分类
000	Computer science，information & general works	500	Science
100	Philosophy & psychology	600	Technology
200	Religion	700	Arts & recreation
300	Social sciences	800	Literature
400	Language	900	History & geography

整体而言，DDC 具有以下特点。

第一，体系完备，结构严谨，类目详尽，层次清晰，便于理解，被世界上大多数公共图书馆广泛采用。

第二，采用严格的层累标记制度，类号之间等级分明，便于开展标识工作。

第三，开创了仿分、复分等分类方法，极大地改进了分类体系。

第四，率先为分类表编制了详细索引，提供了一种简便快捷的字顺检索途径。

第五，DDC 由 OCLC 组织管理，通过定期修订，持续更新，增强了该分类法的适用性和权威性⊜。

《冒号分类法》由著名的印度图书馆学家阮冈纳赞（S. R. Ranganathan）于 1933 年提出，因为第 1 版首次使用冒号作为分面连接符号而得名⊗。《冒号分类法》是分面组配式分

⊖　周文骏. 图书馆学百科全书 [M]. 北京：中国大百科全书出版社，1993：124.

⊜　OCLC. 杜威十进分类法 [EB/OL].（2021-08-28）[2023-02-01]. https://www.oclc.org/en/dewey/webdewey.html.

⊜　周文骏. 图书馆学百科全书 [M]. 北京：中国大百科全书出版社，1993：100-101.

⊗　马张华. 信息组织 [M]. 3 版. 北京：清华大学出版社，2008：131.

类法的典型代表之一。在编制形式上，该分类法按不同分类标准，在基本类下列出多组单独概念，形成若干分面。在文献分类时，根据文献主题选择相应的分面概念，而后按预先规定的分面排列次序将代表分面概念的标记符号组配成目标文献的分类号。相对于等级列举式分类法而言，《冒号分类法》可以更加灵活地揭示目标标引对象的特征，及时地反映新学科和新主题，适应了当前对信息细密度、全方位、多角度揭示的需要。

（2）主题法

主题法[一]是根据信息对象的主题特征，直接以与主题内容相关的词语为信息检索标识，以词语的字顺为主要检索路径，并通过参照系统揭示词语之间关系的信息组织方法。同时，主题法也是一种从信息的内容角度来标引和组织信息资源的方法。一般而言，主题法有以下典型特征。

第一，以事物、问题、现象等特定主题为中心来集中信息资源。

第二，直接以词语为信息资源的检索标识，更加具有直观性。

第三，以字顺为主要检索途径。

第四，通常借助详尽的参照系统揭示主题词之间的关系。

主题法的类型较多，常用的有标题词法、单元词法、叙词法和关键词法等。

①标题词法。

标题词法是一种以标题词作为主题标识，以词表预先确定的组配方式来标引和组织的方法。此处的标题词并非文献标题中的词语，而是一种经过规范化处理，对文献内容以及事物名称或特征的一种规范化表达。

标题词法通过语义参照揭示各标题词之间的语义关系，主要包括单纯参照和相关参照。单纯参照反映正式标题词与非正式标题词之间的同义关系，一般用"见（See）""见自（See from）"来标识等同关系，"见（See）"代表非正式标题词参见正式标题词，"见自（See from）"代表正式标题词参见自非正式标题词。相关参照反映两个正式标题词之间的等级或相关关系，一般用"参见（See also）""参见自（See also from）"表示，"参见（See also）"一般表示上位标题词参见下位标题词或相关标题词之间的参照，"参见自（See also from）"一般表示下位标题词参见自上位标题词[二]。

②单元词法。

单元词（Uniterm）是指用于标引信息资源主题的最基本、最小语言单元，是信息组织的最小表意单元，也是一种受控规范语言。一般情况下，单个单元词难以独立准确地表达文献主题，而需要相互组合或组配，以构成专指的概念主题。单元词法是最早出现的后组式主题语言，其最基本的特点就是概念组配，即提供了一种分解和组配复杂主题概念的方法。具体操作步骤为从单元词表中选择若干单元词，通过不同的组配方式构成多个表意更为复杂、更为专指的主题[三]。如："学术"和"评价"的组配能构成更专指的概

　　[一]　司莉.信息组织原理与方法 [M].武汉：武汉大学出版社，2011：22-24.

　　[二]　孙建军，柯青，陈晓玲，等.信息资源管理概论 [M].南京：东南大学出版社，2008：94.

　　[三]　孙建军，柯青，陈晓玲，等.信息资源管理概论 [M].南京：东南大学出版社，2008：95.

念——"学术评价"。

单元词法具有极大的灵活性，也提供了更加多样的检索入口，但是由于过分强调词汇单元化，处理词汇的方法又不是特别合理，因而单元词法容易导致错误组配，误检率比较高，实用性不强。

③叙词法。

叙词法由单元词法演变而来。叙词，亦称为主题词，是指一类以基本概念为基础，表达文献主题内容的规范化语语或词组。叙词法是通过精选自然语言词语的概念组配来表达主题的一种方法。

叙词法的优点如下。

第一，该方法直接以规范化的叙词作为标识符号，具有直观性。

第二，该方法直接基于文献研究的对象和问题选择叙词，并通过叙词组配来描述主题。所以，无论文献主题内容如何专、深，都可以通过相关的叙词组配方法来表达，具有专指性。

第三，面对不断出现的新事物、新概念、新材料和新研究，叙词法都能随时增删和修改，来适应新概念的表达，适用性强。

第四，叙词主要以字顺排列，便于检索[⊖]。

叙词的选择需要从标引和检索的实际需要出发，并考虑各学科的现状和发展；所选择的叙词必须概念明确，能够准确地表达文献主题和检索提问，且能够发挥组配的优越性，又能兼顾词汇的专指性；叙词表中以名词为主，也收入了少量形容词。叙词包括普通名词和专有名词，其中普通名词是组成叙词表的基本词汇，如表示具体事物的名词术语，表示事物性质、状态的名词术语，表示学科门类的名词术语，等等。专有名词是表达某一特定的单一事物的名词术语，如自然地理区划名、机关团体名、人名等。

④关键词法。

关键词是指那些出现在文献的重要位置，并对描述文献的主题内容具有实质意义的词语。在计算机环境下，关键词的识别和组织技术已经较为成熟，处理起来快捷简便，因而适用于计算机组织和检索。同时，因为关键词法基本不做规范化处理，或者极少做规范化处理，所以在信息资源的检索利用中，漏检率和误检率较高。关键词法适用于对研究前沿或趋势进行研判、跟踪分析的应用环境。

利用关键词组织信息共有两种形式：一是包含题内关键词索引、题外关键词索引、双重关键词索引等在内的带上下文的关键词索引；二是包含单纯关键词索引、词对式关键词索引和简单关键词索引等在内的不带上下文的关键词索引[⊜]。

题内关键词索引（Keyword in Context Index，KWIC）。题内关键词索引就是把关键词保留在文献的标题内，保持关键词的上下文和词序不变。在编制索引款目时：首先使用非关键词表选择题目中具有检索意义的词语作为关键词，并将其作为确定索引款目的

⊖ 严怡民，马费成，马大川.情报学基础[M].武汉：武汉大学出版社，1987：150-151.

⊜ 周宁，吴佳鑫.信息组织[M].武汉：武汉大学出版社，2010：80.

依据；每一个关键词按照字顺轮流作检索点，排在版面的中间；关键词前后的上下文保持不变，以轮排的方式移至款目的前面或后面；款目的最后是信息的存储地址。

题外关键词索引（Keyword out of Context Index，KWOC）。题外关键词索引同样是在题目中选择具有检索意义的关键词，只是它将作为检索入口的关键词放置在题名之外，即置于题名的左端或左上方，题名的词序依然不变，完整地列在检索点的右端或右下方，每一条款目的最后还是信息的存储地址。所有的款目按照检索入口位置的关键词的字顺排列。

双重关键词索引（Double KWIC Index）是题内关键词索引和题外关键词索引的结合。采用双重关键词索引时：首先根据题外关键词索引确定一个索引关键词，并置于题名的左端或左上方作为索引标目；然后根据题内关键词索引确定索引关键词，上下文词序不变，以轮排的方式建立副标目。

双重关键词索引可以通过主标目和副标目的组合进行检索。

单纯关键词索引的款目中不包括非关键词，是完全由关键词以及存储地址构成的索引款目，并以关键词的字顺进行轮排。这种关键词索引中的关键词不仅来源于题名，还可以是在正文或文摘中提取的关键词。一个信息单元的关键词可以分成几个组，构成几组索引款目，因而可以对信息单元进行较深入的标引。

词对式关键词索引是每次只选择信息单元中的两个关键词组配构成索引款目，并根据关键词的字顺进行轮排。如果一个信息单元有 n 个关键词，对 n 个关键词都进行组配轮排，就可以生成 $n \times (n-1)$ 个索引款目，因此可以达到较深的标引效果。

简单关键词索引既是最简单的关键词索引方法，又是质量最差的关键词索引方法。每一个索引款目只有一个关键词，每个关键词后面会有许多个信息单元的存储地址，每一个信息单元的存储地址列在多个关键词之后。

（3）分类主题一体化方法

分类法和主题法各有优劣：分类法系统性强，适用于族性特征的标引和组织；主题法直观明确，适用于特性特征的标引和组织。而人们在信息资源的利用过程中，既有族性检索需求，又有特性揭示目标，因此产生了两种方法互为渗透的分类主题一体化方法。例如，巴希特（C. Barhgat）于 1969 年编制的《教育检索词表》以及中国编制的《中国分类主题词表》，等等。

◎ **延伸阅读资料：如何在图书馆中快速找到一本书？**

上文介绍的《杜威十进分类法》《国际十进分类法》和《冒号分类法》等分类法是国际上常用的馆藏文献分类法，《中国图书馆分类法》（以下简称《中图法》）则是我国图书馆及情报单位普遍使用的文献分类法，《中图法》也是典型的等级列举式分类法。

按照学科或知识领域范围，《中图法》共有 A-Z 22 个基本大类，具体内容如表 5-2所示。

表 5-2 中图法类目体系[⊖]

编码	分类	编码	分类
A	马克思主义、列宁主义、毛泽东思想、邓小平理论	N	自然科学总论
B	哲学、宗教	O	数理科学和化学
C	社会科学总论	P	天文学、地球科学
D	政治、法律	Q	生物科学
E	军事	R	医药、卫生
F	经济	S	农业科学
G	文化、科学、教育、体育	T	工业技术
H	语言、文字	U	交通运输
I	文学	V	航空、航天
J	艺术	X	环境科学、安全科学
K	历史、地理	Z	综合性图书

　　《中图法》的类目主要是按照科学知识的逻辑系统进行划分和排列，重视类目之间的内在联系，贯彻从总到分、从一般到具体、从简单到复杂、从理论到实践的划分原则，具有层层隶属、逐级展开的逻辑等级体系。通过这个等级体系，显示各科学知识部门在分类体系中的位置，反映科学知识部门之间的亲疏远近和隶属关系[⊜]。图 5-3 展示了 R 大类下的等级类目（部分）。

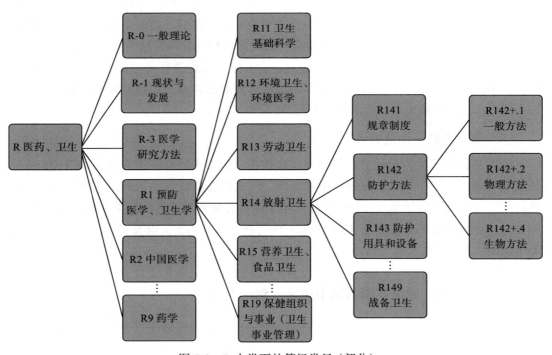

图 5-3 R 大类下的等级类目（部分）

⊖ 清华大学图书馆.中国图书馆分类法简表 [EB/OL].（2021-08-28）[2023-02-01]. https：//lib.tsinghua.edu.cn/info/loll/4429.htm.

⊜ 周宁，吴佳鑫.信息组织 [M].武汉：武汉大学出版社，2010：34.

那么，如何在图书馆中快速找到一本指定的图书呢？《中图法》的作用就此体现。以在某高校图书馆借阅《思考，快与慢》为例（见图 5-4）：

图 5-4　检索示例

①登录学校图书馆网站，在检索框检索"思考快与慢"。

②找到这本书的分类号为 B80-49/H3。

③根据在架状态去图书馆相应区域的书架上按照分类号顺序查找。

5.4　网络资源信息组织

随着技术的发展，人们越来越依赖通过网络获取信息资源。而相对于传统的信息资源，网络信息资源的"质"和"量"发生了巨大的变化。数据的数量与种类激增，数据加工的精度面临巨大的挑战。此外，与传统文献管理环境相比，网络信息资源管理环境下的用户需求也发生了很大的变化，由此对信息组织方法的透明度与易用性提出了更高要求。最后，在网络信息资源管理环境下，信息组织对象逐渐从多样化文本发展到数据、知识层面。在信息组织方法层面，传统的信息组织方法亟须改进以适应新环境，创新应用以元数据为代表的网络信息组织方法也至关重要。

5.4.1　传统网络资源组织方法

传统网络资源组织方法主要包括分类法与主题法。

（1）分类法

在网络学术信息资源的组织和利用过程中，分类法应用广泛，优势明显。例如，中国知网（CNKI）期刊数据库等大型学术资源数据库经常采用分类法。除此之外，以分类导航和分类目录为代表的初代搜索引擎，泛化了分类标准，充分借助分类法系统性强、通用性好、解锁范围易于控制的优势，组织网络信息资源的等级类目体系。

相较于传统分类体系，网络分类目录的分类标准较为灵活，便于快速扩展和调整。然而，网络环境下信息类目的划分标准也存在以下弊端。

①类目划分标准不恰当。网络信息内容丰富，各个网站考虑到易检、易用原则，在类目划分方面往往缺乏统一、严格的标准，导致各个类目之间存在重叠交叉，易产生重复和遗漏现象。

②部分类目划分逻辑性差。网络上存在很多专门提供特定信息的垂直类网站，忽视对其他领域的信息揭示。另外，部分热点信息、热门类别被放置在网站一级类目，导致不符合基本的逻辑规则的分类体系，例如整体不能包含局部。

③类名不规范。类名用语不准确，难以判断其外延，如某网站"另类科学"的类名。

④类目注释缺乏。网络环境下很多分类体系一般不使用注释揭示类目的内涵，这使得一些类目的含义和范围难以确定。

⑤不利于类目层级较深的信息资源的获取。同时，网络分类目录作为一种间接检索方法，不能直接获取信息资源本身，增加了用户信息资源获取的时间成本。

目前，这些分类方法已逐渐退出了大型网络信息资源领域，但在小型知识网络或信息资源总量不大的网络环境中，分类法仍然可以有效组织信息，并帮助用户获取和利用信息资源。

（2）主题法

相较于分类法，在网络环境下，主题法的应用更广泛：一方面，采用叙词表、标题表等现有词表组织网络信息资源；另一方面，广泛采用关键词法，加速处理海量信息资源。网络信息资源数量无法估量，使用规范语言将在很大程度上增加信息组织的成本，从而降低使用效率。因此，以自动词语处理技术为代表的关键词处理技术被广泛采纳。比如搜索引擎，就是运用了网页中的关键词识别和索引技术。

当然，随着需要处理的信息资源数量的激增，主题法的相关弊端也逐渐凸显。例如：由于缺乏统一的标准和转换机制，关键词的使用不便于数据交换和网络检索；主题法的通用性较差，不利于直接用于检索，需要用户结合上下文内容或具体情景进行主观判断，误检率会大幅增加；在海量信息环境下，检索反馈的结果非常多，容易形成大量无效信息，浪费用户的信息获取时间。

◎ **案例分析：淘宝网商品信息组织分析**

淘宝网站的商品种类涉及日常生活中的方方面面，如图5-5所示。当前淘宝网页版中的商品分类共有17个一级品类，分别为女装男装、鞋类箱包、母婴用品、护肤彩妆、汇吃美食、珠宝配饰、家装建材、家居家纺、百货市场、汽车·用品、手机数码、家电办公、更多服务、生活服务、运动户外、花鸟文娱和农资采购⊖，每个一级品类下设置若

⊖ 淘宝网.淘宝.[EB/OL].（2021-08-28）[2023-02-01]. https://huodong.taobao.com/wow/tbhome/act/market-list?spm=a21bo.21814703.1997563209.1.5af911d96cvmzJ.

干个二级类目，二级类目下设有三级类目。淘宝平台设计的一级类目以及二级类目均以事物主题为中心，依照等级和实用性原则进行排序，而三级类目则采用分面组配的分类方法，展示了品牌、材质、风格、价格等不同分面的商品信息，用户将这些分面自由地组配在一起，可以缩减商品查找范围，如图 5-6 所示。

图 5-5　淘宝网首页

手机数码								
手机	iPhone	小米	华为	三星	平板	iPad	小米	三星	10寸
	魅族	纽扣	酷派	VIVO		台电	win8	蓝魔	华为
笔记本	苹果	联想	Thinkpad	戴尔	相机	单反	自拍神器	拍立得	佳能
	华硕	Acer	神州	三星		微单	镜头	卡西欧	尼康
数码配件	保护壳套	炫彩贴膜	移动电源	相机配件	智能设备	儿童手表	Apple	智能手表	智能手环
	手机零件	自拍神器	移动POS	电池		智能配饰	智能健康	智能排插	智能眼镜
网络设备	路由器	网关	交换机	光纤设备	MP3/MP4	MP3	MP4	录音笔	索尼
	网络存储	无线上网	TP-LINK	小米路由		飞利浦	ipod	爱国者	耳机

图 5-6　淘宝网商品二级类目

可以看出，淘宝网商品的信息组织巧妙借鉴了传统信息组织方法，并有机融合了等级列举式分类法和分面组配式分类法。但与传统信息组织比较，仍然存在以下不同：①分类标准不同，传统分类法以学科为落脚，淘宝分类体系则以商品主题为中心；②适用范围不同，传统分类法主要应用于图书馆等信息服务机构，面向不同层次的学者需求，而淘宝网主要面对普通的网络消费者；③稳定性不同，传统分类法制定之后，一般调整频次较低，而淘宝网则是根据用户需求、商品热卖程度调整类目，因此总体调整频次较高[一]。

5.4.2　元数据

（1）元数据的概念

网络信息资源在发布过程中就具备特定的结构和内涵，是关于网络信息资源属性的

⊖　鲁晓明，王博文，詹刘寒 . 淘宝网商品信息组织分析 [J]. 图书情报工作，2013，57（S2）：244-248.

天然描述和加工基础。元数据是在此基础上提供特定信息资源的结构性数据（Structured Data），是关于数据的数据、描述数据的数据。关于元数据比较有代表性的定义有：①元数据是关于数据的结构化的数据，强调元数据的结构性；②元数据是与对象相关的数据，可辅助用户快速对这些对象的存在或特征形成全面的认识；③元数据是代表性的数据，通常被定义为数据之数据，能够反映描述对象的内容信息和位置信息，辅助网络环境中信息对象的发现和检索 ⊖。

目前，通行的元数据格式采用三层结构的方式：内容结构对该元数据的构成元素及其定义标准进行描述；句法结构定义元数据整体结构以及如何描述这种结构；语义结构定义元数据元素的具体描述方法。

总而言之，元数据作为专门用来描述数据特征和属性的一种语言工具，其常见类型包括对元素名称、元素描述、元素表述、元素编码、元素分类等细目的描述。

（2）元数据的作用

面向网络信息资源，元数据可以发挥描述、定位、搜寻、评估及选择的作用 ⊜。

第一，描述作用。描述作用主要是通过描述目标信息对象的内容、特征、属性和位置等，奠定存取和利用目标信息对象的基础。

第二，定位作用。元数据包含网络信息资源位置方面的信息，因此可以通过 URL、DOI 或其他相关标识符来确定资源的具体位置，以进一步检索发现网络环境中隐藏的信息对象。

第三，搜寻作用。元数据提供了信息搜寻的基础。通过元数据，可以进一步抽取并组织信息对象中的重要信息，能够进一步提高检索的精准度。

第四，评估作用。元数据中关于信息对象的基本属性，可帮助用户更易理解与认识信息对象，参照相关准则可对信息资源的价值进行必要的评估，作为用户存取利用的参考。

第五，选择作用。根据元数据所提供的名称、内容、年代、格式等描述信息，用户能在了解信息内容和特征的基础上，选择适用的信息资源。

（3）元数据的类型

为了能够对不同领域、不同类型、不同形式、不同时期的数据资源进行充分描述和处理，来自不同领域的专业人员研究并制定了应用于特定领域或特定场合的元数据规范。不同资源类型适用的元数据规范不同 ⊜，如表 5-3 所示。我们通过阅读和总结国内外研究文献，筛选出目前在国内外应用较为广泛、较有影响力的 8 种元数据规范，分别为 DC（都柏林核心元素集）、MARC（机读编目格式标准）、VRA Core（视觉资料核心类目）、CDWA（艺术作品）、EAD（编码档案描述）、FGDC（地理空间元数据内容标准）、GILS（政

———————————

⊖ 孙建军，柯青，陈晓玲，等.信息资源管理概论 [M].南京：东南大学出版社，2008：128.

⊜ 陈耀盛.网络信息组织 [M].北京：科学技术文献出版社，2004：27.

⊜ 施艳萍，李阳.人文社科专题数据库关联数据模型的构建与应用研究 [J].现代情报，2019（12）：19-27.

府信息定位服务）以及 TEI Header（电子文本编码与交换）⊖。不同的元数据规范中有数量不等的描述元素揭示资源实体的属性。本书将重点介绍其中的 DC 元数据集。

表 5-3　不同资源类型适用的元数据规范

资源类型 / 应用领域	元数据规范
网络资源	DC、IAFA Template、CDF、Web Collections
文献资料	MARC、DC
人文科学	TEI Header
社会科学数据集	ICPSR SGML Codebook
博物馆与艺术作品	CIMI、CDWA、RLG REACH Element Set、VRA Core
政府信息	GILS
地理空间信息	FGDC/CSDGM
数字图像	MOA2 metadata、CDL metadata、Open Archives Format、VRA Core、NISO/ CLIR/RLG Technical Metadata for Images
档案库与资源集合	EAD
技术报告	RFC 1807
连续图像	MPEG-7

（4）元数据的结构

网络描述语言中存在一些标准的结构化或半结构化电子文件格式。这些结构化或半结构化的通用标识语言具有良好的信息资源描述和组织功能，广泛应用于信息资源的检索、发现、定位。例如，HTML 语言即超文本标记语言，是一种标记语言，而非编程语言。该标记语言的结构既包括"头"部分，又包括"主体"部分。其中，"头"部分提供包括文档的标题、链接、样式以及元数据定义等在内的网页描述信息，提供了一种可行的信息资源利用机制。比如，百度百科的人物网页具有一个标准化的描述框架，规范了人物的姓名、国籍、职业、生日等信息。一般通过爬虫工具或者程序，直接从网页中定位到其中某个描述项，继而实现批量获取信息的目的。因此，通用标识语言既是一种网络信息描述框架，也是一种网络信息组织形式。

HTML 语言不一定能揭示标签中的含义。举一个最简单的例子：<h1>orange</h1>，这句话在网络浏览器中有特定的表现，但是 HTML 语言却没有揭示 orange 的含义。HTML 语言的另一大弊端是其标签集是固定的，无法处理某些具有专门格式的文件（比如数学公式、化学分子式等）。

① XML。

HTML 语言在应用中的局限性推动了标准通用标记语言（Standard Generalized Markup Language, SGML）的出现，研究者进而基于 SGML 开发了另一种更简单灵活的语言——XML（Extensible Markup Language），并已得到 W3C 的认可。XML 是用于网络环境下网页设计和数据交换、管理的新技术，用结构化的办法处理过去被认为难以处理的非结构化的信息，是国际标准 SGML 的一个子集。XML 的重点在于管理信息内容，包

⊖　许鑫，张悦悦. 非遗数字资源的元数据规范与应用研究 [J]. 图书情报工作，2014（21）13-20，34.

括超文本链接，全面支持 ISO/IEC 10646（即 UNICODE）大字符集，包括 CJK 汉字和世界上其它各种文字，功能大大超过 HTML 语言。

XML 具有以下特点。

可扩展性。XML 是设计标记语言的元语言，不像 HTML 语言仅有一个固定的标记集，XML 使用 DTD（Document Type Definition，文档类型定义）定义元素类型、实体和符号的含义，因此用户可以根据实际需要产生个性化的、可扩展的标志集，在核心功能集的基础上增加样式、链接及参照能力。

可分析性。HTML 语言只是展示页面，无法传递页面显示内容的内在含义。而 XML 具有自描述性、自解释性，具有功能强大、灵活高效的表达方法，且其数据内容与具体应用无关，这种文档说明不仅能够被人理解，还能被机器理解，具有较高的效率和良好的可重用性。

简单性。XML 具有相对简单的核心语法集和严格的定义，人和机器都可以快速理解并应用，创建自己的 DTD 以满足实际需要。这个过程简单且标准化，开发者在核心集之上增加多层细节，开发者只需要为这种复杂化付出很少的努力。

开放性。XML 标准自身在 Web 上是完全开放的，可以免费获得；XML 文档也是开放的，开发者可以对任何一个文档进行语法分析，还可以校验 DTD 文档。当然，XML 也允许开发者以自己的方式加密文档，但这会在一定程度上影响它的开放性，失去使用 XML 的不少好处[⊖]。

②资源描述框架。

资源描述框架（Resource Description Framework，RDF）是一种用于描述 Web 上资源的通用数据模型，是基于语义网表示语义信息的基础，可被计算机阅读和理解。资源（Resource），是指所有在 Web 上被命名、具有 URI 的内容，如网页、XML 文档中的元素等；描述（Description），是指对资源属性（Property）的一个陈述（Statement），以表明资源的特性或者资源之间的联系；框架（Framework），是指与被描述资源无关的通用模型，以包容和管理资源的多样性、不一致性和重复性。一个 RDF 陈述是一个关于"资源－属性－属性值"的三元组，使用"主体－谓词（属性）－客体（或属性值）"的形式表达。这种描述的语法规范不受任何语法限制，在 Web 数据描述领域被广泛应用。

RDF 的两大关键技术是 URI 和 XML。URI 是 Web 资源的唯一标识，它是更常用的统一资源定位符 URL 的超集，除了网页以外，它还可以标识页面上的元素、书籍、电视等资源，甚至可以标识某一个人。在 RDF 中，资源无所不在，资源的属性是资源，属性的值可以是资源，甚至一个陈述也可以是资源，也就是说，所有这些都可以用 URI 标识，可以再用 RDF 来描述。XML 作为一种通用的文件格式承担了 RDF 的描述功能，它定义了 RDF 的表示语法，这样就可以方便地用 XML 来交换 RDF 的数据。

描述不同种类资源的元数据是不同的，而如果要定义一种涵盖所有资源的元数据集，

⊖ 毕强，杨达，刘甲学，等.超文本信息组织技术 [M].北京：科学技术文献出版社，2004：331-333.

费时费力、不现实且并不一定被广泛采纳，因此 RDF 只定义了用于描述资源的框架，并没有定义描述资源的元数据⊖。RDF 允许任何人定义元数据来描述特定的资源，由于资源的属性不止一种，因此实际上是定义一个元数据集，它被称作词汇集（Vocabulary）。词汇集也是一种资源，可以用 URI 来唯一标识，只要用 URI 指明就可以用来描述资源。既然词汇集是资源，当然也可以用 RDF 来描述它的属性以及和其他词汇集之间的关系，W3C 提出 RDF Schema 来定义怎样用 RDF 来描述词汇集元数据之间的关系，统一的 RDF Schema 为元数据交换打下了基础。

RDF 的特点如下。

易控制。网络资源快速增长，使用合适的方式描述资源是开展其他数据活动的基础。从功能角度来看，XML 也能够达到描述资源的目的，但是由于结构过于复杂，控制性较差。而 RDF 具有简单的描述框架，较易控制，尤其是数据量很大的时候，可提高资源检索和管理的效率，从而真正发挥元数据的功用。

易扩展。RDF 的词汇集和资源描述是分开的，可以嵌入各种类型的元数据，如 DC 元数据、MARC 元数据等，这为其扩展性奠定了基础，使得多种格式元数据之间的存在和转换成为可能。如果要增加描述资源的属性，只需要在词汇集中增加相应元数据即可，而如果是在关系数据库中，增加新字段就是件更麻烦的事情。

包容性。任何人都可以在 RDF 中定义词汇集，并根据需要使用多种词汇集来描述资源。

可交换性。这种可交换性体现在两个方面：RDF 本身使用 XML 语法，很容易实现网络资源交换；统一的 RDF Schema 定义了描述词汇集的规则，可在不同词汇集间指定元数据关系，实现语义层次上的数据交换。

易综合。在 RDF 中资源的属性是资源，属性值可以是资源，关于资源的陈述也可以是资源，都可以使用 Schema 来描述，因为具有统一的规则可以轻易实现多个描述的综合，实现数据挖掘与知识发现⊖。

5.4.3　DC 元数据集及其应用

（1）DC 元数据集

1995 年，OCLC 和美国国家超级计算应用中心（National Center for Supercomputing Applications，NCSA）联合发布都柏林核心元素集（Dublin Core Element Set，以下简称 DC 元数据集）。DC 元数据集是一个国际化元数据解决方案，定义了一个所有网络资源都应该遵循的通用核心标准。其目标是使用简单元数据来描述种类繁多的数字化信息，以规范网络资源的体系结构。

如表 5-4 所示，DC 元数据集比较简单，只有 15 个元素，但是比较全面地概括了电

⊖　苏婧，刘柏嵩 . 基于 RDF 的数字图书馆内容管理 [J]. 宁波大学学报（理工版），2002（3）：74-76.

⊖　苏新宁，吴鹏，朱晓峰，等 . 电子政务技术 [M]. 北京：国防工业出版社，2003：185.

子资源的主要特征，涵盖了资源的重要检索点（1、2、3 项）、辅助检索点或关联检索点（5、6、10、11、13 项），以及有价值的描述性信息（4、7、8、9、12、14、15 项）。此外，DC 元数据集简洁规范，具有良好的通用性和扩展性，因而实用性很强。它不仅适用于电子文献目录，还适用于各类电子化的公务文档目录，产品、商品、藏品目录，等等[二]。

表 5-4   DC 元数据集元素及其含义[二]

标识	中文翻译	含义
Title	题名	赋予资源的名称
Creator	创建者	创造资源的责任实体
Subject	主题	资源的主题
Description	描述	资源内容的说明
Publisher	出版者	提供资源的责任实体
Contributor	其他责任者	对资源做出贡献的其他责任实体
Date	日期	与资源生命周期中的某个事件相关的一个时间点或时间段
Type	类型	资源的性质和体裁
Format	格式	资源的文件格式、物理介质或尺寸
Identifier	标识符	在给定上下文中对资源的明确引用标识，如 URI（统一资源标识符）、URL（统一资源定位符）、DOI（数字对象标识符）、ISBN（国际标准书号）、ISSN（国际标准刊号）等
Language	语种	资源的语种
Source	来源	对当前资源来源的参照
Relation	关联	相关资源
Coverage	覆盖范围	资源的空间或时间主题，资源的空间适用性，或资源相关的管辖权
Rights	权限	在资源上拥有的权利信息，包括知识产权、著作权和各种拥有权

① DC 元数据集的特点。

DC 元数据集在数字化资源描述方面的优势，与以下特点息息相关。

简易性。DC 元数据集很简单，只包含 15 个元素，且无论有无正式编目工作经验，都可以轻松理解这些元素的语义，这就使得 DC 元数据集适合各种背景的人士使用。

通用性。DC 元数据集并不针对某个特定的学科或领域，而是支持对任何内容的资源进行描述，使得跨学科的语义互操作成为可能。

兼容性。由于 DC 元数据集内嵌在 HTML 语言中实现网络资源的描述，而 HTML 语言已经成为各个浏览器都支持的通用语言，因此 DC 元数据集具有较好的兼容性。

可扩展性。由于 DC 元数据集只有 15 个元素，难以描述所有的资源，为了更好地满足不同学科、不同领域的数据描述需求，DC 元数据集提供了一种能够扩展描述的方法，即限定词的使用。1997 年 3 月，第四届都柏林核心元数据集研讨会正式确定了 3 个限定词：模式体系（Scheme）、语言种类（Lang）、类型（Type），即所谓的"堪培拉限定词"（Canberra Qualifier）。

㊀ 孙建军，柯青，陈晓玲，等 . 信息资源管理概论 [M]. 南京：东南大学出版社，2008：131.

㊁ Dublin Core Metadata Innovation. Dublin Core ™ Metadata Element Set, Version 1.1: reference description[EB/OL].（2012-06-14）[2023-02-01]. https://www.dublincore.org/specifications/dublin-core/dces/.

模块化。网络上的元数据是多样的，需要有一个基础结构来支持彼此独立而又互补的元数据的共存。在 W3C（World Wide Web Consortium）主持下，基于 DC 元数据集开发出的 RDF（资源描述框架）允许在一定的语法、句法和结构中进行元数据之间的交互操作，为结构化的元数据进行编码、交换和再运用提供了一个模块化的基础结构⊖。

② DC 元数据集的设计原则。

内在本质（Intrinsicality）原则：只描述内在的、本质的特征，而不描述附加特性。例如，主题（Subject）属于作品的内在本质，但是收费和存取规定则属于作品的附加属性，原则上不属于本质特征，可以通过其它机制处理。

易扩展（Extensibility）原则：为了适应网络环境下多样化的信息需求，DC 允许用户根据特定目的、以特定规范的方式增加所需的著录信息，并且元数据及其使用也并非一成不变，也需要保持向后兼容的能力。

语法独立（Syntax-Independence）原则：元数据尚在发展变化之中，特定的语法会限制核心集的发展，因此 DC 元数据集采取灵活、独立的语法规则。

无必须项（Optionality）原则：传统的图书馆著录格式，如 MARC 等，都有必须项，如题名项和作者项等，这有利于保证著录质量。但在 DC 元数据集中所有数据项都不是必须有的，这种可选择性可以鼓励非专业人士参与著录和使用，也减轻了著录者的负担。

可重复（Repeatability）原则：传统的著录规则中往往有诸多限制，例如对作者排名的规范，但事实上，用户在检索过程中并不关心这些，没有必要在著录中严格区分。因此 DC 元数据集进一步简化了著录规则，所有数据项均可重复，也不区分作者排名。

可修饰（Modifiability）原则：为了增强著录项的自我解释性，允许使用附加限定语（Qualifier）来进一步修饰。这大大降低了非专业人员的使用成本，他们基本上不需要去查专业书籍就可以进行著录工作。即使对于专业人员，修饰语的存在也可帮助他们明确指出信息来源，如 Subject（=LCSH）=UNIX（Computer System）⊜。

（2）DC 元数据集应用实例

以抗日战争与近代中日关系文献数据平台⊜中的音频资源为例，使用 XML 语言结合 RDF 工具定义的通用三元组（资源 – 属性 – 属性值）对其属性以及对应的属性值进行描述，运行结果如图 5-7 所示，该音频资源共有 12 个属性元素。使用简明、可扩展的 DC 元数据规范能更清晰完整地描述该抗日战争音频资源的各项属性特征。

然而，由于当前网络环境下资源类型众多、内容属性复杂，单一元数据规范中的元素可能无法详尽描述一种资源实体的全部属性，即元数据规范不可直接全盘复用，需要重新定义元素以描述最初选择的元数据规范不可直接描述的属性，因而网络信息资源的元数据语义化描述工作需要严格依照以下流程。

⊖ 孙建军，柯青，陈晓玲，等 . 信息资源管理概论 [M]. 南京：东南大学出版社，2008：130.

⊜ 孙建军，柯青，陈晓玲，等 . 信息资源管理概论 [M]. 南京：东南大学出版社，2008：130-131.

⊜ 国家社科基金"抗日战争研究专项工程"中国历史研究院学术资助项目 . 抗日战争与近代中日关系文献数据平台 [EB/OL].（2021-12-28）[2023-02-01]. https://www.modernhistory.org.cn/#/.

```
<?xml version="1.0" encoding="UTF-8"?>
<rdf:RDF xmlns:rdf="http://www.w3.org/1999/02/22-rdf-syntax-ns#"
    xmlns:dc="http://purl.org/dc/elements/1.1/"
    xmlns:dcterms="http://purl.org/dc/terms/">
  <rdf:Description rdf:about="http://www.modernhistory.org.cn/reader.htm?fileCode=9aec0a6e16ae4461adf0ad16bce7f57c&fileType=yp&id=2097277">
    <dc:title>志愿军在友邦</dc:title>
    <dc:creator>陈田鹤</dc:creator>
    <dc:subject>陈田鹤50年代作品专辑</dc:subject>
    <dc:type>音频</dc:type>
    <dc:publisher>中国唱片深圳公司</dc:publisher>
    <dc:contributor>陈晖</dc:contributor>
    <dc:format>mp3</dc:format>
    <dc:identifier>data-v-971b8e4c</dc:identifier>
    <dc:source>http://www.modernhistory.org.cn/index.htm</dc:source>
    <dc:language>chi</dc:language>
    <dc:coverage>2019 抗日战争 数据平台</dc:coverage>
    <dc:rights>中国社会科学院</dc:rights>
    <dc:rights>国家图书馆</dc:rights>
    <dc:rights>国家档案局</dc:rights>
    <dcterms:dateSubmitted>2019-11-03</dcterms:dateSubmitted>
  </rdf:Description>
</rdf:RDF>
```

图 5-7　抗日战争与近代中日关系文献数据平台音频资源的 DC 元数据描述

①确定关系，即明确资源实体内容及其属性特征。

②选择规范，即根据资源实体内容及其属性特征，选择适用的元数据规范。

③基本描述，即使用已选元数据规范内的基本元素对资源实体基本属性进行描述。

④完善描述，即复用其他元数据规范元素或重新定义元素，以描述已选元数据规范不可描述的实体属性，完善语义描述。

⑤检查核验，即检查在上述描述过程中是否有属性遗漏未描述，同时核验描述语句是否有误，若有误，则进一步修正完善[一]。

5.5　知识组织

5.5.1　知识组织的概念

"知识组织"这一概念始见于美国图书馆学家布利斯（H. E. Bliss）于 1929 年出版的专著[二]，而后依托图书馆学、情报学在分类系统和叙词表上的研究得以进一步发展。知识组织是一种揭示知识单元、挖掘知识关联的过程或行为。

知识组织主要有以下两种代表性观点。

其一，以布鲁克斯（B. C. Brookes）为代表的情报学家，认为知识是文献所蕴含的内容单元，是区别于"文献"的更加精细化的内容单元，所以知识组织主要是找出知识单元之间的相互影响和联系，展示知识的有机结构。

其二，以计算机科学中的知识发现（Knowledge Discovery in Database，KDD）与知识组织系统（Knowledge Organization System，KOS）为代表，以建立一系列面向知识客体的知识关联机制和组织方法为目标，典型的技术方法有本体、语义网以及知识图谱等。

⊖　施艳萍，李阳. 人文社科专题数据库关联数据模型的构建与应用研究 [J]. 现代情报，2019（12）：19-27.

⊜　蒋永福. 图书馆与知识组织——从知识组织的角度理解图书馆学 [J]. 中国图书馆学报，1999（5）：19-23.

也有学者认为，知识组织是知识组织系统中的下位类概念。由于知识组织系统是对人类知识结构进行系统表达的各种语义工具（Semantic Tools）的集合，因而其范畴包含了上文介绍的分类法、叙词表以及接下来将介绍的语义网、概念本体等其它情报检索语言与标引语言。

盖尔·霍奇（G. Hodge）和美籍华人学者曾蕾以语言的受控程度及结构化程度为分类标准，将知识组织系统划分为三大类型，分别是：词表系统（Term Lists），包括规范文档、字典 / 词典、地名辞典、术语表等；分类与归纳系统（Classification & Categorization），包括分类法、知识分类表、分类列表、标题表等；关联网络系统（Relationship Groups），包括本体、语义网、概念地图、叙词表等⊖。

5.5.2　知识组织的类型

知识组织主要有两种类型，分别是以知识单元和以知识关联为基础的知识组织方式。

（1）以知识单元为基础的知识组织方式

在以知识单元为基础的知识组织方式中，知识组织的目标对象是经专家精心评价、筛选、提取和测试后获得的有用知识。因此，可以认为知识组织是情报组织与分析的核心要素。以知识单元为基础进行知识组织，是指通过抽取和组织知识单元或知识单元集合中的知识因子，建立具有一定关联的知识体系，典型的方式是"知识地图"。另外，有专家提出了"知识空间"概念，即将知识概念表达成知识空间中的特定形式向量，并通过向量之间的矢量运算来揭示知识概念间的关联关系与强度。

（2）以知识关联为基础的知识组织方式

以知识关联为基础的知识组织方式是通过归纳与综合知识单元，形成更高层次的知识产品。比如：从原始研究文献到文献综述；从基础关联发现到专家智能推理。总之，通过精炼知识内容，建立一个相对于传统信息组织而言，更加全面、概括能力更强的多维领域知识网状结构，进而形成相应的知识推理机制、高阶分析结论或者特定问题的决策响应机制。

5.5.3　知识组织的方法

知识组织主要包括知识表示（Presentation）、知识转述（Representation）、知识聚合（Integration）和知识发现（Discovery）等典型方法。

（1）知识表示

知识表示是指把知识客体中的知识因子和知识关联表示出来，便于用户识别和理解知识。知识表示是知识组织的基础与前提，有主观、客观知识表示两种方法。

⊖　GAIL H. Systems of knowledge organization for digital libraries: beyond traditional authority files[R]. Washington，American：The Digital Library Federation，2003：4-7.

主观知识表示是通过模拟研究人脑的知识表示机制，进而在数据或计算环境中模拟专家的知识关联和决策判断过程。常见的方法有逻辑表示、规则表示、语义网络表示、框架表示等。

客观知识表示是抽取文献单元或其他信息资源中蕴含的知识单元，并识别知识单元之间的相互关系。其实质是对相关文献或信息资源的内容加工，所以借助分类标引或主题标引等内容揭示方法和组织工具，能够实现客观知识表示。

（2）知识转述

知识转述也被称为知识重组，是通过重新组合知识客体结构，对分散的知识进行加工整序，形成精炼的知识情报，便于用户更好地理解、吸收或评价知识。从工作机制上看，知识转述主要包括知识因子和知识关联重组。

知识因子重组是指将知识客体中的知识因子抽出，并在形式上对其进行归纳、选择、整理或排列，围绕结构进行知识整序或浓缩，使之具备知识索引或指引的功能。

知识关联重组是指在特定知识领域构建新的知识关联，改变知识因子之间的原有联系，提供新知识或者关于原知识的评价性或解释性知识。

（3）知识聚合

知识聚合是指借助一定方法凝聚知识单元，以形成多维度、多层级且相互关联的知识体系。知识聚合主要包括四类方法：一是基于情报检索语言已有的知识组织体系或关联关系完成知识聚合；二是基于知识网络所揭示的潜在关系实现知识聚合，如知识发生网络、知识共现网络或知识语义网络的应用；三是借助本体、关联数据等语义网技术实现知识聚合；四是基于特定主题或领域的外部属性完成知识聚合[⊖]。

（4）知识发现

知识发现也被称为知识挖掘，是指根据不同的需求，于各种信息中获取知识的过程。知识发现是一种直接从原始数据中提炼出有效的、新颖的、潜在的、有用的知识的方法。1996 年，费亚德（U. M. Fayyad）等将知识发现定义为：从数据中鉴别出有效模式的非平凡过程，该模式是新的、可能有用的和最终可理解的[⊜]。按照知识类型，典型的知识发现方法有关联规则、特征挖掘、分类、聚类、趋势分析、偏差分析、文本挖掘等方法。随着大数据技术和机器学习算法的日益成熟，知识发现甚至会跨越知识组织的逻辑体系，以理解用户需求或提供问题答案，比如深度神经网络算法。

5.5.4　知识组织的应用

知识组织是对单元信息进行加工组织的方法体系，关联数据模型是针对底层源数据

⊖ 李亚婷. 知识聚合研究述评 [J]. 图书情报工作，2016（21）：128-136.

⊜ FAYYAD U M. Data mining and knowledge discovery: making sense out of data[J]. IEEE Expert-Intelligent Systems & Their Applications, 1996, 11（5）：20-25.

的组织管理模型，通过描述单元信息的内外部特征，实现属性揭示和语义关联，进而提供查询浏览、本体可视化等知识服务和应用[一]。基于知识组织技术的特色资源关联数据模型，以元数据为基础，需先对采集到的数据资源进行语义化描述，而后采用本体、关联数据技术进行知识组织，以实现多源异构数据之间的共享互联。如图 5-8 所示，该特色资源关联数据模型共有 5 个层次，具体如下。

①数据采集层，主要工作是专题数据库基本数据资源实体及其属性的采集与清洗。

②资源描述层，基于数据采集层采集并清洗的数据，选用合适的元数据规范描述各类资源实体的属性特征，并借助资源描述框架（RDF）工具呈现资源实体的语义内容。

③本体构建层，在元数据语义描述的基础上，选择适用的本体构建方法构建目标资源本体，以实现各类元数据的语义互操作。

④关联数据层，本层将根据关联数据的标准对上述元数据本体进行关联，形成一个资源聚合网络，以揭示资源实体间的隐性关系。

⑤综合应用层，主要工作为发布关联数据并为用户提供浏览、检索、共享等服务。

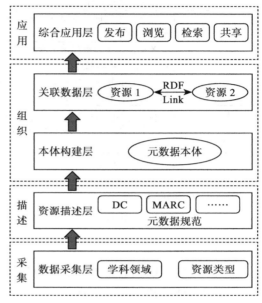

图 5-8　特色资源关联数据模型

下文以抗日战争与近代中日关系文献数据平台（以下简称案例平台）中的特色资源为数据样本。该案例平台是一个对外开放使用的多元数据平台，拥有文献、图片、音频等多类型资源，便于关联数据的构建，按照图 5-8 揭示的过程进行特色资源知识组织，具体内容如下。

（1）数据采集

数据采集需要保证完整获取常见的数据资源实体及其基本属性数据，同时需要兼顾到平台资源异构多源的特征，以便基于基本资源框架补充特色资源实体及其属性数据，为后续的特色化关联数据构建提供数据支撑。数据采集完成以后，还需要进行数据清洗、数据分类、数据整合等数据处理步骤，为之后的元数据描述以及最终的关联数据发布做基本数据准备。表 5-5 为案例平台资源实体类型及其属性特征[一]。

[一] 吕叶欣，张娟 . 基于本体和关联数据的单元信息知识组织模式研究 [J]. 现代情报，2019，39（5）：41-47，115.

[一] 施艳萍，李阳 . 人文社科专题数据库关联数据模型的构建与应用研究 [J]. 现代情报，2019（12）：19-27.

表 5-5　案例平台资源实体类型及其属性特征

实体类型	实体属性
档案	题名、关键词、馆藏地、主要责任者、案卷摘要、起讫时间、数量、语种、出版时间
图书	题名、关键词、主要责任者、次要责任者、出版者、出版地、出版时间、版本、页数、目录、语种
报纸	题名、主要责任者、出版者、出版地、出版时间、语种
期刊	题名、主要责任者、出版者、出版周期、出版地、页数、目录、语种、出版时间
红色文献	题名、关键词、主要责任者、次要责任者、出版者、出版地、出版时间、版本、页数、目录、语种
视频	关键词、主要责任者、次要责任者、出版者、出版地、资源创作时间、资源发布时间、时长、格式、内容简述
音频	题名、关键词、主要责任者、次要责任者、出版者、出版地、资源创作时间、资源发布时间、时长、格式、内容简述、目录、语种
图片	题名、关键词、主要责任者、出版时间、数量、时间范围、附注项
研究性论著	题名、关键词、主要责任者、次要责任者、出版者、出版地、出版时间、版本、页数、目录、语种

注：表 5-5 的检索时间为 2021 年 12 月 28 日。

（2）资源描述

具体资源元数据描述过程如 5.4.3 节中的应用实例所述，此处不再展开叙述。

（3）本体构建

本体构建层以元数据语义描述为基础，核心是实现不同元数据间的语义互操作。目前主流的本体构建方法有两种：一是多本体模式，二是混合型模式。两种方法的主要差异在于采用的元数据规范是否相互独立。前者的灵活性较强，语义互操作较为复杂；后者的语义互操作相对简单，但灵活性较差。考虑到网络数据平台内的资源类型多样、体系庞杂的特征以及本体构建对易用性、通用性的基本要求，可以选取多本体模式来构建核心元数据本体。采用应用广泛的 DC 元数据为元数据规范，DC 元数据可表示为"DCTERMS：元素名称"的形式，并辅以 FOAF 等其他元数据本体。当前网络数据平台普遍拥有文档、图片、音频和视频 4 大主流组织形式的资源，因而将该本体中涉及的数据资源分为 4 种类型，分别为文档（Document）、图片（Image）、音频（Audio）、视频（Video）。Document 部分整合、复用欧石燕构建的数字图书馆文献资源核心元数据本体[⊖]。一方面，现有领域本体较为成熟，可以提高语义的精确性；另一方面，复用已有领域本体可以在一定程度上降低网络数据平台资源本体的构建难度，支撑之后的关联数据构建。对于网络数据平台资源涉及的人员信息，本研究选择复用现有本体 FOAF 中的 Agent 类及其相关属性进行描述，主要属性有 name、title、gender 等。因此，网络数据平台核心元数据本体中相关类和属性如图 5-9 所示。

（4）关联数据

关联数据层将以关联数据形式将 RDF 语义元数据进行相互关联，揭示不同资源间隐

⊖ 欧石燕. 面向关联数据的语义数字图书馆资源描述与组织框架设计实现 [J]. 中国图书馆学报，2012（6）：58-71.

含的关系，使资源之间能通过 RDF 链接进行相互访问，将网络数据平台繁杂的资源集成为一个相互关联的有机聚合网络，以促进资源的共享共建。构建关联数据的基本步骤如下：①创建统一资源标识符（URI）；②资源实体 RDF 化；③资源实体关联化。

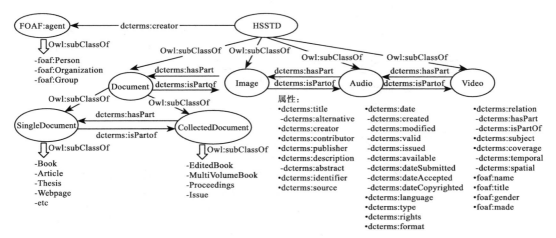

图 5-9　网络数据平台核心元数据本体中相关类和属性

注：HSSTD 为 Humanities and Social Sciences Thematic Database 的缩写。

以案例平台中的音频资源——《志愿军在友邦》为例，按照以上步骤构建其相关本体语义关联数据。首先，创建资源实体的 URI，通用结构为"域名＋实体类型＋实体序号"。平台网址（http://www.modernhistory.org.cn）可以直接被确定为案例平台资源管理的网址，即 URI 中的域名部分。资源实体类型包括文档、图片、音频和视频 4 种类型。因此案例音频资源的 URI 便可假定为 http://www.modernhistory.org.cn/ Audio/20191105。其次，参考图 5-7 中的元数据描述以及图 5-9 的核心元数据本体，构建该音频资源本体间的语义关联框架，具体内容如图 5-10 所示。

根据案例平台中各类资源实体之间的深度语义联系，可以更进一步地扩展上述语义关联。例如，案例平台内以"陈田鹤"为主要责任者的资源类型，除了音频，还有图书，如《陈田鹤音乐作品选》和《陈田鹤音乐专辑手稿》等。同时，以抗日战争为主题的资源，除陈田鹤的相关音频之外，还有图书、红色文献、期刊。按照 URI 的创建规则，依次赋予以上资源实体唯一的资源标识符，则拓展的关联数据示意图如图 5-11 所示。

（5）综合应用

在构建关联数据后，需要发布关联数据，以便后续的服务与增值。发布关联数据需要同时考虑到数据的体量、储存方式以及更新频率，根据实际情况选择不同的发布方式与平台。目前，应用较为广泛的关联数据发布工具主要有 Pubby、D2R、Linked Media Framework、Linked Data API、Virtuoso 和 OAI2LOD Server，它们各有优劣。由于网络数据平台资源体量大、种类多，同时需要定期维护，因而选择 D2R 平台发布最终的关联数据，该平台能够将全球范围内的关系型数据库快速发布成关联数据。

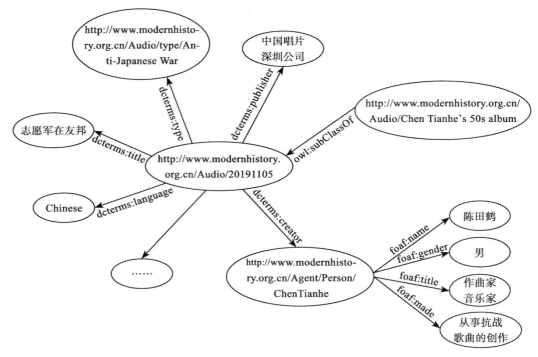

图 5-10　案例平台音频资源本体间的语义关联框架

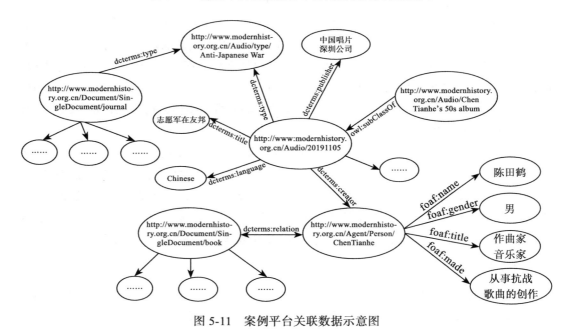

图 5-11　案例平台关联数据示意图

5.6　信息资源组织的前沿与发展

在 Web 2.0 时代，网络信息资源体现出强烈的去中心化特征。信息资源质量参差不齐，相关信息资源分布离散，信息资源组织的客观性原则迎来了巨大挑战。而 Web 2.0 用户创造内容（User Generated Content，UGC）与互动参与模式为信息组织拓展了新方向，提供了新理念。一方面，用户可以通过标记、关注、评论和推送，提供一定的揭示信息资源内涵的途径；另一方面，用户越来越关注信息资源的实用性和可用性，因而出现了并非严格用于知识控制而主要偏向于相关性发现的实用信息组织方法。

5.6.1 标签

作为用户生成内容特色之一的社会化标签，在博客、微博、视频、图片等不同类型的社会化媒体上被用户广泛使用[⊖]，如利用社会化标签来描述、组织、浏览、搜索图片资源的 Flickr 网站，对网页资源进行标注的 Delicious 网站，对书影音资源进行标注的豆瓣网站，对特定学术网站或数据库中的书目信息内容进行标注的 Connotea 网站，组织和发现网上学术参考文献的 CiteULike 网站，等等。这些标签事实上也是用户发现和获取相关信息资源的重要途径。

标签也被称为社会化标签，是指用户群体自发地为资源内容添加的个性化标注，目的是为了更好地显示和突出搜寻的重点关键词或者词条，以便更好地管理个人信息或指引用户浏览和索引。标签可以看作一种关键词标记，但不等同于一般的关键词标引。标签的标注可以基于上下文、事实、文章内容、用户的使用目的及主观感受。因而，标签并非都是出现在文章中的关键词。在方法层面，标签法是一种自下向上的信息标引和组织方法，基于大量的标签集以及语义关系，能够有效揭示信息特征、发现知识。在组织过程层面，标签也是一种准确、灵活、开放的网络信息分类与组织方法。在生成方式层面，标签主要有三种类型：用户主动添加的标签；系统推荐并经用户确认的标签；系统自动添加的标签。由于前两种标签生成方式涉及用户与信息资源的交互，因此也被认为是社会化的标签系统。相对于专门的信息资源组织方法，社会化标签的标注动机比较多样，标注过程相对随意，内容加工的精度及准确性不一定高，是一种非精确、非标准化的信息组织方法。

相对于传统的信息资源组织方法，社会化标签也具有一定优势：能够反映用户的情感、评价等主观感受；能够揭示传统信息资源组织方法难以揭示的心力和情绪层面的特征；能够反映用户在社交网络中的兴趣相似度等潜在信息。标签的标注质量受资源类型、认知风格、认知难度、个人习惯以及系统推荐质量等多种因素的影响。一般而言，图片可能更多地会被标注人物、时间、地点等指示性标签，而音乐可能被标注演唱者、音乐类型、收听感受等标签。在认知风格上，有些用户会关注内容的整体场景，而有些用户会标注局部内容或者个体特征。在个人习惯上，有些用户会强调主观感受，有些用户则注重事实特征。

从语言特征角度看，绝大部分标签的长度都比较短，一般在 2 ～ 4 个词之间，绝大部分是词语，少量是短语和句子。用词上名词、动词和形容词居多，比较注重个性化的

⊖ 章成志，何大庆 . 专题：Web2.0 上社会化标签的深度挖掘序 [J]. 图书情报工作，2013，57（23）：10.

表达，甚至会大量采用网络用语。从标签的分布特点来看，标签的频次分布符合幂率分布，内容上比较平衡，没有明显的等级结构。标签在信息组织过程中具有工序简单易用、标注自由度大的优点，同时也存在标注对象选择随意，标注者能力参差不齐，标注词汇不规范，词间关系缺乏组织，不能表达复杂概念等缺点，甚至部分网站因存在技术漏洞而生成了大量广告或垃圾标签。因此，标签组织或检索比较适合于用户非精确的信息需求，比如音乐、电影、美食、旅游等休闲娱乐类的信息需求。

◎ **延伸阅读资料：图片分享网站 Flickr**

Flickr 成立于 2004 年，是雅虎旗下的著名图片分享网站。其重要特点就是基于社会网络人际关系的拓展与内容的组织。Flickr 功能强大，不局限于简单的图片服务，还提供联系人服务、组群服务等。展示、收集和线上存储图片是 Flickr 界面的主要部分（见图 5-12）。该网站允许用户给照片贴上标签，使之成为"照片集"，或者将同一标题下的照片汇集起来，并作为幻灯片展示它们或嵌入其他网站[⊖]。Flickr 是 Web 2.0 应用方式的典型案例。

图 5-12　Flickr 界面

5.6.2　大众分类法

大众分类法，也称为 Folksonomy。Folksonomy 是 Folks 和 Taxonomy 的合成词[⊖]，

⊖ 戴克，赵文丹 . 互联文化：社交媒体批判史 [M]. 北京：中国传媒大学出版社，2018：86.

⊖ THOMAS V W. Folksonomy definition and Wikipedia [EB/OL]. （2021-08-26）[2023-02-01]. https://www.vanderwal.net/random/entrysel.php?blog=1750.

即大众和分类法的组合，是指大众自发参与的分类方法，也是由社会化标签服务中最具特色的自定义标签功能衍生而来。大众分类法的大众化、自由化和社会化的特征，使其适用于组织和管理网络信息资源，尤其适用于组织和管理用户生产的各类信息资源。从定义来看，大众分类法一般由网络信息资源用户自发为某类信息定义一组标签来进行描述，最终选用使用频次较高的标签作为该类信息的类名。与传统的分类方法相比，大众分类法是借助于用户的群体智慧，而非信息组织加工者的专业知识，来揭示信息资源的特征。

具体而言，大众分类法具有三个典型特征。第一，自由灵活。用户可以根据个人使用习惯，以自定义的自由词标注和分类网络数字资源对象。所以，大众分类法比传统的等级分类和分面分类法更接近用户，并且易于被用户接受，自由灵活是其突出的优点。第二，共建共享。用户对内容进行标注后，其他人可以立刻观察到这些标签，如果认为标签不合适，可以增加新的标签。第三，动态更新。随着人们使用不同的标签来标识特定的内容的信息，被使用最多的标签作为这条信息的特征，会被优先使用或推荐，而一些使用频率低的标签则会逐渐"淡出"。标签云的使用过程中信息会实时更新，并呈现给用户，能让用户更加清晰地理解当前人们关注的"热点"和"走势"。此外，大众分类法与标签方法一样，具有随意和非精确的缺点，同时也存在缺乏层次性，很难揭示复杂的关系，缺乏语义精确性、缺乏同义词控制、存在词的多义性等问题。

◎ 延伸阅读资料：豆瓣读书中的大众分类法

豆瓣网创建于 2005 年 3 月，该网站提供书影音、同城、小组、东西、市集等功能，是集品味系统（读书、电影、音乐）、表达系统（我读、我看、我听）和社交系统（同城、小组、友邻）于一体的创新网络服务，是一个独具特色的 Web 2.0 网站。该网站的类目体系和分类使用传统的网络信息分类法，标签使用大众分类法，信息用户可以通过检索标签来获取自己需要的图书、电影、小组等信息，也可以为图书等添加内置标签或自定义标签。豆瓣图书的标签共有文学、流行、文化、生活、经管和科技 6 个大类，其中各类的热门标签数量分别为 27、36、33、31、21 和 15，笔者按照热度排名分别列举了每个类前 10 的标签（见图 5-13），其中经管大类的热门标签有经济学、管理、经济等共 13 个。

通过大众分类法，豆瓣网的标签也存在着规范性等问题，具体表现为标签冗余、语义重复、专指度不高、缺乏准确性等（见图 5-14、图 5-15）。以豆瓣读书的标签为例，如文学类标签里有"文学""中国文学"和"外国文学"三个标签，以国界分文学可以直接划分为中国文学和外国文学，这里"文学"标签就属于冗余且专指度不高。再如，余华的《活着》有"中国""文学""中国文学"等标签，"中国文学"包含了其他两个标签的含义，其他两个标签就造成了语义重复，且用"中国"标注《活着》并不具有准确性。

豆瓣图书标签					
分类	文学	流行	文化	生活	经管	科技
标签	小说 外国文学 文学 随笔 中国文学 经典 日本文学 散文 村上春树 诗歌 ……	漫画 绘本 推理 青春 言情 科幻 东野圭吾 悬疑 武侠 奇幻 ……	历史 心理学 哲学 传记 文化 社会学 艺术 设计 政治 社会 ……	爱情 旅行 生活 成长 励志 心理 摄影 女性 职场 美食 ……	经济学 管理 经济 商业 金融 投资 营销 创业 理财 广告 ……	科普 互联网 编程 科学 交互设计 用户体验 算法 Web 科技 UE ……

图 5-13　豆瓣图书标签（前 10）

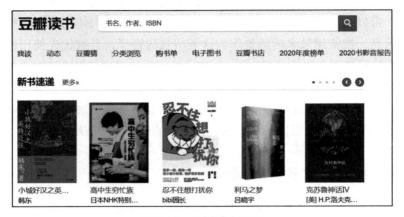

图 5-14　豆瓣读书界面

豆瓣图书标签

分类浏览 / 所有热门标签

文学 ……

小说(7183039)	外国文学(2832730)	文学(2818564)	经典(1779100)
中国文学(1675344)	随笔(1528947)	日本文学(1270410)	散文(912518)
村上春树(527039)	诗歌(475748)	童话(406439)	名著(400989)
儿童文学(385423)	古典文学(357327)	余华(331233)	王小波(297087)
当代文学(272877)	杂文(270060)	张爱玲(232276)	外国名著(169265)
鲁迅(154376)	钱钟书(149569)	诗词(114161)	茨威格(85332)
米兰·昆德拉(66657)	杜拉斯(48400)	港台(10313)	

流行 ……

漫画(1626774)	推理(1378136)	绘本(1165059)	东野圭吾(854918)
悬疑(853379)	青春(825033)	科幻(793140)	言情(626797)
推理小说(510053)	奇幻(448300)	武侠(393996)	日本漫画(384438)
韩寒(271418)	科幻小说(305830)	网络小说(288950)	三毛(272438)
安妮宝贝(177918)	亦舒(248064)	阿加莎·克里斯蒂(235290)	金庸(201439)
郭敬明(160042)	穿越(177369)	轻小说(164421)	魔幻(164291)
幾米(106022)	青春文学(153523)	几米(122159)	J.K.罗琳(119807)
高木直子(79559)	张小娴(98917)	校园(96084)	古龙(87912)
	沧月(69263)	余秋雨(64846)	张悦然(58542)

图 5-15　豆瓣图书标签

5.6.3 信息自组织

在社会化标签、维基知识百科这样的开放性知识组织系统中，虽然从个体上看都可能存在恶意的低质量信息，但在海量用户长期参与条件下，最终这些信息资源的标注精度或者是知识质量，会达到与专业人员加工相当的水平，这种现象就是开放信息系统中的自组织现象。

普里高津（I. Prigogine）认为，耗散结构是在远离平衡态的非线性区形成的、新的、稳定的有序结构[⊖]。而这种自行产生的组织性和相关性的过程，被称作自组织现象。网络环境中用户之间、用户与其他要素之间相互关联，存在协同交互作用，使得开放的信息网络具有了非平衡系统的自组织现象。或者说，一个用户广泛参与的知识系统，知识增长过程实质上是输入信息使知识结构由无序走向有序，或从一种有序结构演变为另一种有序结构的过程。从宏观层面看，信息自组织的外驱动力是信息系统存在的外部竞争，内驱动力是信息系统本身进化的要求。从微观层面看，信息自组织的外驱动力包括技术性驱动力和社会性驱动力，即信息技术和信息用户的创造意识和参与意识，其内驱动力则是信息系统各子系统之间及其内部元素之间的相互作用[⊖]。

下文以维基百科为例。维基百科由吉米·多纳尔·威尔士（J. D. Wales）和拉里·桑格（L. Sanger）在 2001 年 1 月 15 日成立，是一个基于 Wiki 技术的全球性协作计划，同时也是一本跨越语言的网络百科全书。作为一种支持面向社群协作式写作的超文本系统和辅助工具，用户对维基百科的内容拥有很大的权利，可以阅读、下载、创建和修改文本，自由开放度很高。维基百科允许任何第三方不受限制地复制、修改及再发布材料的任何部分或全部。但最终，维基百科并没有因为用户的修改权限过大，或者部分参与者的知识水平太低而降低知识条目的编辑水平。截至 2020 年，其文章数量突破 600 万篇，中文维基百科的条目数超过了 113 万条。

上述这种现象就是信息自组织现象。2016 年，马费成教授在乌镇互联网大会上的一次演讲，就引用了维基百科的例子，说明网民自律、自组织对网络信息资源组织的影响。不过，微博、微信等社会媒体平台虽然也具有开放性，但用户之间存在着等级结构或层级结构，使得信息资源并不一定能够实现信息的自组织。网络谣言、恶意炒作等负面影响很大，仍然需要不同主体加强信息治理。目前微博、微信等社会媒体平台提供了大众标注、内容聚合、引用通告、挖掘推介等多样化的组织方式，有利于更好地侦测不良信息，发现优质信息资源。此外，区块链、云计算、群智技术、机器学习等新兴技术，也给信息组织方法的改进提供了更多样化的途径。这些以标签、大众分类法为代表的大数据时代信息组织方法，也可以看作一种价值共创行为。

⊖ 王正明，温桂梅，路正南. 基于耗散结构系统熵模型的产业有序发展研究 [J]. 中国人口·资源与环境，2012（12）：54-59.

⊖ 彭宁波. 信息自组织的产生、形成和发展探析 [J]. 图书馆学研究，2010（7）：10-13.

5.6.4　语义数据管理

网络数据资源通过技术处理积淀为大规模数据集，其中的知识信息具有多元异构、状态频繁演化等特点，对以知识复用、发现和增值为核心的知识服务提出了新的挑战，而语义数据建模、知识表示和知识服务计算则是大数据环境下信息组织发展的核心方向。

（1）语义数据建模

围绕知识需求特点进行语义数据组织是知识组织有效计算的前提，其本质即为语义数据建模。设计合理适用的语义数据模型是知识组织过程中的首要步骤，使语义数据建模不仅能反映上层知识服务准则，更能保持语义数据与知识信息结构的一致性，保障知识组织工作能够直接转化输出组织管理语义数据。同时，非结构化数据的语义表达，语义模式中的知识演化和大规模数据的语义分析是语义数据建模需要深入考虑的问题。

（2）知识表示

知识组织的另一核心问题便是知识表示，即运用计算机可识别的符号、以特定形式描述知识。传统的知识表示主要采用本体、语义网络、产生式系统、一阶谓词逻辑等表示方法来揭示事实性知识与知识规则。而在大规模数据涌现的情境下，知识组织的特点与目标也正在发生改变。因此，需要优化改进传统的知识表示方法，以保证事实性知识与知识规则描述及表示的有效性和自然性。除此之外，分类知识表示、时空知识表示、决策知识表示以及演化知识表示等均是大数据环境下知识表示的重要课题。

（3）知识服务计算

基于领域本体知识语义数据表现，知识查询、知识搜索和知识发现逐渐成为知识服务计算的代表性工作内容。底层知识服务计算框架是知识发现、知识重用以及知识增值的前提与支撑，同时知识服务的高效计算则是知识组织的根本目标与归宿。相较于以往任务导向型的语义信息处理工作，如信息搜索、信息抽取、语义理解等，标准化、平台化将成为基于大规模数据集的知识服务计算的发展方向，而这一过程亟须更扎实缜密的计算理论和更成熟完善的实践方法指引与支撑。同时，语义计算范式、知识服务计算表现、知识集成与融合、知识主动演化等是知识服务计算需要重点关注的问题。

大数据时代，知识的本质特性正在发生变化，知识组织也需要与时俱进，为适应新情境而改变重点与方向。随着用户对知识时效性及精准性的要求逐步提升，在尊重知识的本质特性的前提下，通过融合语义导向、复杂结构关联等方法深化革新与优化知识组织已成为必然趋势[⊖]。

⊖ 李旭晖，秦书倩，吴燕秋，等. 从计算角度看大规模数据中的知识组织 [J]. 图书情报知识，2018（6）：94-102.

◎ 复习思考题

1. 简述文献资源信息组织的常用方法。
2. 请结合实例，简述分类法及其在网络信息资源组织中的应用。
3. 请结合实例，简述主题法及其在网络信息资源组织中的应用。
4. 简述元数据及其相关应用。
5. 简述知识组织的典型方法。
6. 请阐述新环境下信息资源组织的发展。

第6章

信 息 分 析

■ **教学目的与要求**

理解信息分析的概念、类型、特点及作用；熟悉信息分析的流程及发展趋势；掌握和理解信息分析基本方法（推理法、分析与综合法、信息计量法、回归分析法、社会网络分析法等）；掌握相关大数据分析法；理解和运用情报关切下的分析与应用（如竞争情报分析、科技情报分析、军事情报分析、公安情报分析）等。

6.1 信息分析概述

◎ 导入案例：美国施乐公司重夺市场份额⊖

美国施乐公司于20世纪中后期首次推出办公用复印机，垄断世界复印机市场。佳能等日本企业进入复印机市场后，行业市场竞争加剧，施乐公司因忽略了全球性的信息分析，未能及时调整经营战略，陷入被动地位，其全球市场份额由82%下降到35%。

施乐公司对日本佳能公司的产品和价格进行分析时发现，日本佳能公司复印机的销售价格与施乐公司成本价格一致，且没有采用低价倾销策略。此外，其质量也并不逊色。

通过对日本佳能公司的产品进行细致的信息分析比对，施乐公司发现对手公司在产品导入时长和所消耗的人力上都只有本公司的一半，且设备安装时间仅为本公司的1/3，这便是日本佳能公司成本大幅降低的关键原因。

为提升市场竞争力，争夺市场份额，施乐公司加大对对手公司的信息搜集、处理和

⊖ 竞争情报理论与实践. 美国施乐公司的案例 [EB/OL]. （2015-03-02）[2023-02-01]. https://jzqbkc.fzu.edu.cn/info/1012/1019.htm.

分析工作的力度，还成立了专门的竞争情报研究部门，并展开了全球性的、全国性的和地区性的竞争信息分析和研究工作。在制定长期战略计划的同时，利用遍布美国的 37 个销售网点来收集市场信息，建立相应的顾客信息数据库。此外，施乐公司还专门剖析对手企业的专利技术和秘密技术等，从而了解对手公司降低产品成本、提升产品质量的制造原理和使用方法。最终，施乐公司夺回了其原有的市场份额。

为达到扩大市场份额的目的，美国施乐公司综合运用定性及定量化的信息分析方法来提升市场竞争力，在制定长期战略计划的同时，还根据市场环境及时调整战略决策，以达到信息分析的最优效果。通过上述案例可以发现，信息分析在企业提升市场竞争力、降低生产成本、抢占市场份额的过程中发挥了关键作用。只有依靠事实数据，基于科学的方法对对手企业进行详细的剖析，才能做到"知彼知己，百战不殆"。

然而，信息分析不仅仅局限于对企业层面的竞争信息或竞争情报的挖掘，在信息化、大数据等环境的影响下，信息分析所覆盖的领域已经变得非常广阔。本节将对信息分析的概念、类型、特点及作用、信息分析的流程、信息分析的发展趋势等内容进行系统介绍，以帮助读者把握信息分析的整体框架。

6.1.1 信息分析的概念、类型、特点及作用

在 1992 年以前，国内学者较多采用"情报研究"来指代"信息分析"。随着社会信息化程度的不断提升，在 20 世纪 90 年代后期，"信息"一词被人们普遍接受，"信息分析"逐渐取代了"情报研究"。近些年来，随着信息的广泛传播，信息分析也得到了迅猛的发展。从宏观角度来看，信息资源的开发与利用水平直接关系到一个国家的生产力水平，是其国际竞争力的体现；从微观角度来看，信息分析在人类社会生活的方方面面都起到了重要的作用，能够满足社会各界的需求，为其提供科学的决策支持，已被广泛应用于政治、经济、军事、社会、科技等诸多领域[一]。

（1）信息分析的概念辨析

信息分析的概念及其覆盖范围在不同领域以及不同的时代背景和社会环境下有着不同的定义。

不同学者对信息分析概念的界定各有不同。查先进[二]认为，信息分析是运用科学的理论、方法和手段，在搜集、加工和整理海量信息的同时，把握客观事物发展运动的规律。朱庆华[三]则将信息分析定义为，以社会用户的特定需求为依托，采用定量及定性分析方法对文献信息进行收集、整理、鉴别、评价、分析和综合，从而形成新的信息产品增益，服务于具有科研性质的智能活动的决策。上述两位学者对信息分析的定义主要集中于科

　㊀　朱庆华 . 信息分析：基础、方法及应用 [M]. 北京：科学出版社，2004：4.
　㊁　查先进 . 信息分析与预测 [M]. 武汉：武汉大学出版社，2000：2.
　㊂　朱庆华 . 信息分析：基础、方法及应用 [M]. 北京：科学出版社，2004：4.

研领域。然而，在不同领域，该定义也有不同的侧重点。例如，在军事领域，信息分析也被称为情报分析。军事情报分析是通过对军事情报特性、工作规律和指导规律进行研究和概括，对军事情报工作实践进行思考、分析和总结，从而更好地服务于国防政策制定、指挥作战的战略决策的过程[⊖]；在政治领域，政治信息分析是指国家机关、团体组织和个人在法律和道德允许的界限内对与竞争对手及环境相关的信息进行收集、分析、总结和概括，以实现维护国家和民族利益，提升综合国力和国家核心竞争力的目的[⊜]；在经济领域，经济信息分析是指通过对经济事物过去和现在状态的数据和资料信息进行深加工，认识和总结经济事物发展的特定规律，基于科学的理论方法对其发展状态进行分析预测，以期为经济发展提供决策依据[⊜]。

　　参考以上学者对信息分析概念的界定，信息分析的定义可以概括为：结合定性及定量分析方法，以用户需求为基础进行数据的处理（这里的用户需求不仅仅局限于科技领域，还包括政治、经济、军事等诸多领域），并将数据处理结果进行深加工以实现信息增益，从而为不同用户群体的战略发展决策提供支持。

　　需要指出，面对经济建设和社会发展中的新需求，信息分析逐渐融合其他学科理论，形成了更为广泛的研究谱带[⊛]。此外，大数据及人工智能等技术也为信息分析的发展带来了机遇和挑战，而信息分析概念的界定也逐渐模糊化，数据分析（Data Analysis）、信息分析（Information Analysis）和情报分析（Intelligence Analysis）常常被认为是相同的概念。针对这一误区，有学者对其概念进行了相关界定。如杨建林等认为：大数据及人工智能环境下的数据分析不限制数据类型，可处理大规模数据，时效性强且以数据驱动为分析的起点，基于定量分析方法，其产出结果是新信息和新知识；情报分析注重各数据分析结果间的关联与融合，基于定性及定量相结合的方法，以目标驱动为起点，产出用以解决特定需求的智慧[⊝]。在很多情境下，信息分析是一种广义上的理解，在延伸情报分析思想的基础上，以数据分析为基础，不断吸纳和融合其他学科的理论方法，进一步加深了学科间的融合。综合来看，对信息分析的理解可以从信息链的广义视角做出阐释，因为从本质上看，信息分析及信息链要素上的各种分析都具有相通性或相关性，在特定情境下则显示出差异。

（2）信息分析的类型、特点及作用

①类型。

基于上述信息分析的定义，可将信息分析按不同标准划分为不同类型。

按分析方法划分。基于方法性质，信息分析的方法可以划分为定性分析方法、定量

　⊖　高金虎. 军事情报学研究现状与发展前瞻 [J]. 情报学报，2018，37（5）：477-485.

　⊜　唐超. 国家竞争情报系统构架的基础性理论框架研究 [D]. 天津：天津师范大学，2008：22.

　⊜　滕佳东. 经济信息管理与分析教程 [M]. 北京：经济科学出版社，2001：59.

　⊛　陈鹤阳，朝乐门. 信息分析的若干核心问题探讨 [J]. 情报理论与实践，2016，39（2）：38-43.

　⊝　杨建林，李品. 基于情报过程视角辨析情报分析与数据分析的关系 [J]. 情报理论与实践，2019，42（3）：
　　1-6.

分析方法以及定性与定量相结合的方法。

按所属领域划分。按照信息所属的不同领域，可将信息分析分为政治信息分析、经济信息分析、科技信息分析、军事信息分析和社会信息分析等。

按分析内容划分。按照不同的信息分析内容，可将信息分析划分为评价信息分析、比较信息分析、跟踪信息分析和预测信息分析等。

②特点。

参考一些学者对信息分析特点的描述[一][二][三]，本书将信息分析的特点总结归纳为以下三个方面。

主体性和针对性。信息分析的主体性和针对性体现在两个方面：一方面，信息分析为特定组织的行为活动提供服务；另一方面，信息分析是以用户需求为导向，总是针对特定事物开展，以达到为生产、决策及科研活动服务的目的。

系统性和综合性。信息分析的系统性体现在信息分析的各个过程中，包括信息分析中系统化的数据采集与处理、信息分析程序及方法的结构化，以及信息分析理论、方法和知识的系统化应用。信息分析的综合性则体现在其对不同来源、不同格式数据的整合，定量及定性分析方法的综合应用，以及政治、经济、科技等诸多领域的综合考量。

科学性和创造性。信息分析是科学技术发展的产物。因此，信息分析工作建立在科学理论和方法论基础上，具有科学研究活动的一般特性。此外，信息分析工作在认识事物特性的同时，也致力于挖掘事物发展的规律。这个过程依靠研究人员知识积淀、敏锐的洞察力和准确的判断力，产生新的智力劳动成果，因此，信息分析具有创造性。

③作用。

信息分析的重要作用体现在以下三个方面。第一，为科学决策服务。在科学决策的每一个环节，信息分析都扮演着重要的角色，信息分析工作也因此受到各级各类管理者和决策者的重视。第二，为研发活动服务。当前，科学技术领域内的基础研究、应用研究和开发研究已成为科技活动的核心，而科技活动以研发的形式表征。随着科学和技术的发展，研发活动也日益成为企业、部门、产业和国家竞争力的体现，而信息分析在研发活动中也扮演着重要的角色。信息分析能够产生研发活动所需的有序信息资源，这些经过深加工的信息资源对科学研究具有重要的借鉴、启迪和推动作用。第三，为开拓市场服务。市场的成功开拓离不开充分的市场信息保障，这些信息不仅体现为市场内部与经济活动有关的信息资源（例如供求状况、消费偏好、价格等），还包括在外部对市场营销和经济活动产生影响的信息资源（例如政治、文化、经济等）。信息分析的预测和反馈功能可有效支撑市场开拓，具体体现在结合内部和外部信息资源，帮助用户识别市场机会、把握方向，精准突破新的市场，等等。

〇 程琳. 信息分析概论 [M]. 武汉：武汉出版社，2014：6.

〇 柳宏坤，杨祖逵，苏秋侠，等. 信息资源检索与利用 [M]. 上海：上海财经大学出版社，2017：25.

〇 吕斌，李国秋. 信息分析新论 [M]. 北京：世界图书出版公司，2018：17.

6.1.2 信息分析的流程

一次典型的信息分析活动主要包括确定分析问题，制定研究计划，信息采集、整理、评估与分析，报告撰写等流程。需要指出，这里的信息分析不是单一的分析环节，而是以分析为核心的整个信息管理流程。

（1）确定分析问题

信息分析研究问题主要来源于三个方面，即上级主管部门下达的课题、用户委托的研究问题以及信息人员提出的研究问题，这三种分析内容服务于不同的主体。此外，确定信息分析的研究内容的前提是要在政策的指导和约束下，以用户需求为导向。同时，也要对研究问题的可行性和效益性进行评估。

由于信息分析的内容涉及诸多领域，包括政治、经济、科技等，因此，信息分析的研究问题覆盖范围也十分广泛，大到宏观的政策以及规则的制定，小到新产品的开发等具体问题。当前，信息分析的研究问题主要有以下几个类型[⊖]。

①满足政策制定的需要。这类研究问题涉及国家经济发展的各行各业，为政策和计划的制定提供决策依据。

②满足科研项目需求。这类研究问题帮助科研工作者取得新的进展和突破，不断推陈出新。

③满足大型工程项目需求。这类研究问题主要用于确保大型工程项目建设过程中其技术层面的先进性、经济层面的合理性以及社会层面的可行性。

④满足产品开发需求。这类研究问题用于提升企业等市场竞争力，从而获取经济效益。

（2）制定研究计划

确定信息分析的研究问题后，需要制定研究计划。研究计划是对研究工作的全面统筹和安排，一个详尽的研究计划能够保证研究工作有条不紊的进行。以调查研究为例，研究计划包括：①问题概述。为明确信息分析的目标，需要在研究计划中对所研究的问题进行概述，包括研究目的、国内外发展现状、拟解决的主要问题、服务对象、研究成果可能取得的效益等。②调查大纲。调查大纲需要明确调查的方式、调查范围（包括内容、地域范围等）、调查步骤以及调查的广度和深度。调查大纲有利于统一信息分析人员对调查目标的理解，从而决定资料收集的范围和深度。③研究方法。研究计划需按照研究的性质和自身的研究条件，与不同研究方法和技术特点进行比对，从而确定最适合的研究方法和技术，来提高工作效率。④人员分工。详细的人员分工能够保证调研过程中各成员相互协作，密切联系，从而推动研究计划的顺利进行。而人员分工需要以研究组成员的能力、知识贮备和知识结构以及调查大纲的要求，来为每一位成员分配能发挥其优势的工作任务。⑤完成时间和实施步骤。为及时检查计划的执行情况，以便预留补救时间，研究计划需要将研究活动划分为几个阶段，并为不同阶段规定预计完成时间和拟

⊖ 朱庆华.信息分析：基础、方法及应用 [M].北京：科学出版社，2004：27.

实施的步骤。⑥计划表。需要列出一张格式化的计划表，结合文字和表格，明确表示出研究内容、进度安排、研究条件、方法和技术路线、经费预算、负责人等信息。⑦预计成果形式。研究成果可以以多种形式呈现，因此，在制定研究计划时需要对研究成果的形式进行预设。

（3）信息采集、整理、评估与分析

信息采集是基于一定的手段和方法，将信息源所发出的信息有计划、有组织地收集起来的过程，是整个信息分析工作的基础[⊖]。由于信息源类型和性质不同，信息采集的方法也有所不同[⊖]。在信息分析的过程中，分析人员需要根据信息源的特点和信息采集内容选择合适的信息采集方式，必要时需要将多种信息采集方法结合使用，以获得深层次的有效信息[⊜]。本书第 4 章对不同类型信息源的信息采集方法已经做了详细的介绍，这里不再赘述。

信息整理一般分为形式整理与内容整理两种类型。不同研究人员采用不同方法、从不同渠道收集来的信息，其形式往往是多种多样而且彼此之间没有内在联系的。形式整理是指按照某一外在依据（依照信息的载体、用途等）对收集来的信息进行整理，不涉及信息的具体内容，是一种粗略的信息组织形式。内容整理是指对所采集信息资料的分类、对数据的汇总和对观点的归纳。对信息资料的分类被称为分类整理，即将原始信息的内容依照研究对象、领域、主题等进行细分。对数据的汇总被称为数据整理，即通过对数据的比较、鉴别等处理后制成相应的统计表和图形，以便于直接观察数据变化的特征。对观点的归纳被称为观点整理，不仅包括各种观点和事实的比较，还包括对观点的列举、相似观点的合并以及去重等。

此外，信息的评估是对所采集信息可靠性、先进性和适用性的评价。其中，可靠性包含对信息真实性、完整性、科学性和典型性的评价。信息分析是最关键的一个环节，也是本章的主要内容，具体内容将在后文详细展开。

（4）报告撰写

信息分析的结果一般需要以研究报告等形式呈现。一方面，用户可以通过信息分析报告直观、清晰地了解信息分析过程和研究结论；另一方面，信息分析报告可以被纳入科学交流系统，为解决类似问题发挥更大的作用。这一部分将对信息分析报告的一般形式、信息分析报告的组成和撰写程序进行介绍。

信息分析报告的一般形式包括：信息报道类（快报、动态等）；系统资料类（手册、名录等）；研究报告类（综述报告、预测报告等）等。

信息分析报告一般由题目、绪言、正文、结论、参考文献、附录等组成。其中，题目包含单标题、主副标题和冒号并列标题三种类型，后两种形式适用于内容较为复杂和综合性强的研究报告。报告题目需要在准确反映研究内容的前提下，尽量追求新颖性。

⊖ 孟雪梅，田丽君，孙凡，等.信息采集 [M].长春：吉林人民出版社，1995：12.
⊖ 孙建军，柯青，陈晓玲，等.信息资源管理概论 [M].南京：东南大学出版社，2008：11.
⊜ 李运蒙.信息资源管理 [M].广州：华南理工大学出版社，2016：90.

绪言介绍研究的基本情况，包括发展现状、存在问题及研究目的等。正文作为信息分析报告的核心部分，为最终得出的研究结论提供事实和数据支撑。结论包含对正文部分研究结果的总结，针对研究结果提出的决策建议、展望，本研究的局限性。科学研究需要在前人科研成果的基础上开展，因此，信息分析报告中需要列出报告撰写过程中所参考过的文献目录。一方面，参考文献使该项研究课题有迹可循，证实了研究的可行性；另一方面，也为开展相似研究课题的相关人员提供参考。

总体来看，信息分析报告作为终端，其撰写程序如下。

①主题确定。信息分析报告的撰写需要基于研究内容和问题有针对性的确定研究主题或子研究主题、子研究方向等。

②材料选择。信息分析报告需要围绕所确定的主题，查阅相关文献资料，收集信息资源。

③结构设计。与科研文献撰写过程相似，信息分析报告也需要遵循一定的结构和格式，包括整体布局和写作逻辑等。

④提纲拟定。在解决上述问题后，需要拟定信息分析报告的写作提纲，明确写作的逻辑关系和层次结构。

⑤撰写初稿。确定写作提纲后撰写初稿。

⑥修改报告。报告初稿写作完成后，需要对其进行反复的修改，修改过程可以遵循"结构 – 内容 – 格式"的修改步骤，进一步完善信息分析报告。

6.1.3 信息分析的发展趋势

信息分析作为信息工作的重要组成部分，与社会、科技和经济的发展高度相关。早期信息分析活动主要活跃在科技创新、企业竞争等领域，而当代信息资源的开发和利用已经逐渐渗透到人类活动的各个领域，成为促进社会进步和经济发展的重要推动力。面对新环境下的诸多机遇与挑战，本书在参考已有文献的同时对当代信息分析工作未来可能的发展方向归纳如下[⊖]。

（1）分析内容多元化

从决策主体的角度来看，信息分析不仅面向政府和企业的决策需求，针对个人的咨询服务也逐步兴起。从服务内容的角度来看，早期的信息分析服务主要针对科技领域，而当前信息分析的服务内容已经囊括了经济、政治、社会、国防等诸多领域乃至细分领域。随着新时代信息的内容和覆盖领域逐渐多元化，需要相关工作者具备从多维度、多领域视角开展信息分析研究的观念和思维。

（2）技术手段现代化

在大数据与智能化环境下，数据资源快速积累，算力算法不断发展，各种形式的数

⊖ 张向波，赵中凯．管理决策模型与方法 [M]．北京：国防工业出版社，2017：21.

据挖掘、知识发现等智能化信息分析软件得以开发和利用，从多个方面提升了信息收集、存储、分析和处理的能力，从而使得过去信息分析不能研究的问题或者难以研究的问题在技术赋能下变得可能，进一步提升了信息分析工作的质量与时效性。

（3）分析结果市场化

随着社会信息化的进程逐渐加快，信息已成为生产力的重要因素和社会发展的战略资源⊖。信息分析的成果是体现信息分析人员智慧的劳动产品。将信息分析的结果商品化、将信息分析业务的经营产业化，是适应市场经济大环境的必然趋势。信息分析产业化将在服务方式、内容、管理体制等方面引起一系列产业连带效应，推动信息分析活动与市场接轨，整体向产业化方向迈进。

（4）交流协作多样化

信息分析交流与合作的多样化主要体现在服务范围及交流协作的多样化。一方面，引入和推进与国际接轨的行业准则和规范，建立国际范围内认可的工作流程，是实现信息服务范围国际化的关键。另一方面，加强各国对信息分析结果的交流与协作，监测信息分析的发展趋势，了解国际上关于科技、经济发展的动向，对推进信息分析的多样化也至关重要。

6.2　信息分析基本方法

分析方法是信息分析的利器，信息分析科学方法体系的形成，得益于不断吸收和移植多个学科、多个领域的研究方法，并加以应用。信息分析方法体系的形成与发展主要吸收和借鉴了逻辑学、图书情报学、统计学、社会学等学科的研究方法，从而使信息分析的水平和效率、质量和效益逐渐提升。这一部分将选择几种信息分析的基本方法进行介绍。

6.2.1　推理法

推理法是信息分析的基本逻辑学方法，是从已知的信息和知识中推导未知的信息和知识，并获得新的认识和判断的逻辑思维方法，它反映了事物之间的内在联系和发展趋势，从而实现信息分析的预测功能。

推理都是由前提、推理过程和结论三个要素组成的。一个正确的推理既要内容真实又要形式正确。例如，"所有阔叶植物都是落叶的""所有葡萄树都是阔叶植物"是两个已知判断，"所有葡萄树都是落叶的"是从上述两个已知判断中推导出来的未知判断。推理分为归纳推理和演绎推理两大类。

⊖ 刘春年，肖花. 网络环境下区域图书馆信息服务联盟功能、实效与产业化发展分析 [J]. 情报理论与实践，2010（12）：29-32.

（1）归纳推理

归纳推理是由个别到一般的推理。例如，在一个平面内：直角三角形内角和是 180 度；锐角三角形内角和是 180 度；钝角三角形内角和是 180 度。而直角三角形、锐角三角形和钝角三角形合在一起构成了全部三角形。因此，我们可以得出平面内所有三角形的内角和都是 180 度的结论。上述案例由三个对个别事物的认识，推理、概括和总结出一般性的原理或原则，这就是归纳推理的过程。归纳推理又分为完全归纳推理和不完全归纳推理[一][二]。

①完全归纳推理。

完全归纳推理是通过对一类事物中每个对象的属性进行归纳，以推理这一类事物都具有该属性的过程。上述关于三角形的案例就属于完全归纳推理。若将 $S_1, S_2, S_3, \cdots, S_n$ 用来表示一类事物中的每一个对象，P 表示事物的属性，S 表示 $S_1, S_2, S_3, \cdots, S_n$ 所属的一类事物，则完全归纳法的数学表示如下：

$$S_1 = (\neq) P$$
$$S_2 = (\neq) P$$
$$S_3 = (\neq) P$$
$$\vdots$$
$$S_n = (\neq) P$$
$$S_1, S_2, S_3, \cdots, S_n \text{ 是 } S \text{ 类的全部对象}$$
$$\text{则，} \quad S = (\neq) P$$

②不完全归纳推理。

不完全归纳推理是通过对一类事物中部分对象的属性进行归纳，以推理这一类事物都具有该属性的过程。例如：地球和月球之间是相互吸引的；太阳与地球之间是相互吸引的；地球与火星之间是相互吸引的；太阳与月球之间是相互吸引的；太阳与哈雷彗星之间是相互吸引的；地球、月球、太阳、火星和哈雷彗星都是物体。因此，任何两个物体之间都是相互吸引的。不完全归纳推理包括简单枚举归纳推理和科学归纳推理两种基本类型。

简单枚举归纳推理是指考察一类事物中部分对象的情况，在没有遇到相反情况下，推出一般性的结论。上述例子就是简单枚举归纳推理。若将 $S_1, S_2, S_3, \cdots, S_n$ 用来表示一类事物中的部分对象，P 表示事物的属性，S 表示 $S_1, S_2, S_3, \cdots, S_n$ 所属的一类事物，则简单枚举归纳推理的数学表示如下：

$$S_1 = (\neq) P$$
$$S_2 = (\neq) P$$
$$S_3 = (\neq) P$$
$$\vdots$$

○ 赵绍成 . 逻辑学 [M]. 成都：西南交通大学出版社，2015：204.

○ 张广荣，赵兰香，刘卉副 . 逻辑学 [M]. 济南：山东人民出版社，2013：141.

$$S_n = (\neq) P$$

$$S_1, S_2, S_3, \cdots, S_n \text{ 是 } S \text{ 类中的部分对象，且无相反情况}$$

$$\text{则，} S = (\neq) P$$

科学归纳推理是基于一类事物中部分对象与事物某属性的因果关系，对这一类事物全部对象属性进行推理的过程。这种推理以因果关系为基础，相比于简单枚举归纳推理，其结论更为可靠。其数学表达形式如下：

$$S_1 = (\neq) P$$
$$S_2 = (\neq) P$$
$$S_3 = (\neq) P$$
$$\vdots$$
$$S_n = (\neq) P$$

$$S_1, S_2, S_3, \cdots, S_n \text{ 是 } S \text{ 类中的部分对象，且与 } P \text{ 之间存在因果关系}$$

$$\text{则，} S = (\neq) P$$

（2）演绎推理

演绎推理是从一般性的前提出发，基于逻辑证明和数学运算方法，推导出个别或特殊结论的逻辑思维过程，是一种利用某类事物中所具有的一般属性来推断出该类事物中个别事物所具有的特殊属性的逻辑思维方式。演绎推理是科学研究和解决问题的基本思维方式，被广泛应用于信息分析活动中。演绎推理有三段论、假言推理和选言推理等形式[⊖]。

①三段论。

三段论是演绎推理中最常见的形式，是由两个包含一个共同项的直言判断为前提，得出一个新的性质判断作为结论的演绎推理。它包含大项、中项和小项三个概念。其中，大项和小项出现在结论中，而中项起到沟通大项和小项的作用，不出现在结论中。在两个前提中，包含大项的被称为大前提，包含小项的被称为小前提。例如，商品是用于交换的劳动产品，办公用品是商品，所以办公用品是劳动产品。在上述例子中，"商品"作为中项沟通了大项"劳动产品"和小项"办公用品"，从而得出结论。若用 P 来表示大项，S 来表示小项，M 来表示中项，则三段论可以表示为如下形式：

$$\text{大前提：所有 } M = (\neq) P$$
$$\text{小前提：所有 } S = (\neq) M$$
$$\text{结论项：所有 } S = (\neq) P$$

若大前提和小前提都是否定的形式，那么结论是不能成立的。

②假言推理。

假言推理是基于一个假言判断的前提，推出其前件和后件，并通过肯定其后件或前件来论证原有假言判断结论正确性的推理方法。假言判断是断定事物之间条件关系的判

⊖ 姜金贵，宋艳，杜蓉.管理建模与仿真 [M].哈尔滨：哈尔滨工程大学出版社，2015：12.

断。例如，如果帝国主义存在，那么战争就不可避免。其中，"帝国主义存在"是"战争就不可避免"的条件，而反映条件的判断即"帝国主义存在"是前件，反映在条件下对事物的判断即"战争就不可避免"是后件。上述内容是假言判断的前提。当另一个前提为"现在帝国主义还存在"，那么可以推导出结论"现在战争依然不可避免"，这就是一个假言推理的过程。假言推理分为充分条件假言推理、必要条件假言推理和充分必要条件假言推理。

③选言推理。

选言推理是以至少一个选言判断为前提，并根据选言判断中各"选言支"之间的关系进行推演的推理方式。选言推理由两个前提和一个结论构成。根据"选言支"是否相容可分为相容的选言推理和不相容的选言推理。

在相容的选言推理中，其选言连接词为"……或……"，其推理规则为"否定第一部分选言支，就要肯定另一部分选言支"，或"肯定第一部分选言支，不能否定另一部分选言支"。例如：

大前提：老舍是画家或是作家

小前提：老舍不是画家

结论项：老舍是作家

不相容的选言推理是以不相容选言判断为前提来进行推演的推理方式，其选言连接词为"要么……要么……"，其推理规则为"否定一部分选言支，就要肯定另一部分选言支"或"肯定一部分选言支，就要否定另一部分选言支"。例如：

大前提：电动汽车要么属于机动车，要么属于非机动车

小前提：国家规定，电动车按机动车管理

结论项：电动汽车不属于非机动车

6.2.2 分析与综合法

分析与综合法是信息分析的基本逻辑学方法之一。分析与综合是人类在认识事物过程中将整体分解为部分，而后将部分整合为整体的逻辑思维方式，它主要解决部分与整体、系统与要素之间的问题。信息分析活动中的研究对象较为复杂，分析与综合法作为信息加工的基本方法，能够揭示事物的本质和规律，形成对事物的观点和看法，被较多地应用于信息分析与研究工作中。

要掌握分析与综合法，首先需要对整体和部分的关系进行深入解读。整体和部分是事物的两个方面，整体由部分构成，但并不是部分的简单相加。人们在认识客观事物的过程中，总是首先剖析事物的各个部分，然后依照各部分的内在联系将其统一为整体，从而全面掌握事物的本质属性和发展规律。例如，当对一个项目的可行性进行评估时，需要从政策限制、市场需求、技术管理水平、投资回收期、资金回报率和团队素质等多方面分别对项目进行考察和评估，在此基础上将分析结果进行整合，从而形成对项目总

体水平的评价。上述过程就是分析与综合的过程。

其中，分析法就是将客观事物整体分解为各组成要素，并通过梳理和判断事物间及事物要素间的关联来达到认识事物的目的。分析的过程，是从整体到部分、从复杂到简单、从具体到抽象的思维运动过程[⊖]。按照事物间及事物内部各要素间不同的关系类型，分析与综合法可分为表象和本质分析、相关分析以及因果分析等多种类型[⊜]。

（1）表象和本质分析

表象和本质分析是利用事物的表象和本质之间的关系进行分析的方法。其中，本质是事物的根本性质，是构成事物的关键要素之间的内在联系，表象则是事物的表面特征及其外部联系。表象和本质是揭示事物外部表现和内在联系间关系的范畴。通过表象和本质分析，能够透过现象，把握事物的本质特征。

（2）相关分析

相关分析是指利用事物间的相关关系进行分析研究，以一种或几种已知事物来判断或推知未知事物的方法的统称。例如，"山雨欲来风满楼""瑞雪兆丰年"等生活经验，就是利用事物之间的相互关联关系，基于已知事物来推知未知事物的过程。事物之间的关联影响是有方向的，相关关系可以分为正向相关和负向相关。

按照事物之间关联关系的不同，相关关系可以被分为因果相关、伴随相关等。前者是指基于已知事物与未知事物之间的因果关系对事物进行研究，后者则是基于已知事物与未知事物之间相伴出现的特点对事物进行研究。

（3）因果分析

因果分析是为找出引起某一现象变化的原因而进行的分析。因果关系是客观事物各现象间的一种普遍联系方式。当某一现象的出现会引起另一现象发生时，则说明这两个现象间存在因果关系。人们可以通过因果分析了解事物发展变化的原因，从而挖掘事物发展的方向和规律。此外，在利用因果分析展开相关研究时，有时结论并不完全正确，因此需要结合其他方法进行进一步的分析和验证。

因果分析通常需要遵循以下三点原则：①居先原则，即在时间上，原因在前，结果在后；②共变原则，即结果跟随原因的变化而变化；③关联原则，即原因和结果作为两种现象需要互相接触，或通过一系列中介事物相关联。

此外，因果分析也具有以下不同形式^{⊜⊕}。

①求同法。若观察不同场合得到相同的结果，这些不同场合各有若干原因，而其中仅有一个原因相同，则可初步推断该结果是由这个共同原因引起的。求同法的推理形式如表 6-1 所示。

⊖ 严怡民，马费成，马大川．情报学基础 [M].武汉：武汉大学出版社，1987：228.

⊜ 杨良斌．信息分析方法与实践 [M].长春：东北师范大学出版社，2017：13.

⊜ 熊明辉．逻辑学导论 [M].2 版．上海：复旦大学出版社，2020：267.

⊕ 吴增基，吴鹏森，苏振芳．现代社会调查方法 [M].5 版．上海：上海人民出版社，2018：260.

表 6-1　求同法推理形式

场合	原因	所观察的结果
Ⅰ	ABC	a
Ⅱ	ADE	a
Ⅲ	AFG	a
…	…	…
所以，A 是结果 a 的原因		

②求异法。若观察所得的结果在第一种场合出现，在第二种场合不出现，而这两种场合中仅有一个不同原因，则可初步推断所观察到的结果是由该原因引起的。求异法的推理形式如表 6-2 所示。

表 6-2　求异法推理形式

场合	原因	所观察的结果
Ⅰ	ABC	a
Ⅱ	BC	—
所以，A 是结果 a 的原因		

③共变法。如果在所观察的结果发生变化的各个场景中，只有一个原因发生了变化，而其他原因都没有变化，则可初步推断该变化的原因造成了结果的变化。共变法的推理形式如表 6-3 所示。

表 6-3　共变法推理形式

场合	原因	所观察的结果
Ⅰ	A_1BC	a_1
Ⅱ	A_2BC	a_2
Ⅲ	A_3BC	a_3
…	…	…
所以，A 是结果 a 的原因		

6.2.3　信息计量法

信息计量学分为广义的信息计量学和狭义的信息计量学[一]，由于广义的信息计量学探讨以广义信息论为基础的信息计量问题[二]，其涉及范围十分广泛，不属于本书研究的重点，因此，我们着重对狭义的信息计量学的方法进行探讨。狭义的信息计量学是通常意义上的信息计量学，主要基于数学和统计学等定量分析方法对信息的现象、过程和规律进行研究和描述[三]。在科学技术领域，要通过信息分析来呈现研究对象的发展现状及趋势，把握领域发展成熟度不能仅仅依赖于对研究对象进行简单的统计描述，而需要对其内在的

[一]　邱均平.我国文献计量学的进展与发展方向 [J].情报学报，1994（6）：454-463.
[二]　余波.现代信息分析与预测 [M].北京：北京理工大学出版社，2011：3.
[三]　赵蓉英.信息计量分析工具理论与实践 [M].武汉：武汉大学出版社，2017：11.

发展规律进行深入的探索和挖掘，信息计量方法就是一种深入挖掘科技领域文献、著作等研究对象内在关联及其发展规律的有效方法。信息计量学的方法主要包括统计分析法、引文分析法、词频分析法、共现分析法、聚类分析法、数学模型分析法等。

其中，共词分析作为共现分析的核心内容[一]，能够基于主题词在文档中出现的频次展示这些主题词代表的学科和主题结构的变化，从而了解学科或某一领域的发展现状和演化趋势，实现对未来流行主题的预测。共词分析法通过从文档或文献数据库中抽取关键的主题词，基于两两之间主题词频次所构建的共词矩阵，呈现某一学科或领域的知识结构和研究热点[二]。这种方法能够更加直观地呈现新兴的研究热点，有助于发现新兴的研究主题和学科范式特征。此外，引文分析法能够对科学期刊、论文以及研究人员等对象的引用及被引关系进行描述，从而揭示研究对象的数量特征及内在规律，是信息分析方法在科学与技术领域最具代表性的方法之一[三]。本小节将主要对引文分析法进行详细介绍。

科学文献的引用与被引用，代表了科学知识的传承与利用。在科学文献体系中，文献间的关联和相互作用突出表现为文献间的引用关系。通过对文献引证频次进行分析，能够实现对某一学科、研究人员、期刊、机构、地区乃至国家科学水平和学术能力的评价。此外，研究者可以基于科学文献引文网络探索信息流的方向、规律和特征，从而挖掘科学发展的规律和方向。正是由于上述作用，自20世纪20年代引文分析出现以来，越来越多的学者基于引文分析法展开研究。

引文分析分为引文的数量分析、链状分析和网状分析。其中：引文的数量分析是对期刊和论文的评估；引文的链状分析是指文献之间基于引用关系构成的链接，主要用于揭示科学发展规律等；引文的网状分析是指当文献间的相互引用关系形成了引文的网状结构，通过对引文网状结构的分析能够揭示学科的结构、相关程度等。

引文数据库及一些可视化软件是进行引文分析的有效工具。其中，常用英文文献的引文数据库包括收录在 Web of Science（WoS）数据库的 Science Citation Index Expanded（SCI-EXPANDED）、Social Sciences Citation Index（SSCI）和 Arts & Humanities Citation Index（A&HCI）；常用中文文献的引文数据库包括中国科学引文数据库（CSCD）、中国社会科学引文索引（CSSCI）等。

在进行引文分析时，面对不同的分析对象，应选择不同的测度指标。常用的分析对象有期刊和科学文献等。本小节将介绍五种针对科学期刊进行分析时常用的测度指标，包括引用率、期刊载文量、期刊被引量、期刊引用量和影响因子。各测度指标及其表示形式如表6-4所示，其中，各指标的测算都限制在抽样时间内。

此外，针对科学文献进行分析时常用的测度指标包括自引率、被自引率、耦合强度和共被引强度。各测度指标及其表示形式如表6-5所示。其中，文献的自引率和被自引率测度指标中，"自引"限于主体本身范围内的引用，即包括同一类学科、期刊、作者、

㊀ 刘晓英. 图书馆评价研究 [M]. 北京：知识产权出版社，2015：8.

㊁ 马费成，宋恩梅，张勤. IRM-KM 范式与情报学发展研究 [M]. 武汉：武汉大学出版社，2008：122.

㊂ 杨良斌. 信息分析方法与实践 [M]. 长春：东北师范大学出版社，2017：174.

机构、时期、地区文献的自引。

测度指标	表示形式
期刊载文量	期刊所刊登的论文数量
期刊引用量	期刊引用其他期刊的次数
期刊被引量	期刊被其他期刊引用的数量
引用率	期刊参考文献总量 / 期刊载文量
影响因子	期刊论文的被引量 / 期刊可引用论文总量

表 6-4　期刊测度指标

测度指标	表示形式
共被引强度	两篇文献共同被其他论文引用的次数
被自引率	主体文献被自引的次数 / 主体被引用的总次数
耦合强度	两篇文献同时引用一篇或多篇相同文章的次数
自引率	主体本身范围内文献引用的次数 / 主体引用的文献总数

表 6-5　文献测度指标

6.2.4　回归分析法

◎ **导入案例：什么是回归分析**⊖

英国著名生物学家兼统计学家弗朗西斯·高尔顿在研究人类身高的亲子关系时，将收集到的 1 078 对夫妇及其子女的身高、体重等数据以散点形式呈现，发现这些散点大致呈直线分布。高尔顿对实验数据进行深入的分析和检验后，发现了一个十分有趣的"向平均值回归"的现象。似乎有某种神秘的力量，使人类身高从高矮两极向所有人的平均值方向移动，具体表现为：非常高的父亲，其儿子往往要比父亲矮一些；非常矮的父亲，其儿子往往要比父亲高一些。经过思考，高尔顿认为这种现象必定是真实的。原因很简单，如果不存在身高向平均值回归的现象，那么父代身高较高会使子代身高更高，相反，父代身高较矮也会导致子代身材矮小，如此下去，不用多少代，人类种族就会出现特别高和特别矮的两极。而上述情况在现实社会并没有发生，人类身高在平均意义上趋于稳定。

高尔顿以每对夫妇的平均身高作为自变量 x，以其子代的身高作为因变量 y，将呈直线分布的散点拟合成一种线性关系，即父代和子代身高的关系可大致归结为以下关系：

$$y = 33.73 + 0.516x（英寸）\tag{6-1}$$

根据 1 英寸 =0.025 4 米进行单位换算后，其关系可表示为

$$y = 0.856\,7 + 0.516x（米）\tag{6-2}$$

上述线性拟合关系表明，子代身高可通过父代身高进行预测，即假如父母辈平均身高为 1.70 米，则子女身高的预测值约为 1.73 米。

在信息分析过程中，我们经常会发现事物间往往存在某种相互联系、相互影响和相

⊖ 小布丁的读书笔记. 高尔顿与回归分析的起源 [EB/OL].（2020-08-01）[2023-02-01]. https://blog.csdn.net/paxhujing/article/details/79418201.

互制约的相关关系，这种相关关系体现为研究对象的一个或多个变量的变化会引起另一个或多个变量的变化。我们所研究事物间的相关关系可以分为确定性关系和不确定性关系两种。确定性关系是指事物之间存在着确定的函数关系。不确定性关系是指自变量的变化并不能绝对地、确定地影响因变量的变化，而是带有一定的随机性。对于不确定性的相关关系，我们无法基于自变量的确定值求出因变量的确定值，只能运用数理统计方法，从大量历史数据中排除随机因素，找到其中的统计规律性，从而实现对因变量近似值的预测。在众多统计学分析方法中，回归分析法便是这样一种有效的分析工具。回归分析法的基本步骤如下。

①数据搜集。回归分析法是建立在大量数据基础上的定量分析方法，数据量及数据准确性都会对回归分析的结果产生直接影响。因此，展开回归分析首先需要按照研究课题的要求，系统搜集与研究对象相关的历史数据。

②回归方程的设定。基于搜索的大量数据，依据自变量与因变量之间的统计规律确定其相关关系，从而选择适当的数学模型，设定回归方程。利用回归分析法进行预测的基础就是选择最优模型来设定回归方程。

③回归系数的确定。将所搜集到的数据代入所设定的回归方程中，并基于最小二乘法确定回归系数，从而确定回归方程。

④统计检验。在确定回归方程后，需要对回归方程是否能够代表自变量与因变量间的相关关系的可靠性进行检验。

⑤预测及置信区间的确定。相关性检验通过后，我们可以利用已经确定的回归方程进行预测，并计算预测值的置信区间。

根据变量之间的关系不同，回归分析模型可以从不同角度划分为不同类型。按照自变量数目的不同，可分为一元与多元回归模型[一]。其中，一元回归是指涉及一个自变量和一个因变量的回归分析，多元回归则是指涉及多个自变量和一个因变量的回归分析。按照模型中的变量关系来分类，可分为线性与非线性回归模型。在线性回归中，自变量和因变量呈现出线性关系。在非线性回归中，变量关系则通常表现为指数、对数等复杂形式。无论哪种回归分析类型，它们在原理、步骤、功能等方面是基本相似的，因此在回归模型的构建过程中，我们往往要基于具体问题、已有理论、数据形式等因素选择回归方程。在信息分析中，多元线性回归是一种较为常用的回归分析法。

在实际研究中，仅含有一个自变量的模型往往难以较好地解释和描述我们所要研究的问题，因为因变量往往受到多个因素的影响[二]。例如，当我们要考虑家庭消费支出的影响因素时，除了要考虑家庭收入的影响外，家庭成员的年龄、身体健康情况以及消费习惯等因素也会对消费支出产生影响，如果忽略了这些因素对因变量的影响，就会不可避免的产生遗漏变量偏误（Omitted Variable Bias，OVB）问题，导致研究结果存在偏误。因此，为更好地解决实际问题，我们需要采用多元回归分析法。多元回归模型是指把简

　　㊀ 李德荃. 计量经济学 [M]. 北京：对外经济贸易大学出版社，2014：121.

　　㊁ 付金会. 统计学 [M]. 徐州：中国矿业大学出版社，2017：119.

单的一元回归模型推广到包含两个及两个以上自变量的模型，即表达一个因变量与多个自变量之间相互关系及其规律的数学模型[⊖]。

假设 y 为因变量，当因变量 y 值的变动受到 $x_1, x_2, x_3, \cdots, x_k$ 等 k 个自变量影响时，描述因变量与自变量和误差项 ε 间线性相关关系的方程为多元线性回归方程，其一般表达式为

$$y = \beta_0 + \beta_1 x_1 + \beta_2 x_2 + \cdots + \beta_k x_k + \varepsilon \tag{6-3}$$

式中，$\beta_0, \beta_1, \cdots, \beta_k$ 为需要估计的总体模型参数；ε 为误差项，表示除 $x_1, x_2, x_3, \cdots, x_k$ 与 y 的线性关系以外的随机因素对 y 的影响，是不能由 k 个自变量与 y 的线性关系所揭示的变异性。

在多元线性回归模型中，有以下基本假设。

①解释变量是非随机的或固定的，且总体模型是线性的。

②解释变量与随机扰动项不相关。

③解释变量间不存在严格的线性相关性，即无多重共线性。

④随机扰动项均具有零均值、同方差且无序列相关性。

⑤随机扰动项服从均值为 0、方差为 σ^2 的正态分布。

总体参数 $\beta_0, \beta_1, \cdots, \beta_k$ 是未知的，随机抽取一组样本容量为 n 的样本观测值 $(x_{i1}, x_{i2}, x_{i3}, \cdots, x_{ik}, y_i)(i = 1, 2, \cdots, n)$ 对总体参数进行估计。我们希望基于样本观测值来拟合出一条距离所有样本点最近的直线，从而最小化残差平方和。这就是利用最小二乘法（Ordinary Least Square，OLS）估计总体参数的过程。其中，基于样本数据拟合成的回归方程见式 6-4，我们要使其残差平方和最小，见式 6-5[⊖]。

$$\hat{y} = \hat{\beta}_0 + \hat{\beta}_1 x_1 + \hat{\beta}_2 x_2 + \cdots + \hat{\beta}_k x_k \tag{6-4}$$

$$Q = \sum \varepsilon_i^2 = \sum (y_i - \hat{y}_i)^2 = \sum (y_i - \hat{\beta}_0 - \hat{\beta}_1 x_{i1} - \hat{\beta}_2 x_{i2} - \cdots - \hat{\beta}_k x_{ik})^2 \tag{6-5}$$

基于微积分知识可知，要使 Q 最小，需要使 $\hat{\beta}_0, \hat{\beta}_1, \cdots, \hat{\beta}_k$ 满足如下条件：

$$\begin{cases} \dfrac{\partial Q}{\partial \hat{\beta}_0} = \sum_{i=1}^{n} 2(y_i - \hat{\beta}_0 - \hat{\beta}_1 x_{i1} - \hat{\beta}_2 x_{i2} - \cdots - \hat{\beta}_k x_{ik})(-1) = 0 \\ \dfrac{\partial Q}{\partial \hat{\beta}_1} = \sum_{i=1}^{n} 2(y_i - \hat{\beta}_0 - \hat{\beta}_1 x_{i1} - \hat{\beta}_2 x_{i2} - \cdots - \hat{\beta}_k x_{ik})(-x_{i1}) = 0 \\ \qquad\qquad\qquad\qquad \vdots \\ \dfrac{\partial Q}{\partial \hat{\beta}_k} = \sum_{i=1}^{n} 2(y_i - \hat{\beta}_0 - \hat{\beta}_1 x_{i1} - \hat{\beta}_2 x_{i2} - \cdots - \hat{\beta}_k x_{ik})(-x_{ik}) = 0 \end{cases} \tag{6-6}$$

对上面的式子进行整理，可以得到回归系数估计值的方程组表示形式：

$$\begin{cases} \sum_{i=1}^{n} y_i = n\hat{\beta}_0 + \hat{\beta}_1 \sum_{i=1}^{n} x_{i1} + \hat{\beta}_2 \sum_{i=1}^{n} x_{i2} + \cdots + \hat{\beta}_k \sum_{i=1}^{n} x_{ik} \\ \sum_{i=1}^{n} x_{i1} y_i = \hat{\beta}_0 \sum_{i=1}^{n} x_{i1} + \hat{\beta}_1 \sum_{i=1}^{n} x_{i1}^2 + \hat{\beta}_2 \sum_{i=1}^{n} x_{i1} x_{i2} + \cdots + \hat{\beta}_k \sum_{i=1}^{n} x_{i1} x_{ik} \\ \qquad\qquad\qquad\qquad \vdots \\ \sum_{i=1}^{n} x_{ik} y_i = \hat{\beta}_0 \sum_{i=1}^{n} x_{ik} + \hat{\beta}_1 \sum_{i=1}^{n} x_{i1} x_{ik} + \hat{\beta}_2 \sum_{i=1}^{n} x_{i2} x_{ik} + \cdots + \hat{\beta}_k \sum_{i=1}^{n} x_{ik}^2 \end{cases} \tag{6-7}$$

⊖ 唐志锋，何娜，林江珠. 应用统计学 [M]. 武汉：华中科技大学出版社，2018：321.

⊖ 杨智峰. 计量经济学 [M]. 上海：立信会计出版社，2018：36.

多元线性回归模型的正规方程见式（6-7），对其进行求解能够得到多元线性回归模型的回归系数估计值。由于公式太过复杂，因此我们以矩阵的形式对其进行表示：

$$(X^T X)B = X^T Y \tag{6-8}$$

通过线性代数的知识可知，若矩阵为满秩矩阵，则该矩阵可逆。通过假设③可知，各解释变量间无多重共线性，因此，矩阵 $X^T X$ 的秩为 $k+1$，矩阵 $X^T X$ 为满秩矩阵，故其存在逆矩阵 $(X^T X)^{-1}$，将其逆矩阵乘以式（6-8）得到最小二乘估计量为

$$B = (X^T X)^{-1} X^T Y \tag{6-9}$$

在基于最小二乘法求得总体参数的估计值，确定多元回归模型后，还需进行各种统计检验，来保证模型有效性。常用的检验方法有 R 检验、F 检验和 t 检验。R 检验通过负相关系数 R 的大小来衡量回归方程拟合真实数据的总的近似水平[一]。F 检验是比 R 检验更严格的方法，用于判断多元线性回归方程在整体上是否显著成立。t 检验用以判断多元线性回归方程中系数的作用是否显著[二]。检验的具体步骤在此处不详细展开，读者可自行查阅相关资料。

6.2.5 社会网络分析法

◎ 导入案例：社会网络分析起源[三]

1967 年，哈佛大学心理学教授斯坦利·米尔格兰姆（stanley Milgram）曾做过一个十分著名的连锁信件实验。他将一封信件随机发送给 50 名参与者，要求参与者将这封信送到一个指定地点的股票经纪人手中。在多次对实验进行改良后，最终经过六次以内的人际传递，信的送达率达到了 97%。通过这次实验，米尔格兰姆证明：任何两个人之间最多只需要通过六个中间人建立联系，这便是著名的"六度分隔理论"。"六度分隔理论"说明，在所形成的人际网络中，可以通过一定的方式，将两个素不相识的人联系起来。

20 世纪 90 年代，英国牛津大学的人类学家罗宾·邓巴根据猿猴的智力与社交网络推断，人类智力允许人类拥有稳定社交网络的人数是 148 人，四舍五入则为 150 人，这就是著名的"邓巴数字"，也叫 150 定律。该定律指出，由于人的大脑新皮层的大小有限，因此它所提供的认知能力只能使一个人维持与大约 150 个人的稳定人际关系。人们可能拥有更多的好友，但一年内至少联系一次的好友圈最多由 150 个人组成。

随着社会信息化水平的不断提高，由社会行动者及其关系构成的社会网络成为社会关系的主要表现方式之一。在信息分析过程中，无论哪个领域，针对社会关系结构和

㊀ 孙建军，成颖，邵佳宏，等.定量分析方法[M].南京：南京大学出版社，2002：206.

㊁ 王伟军，蔡国沛.信息分析方法与应用[M].北京：清华大学出版社，2010：18.

㊂ GUARE J, SANDRICH J, LOEWENBERG S A. Six degrees of separation[M]. USA：LA Theatre Works, 2000：32.

属性的描述和研究都十分必要，社会网络分析法也在现代社会的相关研究中发挥着越来越重要的作用[一]。"社会网络"这一概念于 1954 年由曼彻斯特大学人类学家巴恩斯（J.A. Barnes）提出[二]，其理论基础来源于"六度分隔理论"和"150 定律"[三]，是一种融合社会学、数学以及图论的定量化分析方法。

社会网络由多个节点（社会行动者）及节点间的连线（行动者之间的关系）组成，是指由多个组织或者个人的节点所构成的社会结构，且能够展现节点之间的关联关系。社会网络分析法具有如下步骤[四]：①确定研究问题；②明确研究对象和层次；③研究对象的选择和抽样；④数据收集；⑤数据整理和表示。

按照社会网络研究的不同维度，可将社会网络划分为自我中心网络（Ego-Network）、局部网（Partial Network）和整体网络（Whole Network）三种类型[五]。其中，自我中心网络是由一个核心个体和与之直接相连的若干个体组成的网络类型，局部网由各自我中心网络及与其存在关联的其他点构成，整体网络是指一个群体内所有成员所形成的关系网络。社会网络分析法以关系矩阵和图论为研究基础[六]。由于社会网络分析的研究对象是关系数据，因此，需要以矩阵的形式对关系数据进行存储，表 6-6 为关系矩阵的表示形式之一，其中，A、B、C、D 表示社会网络中的节点，数字表示节点之间的关系。此外，图论是社会网络分析的重要方法之一。社会网络中节点间的连线可分为有向和无向两种，而每一种又可分为二值和多值线，多种网络表示形式如图 6-1 所示。

表 6-6　关系矩阵

	A	B	C	D
A	1	1	0	1
B	1	1	1	0
C	0	1	1	0
D	0	0	0	1

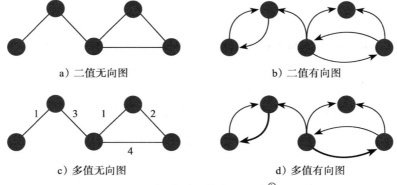

a）二值无向图　　　　b）二值有向图

c）多值无向图　　　　d）多值有向图

图 6-1　多种网络表示形式[七]

[一]　周尊. 基于网络分析方法的高校图书馆网站影响力研究 [D]. 长春：东北师范大学，2019：9.
[二]　BARNES J A. Class and committees in a Norwegian island parish[J]. Human relations，1954，7（1）：39-58.
[三]　TRAVERS J，MILGRAM S. An experimental study of the small world problem[M]. Princeton: Princeton University Press，2011：130-148.
[四]　宋凯. 社会化媒体起源、发展与应用 [M]. 北京：中国传媒大学出版社，2018：77.
[五]　刘军. 整体网分析讲义：UCINET 软件实用指南 [M]. 上海：格致出版社，2009：17.
[六]　于湃. 地方政府部门间合作网络结构研究 [D]. 厦门：厦门大学，2017：47-49.
[七]　于湃. 地方政府部门间合作网络结构研究 [D]. 厦门：厦门大学，2017：49.

社会网络分析主要研究网络结构、关系测度和位置三方面的内容。其中：网络结构主要涉及结构洞、凝聚子群和块模型等理论；关系测度主要基于网络密度、小世界网络等理论来考虑个体间的关系；位置是基于节点的中心性指标、网络位置及社会角色等来判断节点在网络中的重要程度。常用的社会网络分析工具包括 Gephi、VOSviewer 和 Citespace 等。

（1）科研合作网络分析

科研合作网络是社会网络的一种重要形式。对科研合作网络指标的深入挖掘能够从宏观和微观角度呈现网络的结构属性和内在规律，因此，科研合作网络相关成果的不断增加成为信息分析在科技领域广泛应用的重要表现之一。科研合作网络是无向网络，在进行科研合作网络分析时常用的测度指标如下。

①度中心度（Degree Centrality）。度中心度是最基本的反映网络中微观主体重要程度的指标，某一节点 i 的度中心度 $C_D(N_i)$ 是指与该节点直接相连的节点数量，若 n 代表网络中节点的数量，$x_{ij}(i \neq j)$ 代表 j 点与 i 点直接相连的取值（相连取 1，不相连取 0），则

$$C_D(N_i) = \sum_{j=1}^{n} x_{ij}(i \neq j) \tag{6-10}$$

②接近中心度（Closeness Centrality）。接近中心度指标从距离的角度来衡量一点在网络中的可达性，用来测量从网络中任意一点到其他点之间最短距离的平均值，常常应用于网络的最大组元中。若 d_{ij} 表示节点 i 到 j 之间的最短路径，则点 i 的接近中心度值可用公式表示为

$$C_C(i) = \frac{n-1}{\sum_{j \neq i}^{n} d_{ij}} \tag{6-11}$$

③中介中心度（Betweenness Centrality）。中介中心度是某一节点作为"中间人"的次数，用来衡量这一节点在网络中控制其他节点之间信息传递的能力。若 i 点与 j 点之间最短路径 d_{ij} 的数量为 x_{ij}，另一点 k 相对于这两点的中介中心度值为 $b_{ij}(k)$，而两点之间经过 k 点的最短路径数量为 $x_{ij}(k)$，则 k 点相对于这两点的中介中心度为

$$b_{ij}(k) = \frac{x_{ij}(k)}{x_{ij}} \tag{6-12}$$

将点 i 相对于网络中 n 个点所形成的所有的点对的中介中心度值相加为该点的绝对中介中心度值：

$$C_{ij} = \sum_{i}^{n} \sum_{j}^{n} b_{ij}(k), (i \neq j \neq k \text{且 } i < j) \tag{6-13}$$

"绝对中介中心度"与"可能达到的点的中介中心度的最大值"的比即为标准化的中介中心度：

$$C_{Rij} = \frac{2C_{ij}}{n^2 - 3n + 2} (0 \leqslant C_{Rij} \leqslant 1) \tag{6-14}$$

④网络直径（Diameter）。网络直径是指合作网络中距离最长的两个节点间的距离，

是衡量网络中信息传递时间和传播能力的指标。在无向网络中连通任意两个节点 a_i 和 a_j 之间的最短路径长度为 d_{ij}，网络直径 D 是指所有 d_{ij} 中的最大值（邱均平等，2011）。

$$D = \max d_{ij} \quad (1 \leq i, j \leq n) \tag{6-15}$$

⑤网络密度（Density）。网络密度 L 是用来衡量网络中每个主体之间合作紧密程度的指标，密度大的整体网络中每个主体都有机会共享网络资源，但同时网络也会对主体产生一定的约束。当节点数量为 n，网络中实际存在的关系数为 l 时，网络密度 L 可表示为[⊖]

$$L = \frac{2l}{n(n-1)} \tag{6-16}$$

⑥平均路径长度（Average Path Length）。最短路径是指两个节点间各连通路径中经过路径数最少的一条连边。在无向网络中，平均路径长度为网络中任意两个节点间最短路径的平均值，如果网络中节点数为 n，网络中任意节点之间的最短距离为 d_{ij}，则平均路径长度 d 为[⊖]

$$d = \frac{2}{n(n+1)} \sum_{i \geqslant j} d_{ij} \tag{6-17}$$

⑦聚类系数（Clustering Coefficient）。聚类系数是指合作网络中可能的连边数占实际连边数的比重。无向网络中，若与任意节点 i 相连的节点数目为 x_i，则这 x_i 个节点理论上可能形成边的数量为 $x_i(x_i-1)/2$，假设在这些节点中实际存在的边的数量为 E_i，i 点的聚类系数 C_i 为

$$C_i = \frac{2E_i}{x_i(x_i-1)} \tag{6-18}$$

整个网络的平均聚类系数可表示为[⊜]

$$C_A = \frac{1}{N} \sum_{i=1}^{N} C_i = \frac{1}{N} \sum_{i=1}^{N} \frac{2E_i}{x_i(x_i-1)} \tag{6-19}$$

（2）应用

本书以 TS=（"green" and "supply chain"）为检索词，在 Web of Science（WoS）数据库中提取了 1995 ~ 2014 年与绿色供应链领域相关的 3 412 篇文献，并对其作者进行科研合作网络分析[⑭]。首先，本书对该领域 1995 ~ 2014 年作者科研合作网络的宏观指标进行分析。其次，通过构建其作者合作网络，并提取其最大连通子网，探索网络结构和合作模式。最后，对作者最大连通子网的中心度指标进行计算。

提取 1995 ~ 2014 年绿色供应链领域作者合作网络的最大连通子网，并对其宏观网络指标进行统计分析，分析结果如表 6-7 所示。从表 6-7 中可以看出，该阶段这一领域网

⊖　田昶. 大数据领域机构合作对科研产出的影响研究 [D]. 重庆：重庆师范大学，2018：14.

⊖　赖吉平. 基于社会网络分析方法的中国计算机领域科研论文合作规律探析 [D]. 南昌：江西师范大学，2012：5.

⊜　刘留. 基于博弈论的时序合作网络链路预测研究 [D]. 南京：南京财经大学，2019：9.

⑭　陈依彤. 绿色供应链领域科研合作特征及合作网络动态演化研究 [D]. 南京：南京审计大学，2021：7.

络规模较小，网络的平均度为 4.803，说明在这一阶段合作网络中每个作者平均有近 5 个合作者。该阶段网络的平均聚类系数较高，但平均路径长度较短，说明网络已经开始呈现小世界网络特征。

将 1995 ～ 2014 年绿色供应链领域作者合作网络的最大连通子网进行可视化分析并对网络成员的微观网络指标进行统计，分析结果如图 6-2 和表 6-8 所示。从分析结果来看，由于中心度指标可以衡量研究者在合作网络中的重要程度，Govindan Kannan 的度中心度与接近中心度值排名第一，说明该作者在这一阶段不仅有较多的合作者，且与网络中其他作者的距离也相对较近，能够快速传播重要信息，在网络中具有较高的影响力。Geng Yong 的中介中心度值最高，说明该作者在网络中扮演连通枢纽的角色。

表 6-7　1995 ～ 2014 年最大连通子网的宏观网络指标

网络指标	指标值
点数	117
边数	281
平均度	4.803
直径	7
密度	0.041
平均聚类系数	0.848
平均路径长度	3.598

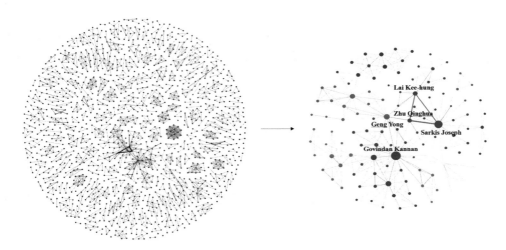

图 6-2　1995 ～ 2014 年作者合作网络

表 6-8　1995 ～ 2014 年最大组元微观网络指标

作者	度中心度	作者	接近中心度	作者	中介中心度
Govindan Kannan	31	Govindan Kannan	0.448	Geng Yong	0.422
Sarkis Joseph	25	Geng Yong	0.448	Govindan Kannan	0.404
Geng Yong	16	Sarkis Joseph	0.433	Sarkis Joseph	0.375
Kannan Devika	16	Zhu Qinghua	0.395	Tseng Ming-lang	0.239
Diabat Ali	15	Kannan Devika	0.389	Lai Kee-hung	0.164
Tseng Ming-lang	14	Mathiyazhagan K.	0.369	Kannan Devika	0.164
Lai Kee-hung	12	Lai Kee-hung	0.364	Tan Raymond R.	0.159
Chiappetta Jabbour Charbel Jose	11	Barve Akhilesh	0.358	Chiappetta Jabbour Charbel Jose	0.085

作者	度中心度	作者	接近中心度	作者	（续）中介中心度
Ng, Denny K. S.	10	Muduli Kamalakanta	0.358	Seuring Stefan	0.085
Ng, Rex T. L.	10	Seuring Stefan	0.355	Diabat Ali	0.072
Zhu Qinghua	10	Tseng Ming-lang	0.349	Darnall Nicole	0.068

6.3　大数据分析法

◎ **导入案例：大数据分析的商业价值**⊖

　　美国奈飞公司（Netflix）是一家拥有会员订阅制的流媒体播放平台的公司，其平台在美国有 2 700 万订阅用户，在全世界范围内有 3 300 万用户。Netflix 通过收集用户每天在该网站上产生的行为，如收藏、推荐、回放、暂停，以及用户的搜索请求等来了解用户习惯，并将这些数据与其他数据（如音量、颜色、背景等）关联起来，得到更加完整的用户习惯信息。此外，每次的用户搜索、评分以及地理位置、设备、社交媒体分享数据等，都会被纳入 Netflix 庞大的数据分析系统中。

　　通过对用户观看习惯的了解，Netflix 利用观影推荐系统 Cinematch 发现了凯文·史派西、大卫·芬奇的粉丝与政治题材电视剧的相关性，如图 6-3 所示。第一个圈是指很多观众喜欢政治题材的经典老片《纸牌屋》，第二个圈是很多观众喜欢大卫·芬奇导演的作品，第三个圈是很多观众喜欢凯文·史派西主演的作品。Netflix 预测出凯文·史派西、大卫·芬奇和"BBC 出品的政治题材经典影视剧"三种元素结合在一起的电视剧产品将会大火，同时还抓住了用户厌烦"追剧"的心态将播放方式改成一次性推出整季。这促成了 Netflix 购买了 1990 年 BBC 的同名电视剧的重制版。最终，Netflix 于 2013 年推出了新版自制剧《纸牌屋》，大受观众的欢迎。

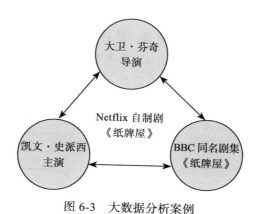

图 6-3　大数据分析案例

⊖　王朋进. 算法创作：大数据时代电视节目创作的新模式：以《纸牌屋》为例 [J]. 中国电视，2017（2）：31-34.

影视投资充满风险，其收视率、票房与投资回报率的可预测性向来较差，但 Netflix 的新版《纸牌屋》，让人们见识了大数据分析对 Netflix 这样的新媒体公司的价值。大数据分析对影视行业乃至各行各业的影响在不断加深。

大数据分析体现了数据密集环境下，研究者对数据科学的重新思考和对新数据分析模式的探索，其核心理念是对类型多样、增长迅速和内容真实的海量数据进行分析，并从中提取有价值的信息来为决策提供支持，大数据分析的过程便是知识发现的过程[一][二]。大数据分析与传统信息分析的主要区别在于，大数据分析更注重处理海量规模的信息、非结构化的信息、动态变化的信息以及价值密度低的信息，这就使大数据分析面临更多的挑战，具体表现在以下几个方面：①信息分析涉及的序化数据资源建设；②基于大数据的信息分析方法有待创新；③支撑分析的平台、软件、工具亟待开发；④信息分析的人机协同工作机制有待完善。解决上述挑战需要以大数据分析技术为基础。大数据分析技术包括可视化分析、数据挖掘算法、预测性分析能力、语义引擎以及数据质量和数据管理五个基本方面。数据挖掘是大数据分析的核心内容之一，主要包含关联分析、分类、聚类等方法[三]。

6.3.1 关联分析

◎ **导入案例：关联分析**[四]

在美国沃尔玛连锁超市中，有管理人员在进行销售记录分析时发现，婴儿的尿不湿和啤酒这两种看起来毫不相关的商品，其销售数据曲线竟十分相似。于是，销售人员就将尿布与啤酒摆放在一起进行售卖，而这一举措也成功使尿布和啤酒的销量大幅上升。这一现象是由于美国妇女通常在家照顾孩子，所以她们经常会嘱咐下班回家的丈夫让其为孩子买尿不湿，而丈夫在买尿不湿的同时又会顺手购买自己喜欢喝的啤酒。

上述案例中的商品关联分析法也被叫做"购物篮事务"，表 6-9 给了出相应的例子。其中，每一行对应一个事务，事务的总量为 n，每个事务都有唯一标识 TID，每个事务中所包含的商品，如牛奶、面包和啤酒等为项（Item），是基本的分析对象。

通过商品的关联分析可以得出两个商品之间的关联关系，从而帮助零售商了解顾客的购买行为，支持其促销、库存以及顾客关系管理等。

表 6-9　购物篮事务的例子

TID	项集
1	{啤酒，尿布}
2	{面包，牛奶，可乐}
3	{面包，牛奶，啤酒}
4	{面包，牛奶，啤酒，尿布}

　㊀ 陈根 . 基于大数据分析的集中监测智能化研究 [D]. 北京：中国铁道科学研究院，2020：10.
　㊁ 赵旭 . 商业银行客户 SNA 社会关系网络大数据分析 [D]. 包头：内蒙古科技大学，2020：4.
　㊂ TAN P，STEINBACH M，KUMAR V. 数据挖掘导论（完整版）[M]. 范明，范宏建，译 . 北京：人民邮电出版社，2011：1.
　㊃ 张鹏鹏 . 数据仓库和数据挖掘技术在超市 CRM 中的应用 [D]. 石家庄：河北科技大学，2013：19.

随着大数据时代的到来，信息分析融合了大数据分析的优势，能够基于人工智能算法挖掘数据之间的关联性，从而更好地预测市场需求，以达到为用户需求服务的目的，从根本上拓宽了信息分析的应用范围，而关联分析就是这样一种有效的工具。关联分析又被叫作关联挖掘，是无监督算法的一种。从上述案例可以看出，关联分析能够从大量数据中挖掘潜在的关联性和相关性，从而对一个事务中某些属性同时出现的规律和模式进行描述[⊖]。在进行关联分析的过程中，需要用到一些基本概念。

项集（Itemset）：由多个项组成的集合。若一个项集包括 k 个项，则称其为 "k- 项集"，k 表示项集的长度。例如，{ 面包，牛奶 } 是一个 2- 项集。空集则不包含任何项。

关联规则（Association Rules）：若 X 和 Y 表示不相交的两个项集，则 $X \rightarrow Y$ 表示两个项集间的关联规则。通过支持度和置信度能够衡量关联规则的强度，强关联规则同时满足最小支持度和置信度。

支持度计数（Support Count）：表示指定项集出现的频数，用 σ 表示。例如，{ 面包，牛奶，尿布 } 这个 3- 项集的支持度计数为 2（假设在 5 个事务中，TID=4 和 TID=5 包含该项集）。

支持度（Support）：所有事务中，指定项集出现频次所占比重，其数学表示为

$$S(X \rightarrow Y) = \frac{\sigma(X \cup Y)}{n} \tag{6-20}$$

例如，有关联规则 { 牛奶，尿布 } → { 可乐 }，其支持度为 2/5（假设 TID=3 和 TID=5 包含项集 { 牛奶，尿布，可乐 }）。支持度指标可衡量给定项集的频繁程度。

置信度（Confidence）：表示 Y 在 X 的交易中出现的频繁程度，其数学表示为

$$C(X \rightarrow Y) = \frac{\sigma(X \cup Y)}{\sigma(X)} \tag{6-21}$$

例如，如上的关联规则，其置信度为 2/3（假设 TID=3 和 TID=5 包含项集 { 牛奶，尿布，可乐 }，而 TID=3、4 和 5 包含项集 { 牛奶，尿布 }）。

频繁项集（Frenquent Itemset）：支持度大于等于所设定阈值的项集，若频繁项集有 L 项，则记为 L- 频繁项集。

若以 a，b，c，d，e 来表示购物篮中的商品面包、牛奶、啤酒、尿布、可乐，则这些商品所构成的 k- 项集如图 6-4 所示。

先验原理 1：如果一个项集是频繁的，则其所有子集也一定是频繁的。如图 6-4 所示，假定 {c，d，e} 为频繁项集，则任何包含项集 {c，d，e} 的事务也一定包含其子集（图中用黑色表示的椭圆形项集）。那么，如果 {c，d，e} 为频繁项集，则其所有的子集也一定为频繁项集。

基于频繁项集的原理，通过对非频繁项集进行剪枝，能够节约算法搜索相关项集的时间，提升计算效率。而剪枝的过程需要基于先验原理 2：如果一个项集是非频繁的，则其所有超集也是非频繁的，如图 6-5 所示。假设项集 {a,b} 为非频繁项集，则包含 {a,b}

⊖　徐涵 . 大数据、人工智能和网络舆情治理 [M]. 武汉：武汉大学出版社，2018：161.

的超集应被剪枝（图中划掉的点画线椭圆形项集）。这种基于支持度度量修剪搜索空间的策略被称为基于支持度的剪枝（Support-Based Pruning），它依赖于支持度度量的反单调性（Anti-Monotone）理论，即一个项集的支持度绝不会超过其子集的支持度。

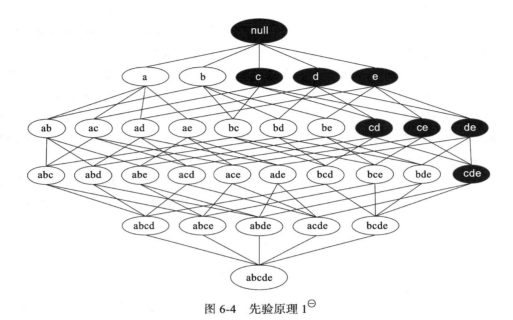

图 6-4　先验原理 1[一]

　　围绕如何提升计算效率等具体问题产生了许多关联分析算法。这些算法可概括为三类，即搜索法、分层算法和深度优先算法[二]。其中，搜索法只适用于对项集数量较小的数据集进行关联规则的挖掘。以 Apriori 算法为代表的宽度优先算法和以 FP-growth 算法为代表的深度优先算法则成为经典的关联分析算法，此处我们仅对 Apriori 算法进行介绍。

（1）Apriori 算法

　　Apriori 算法是挖掘布尔型关联规则频繁项集的最基础和经典的算法[三]，其核心思想是通过多次扫描数据库并逐层迭代的方式来探索数据库中项集的关系。Apriori 算法中支持度（Support）、置信度（Confidence）、频繁项集三个概念至关重要。

　　Apriori 算法的步骤为：①基于逐层搜索的迭代方式，k- 项集用于搜索（$k+1$）- 项集。首先，基于最小支持度，获得频繁 1- 项集的集合 L_1，再基于 L_1 找到频繁 2- 项集的集合 L_2，以此类推，直到不能找到频繁 k- 项集。此外，迭代搜索的方法中，包含连接和剪枝两个步骤。基于已经找到的 L_k 集合，将其两两连接，其中必须有 k-1 个属性是相同的，

　　[一]　TAN P, STEINBACH M, KUMAR V. 数据挖掘导论（完整版）[M]. 范明, 范宏建, 译. 北京：人民邮电出版社, 2011: 278.
　　[二]　徐涵 . 大数据、人工智能和网络舆情治理 [M]. 武汉：武汉大学出版社, 2018：165.
　　[三]　阮敬 . Python 数据分析基础 [M].2 版 . 北京：中国统计出版社, 2018：160.

产生候选集 C_{k+1}。候选集中并不都为频繁项集，因此需要基于支持度阈值进行剪枝，通过剪枝得到频繁 k- 项集的集合 L_k。②基于所得到的频繁 k- 项集，以置信度阈值为标准，挖掘产生强关联规则。

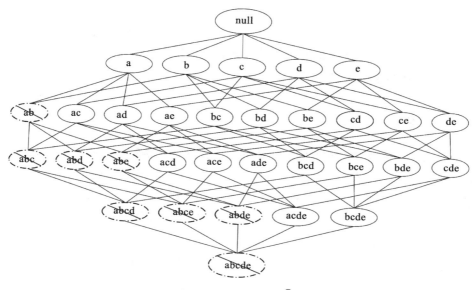

图 6-5　先验原理 2[一]

（2）案例

本书以上述购物篮事务为例，将最小支持度阈值设定为 50%，最小置信度阈值设定为 70%，基于 Apriori 算法求挖掘强关联规则。

候选 1- 项集为 C_1 =[a={ 面包 }，b={ 牛奶 }，c={ 啤酒 }，d={ 尿布 }，e={ 可乐 }]，其支持度水平为 $S_a = 75\%$，$S_b = 75\%$，$S_c = 75\%$，$S_d = 50\%$，$S_e = 25\%$，则频繁 1- 项集为 L_1 =[a={ 面包 }，b={ 牛奶 }，c={ 啤酒 }，d={ 尿布 }]；候选 2- 项集为 C_2 =[ab={ 面包，牛奶 }，ac={ 面包，啤酒 }，ad={ 面包，尿布 }，bc={ 牛奶，啤酒 }，bd={ 牛奶，尿布 }，cd={ 啤酒，尿布 }]，其支持度水平为 $S_{ab} = 75\%$，$S_{ac} = 50\%$，$S_{ad} = 25\%$，$S_{bc} = 50\%$，$S_{bd} = 25\%$，$S_{cd} = 50\%$，则频繁 2- 项集为 L_2 =[ab={ 面包，牛奶 }，ac={ 面包，啤酒 }，bc={ 牛奶，啤酒 }，cd={ 啤酒，尿布 }]；候选 3- 项集为 C_3 =[abc={ 面包，牛奶，啤酒 }，acd={ 面包，啤酒，尿布 }，bcd={ 牛奶，啤酒，尿布 }]，其支持度水平为 $S_{abc} = 50\%$，$S_{acd} = 25\%$，$S_{bcd} = 25\%$，则频繁 3- 项集为 L_3 =[abc={ 面包，牛奶，啤酒 }]；频繁项集 L 可表示为 $L = L_1 \bigcup L_2 \bigcup L_3$ =[{a}，{b}，{c}，{d}，{ab}，{ac}，{bc}，{cd}，{abc}]，针对所产生的频繁 3- 项集 L_3，其所有非空子集为 [{ 面包 }，{ 牛奶 }，{ 啤酒 }，{ 面包，牛奶 }，{ 面包，啤酒 }，{ 牛奶，啤酒 }，{ 面包，牛奶，啤酒 }]，则可以产生 6 个候选关联规则：

[一]　TAN P，STEINBACH M，KUMAR V. 数据挖掘导论（完整版）[M]. 范明，范宏建，译. 北京：人民邮电出版社，2011：281.

$$\{面包\} \to \{牛奶, 啤酒\}, \quad \{牛奶, 啤酒\} \to \{面包\}$$
$$\{牛奶\} \to \{面包, 啤酒\}, \quad \{面包, 啤酒\} \to \{牛奶\}$$
$$\{啤酒\} \to \{面包, 牛奶\}, \quad \{面包, 牛奶\} \to \{啤酒\}$$

经计算可知，上述六个关联规则的置信度分别为 67%，100%，67%，100%，67%，67%。

最小置信度为 70%，所以 {牛奶，啤酒} → {面包} 和 {面包，啤酒} → {牛奶} 为频繁关联规则，即在购买牛奶和啤酒的同时，大概率会购买面包，而在购买面包和啤酒的同时，大概率也会购买牛奶。

6.3.2　分类分析

分类问题是一个普遍存在的问题：比如，为方便顾客购物，在超市中所有物品都是经过分类后摆放的；再比如，学校的停车场可以按照停放车辆的不同类型被划分为专门停放摩托车、电动车或汽车等的不同停车区域。在大数据时代，信息分析如何面对大规模原始数据，基于更智能、更高效的分析工具来解决分类问题呢？分类的基本思想是根据所分类数据的某些特征进行匹配，并筛选最优匹配结果。在信息分析领域，分类能够对已知类别数据进行分析，从中发现分类规则，以预测新数据类别的数据挖掘方法[⊖]，这不仅解决了传统信息分析面对大数据无法有效处理的问题，同时也扩宽了信息分析的应用范围。当前，分类算法是应用最为广泛的数据挖掘方法，是有监督学习的一种[⊜]。

数据分类算法中，为建立模型而被分析的数据集合为训练集（Training Set），其中的单一样本为训练样本。通过对训练集的训练，生成分类器（Classifier），将这些分类器应用于测试集（Testing Set）中，能够对分类器的准确性和性能进行评价。若未达到理想效果，就需要对训练集重新训练，直到分类器的准确性和性能达到要求。将分类器应用于未分类的新数据中，就可以对数据所属类别进行预测，其过程如图 6-6 所示。

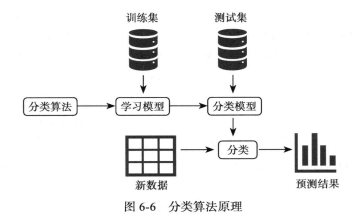

图 6-6　分类算法原理

⊖　樊重俊，刘臣，霍良安 . 大数据分析与应用 [M]. 上海：立信会计出版社，2016：173.

⊜　杨秀璋，颜娜 . Python 网络数据爬取及分析：从入门到精通（分析篇）[M]. 北京：北京航空航天大学出版社，2018: 119.

常见的分类算法包括朴素贝叶斯分类器、决策树、支持向量机、k- 近邻算法（K-Nearest Neighbor，KNN）等[一]。其中，朴素贝叶斯分类器（Naïve Bayes Classifier，NBC）是一种基于概率统计原理进行分类的算法，其基于贝叶斯定理对样本所属类别的概率进行预测。决策树（Decision Tree）是基于决策判断树对无次序、无规则的实例进行归纳学习，并推理出树形结果的分类规则。支持向量机（Support Vector Machine，SVM）是对数据进行二元分类的广义分类器，其决策边界为对学习样本求解的最大边距超平面。支持向量机最终的决策函数仅由少量支持向量确定，得到局部最优解，从而避免了高维样本数据计算的复杂性，大大简化了分类问题。k- 近邻算法是数据挖掘分类技术中最简单、常用的方法之一，本书将针对该方法进行详细介绍。

k- 近邻算法是一种基于实例的分类方法。其原理为，根据与所需预测点最近的几个样本值来推断预测点的结果。相比于其他分类算法，k- 近邻算法是一种懒惰学习算法，因为这种算法并没有实际的训练过程，也不产生真实意义上的"分类模型"，而只是将训练样本按原样保存，当需要分类新样本时，与其最近的 k 个样本就可代表新样本的类别[二]。

例如，图 6-7 展示了两类不同的样本数据，分别用不同图形来表示，我们假定✳为 a 类，而★为 b 类。而中间的加号则表示待分类的数据。基于 k- 近邻算法的思想，如何得到加号所属的类别呢？

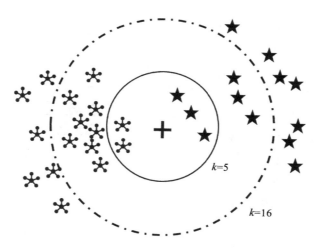

图 6-7　k- 近邻算法示例图

注：图片来源：https://zhuanlan.zhihu.com/p/25994179。

当假定 $k=5$ 时，与加号距离最近的 5 个样本点被纳入所考虑的范围，这 5 个点中，a 类样本数据的数量为 2，而 b 类样本数据的数量为 3。根据 k- 近邻算法的基本思想，多数样本所属的类别代表新样本的类别，则可判定新样本属于 b 类。

当假定 $k=16$ 时，与加号距离最近的 16 个样本点被纳入所考虑的范围，在这 16 个点

　⊖　邱莉榕，胥桂仙，翁彧 . 算法设计与优化 [M]. 北京：中央民族大学出版社，2017：117.
　⊜　裔隽，张怿檬，张目清，等 . Python 机器学习实战 [M]. 北京：科学技术文献出版社，2018：154.

中，a 类样本数据的数量为 10，而 b 类样本数据的数量为 6。根据 k- 近邻算法的基本思想，多数样本所属的类别代表新样本的类别，则可判定新样本属于 a 类。

从上述案例中可以看出，k- 近邻算法有两个关键的步骤。其一为待分类样本与其他每个样本之间的距离计算。根据距离计算结果，将样本点按降序排列，用于筛选 k 个近邻。其二为 k 值的确定，从上述案例的结果可知，k 值的不同能够直接决定分类结果的不同，因此，需要基于科学的方法确定近邻的数量。只有上述两个关键步骤确定后，才能得到唯一确定的分类结果。此外，常用的距离计算方法包括欧氏距离、曼哈顿距离、切比雪夫距离、夹角余弦距离等。而 k 值的确定也需要采用交叉验证法，经过反复实验调整参数，以确定最优 k 值。

6.3.3 聚类分析

聚类分析的本质也是分类问题，但与上一小节中讲到的分类问题不同。分类问题是在特定类别标识下探寻新样本的所属类别，而聚类分析所划分的类别是未知的，是通过对样本数据集的分析比较来生成新的类别标识，这使得在面对分类问题时，信息分析工作者能够基于智能方法和工具，为所划分的类别进行自动标引，从而进一步扩大信息分析的适用范围。

聚类分析是指基于样本特征之间的相似性程度，对一批没有标记类别的模式样本集进行分类的过程[⊖]。其中，样本特征之间的相似性程度是以样本间的距离远近作为评价指标，即两个样本的距离越近，则其相似性就越高。因此，基于聚类分析所划分的类别中，同一类对象相似性较高，不同类别的对象相似性较低，其基本原理如图 6-8 所示。聚类算法作为一种有效的数据挖掘工具，被广泛应用于统计学、数据挖掘、机器学习、计算机科学和经济学等领域。

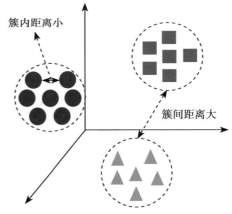

图 6-8　聚类分析原理示例图

注：图片来源：https://zhuanlan.zhihu.com/p/304546539。

聚类分析包括以下五种类型[⊖]。

①基于分层的聚类。这种聚类方法是对给定的数据集进行逐层分解。初始时，每个数据记录为单独的一组，在迭代过程中不断将相互临近的组合成为一组，直到所有记录组成一个分组为止。根据分解策略不同，这种聚类方法可以被分为"分类法"和"凝聚法"两种。其典型的算法包括 BIRCH 算法、CURE 算法等。

②基于划分的聚类。这种聚类方法是将包含 n 个对象的数据库划分成 k 类，其中

　　⊖　文必龙，高雅田 . R 语言程序设计基础 [M]. 武汉：华中科技大学出版社，2019：185.
　　⊜　邱莉榕，胥桂仙，翁彧 . 算法设计与优化 [M]. 北京：中央民族大学出版社，2017：188-189.

$k \leq n$。k 值由用户指定，对于给定的 k，首先由算法给出初始分组，并通过反复迭代的方式，基于上述基本聚类原理确定最优分组[⊖]。典型的算法包括 k-means 算法、k-medoids 算法等。

③基于密度的聚类。这种聚类方法弥补了基于分层的聚类和基于划分的聚类等只能发现凸形聚类簇的缺陷，它通过将区域内点的密度与阈值相比较，如果密度大于阈值，则将其加入相近的聚类，该方法中阈值的设定是以用户经验为主。其典型的算法包括 DBSCAN 算法等[⊜]。

④基于模型的聚类。这种聚类方法针对数据对象集合以潜在的混合概率分布为基础生成假设，且给每一个聚类假定一个模型，试图将给定数据与假定的数据模型达成最佳拟合[⊜]。其典型的算法包括期望最大化方法、自组织神经网络方法及概念聚类等。

⑤基于网格的聚类。这种聚类方法将数据对象所在的空间划分为有限数目的单元，从而形成网格结构，通过对网格进行聚类操作来得到聚类结果[⊛]。由于该方法处理时间仅与每一维空间所划分的单元数量有关，因此具有处理时间短等优点。其典型算法包括 STING 算法等。

k-means 算法是典型的基于距离进行划分的聚类算法。该算法简单、操作便捷，且具有高效处理大量数据的优势，是数据挖掘领域较为常用的一种聚类算法，本书将重点对其进行介绍。k-means 算法也被称为快速聚类或动态聚类。其中，k 是指研究者制定的聚类数目，而 means 是指聚心，为一个聚类的凝聚点[⊛]。k-means 算法基于所选择的凝聚点，将距离相近的对象组成聚类簇以形成初始分类，再以距离为相似性的评价指标对分类进行修正，直至得到最终结果。得到独立和紧凑的簇即为 k-means 算法的最终目标[⊗]。

k-means 算法不需要在计算机处理过程中存储距离矩阵，因而它占据的存储空间和计算工作量较小，适用于大样本文件的聚类分析[⊕]。该算法具有简单、快速，且对大数据集的处理效率较高并具有可伸缩性等优势。其算法步骤如下：

①分析变量的确定。

②从 n 个数据对象中选定 k 个对象作为初始聚类中心。

③按照与初始聚心距离最小的原则将各数据对象分配到各聚心所在类别，完成第一次迭代。

④计算每个聚类中数据对象的均值，并依照均值再次计算各数据对象到聚心的距离，按照最小距离原则重新划分聚类。

⑤重复③、④步，经过 t 次迭代，直至每个聚类中数据对象不再发生变化，输出最终的聚类结果。

⊖　刘芬 . 数据挖掘中的核心技术研究 [M]. 北京：地质出版社，2019：91.
⊜　刘芬 . 数据挖掘中的核心技术研究 [M]. 北京：地质出版社，2019：106.
⊜　高尚 . 分布估计算法及其应用 [M]. 北京：国防工业出版社，2016：87.
⊛　张志兵 . 空间数据挖掘及其相关问题研究 [M]. 武汉：华中科技大学出版社，2011：35.
⊛　冯力 . 统计学实验 [M]. 大连：东北财经大学出版社，2008：146.
⊗　徐克虎，孔德鹏，黄大山，等 . 智能计算方法及应用 [M]. 北京：国防工业出版社，2019：51.
⊕　冯力 . 统计学实验 [M]. 大连：东北财经大学出版社，2008：146.

6.4 情报关切下的分析与应用

情报关切下的信息分析更注重在不完全、不对称条件下对全来源（All Sources）信息的综合。因此，竞争性、对抗性是情报分析场景的重要特征。孙子曾说："知彼知己，百战不殆；不知彼而知己，一胜一负；不知彼，不知己，每战必殆。"情报分析对于获取竞争优势至关重要。同时，情报分析也十分关注分析结果与主体决策的相关性。钱学森先生认为"情报就是激活的知识"，为什么激活和怎么激活相关的知识，便是分析结果辅助决策过程中相关性的体现。另外，作为信息链的下游，情报分析结论对于组织行为有重要影响。美国战略情报之父 S. Kent 指出："情报就是知识；情报就是生产知识的组织；情报就是生产知识的组织所追求的行动。"

我们在进行情报分析时，可以利用本章所介绍的所有信息分析方法来获取知识和产生知识。下文将介绍情报分析的主要应用场景，包括竞争情报分析、科技情报分析、军事情报分析和公安情报分析等。

6.4.1 竞争情报分析

竞争情报是指经过筛选、提炼和分析后，可据之采取行动的关于竞争对手和商业环境的信息集合。20 世纪 80 年代以来，企业间的商业竞争从微观的细分市场营销策略延伸到宏观的企业发展战略，竞争价值观念从传统的商品市场占有扩展到以波特"五力竞争模型"为基础的价值链竞争，竞争主体包括中小企业、行业巨头乃至企业战略联盟。在各个竞争维度中，不确定性因素越来越多，既有结构性质的不确定性，也有参数性质的不确定性，而更多的不确定性来自动态博弈过程中竞争者的有限理性。可以说不确定性是情报活动所面对的永恒问题，大多数情况下情报的搜集和分析只能立足于不完全信息之上。

除商业实践外，信息技术的飞速发展也为竞争情报提供了有力支持。随着信息传播速度的提升以及范围的扩大，竞争情报所关注的对象已经不满足于对数据的收集或信息的整理，而需要进一步从数据、信息中挖掘知识、提炼情报。按照美国著名竞争情报学家（J. E. Prescott）的观点，迄今为止竞争情报的发展可以划分为四个不同的历史阶段：竞争数据搜集阶段、行业和竞争对手分析阶段、用于战略决策的竞争情报阶段以及作为核心能力的竞争情报阶段。换句话说，在西方发达国家的竞争情报理论与实践中，竞争情报内涵逐渐由"关于竞争的情报"转向"关于情报的竞争"。"情报制胜"光"人无我有"还不行，还必须做到"人有我优"。

（1）层次

从微观到宏观维度，竞争情报分析可分为 4 个层面：①在战术层面，竞争情报分析要解决既定战役目标下的竞争模式及其实现，在其作用时限内（3 个月～ 1 年）为短期的任务提供清晰的指导。②在战役层面，竞争情报分析服务于企业既定战略下所要达成的目标。根据 Fahey 的观点，在该层面竞争情报分析关注市场战略，资产、能力 / 素质、技术，活动 / 价值链、网络，假设，基础设施、文化等方面的要素。③在战略层面，竞争情报分析关注实现目标的关键资源投入和运用，最典型的分析框架是波特"五力竞争模型"。④在愿景层面，竞争情报分析需要回答企业"在长期想要达成的目标"或它"如何看待自己"这一重大问题。该层面的竞争情报分析框架更为广泛，远远超出企业边界乃至行业边界，要深入把握 5 到 20 年时间尺度内的政治气候、经济前景、社会潮流、资源约束等宏观话题。

（2）关键问题及方法

此外，竞争情报所需要解决的关键问题包括与竞争对手的比较，挖掘与竞争对手的联盟关系及产品的潜在市场，对细分竞争市场未来前景的预测以及从总体上把握竞争对手的战略等。解决上述关键问题需要基于竞争情报分析方法。比较常见的竞争情报分析方法包括以下三类。

①基础商业分析的常用方法，例如核心竞争能力分析、企业战略分析、财务分析，产品、价格及市场分析等。

②完全信息条件下的分析方法，可以看作经典的信息分析方法。例如时间序列分析、标杆分析、关键成功因素分析、SWOT 分析、价值链分析、战争游戏法、博弈分析、层次分析、投入 – 产出分析等。

③不完全信息条件下的分析方法，例如信号分析、片段情报分析、内容分析、竞争性假设分析、预警分析等。这一类分析方法最能体现竞争情报分析的"竞争"二字。

例如，我们可以利用内容分析法来解决这样一个问题："趋势"是怎样炼成的。竞争情报分析中一个重要的应用是技术预测、技术预见。作为享誉全球的未来学家，John Naisbitt 主持编写了一系列影响深远的"趋势报告"[⊖]。这些趋势预测是怎么得出的呢？原来主要是运用了我们前面介绍的内容分析法。当时他的团队订阅了全美 50 个州政府所在地以及人口 10 万以上城市约 200 多种报纸。通过读报剪报、分类归档、数据统计、分析预测这 4 个步骤，跟踪社会关心的热点问题（例如根据报道文字的行数），分析各种局部变化之间的相互联系。

6.4.2 科技情报分析

科学是反映事物本质和规律的，关于自然、社会和思维的知识体系。此外，科学也是人类认识和改造世界的一种社会活动[⊖]。科学注重对理论方法的探索，其目的是在现象中寻求本质而完成知识创造的过程，是对自然现象进行阐述的理论成果；技术是人类在解决实际问题中所采用的方法和手段，以物质形态呈现新的技术、工艺和方法等，通过改造客观世界来满足人们的需求。在理论层面，科学与技术的起源和发展脉络有所不同，

⊖ NAISBITT J, BISESI M. Megatrends: ten new directions transforming our lives[J]. Sloan management review, 1983, 24（4）: 69.

⊖ 刘全根 . 科技情报分析研究 [M]. 兰州 : 甘肃科学技术出版社，1993: 5.

但在实践过程中，两者相辅相成、联系密切。当前科学技术发展的重要特点便是科学技术化和技术科学化。技术能够推动科学的发展，科学也能为技术的进步提供理论指导，从而形成良性循环⊖。随着科学与技术的转化周期不断缩短，科学与技术也逐渐发展成为不可分割的整体。因此，人们经常将科学与技术两个概念结合起来共同使用。

从宏观角度来看，科技活动涉及基础研究、应用研究和开发研究三个层次，而通过这三个层次的科技活动产生、存储、转换和加工形成的各种信息便是科技情报信息⊖。因此，科技情报信息是有关科学及技术活动的一切信息的总称，而科技情报的分析与研究是指按需求基于信息载体所传递的科学技术信息或知识单元，即基于用户的特定需求，在广泛搜集和整理科技情报信息及资料的基础上，基于科学的分析方法对科技情报信息进行整理、归纳和评估以提出具有预测性质的研究结论的过程⊜。科技情报分析研究具有以下四个主要特征：①针对性。科技情报分析研究需要有明确的研究目的，这种目的是满足用户的某种需求。②综合性。与信息分析相似，科技情报分析研究不仅在科技领域展开，还广泛应用于经济、政治和社会等诸多领域。③时效性。科技情报分析研究需要在用户特定需求下，精准地为用户服务，才能发挥其最大的社会效益和经济效益。如果错过了需求的时效性，则科技情报分析研究也失去了价值。④交叉性。科技情报分析研究的交叉性不仅体现在研究领域的交叉，也体现在研究方法的交叉。

基于上述概念和特征，参考吕斌和李国秋⑭对科技情报分析流程的概括，本书认为科技情报分析的过程（见图6-9）包括：①规划与定向；②信息搜集与整理；③信息加工与分析；④情报分析；⑤情报传递、利用及反馈。其中，专利分析和技术预见是科技情报分析的重要组成部分，本小节将对其进行详细介绍。

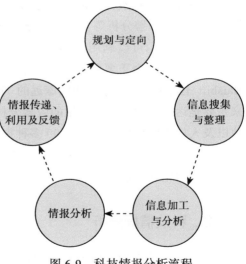

图 6-9　科技情报分析流程

（1）专利分析

20世纪60年代，美国和日本企业都在争相开发记忆合金材料。美国海军兵器研究所于1969年率先获得了镍钛合金基本成分的专利，从而占据了这一技术领域的市场，限制了其他企业的专利申请。然而，日本企业从未放弃过该专利的申请，不仅密切关注美国专利，还加紧研发相关材料。在美国的专利有效期终止时，日本企业最终争取到新成分的记忆合金材料专利，从而占领了这一技

⊖　王馨平. 科学－技术主题关联识别及演化研究 [D]. 武汉：武汉大学，2020：6.

⊖　卢小宾. 信息分析 [M]. 北京：科学技术文献出版社，2008：199.

⊜　刘全根. 科技情报分析研究 [M]. 兰州：甘肃科学技术出版社，1993：7.

⑭　吕斌，李国秋. 信息分析新论 [M]. 北京：世界图书出版公司，2018：62.

术领域的大部分市场[⊖]。

上述案例说明专利分析法在企业抢占某一领域技术市场、评估技术发展动向等方面的重要意义。

下面我们将首先对专利进行介绍。国家知识产权局专利局专利审查协作北京中心的《专利初审流程事务实用手册》[⊜]中提到，专利分为发明专利、实用新型专利以及外观设计专利三种类型，发明分为产品发明和方法发明两类。我国《专利法》规定，发明是指对产品、方法或者其改进所提出的新的技术方案，发明专利权的有效期为 20 年。实用新型专利是指产品的形状、构造或者其结合所提出的适于实用的新的技术方案，其保护期限为 10 年。实用新型专利只针对具有立体形状、构造的产品而言，且产品必须能够在产业上利用，具有实用性。外观设计是指对产品的整体或者局部的形状、图案或者其结合以及色彩与形状、图案的结合所做出的富有美感并适用于工业应用的新设计，其有效期为 15 年。

①特征。专利具有独占性、时效性和区域性三大特点[⊜]。独占性是指对同一内容的发明创造，国家只授予一项专利权^⑭，且在一定的时间（专利权有效期）和地域（法律管辖区）内，任何单位和个人若未经专利权人许可，不得以生产经营为目的制造、使用、许诺销售、销售、进口其专利产品，或使用其专利方法以及使用、许诺销售、销售、进口依照该专利方法直接获得的产品。时效性是指专利权仅在法律规定的有效期内有效，当保护期限结束后，专利权则自动失效，成为公共财富，可供他人无偿使用。上述案例就体现了专利的时效性。区域性是指专利的空间限制性，是指一个国家授予的专利权，仅在该国的辖区内有效，其他国家和地区对其不具有法律约束力。

②意义。专利分析法是基于统计手段或相应的技术分析方法对来自专利说明书、专利公报中的大量的、零散的专利信息进行加工、组合和处理，以挖掘、揭示专利信息中的事实、关联从而发现热点技术及趋势，使信息成为具有预测和辅助决策功能的竞争情报的分析过程^⑯。专利信息不仅揭示某项技术的内容及法律状况，同时也反映了企业争夺产品或技术、占领市场的意图与策略，因此，专利分析法在揭示企业产品和技术开发、为企业提供战略决策支持等方面十分必要。通过专利分析法，能够对某一技术领域的发展动向进行预测，并对技术的发展成熟度及前景进行预测，从而实现企业的技术评价及创新评估^⑯。

③类型。专利分析法一般分为专利定量分析和专利定性分析两种类型，这两种类型还可分别细分成其他分析方法，如图 6-10 所示。

⊖ 刘海桑. 决策情报学：从概念、框架到应用 [M]. 厦门：厦门大学出版社，2018：161.
⊜ 国家知识产权局专利局专利审查协作北京中心. 专利初审流程事务实用手册 [M]. 北京：知识产权出版社，2017：3.
⊜ 刘海桑. 决策情报学：从概念、框架到应用 [M]. 厦门：厦门大学出版社，2018：160-161.
⑭ 曹彩英. 科技信息资源检索 [M]. 北京：海洋出版社，2013：157.
⑤ 陈兰杰，崔国芳，李继存. 数字信息检索与数据分析 [M]. 保定：河北大学出版社，2016：212.
⑥ 甘绍宁，曾志华. 专利竞争情报理论与实践 [M]. 北京：知识产权出版社，2014：53-54.

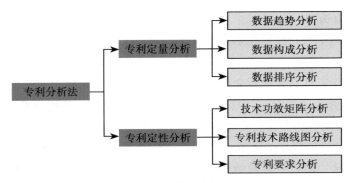

图 6-10　专利分析法

专利定量分析是在对大量专利文献进行加工整理的基础上，对专利的申请人、专利引用以及专利分类等特征进行科学计量分析，从而将零散的、分散的专利信息整合成为完整的、有价值的情报信息。专利定量分析主要包括数据趋势分析（专利申请趋势、技术生命周期、专利集中度趋势等）、数据构成分析（技术构成、申请人/专利权人构成、申请地域构成等）和数据排序分析（技术领域排序、申请人及申请地域排序、发明人排序等）。专利定性分析则是基于演绎、归纳推理等定性分析方法提取专利文献的内在特征，来呈现某一具体技术领域的发展状态。研究者可以通过技术功效矩阵分析、专利技术路线图分析以及专利要求分析等定性分析手段对专利文献进行分类、比较、处理和整合，在挖掘专利信息间内在关系的同时，筛选出关键的、重要的专利文献，从纵向和横向两个角度形成对专利信息的全面认识。

（2）技术预见

科技情报分析的目的是对某一领域的科学与技术发展前景进行预测，从而推动领域的进一步发展。技术预见（Technology Foresight）是一种对科技、经济与社会的未来进行系统研究的情报收集过程，它致力于信息一体化以及资源的优化配置，是一种战略管理工具[⊖]。

技术预见方法可分为多种类型。从技术预见的功能和过程角度，可将技术预见方法概括为调查研究方法和分析评估方法两大类[⊖]。其中，前者包括情景分析法、头脑风暴法以及社会需求调查法等。后者则是对技术是否具有发展前景进行科学评价，主要包括科学计量学法、模型模拟法。

技术预见不仅能够帮助政府和企业发现新的用户需求，还有助于优先选择研发活动，为研发战略提供相关参考建议。当前，全球竞争日益激烈，而关键技术则对经济增长及社会发展具有重大影响，因此，技术预见无论对于哪个行业和领域，都显得十分必要。此外，资源的稀缺以及环境的复杂性加剧，进一步增加了技术研发的风险和成本。面对上述难题，技术预见也能够更好地实现资源的优化配置，帮助企业和政府实现科学决策。

⊖ 曾忠禄. 21 世纪商业情报分析、理论、方法与案例 [M]. 北京：中国经济出版社，2018：162.

⊖ 孙成权，曹霞，黄彦敏. 战略情报研究与技术预见 [M]. 上海：上海科学技术文献出版社，2008：109-110.

此外，对于新兴产业的发展而言，技术预见也有助于减少科技研究的不确定性，增加 R&D 投入的精准性，从而降低一些新兴产业发展的风险。

图 6-11 展示了技术预见对新兴产业的影响。

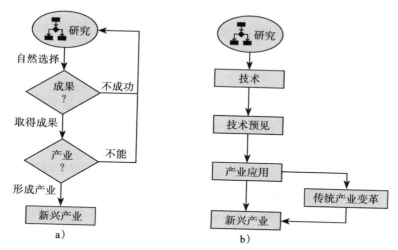

图 6-11　技术预见对新兴产业的影响⊖

6.4.3　军事情报分析和公安情报分析

（1）军事情报分析

军事情报分析是对军事情报工作规律进行研究和挖掘的过程⊖。随着时代的不断发展，国家之间的竞争早已不仅限于军事，而是逐渐扩展到政治、经济等诸多领域，从而演化为综合国力的角逐。因此，军事情报的内容也随着时代发展逐渐扩展至政治、科技、经济、社会生活等方方面面⊜。军事情报分析是基于军事活动的需要，情报人员或机构运用科学的方法对搜集到的军事情报资料进行判断、分析、综合以及评价的过程⊗，这一过程不仅包含对不完备信息的处理，也结合了情报分析人员和指挥人员的判断和指挥⊕。

军事情报分析方法主要包括逻辑思维方法和科学的定量分析方法等。其中，逻辑思维方法包括比较、分析和综合法、归纳演绎法等。科学的定量分析方法则包括统计方法、模型方法、趋势外推方法以及时间序列分析法等。基于军事情报分析方法，我们不仅能够增强军事判断中逻辑推理的严密性和精确性，还可以获得科学、客观的军事情报信息，提升军事情报的时效性，对军事活动进行有效预测。

⊖ 谢云，闫凌州. 技术预见在新兴产业发展战略中的应用：以航空航天技术领域为例 [J]. 天津科技，2011，38（6）：46-50.

⊜ 高金虎. 军事情报学 [M]. 南京：江苏人民出版社，2017：67.

⊝ 刘晓丹. 大数据在军事情报分析中的作用 [D]. 长沙：国防科技大学，2019：15.

⊗ 李明瑞. 信息战视域下军事情报研究 [D]. 哈尔滨：哈尔滨理工大学，2014：15.

⊕ 杨建军. 科学研究方法概论 [M]. 北京：国防工业出版社，2006：1.

随着人工智能和大数据时代的到来，军事情报分析逐渐呈现数据量不断扩充、数据类型逐渐多样、数据处理所需速度更快等诸多大数据特征。大数据时代的军事情报分析也逐渐受到诸多情报分析人员的关注。在这一背景下，情报人员和机构基于高科技手段获取情报，但同时也加剧了军事情报处理的复杂程度。因此，如何有效利用军事情报分析方法对大数量、多元化的信息进行处理，去粗取精、去伪存真、增加军事情报的准确性和实用性是当前情报分析人员所要思考的问题。

（2）公安情报分析

公安情报是将情报学理论和方法应用于公安警务工作中，并基于工作实践对其原理和规律进行总结归纳的具有行业特征的应用情报学科。公安情报分析是由公安机关组织实施，基于科学的方法和理论，对数据和情报资料进行搜集、整理、分析与概括的过程，包含公安情报工作、公安情报流程、警种情报工作等[一]。此外，人工智能以及大数据时代的到来也为公安情报工作带来了新的机遇与挑战。公安部门迫切需要建立适应新形势的工作机制，实现对社会的科学、动态管理，以适应新形势对公安情报工作提出的新要求[二]。

大数据时代揭开了开源情报的序幕，情报资源数量庞大、种类多样、来源广泛且获取便捷，为公安情报分析带来了丰富的分析对象。然而，面对复杂的数据结构、庞杂的数据内容，如何有效利用大数据资源，为公安情报分析挖掘有价值的数据，提供科学、有效的分析结果引起了社会各界广泛的关注[三]，同时也值得情报分析人员思考。在社会信息化及大数据背景下，对公安情报分析的需求逐渐多样化，使其种类和形式不断丰富，包括情报管理系统的开发、数据挖掘技术和视频图像技术的应用以及融合网络技术更好地服务于公安情报分析过程等。

◎ 复习思考题

1. 简述信息分析的基本内涵。
2. 简述信息分析的重要意义。
3. 结合实际案例介绍社会网络分析法。
4. 结合实际案例介绍典型大数据分析法。
5. 结合实际案例介绍竞争情报分析法。

㊀ 彭知辉. 公安情报学研究 30 年（上）：研究内容及其分布状况 [J]. 北京警察学院学报，2017（1）：52-65.

㊁ 邢轶清. 公安情报分析系统的设计与实现 [D]. 呼和浩特：内蒙古大学，2007：3.

㊂ 彭知辉. 论公安情报分析与大数据分析的融合 [J]. 情报理论与实践，2017，40（10）：36-40，73.

第 7 章

信 息 交 流

■ 教学目的与要求

　　理解信息交流的含义与特征、类型、条件与要素、渠道、规律等基本知识；理解信息交流的内在机制（社会信息流的形成、信息交流中的"栈"、信息传递的模式等）；掌握信息交流的经典模式，如拉斯韦尔模式、香农－韦弗模式、施拉姆模式、米哈依洛夫模式等；熟悉网络信息交流的模式及特点；认识网络环境下的科学信息交流；了解网络信息交流的发展趋势等。

　　交流是人类社会的一项重要活动，是推动社会向前发展的动力。作为自然界和人类社会中最广泛和普遍的现象，信息交流长期以来一直受到人们的广泛关注，也是信息资源管理研究领域中的重要组成部分，相关研究主要涉及信息交流的基本概念、内在机制、主要模式等。随着社会的发展、技术的进步，人类社会的形态结构被重塑，信息交流活动也随之发生新的变化，为相关研究开拓了新的发展空间。

7.1　信息交流概述

7.1.1　信息交流的含义与特征

　　信息交流（Information Communication），又被称为信息传播，是指通过特定的符号系统，利用一定的信息通道，使信息跨越空间和时间而实现的信息发送者和信息接收者之间的传输和交换行为。[⊖]从广义上来看，信息交流可以发生在各种生物与非生物之间，

　　⊖　FORTNER R S. Excommunication in the Information Society[J]. Critical studies in mass communication，1995，12（2）：133-154.

涵盖自然信息交流、生物信息交流和人类社会信息交流等多种形式。本书所关注的主要是人类社会信息交流（见图 7-1）。根据信息交流的定义，这种信息交流发生在认知主体之间，这个认知主体可以是人，也可以是由人组成的机构、组织。但无论何种认知主体参与交流，均需要：有主体充当信息发送者（Sender，简称 S），即信息源，实际上是信息生产者；有主体充当信息接收者（Receiver，简称 R），即信息的最终利用者。两者可以处于同一时间、不同空间，也可以处于同一空间、不同时间。但无论哪种情况，信息交流的对象都是认知主体所拥有的信息。

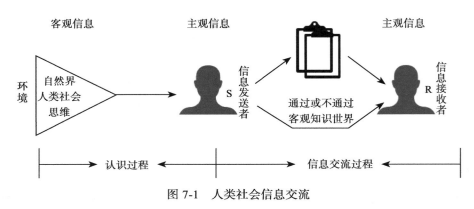

图 7-1　人类社会信息交流

作为一种复杂的社会互动过程，人类社会信息交流具有下列特点。

首先，信息交流双方具有目的一致性。[一]这要求信息发送者与信息接收者必须是有意识、有思想的人，同时要求双方有目的地开展交流行为。具体来说，发送者有意识、有目的地发出或传播信息，在交流过程中具有一定的主动性，接收者则存在信息需求，并积极寻求所需信息，缺少任何一方都不能算作交流。

其次，所传播的信息具有间接性。[二]上面提到信息交流中的信息发送者和接收者都需要具备认知能力，那么对于信息接收者而言，所获取的信息必然是信息发送者观察外物后经头脑处理的信息，而并非直接来自发送者的观察。一般我们将对自然或社会的直接观察信息称为客观信息，或本体论层次的信息，[三]将经过信息发送者大脑转换的信息称为主观信息，或认识论层次的信息。在人类社会信息交流中所指的信息是后者。

最后，信息交流具有单向传递性，[四]因为信息交流往往因发送者与接收者之间的社会关系的存在而发生，是一种时间和空间都不可逆的过程，信息流动方向总是从信息发送者流向信息接收者。

[一]　张恒超. 共享因素对参照性交流双方学习的影响 [J]. 心理学报，2017，49（2）：197-205.

[二]　程明，张蒙. 从信息连接到信息融合：信息学视域下广告传播的逻辑进路 [J]. 学习与实践，2021（7）：115-124.

[三]　钟义信. 从信息科学视角看《信息哲学》[J]. 哲学分析，2015，6（1）：17-31，197.

[四]　杨峰，周宁，张会平. 基于网络信息组织的信息传递模式研究 [J]. 现代图书情报技术，2004（4）：6-8，12.

7.1.2　信息交流的类型

按照不同的分类依据，我们可以将信息交流划分为多种类型，本小节将按照时间维度将其分为"共时信息交流"与"历时信息交流"，按照交流渠道将其分为"非正式信息交流"与"正式信息交流"，并结合案例介绍这几种交流类型的含义与特点。

（1）"共时信息交流"与"历时信息交流"

共时信息交流，又称横向信息交流，是指发送者和接收者处于同一时间层面，如图书馆为读者提供图书信息服务、网络媒体向大众传播新闻信息、我们与远在国外的朋友视频聊天等，当图书馆工作人员与读者、媒体与大众、我们与朋友处于同一时间维度上，彼此之间的信息交流就是共时信息交流。而如果是读者在阅读巴金的作品，通常不认为读者和巴金之间产生了实际意义上的信息交流。很明显，共时信息交流主要是在同一时间维度上，突破空间的限制，但并非所有的交流都处于同一时间维度，还需要对信息交流过程进行纵向考察。历时信息交流，即纵向信息交流，是指信息发送者和接收者在不同时间层面的交流，这种信息交流过程需要借助一定的符号系统，对信息进行跨越时间的传递。两种信息交流类型的区别如表 7-1 所示。

表 7-1　共时信息交流与历时信息交流

信息交流类型	交流手段	主要功能
共时信息交流	互联网、传真、电话、电报、广播、电视、邮政、身势、旗语、钟、鼓、灯、烽火、口语、实物等	消除交流的空间障碍
历时信息交流	刻制光盘、拷贝磁盘、录音、录像、照相、绘画、文献、档案、古迹、文物、口语等	消除交流的时间障碍

对于任何一个个体来说，两种类型的信息交流都是必不可少的。一方面，个体处于当前的社会环境中，必然要与处于同一时间维度的其他人产生共时信息交流；另一方面，个体也难免要从处于不同时间维度的前人那里继承知识。但共时信息交流与历时信息交流是相对概念，并没有严格区分，交流手段也有重合。近年来，通信技术的进步与应用将大众能够感知到的时空距离大幅缩短并使得二者之间的界限更加模糊。

（2）"非正式信息交流"与"正式信息交流"

非正式信息交流是信息交流过程中发送者和接收者直接发生联系，即直接信息交流。主要包括四种类型：单线式信息交流，是指信息从发送者出发依次单向经过一个或多个接收者，被传递到最终接收者的过程；流言式信息交流，是指信息发送者迅速、主动、不加选择地将信息传递给所有可能信息接收者的过程；偶然式信息交流，是指信息在偶然状况下被发送者传递给接收者的过程；集束式信息交流，则要求信息发送者实现选定接收者范围，仅将信息传递给这些接收者的过程。

非正式信息交流是人们获取信息的重要渠道，其包含五个突出优点：第一，所传递的主要是未经加工的零次信息，其中包含大量的原始信息。第二，由于没有中间环节，因此信息传递迅速，这就使得信息时滞性较弱，例如在科学信息交流过程中，科学家之间通过面谈、通信等方式可以及时地交流研究成果，比出版发行的渠道快得多。第三，认知主体选择性和针对性强，信息交流双方更加了解彼此的需求，方便有针对性地进行高效信息交流。第四，信息反馈及时，可以帮助发送者和接收者根据对方反映及时调整交流内容和策略，提高沟通效率。第五，非正式信息交流可以表现发送者丰富的情感，提供的信息内容更加生动直观，使信息接收者更易理解和吸收。这些都是正式信息交流无法比拟的优势。但非正式信息交流也有缺点，主要在于其交流过程往往较为随意、内容不够准确且缺乏事后的有效评价，可用情境有限。

随着信息交流的复杂性提高、范围扩大，非正式信息交流难以满足需求，间接的正式信息交流增多。正式信息交流中发送者和接收者的信息交流要经过中介，两个认知主体并没有直接沟通，因此这种交流也被称为间接信息交流。依据功能定位的不同，信息中介可以是：传输型机构，如出版发行机构；利用型机构，如文献信息机构；综合型机构，如信息中心、专题网站。首先，中介机构的职能是对信息进行汇集、筛选、组织和传播，这种信息控制作用使得正式交流的信息内容质量较高，可靠性较强。其次，中介能够从多样化的来源收集到更为详细、全面的信息，对单一信息源的依赖性较弱。最后，由于中介的存在，正式信息交流可以突破时空界限，信息接收者不需要与信息发送者本人发生联系，也可以完成信息交流，例如，即使生活在不同的时空，今天人们仍然可以阅读莎士比亚的著作，领略其思想。但正式信息交流也有自己的局限：一是信息传递不及时，信息接收者得到信息的时间往往距离信息被生产的时间较远；二是对信息接收者的能力有一定的要求，往往需要一定的方法和技巧才能获取所需信息。

非正式信息交流与正式信息交流的交流手段如表 7-2 所示。

表 7-2　非正式信息交流与正式信息交流

信息交流类型	交流手段
非正式信息交流 （直接信息交流）	个人接触、交谈、面授、书信往来、参观访问、出席会议、演讲报告、信息发布会等
正式信息交流 （间接信息交流）	阅读专著刊物档案、浏览专题网站、收听广播、观看影视节目、观看手机应用资讯等

◎ 延伸阅读资料：看不见的学院（Invisible College）[⊖]

16 世纪以前，虽然人们一直在进行科学实验，也有专门从事科学研究的学者，但学者并非独立的职业，且尚未形成"科学社会"。1620 年，受到英国哲学家、现代实验科学鼻祖 F. 培根（Bacon F.）《新工具》一书的影响，欧洲各国热爱科学实验的人们自动组成各种小组，起初其参与人员大多是地主、商人、律师等。1646 年，英国科学家波义耳将其命名为"看不见的学院"（Invisible College），以区别于正式大学的学院。这是一种自发

⊖　王崇德. 科技情报史纲：第二讲：从"看不见学院"到学会组织 [J]. 情报理论与实践，1989（5）：44-47.

形成、自发解体的、参与人员不固定的民间组织。组织核心成员往往是特定学科和领域较有威望的人，其他参与人员只需对该领域有兴趣即可，组织活动也并不是严肃的会议或讲座，而是较为轻松的聚会。活动过程中，组织成员对科学实验、研究结果、特定论题进行交流与辩论，并且有专门人员记录活动中的讨论过程，之后以信件等方式传递给感兴趣的人。

今天，"看不见的学院"虽然没有完全承袭下来，但它"无形集体"的思想与原则仍在发挥作用，实际上就是非正式科学交流形式。在网络时代，"Invisible College"有了更为丰富、便捷的组织形式，如 QQ、BBS、Blog 等。再如博客社区中的科学交流网络，社交媒体帮助成员跨越空间界限，大大促进了非正式交流的范围。与传统的"看不见的学院"相比，基于博客的交流门槛更低，成员更多，选择交流对象时更有针对性，方便选择感兴趣的主题社区，信息交流的层次更明晰，信息中介也更少。

7.1.3 信息交流的条件与要素

社会信息交流过程的实现离不开特定的条件和要素，主要包括信息源、信息发送者、信息接收者、交流通道、符号体系和支持条件。

信息是交流的内容，而信息需要附着在载体上才能实现传播，这种信息存在的载体形式即为信息源，如文献等；某些情况下，信息源也会与传播媒介相同，如发布会、网络媒体等。在信息交流过程中，信息发送者将各类信息传递给信息接收者，实现信息交流。其实，信息源可以被视为各种形式的信息库，里面储存着经过各种主体处理之后的认知信息，可以被视为信息交流的最初来源和最终归宿。信息源并不是一次性的，而是可以不断循环，在循环中得到补充和调整，随着人类知识的不断积累，信息源的数量更巨大，内容更丰富，形式更多样。

信息发送者是信息传递链上的初始环节，其占据主体地位。一方面信息交流活动往往始于信息发送者，另一方面信息交流的内容和信息交流的形式均取决于信息发送者。除此之外，有时信息发送者还要做信息源和信息接收者的中介，使信息源能够被信息接收者充分利用。按照不同的依据可以将信息发送者分为不同的类型，如直接发送者、间接发送者，普通发送者、专职发送者等。大多数情况下，信息发送者带着明确目的发起信息交流，如娱乐他人、使其精神愉悦等。

信息接收者是在信息交流活动中接收信息的认知主体，是信息传递链上的最终环节。作为信息交流过程的最终目标，其并非只是被动地接纳信息，而应该充分发挥主观能动性参与信息交流的各个环节，因为传递过来的信息必须符合接收者的需求，并且被接收者使用才能真正产生价值。在信息交流过程中，信息发送者和信息接收者的角色并非一成不变，而是根据情境的不同而不断变化。

交流通道又称交流媒介、交流渠道，它是传送和交换信息的媒介和工具。媒介是信息的物质载体，如印刷文献、电子书、缩微胶片、信息网络等。"工具"是信息交流中所使用的物化工具，如计算机、电视机、录音机、摄像机、缩微阅读器等。自古至今，人类信息交流的通道发生多次变化，从语言到文字，从石刻纸张到电子通信，人们能够感受到的事物范围、能够传递的信息数量大大增加。人们需要以信息交流的内容、对象、时空范围等为依据灵活选择信息渠道。

符号体系是指传递信息的符号元素以及这些元素之间的联系与组织规则。符号可以是任何能够反映思想、进行指挥的通用记号或标志，如语言、文字、手势、表情、信物、烽火狼烟、旗语、计算机语言等。借助这些符号体系，人脑中抽象的认知思想被编码为可以被传递和理解的信息。

支持条件是指任何为信息交流过程提供保障使其得以开展的外部条件，包括光、声、电、空气等自然条件，各种通信、存贮、处理技术等技术条件，法律、政策、经济等社会条件等。

7.1.4 信息交流的渠道

信息交流渠道是信息交流体系中的一个要素，是指传送信息的媒介物与方式，例如通过书籍报纸、通过肢体神态、通过电视广播、通过互联网等。信息交流活动出现在人类社会生活、发展的各个阶段，其交流渠道也经历了数次改变，主要可以分为以下四个阶段。

①语言的出现。作为最基础、最原始的信息交流媒介，语言在早期的部落生活中扮演着重要角色，借由这种符号系统，信息得以在人与人之间、人与部落之间、部落与部落之间传递。但由于时空限制和无法被记录保存，语言这种媒介的局限性显现出来，渐渐无法满足人们增长的信息交流需求。

②文字的发明。文字的产生克服了语言的局限性，在一定程度上突破了时空限制，实现了信息大范围、远距离、跨时间的传播与交流，使间接信息交流成为可能，对于人类社会的进步具有重要意义。

③造纸术、印刷术的产生。造纸术和印刷术的产生充分发挥了文字的力量，使得信息更大程度地克服了时间与空间的限制得以长久保留和传播。相比早期的竹简、金石、羊皮等文字载体，纸张更轻便，更易获取，造价也更低廉；印刷术则突破了人工限制，改变了只能手写文字的历史。造纸术和印刷术迅速地、普遍地被用于信息交流，开启了人类社会信息远距离和大范围传播的时代。

④电子信息技术的发展。20世纪70年代，信息交流媒介发生了又一次的革命，电子计算机和大容量存储载体的应用，不仅大大提高了信息传播的数量和效率，更重要的是，还丰富了信息内容，使得信息类型从单纯的文本发展成为图像、音频、视频等各种形式，信息交流随之进入多媒体阶段。此外，随着移动互联网的发展，随时随地、实时交互、错综复杂的信息网络形成，将全球的信息与人连接在一起，可以说具有划时代的意义。

信息交流渠道从"零载体"的口头传授、天然载体的烽火、纸质载体的书信，再到音像载体和网络载体，其演进发展具有替代性、兼容性、容量扩大及成本下降等特点，也影响了交流的形式和特征。电子信息技术作为一种新的信息交流渠道出现，其传播速度快、信息量大、交互性强等特点使得传统的信息交流渠道发生了巨大的改变。因此，我们可以以是否使用网络作为分类依据，将信息交流渠道分为线下信息渠道和线上信息渠道。

线下信息渠道主要是指传统的信息交流媒介，以纸质文献等为主要载体的大众传播方式，定期或不定期向社会大众发布信息，如期刊、广播、电视等。线下信息渠道的主要特征是：受空间距离约束强，如某商家的活动宣传无法传播给远距离的顾客；传输速度慢，如报纸、杂志的信息内容从编辑、打印再到出售需要花费大量的时间；信息更新不及时，主要是由于信息传输速度较慢。

线上信息渠道是指以计算机通信网络作为信息载体进行信息的传递、交流，因此也被称为网络渠道。互联网的出现使得网络信息载体逐渐成为主流，也相应地改变了信息交流的媒介和方式。网络渠道的信息媒介包括文字、图片、语音甚至表情包、短视频、网络直播等，具有互动性强、传播及时、覆盖面广、双向传播等特点，国内外网络信息交流平台形式多样，如即时通信软件、社交媒体平台、问答平台、短视频社交平台等。

即时通信平台，即能够与朋友、同事、家人等进行实时沟通的网络平台，如微信、QQ 等，具有能够克服空间障碍、实现实时沟通、信息传递速度快等特征，因此信息交流有效性强，能使组织信息交流与个人信息交流同时进行。

社交媒体平台是指互联网上基于用户关系的内容生产与交换平台，其包括社交网站、论坛、播客等形式，人们可以通过这些平台分享观点、传播思想，具有大众化、信息传递速度快、信息传播范围广、信息生命力强、角色互换性和交互性强等特点。随着应用的深入，社交媒体平台逐渐发展分化为不同类型，如以 LinkedIn 为代表的职业社交平台，专注于企业内部员工信息交流的企业社交网站，面向大众的微博、Facebook、Twitter 等公共平台，以政府机关为主的政务社交媒体等。

问答平台是指以问题和答案为主要组织形式的知识交流平台，如百度贴吧、知乎等。近年来较为火热的社会化问答平台，将传统的问答平台与社交媒体的功能相结合，实质上产生了一个虚拟的知识共享社区。在平台中，用户可以关注、提问某些自己感兴趣的问题，也能通过回答其他用户的问题获得认同感，逐渐形成以权威或者以专业用户为中心的信息交流模式。

短视频社交平台是指主要以时长低于 5 分钟的视频为载体、娱乐化信息为主要内容的信息交流平台，如抖音、快手等。作为功能强大的新型社交媒体，其革新了用户记录和传递信息的方式，创作门槛低，大众化特征明显，情感共鸣性强，传播的信息更直观和立体，且往往具有内容消费和社交的双重属性。随着短视频的普及与质量的提升，"短视频＋图书馆""短视频＋政务""短视频＋科普""短视频＋营销"等形式层出不穷，已经渗透到人们生活的方方面面。

随着社会和技术的发展，信息交流渠道多样化程度提高，线上信息渠道是当前社会发展的主流，但线下信息渠道在长时间的发展过程中也形成了成熟的、专业化的运作机制，具有独特的内在价值和公信力。需要根据具体的需求场景，选择适合的信息交流渠道，以获得最好的信息交流效果，促进知识交互和共享。

◎ **延伸阅读资料：在线视频社区中的新型交流渠道——弹幕**[⊖]

弹幕，是指用户在观看视频的同时，可在屏幕上发评论与人互动，本质上是一种银幕交流的方式，具有较强的实时交互特征。弹幕可以创造独特的互动氛围，受到广大用户的追随和喜爱。在弹幕信息交流中，其可以充当一种信息载体，具有符号属性，例如用户可以用一些娱乐化的符号、约定俗成的网络流行语等来表达信息，且这种表达本身往往带有语境信息。弹幕又可以作为信息传播渠道，它打破了用户看视频时无法互动交流的障碍，充当不同时空中用户的信息交流媒介。弹幕也为看视频的用户搭建了一个即时的社交平台，使他们通过弹幕交流获得互动体验。

因此，弹幕信息交流具有以下特征：即时性，即弹幕能及时收到观众对视频的反馈；互动性，弹幕视频互动性的体现在受众与视频、受众与受众之间的互动；娱乐性，弹幕信息内容使用户具有强烈的参与感，产生强烈共鸣并感到快乐；可视性，弹幕信息与视频画面具有高匹配性，使得弹幕中的文字信息是图像化的；解释性，弹幕对视频中的相关知识、背景等进行具体的解释描述；干扰性，弹幕占据了视频画面的大量空间，并且主观评论对观众观看视频产生了一定影响。

2009 年成立的 Bilibili 是目前国内最大的视频弹幕分享网站，弹幕评论是其功能特色，如今已经积累了大量用户，且用户活跃度和忠诚度都较高，社区文化浓厚，氛围环境较好，其视频内容也从早期的二次元为主发展为纪录片、直播等多种类型，成为综合性的弹幕视频平台。但弹幕信息交流也面临着一些问题，如弹幕"引战"与人身攻击、机翻字幕与恶意刷屏等，如果不加管控，也会极大地影响用户体验。

7.1.5 信息交流的规律

信息交流与其他人类社会活动一样，会受到一些带有普遍意义的、基础性的原则和规律的影响。本小节主要介绍信息交流过程中的两大规律：漏斗效应和对数透视原理，并介绍它们在当代社会环境中的新发展。

（1）信息交流中的漏斗效应

信息交流过程的实现至少涉及两个不同的认知主体，并且包含多种要素。无论何种形式的信息交流方式，在每一次的传递过程中都会存在一定的信息损耗，导致接收者无法得到发送者所发送的全部信息，这就是信息交流中的漏斗效应。

造成信息漏斗的原因有很多，涉及社会政治、经济、文化、历史等因素，体现在

⊖ 朱钰涵. 在线视频社区中弹幕信息交互群体的用户画像研究 [D]. 南京：南京大学，2019：8-12.

认知主体、信息载体、技术手段等诸多方面。从认知主体的角度来说，信息发送者的价值观念、即存经验、认知能力等存在差异，可能造成对同一信息的不同表达与解读。而不同接收者的文化水平、知识背景等同样存在差异，这就导致他们对于同一信息的接收程度不同；信息接收者往往还受到"被动筛选"心理机制的影响，即人们在选择信息时会受到个人偏好影响，从而影响交流过程。除此之外，还有一些社会性因素会阻碍信息传递。比如：版权和专利制度一方面保护了科学技术创造的权利，但另一方面阻碍了信息的广泛传播；政治因素也会阻碍信息传递，各国出于技术垄断、经济利益或国际竞争的考量，对关键技术和科学研究信息进行封锁，人为地增强信息漏斗的影响；等等。

伴随着社会信息化的趋势，这些阻碍信息交流的因素并未得到消除，有些反而更加严重，甚至出现了新的问题，如信息泛滥带来的信息交流渠道阻塞、信息污染造成的信息交流秩序紊乱等，都是当代社会中急需解决的问题。原则上来讲，信息交流中的漏斗效应是无法消除的，但可以通过一些策略尽量降低其影响，如重要的事情重复沟通、每次重要谈话做口头或书面总结、养成书面记录习惯等。

信息交流存在于人类社会生活的各个方面，漏斗效应也随之产生影响。最为典型的案例是在团队工作过程中的"沟通漏斗"（Communication Funnel）。随着社会分工的精细化，每项工作都有专人负责，而管理者需要项目整体进程的信息，各项工作的负责人需要相关同事工作的信息，可以说沟通就是团队工作中的重要因素。但层级结构、分布结构的存在阻碍了信息的流动，使得从发送者到接收者之间的信息逐级减少，如图 7-2 所示。

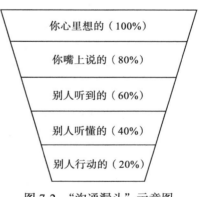

图 7-2　"沟通漏斗"示意图

"沟通漏斗"的存在不仅不利于团队整体思想的认知统一，还极易引发不必要的矛盾和纠纷。一定的沟通技巧可以帮助降低"沟通漏斗"的影响，除了上文提到的重复强调、当面谈话、经常记录等方式，也可以通过建立网状的信息网络、内部社区等方式增加信息源、信息传播途径，以使团队成员能及时、准确地获取信息。

◎ **延伸阅读资料：德国国家发展银行自摆乌龙事件**[⊖]

我们知道，机构中的管理部门多是层级化的，具有从高到底的固定次序，这样的等级制度规定了职权范围与命令执行次序，也是信息流动的通道，通常较为固定。例如，公司讨论决定的重大决定，由总经理负责执行，信息流动次序往往是"总经理→副总经

⊖　张淑琴. 从"摆乌龙"事件看"法约尔跳板"的横向沟通 [EB/OL]. （2021-08-27）[2023-02-01]. http://www.zgjrjw.com/news/lltt/200992/20401916885.html.

理→部门经理→业务主管→基层员工"。这条信息传递的路线井然有序，保证了公司的重要政策能够得到贯彻执行。但是，在某些特殊情况下，这条线路却会产生致命的问题。例如，如果现在预算主管有件紧急的事务需要与采购主管协调，那么他必须通过部门经理，到副总经理，到总经理，再到副总经理，再到部门经理，最终联系到采购主管。这时候事务的时效性可能早就过了。解决这个问题的方法是什么呢？管理学家法约尔提出了法约尔桥，也就是在预算主管和采购主管之间架起一座沟通的桥梁。当然，法约尔桥的建立并不容易，需要征得信息传递各个环节中主体的同意，比如，要想在采购主管与预算主管之间建立直接沟通的桥梁，需要各自部门经理的认可。一方面，法约尔桥减少了信息传递路线的层次，促进了侧向联系的高效进行。另一方面，并未违背统一指挥与等级原则。法约尔认为等级森严的组织中大多存在上下级的沟通问题，法约尔桥的建立可以大大改善这种情况。

　　法约尔桥的原理表面简单，却不是每个机构都能深刻理解的。我们来看德国国家发展银行自摆乌龙的一起事件：2008 年 9 月 15 日，拥有 158 年历史的美国第四大投资银行雷曼兄弟公司向法院申请破产保护，令人惊奇的是，此时德国国家发展银行居然按照外汇掉期协议向雷曼兄弟公司即将冻结的银行账户转入了 3 亿欧元。此事迅速传播，招致德国媒体和政府官员的强烈批评与质疑。事后，德国政府的调查报告显示了这起"乌龙事件"的发生过程。在雷曼兄弟公司倒闭的 10 分钟内，德国国家发展银行的首席执行官说："我知道今天要按照预先约定的协议转账，至于是否撤销这笔巨额交易，应该让董事会开会讨论决定。"董事长则说："我们还没有得到风险评估报告，无法及时做出正确的决策。"董事会秘书反映："我打电话给国际业务部催要风险评估报告，可那里总是占线，我想还是隔一会再打吧。"负责处理与雷曼兄弟公司业务的高级经理则让文员上网浏览新闻，一旦有雷曼兄弟公司的消息就立即报告，而他则安心的去休息室喝咖啡了。文员在网上看到雷曼兄弟公司向法院申请破产保护的新闻，马上跑到高级经理的办公室，但是他不在办公室，文员就写了张便条放在办公桌上。结算部经理则说："今天是按协议规定的交易日子，我没有接到停止交易的指令，那就按照原计划转账吧。"最后，结算部自动付款系统的操作员什么也没有问便直接转账。实际上，这起"乌龙事件"酿成的悲剧，一定程度上是太过注重等级制度和信息上的流程，而忽视了横向沟通和斜向交流的价值和意义。

　　思考：信息漏斗还可能存在在人类社会生活的哪些方面？试着给出一个自己身边的例子并解读它。

（2）信息交流的对数透视原理

　　对数透视原理（Logarithmic Perspective）是指人们对于信息的获取、接收和认知过程遵循对数转换机制。[⊖]该原理最早来自实验心理学中的韦伯 – 费希纳定律，描述的是人

　　⊖　马费成．科学情报的基本属性与情报学原理 [J]．图书馆论坛，2002（5）：14-17，135．

类感官系统与外界物理刺激的对数关系。直至 19 世纪中叶，该规律被德国心理物理学家韦伯（Weber）和费希纳（Fechner）实验验证并加以总结：观察到的事物长度（S）与观察主体到被观察事物之间的物理距离（X）呈对数关系，即 $S = k \log X$。20 世纪 70 年代，英国著名情报学家 B.C. 布鲁克斯将这一定律引入情报学，揭示物理空间的信息与进入认识空间中的信息、知识和情报之间因时间、空间、学科、领域的差别而在数量和特征上呈现的差异。

布鲁克斯将韦伯 – 费希纳定律应用到信息空间，在该空间中以密度 ρ 均匀分布着潜在信息（Potential Information），在一维、二维、三维空间中距观察者 a 到 $a+n$ 处的感知信息量分别为

$$I_1 = \rho \ln[(a+n)/a] \tag{7-1}$$
$$I_2 = 2\pi\rho \ln[(a+n)/a] \tag{7-2}$$
$$I_3 = 4\pi\rho \ln[(a+n)/a] \tag{7-3}$$

$I_1 = \rho \ln[(a+n)/a]$（式 7-1）展示了一维空间中信息交流的对数转换原理。例如，在时间维度上，假设总的信息时间为 1 000 年，且信息分布均匀，那么处于当前时间的观察者所能观察到的信息量为 $\ln 1\,000$；同理，对于 10 年前的信息，观察者能够观察到的信息量为 $\ln 10$。可以计算出，虽然最近 10 年的潜在信息量仅占总量的 1%，但当前观察者对于 10 年前的感知信息量却占比 33.3%（$\ln 10 / \ln 1\,000$）。

同理，可以将 $I_2 = 2\pi\rho \ln[(a+n)/a]$（式 7-2）应用于二维空间中的信息交流。在空间维度上，仍然假设信息均匀分布，那么距离观察者 100 米的信息与 10 000 米的信息相比，潜在信息总量仅占比 0.01%（$100^2 / 10\,000^2$），但观察这对于 100 米处的感知信息量占比高达 50%（$2\pi\rho \ln 100 / 2\pi\rho \ln 10\,000$）。

以此类推，可以利用 $I_3 = 4\pi\rho \ln[(a+n)/a]$（式 7-3）计算三维空间中的信息透视结果。

可以看到，随着信息空间维数的增加，信息透视原理对于观察者信息感知量的影响逐渐增加。

对数透视原理为信息交流过程中的感知数量变化提供了阐释机制，但由于当时科学家所处信息环境的限制，使其具有一定的使用条件。第一，需要保证在目标空间内的信息分布均匀，比如假设目标空间是科学文献，那么就需要每一篇文献中包含相同数量和水平的知识。第二，信息接收者对于信息的理解与认知能力无差别。第三，在信息交流过程中，没有任何外部的辅助工具或技术。第四，所交流的信息和知识具有良好的继承性。但很明显，这些条件在当今社会环境中并不完全成立，在真实社会环境中的情况会更复杂。尽管该原理存在上述局限性，但是该原理在一定程度上揭示了信息、知识和情报随时间、空间和学科领域的不同而呈现的对数转换规律，其用于反映进入物理空间和进入认知空间的信息、知识和情报之间、信息载体和信息内容之间在数量和特征上的差异，为情报和情报学的定量化提供理论、方法和途径。

◎ **延伸阅读资料：对数律的提出**[⊖]

　　E.H. 韦伯是德国莱比锡大学的解剖学教授，曾发现两点阈和最小可觉差，被认为是心理物理学的奠基者。韦伯最初从"肌肉感觉"研究，经过多次对比实验，显示真正影响人们对于两个刺激物感受不同的并非绝对差异，而是事物的相对差异。莱比锡大学的物理学教授费希纳曾经是韦伯的学生，他对老师的研究成果很感兴趣，将其转变为数学形式用于刻画感觉的差别阈限随刺激量变化而变化的规律：

$$\frac{\Delta I}{I} = K$$

式中，I 为原刺激量；ΔI 为此时的差别阈限；K 为常数，又被称为韦伯率。

　　更进一步地，费希纳将上述公式拓展为更具普遍性的韦伯－费希纳定律，数学表达式为：

$$S = k \log R$$

式中，S 是由外部物理刺激引起的人的感觉量质；R 是物理刺激量。

　　正是因为这个定律，心理物理学才作为一门新的学科建立起来，并且应用于情报学、声学、营销学等多个领域。

7.2　信息交流的内在机制

7.2.1　社会信息流的形成

　　信息流是信息在生产、流通和利用过程中的运行状态和形式。社会信息流则是指社会系统中存在的一切信息流动，是信息从信息发送者，经过或不经过其他社会环节，最终流动到接收者的整个过程，是一种普遍存在的社会信息现象。根据信息发送者和信息接收者的时空位置，社会信息流有不同的形式，有的是发送者与接收者之间的直接交流，有的则需要通过复杂的中间环节。如图 7-3 所示，在社交媒体广告发布过程中，广告主发送的信息，经过多个中介组成的信息链传递到目标用户，这条信息链就是社会信息流。

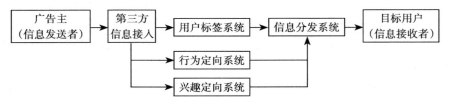

图 7-3　社交媒体广告发布过程中的社会信息流

⊖　坎特威茨，罗迪格，埃尔姆斯，等 . 实验心理学：掌握心理学的研究 [M]. 上海：华东师范大学出版社，2010：100-190.

　　按照信息交流参与主体的所属层次，社会信息流可以分为人际信息流、组织信息流和大众信息流三种类型。人际信息流是指单个个体之间的信息交流。从微观层面来看，社会信息流指人际信息流，突出体现为各类人际关系，如亲友关系、夫妻关系、同事关系等。这些关系从信息交流中产生，依靠信息交流维系。从中观层面来看，社会信息流主要指组织信息流，一般发生于组织与组织之间、组织成员之间。组织信息流是组织工作开展的基础，按照渠道可以分为通过组织等级结构等正式渠道的正式流和通过虚拟交流网络等非正式渠道的非正式流，按照信息流动方向可以分为上行流、下行流和平行流。这几种信息流各有特点，适用于不同的情境。社会信息流在宏观层面主要体现为大众信息流。在这种交流方式中，信息发送者与接收者往往不对等，前者人数较少，占据相对主导的地位，后者人数较多，主要以被动接收的方式参与信息交流，也就是说，大众信息流的单向性和传播广泛性更明显。交流渠道主要是报纸、杂志、广播、电视等，信息内容包括事实、舆论、教育、广告、娱乐等各种类型。

7.2.2　信息交流中的"栈"

　　信息栈是指信息从发送者向接收者流动的过程中经过的若干个中介环节。信息栈除了可发挥信息接受与传递功能，还可以对信息进行组织和处理，其包括编辑部、出版社、书店、图书馆、信息中心、电视台、广播电台等。按照发送者与接收者的时空位置关系，信息栈可以被划分为时间栈和空间栈。当信息发送者与接收者处于不同的时间维度，双方则需要通过时间栈完成交流过程，时间栈包括图档博机构、美术馆等；当发送者与接收者处于不同的空间位置，双方则主要通过空间栈完成交流过程，空间栈包括新闻、网络、邮政信件等。

　　根据有无信息栈的参与可以将信息交流过程分为零栈交流和栈交流。零栈交流，是指无信息栈参与的社会信息交流过程，又称直接交流，如直接谈话等。栈交流，是指有信息栈参与的社会信息交流过程，由于信息发送者和信息接收者之间的关系类似于委托和代理，因此也被称为社会代理交流或间接交流，如图书馆文献服务、信息中心情报咨询等。零栈交流大多是纯自然的信息交流，不涉及媒介系统和社会因素，因此不会受到社会系统的干预和控制，具有客观、随意、生动、直观、迅速的特点；栈交流需要借助于栈，有社会系统的介入，自然也会受到社会代理的影响、监督和评价，比较严谨。此外，零栈交流由于缺少媒介，无法跨越时间限制，均属于共时交流，而栈交流可以突破时间限制，既有共时交流，又有历时交流。图 7-4 展示了零栈交流和栈交流的信息传播过程。

　　图 7-4 中，S 是信息发送者，R 是信息接收者，$A_1 \cdots A_N$ 则代表信息栈。数量不等的信息栈从信息发送者或前栈处接收信息后加以筛选、组织和存储，传递给信息接收者或后栈。间接交流的 S-A-R 信息流可以分解为 S-A、A-R 等多级的直接交流。当存在多级代理时，往往可以将与其直接关联的代理看作全部代理。如作者－出版商－书店－图书

馆－读者：对读者而言，图书馆作为社会代理的整体代理，A（S）-R；对作者而言，将出版商作为信息传递的整体代理，S-A（R）。

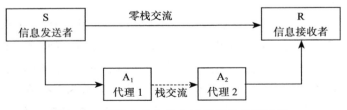

图 7-4　零栈交流和栈交流的信息传播过程

"信息栈"的提出使得人们开始关注信息交流系统中复杂的代理机构，深入理解信息交流与传播的内在机制，还可以追溯信息来源，从而辅助提升信息质量与可靠性。

◎ **延伸阅读资料：微信公众平台出版业信息栈交流模式**⊖

　　微信作为备受欢迎的即时通信软件，具有超 10 亿的用户基础，微信公众平台是 2012 年推出的可以支持跨通信运营商、跨操作的应用平台，可以说是信息接收者（微信用户）和信息发送者（微信公众平台运营后方）之间一个巨大的信息栈。通过微信公众平台的出版发行就是一种栈模式，其交流模式如图 7-5 所示。

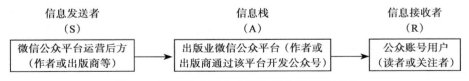

图 7-5　微信公众平台出版业信息栈交流模式

　　从图 7-5 中可以看到，该信息交流过程可以分为两种模式。模式一：作者（或读者）—微信公众平台—（出版社）—读者，在模式一中，每个微信公众账号都可看作基于微信公众平台的自媒体。作者可能是读者，也可能仅仅是作者，如数字自助出版、自媒体出版等。模式二：出版社－微信公众平台－读者，出版社作为信息发送者，借助于微信公众平台进行出版营销，进行线上线下服务与交易。微信公众平台作为社会代理，具有"代理人""把关人"、信息序化与控制、突破时空障碍等主要功能。借助这些功能，可以实现信息精准推送、自助出版、线上线下个性交流等。

7.2.3　信息传递的模式

　　按照信息传递模式的不同，信息交流可以分为四类：单向传递、多向传递、主动传递和被动传递。单向传递中信息发送者向确定的信息接收者传递信息；多向传递则无须

⊖　马小琪，李亚赟. 信息栈视角下微信公众平台出版模式研究 [J]. 出版发行研究，2017（7）：27-30.

事先指定信息接收者；主动传递是指信息发送者事先选定需要传递的信息；被动传递则是信息发送者根据接收者的信息需求提供信息。

四种基本的信息传递模式的组合，产生四类正式信息交流中常见的信息传递方式：单向主动传递、多向主动传递、多向被动传递、单向被动传递。

单向主动传递是指信息发送者根据自己的选择和判断，将选定的信息传递给事先确定的信息接收者，主要以信息机构提供信息服务的形式展现，例如学术期刊向特定用户提供的最新期刊目录等。这种传递方式事先有特定的接收者，对他们的信息需求也有一定的了解，所提供信息内容具备针对性和及时性。

多向主动传递是指信息发送者根据自己的选择和判断，将选定的信息传递给事先没有完全确定的信息接收者。例如图书、期刊等出版物，报纸、广播、网络媒体等大众传媒，信息发布会、商品展览会等活动都是典型的多向主动传递。这种信息传递方式的内容以二次信息为主，呈现给信息接收者的是经过加工整理的成果，这些信息大多不是针对个别人的需求，而是面向社会大众的需要。

多向被动传递是指信息发送者根据事先没有完全确定的信息接收者的选择和判断传递信息。由于没有确定的接收者，发送者所提供的信息主要面向大众用户，接收者可以根据自己的需求自行选择信息，发送者可以据此借由辅助手段提供信息。

单向被动传递是指信息发送者根据事先确定的信息接收者的具体要求传递特定信息。其主要形式是信息中介机构或信息中心所开展的信息咨询服务，如咨询公司根据企业客户的需求，为其进行的项目可行性调研报告等。对于信息接收者来说，这是一种较为理想的传递方式，但往往需要付出一定的成本。

单向主动传递是信息服务的高级形式，是对信息接收者而言的理想方式；多向主动传递是最基本、最重要的信息传递方式；多向被动传递是满足信息需求的最经济、可靠的方式；单向被动传递对接收者来说是最有效的传递方式。四种方式各有特点，相互补充，为各类认知主体提供相宜的信息传递方式。

7.3　信息交流的模式

模式是对现实事物内在机制及其联系的直观描述，它以简洁的理论形式再现特定事物的整体形象和简明信息。针对信息交流这一复杂的社会现象，可以借助成型的模式，提取主要线索，忽视次要因素，用简明、具体、科学、明晰的方式来展示信息交流过程及其内在规律，以方便人们更清晰地把握信息交流系统的结构、要素和联系。本部分介绍几种经典的信息交流模式。⊖

⊖　马费成，宋恩梅，赵一鸣 . 信息管理学基础 [M].3 版 . 武汉 : 武汉大学出版社，2018.

7.3.1 拉斯韦尔模式

1948 年，美国传播理论学家、政治学家哈罗德·拉斯韦尔（Harold Lasswell）在论文《传播在社会中的结构与功能》中提出描述信息交流行为的 5 个要素："谁？通过什么渠道？说了什么？对谁？有什么效果？"这就是著名的"5W"模型，也被称为拉斯韦尔模式、行动模型、线性模型或者单向传播模型，被认为是最有影响力也是最早的传播模型之一。

拉斯韦尔模式主要包含了 5 个基本要素，分别是："Who"，也就是谁传播了信息，信息的传播者、发送者或者信息源；"What"，也就是传播的信息是什么，信息的内容；"Which Channel"，是指信息通过什么渠道、媒介或者媒体进行传播；"Whom"，是指信息的接收者，或者说观众、受众是谁；"What Effect"，强调信息传播产生了怎样的效果。拉斯韦尔模式可以用图 7-6 表示。

图 7-6　拉斯韦尔模式

拉斯韦尔模式实际上简明、清晰地概括了信息传播过程中的 5 个基本内容，但受制于当时的信息交流环境，以及随着时代的发展，拉斯韦尔模式的局限也逐渐被人们所认识。首先，它将信息传播过程看作静止的，将各个要素看作固定不变的，不符合实际场景；其次，它将信息传播过程看作单向的，忽略了传播的动态性和反馈特征；最后，它忽略了噪音存在的可能性，如传播过程中可能存在的障碍。

◎ **延伸阅读资料：通过拉斯韦尔模式分析武亦姝的走红现象**

中国诗词大会是中央电视台播出的古诗词节目，在 2017 年第二季总决赛中，来自复旦附中的 00 后学生武亦姝夺得冠军，凭借雄厚的实力、淡定的气质、出色的表现，收获了大批粉丝。

我们可以通过拉斯韦尔模式，对武亦姝的走红现象进行解读。首先，从信息发送者来看，央视的品牌效应结合武亦姝的国民才女形象十分吸引眼球。其次，从信息内容来看，中国诗词大会的选题内容符合大众审美偏好，而诗词本身的审美意境又进一步优化了信息内容。再次，在信息渠道方面，央视等传统媒体引领，微博、微信等社交媒体跟进，既保证了权威性又扩大了影响力，为武亦姝的走红提供了良好的信息渠道。最后，在信息传播效果方面，电视观众与社交媒体用户积极参与话题的讨论中，从而强化了诗词文化的信息传播效果，使得武亦姝现象的热度持续升温。

㊀ 拉斯维尔.传播在社会中的结构与功能 [M].北京：中国传媒大学出版社，2015.

㊁ 人民网."武亦姝走红"现象的传播学 5W 模式解读 [EB/OL].（2021-08-27）[2023-02-01]. http://media.people.com.cn/n1/2017/0406/c411992-29193209.html.

可见，互联网的参与、新技术的兴起，只是在一定程度上改变了各个环节的实现方式与影响范围，作为信息传播的经典理论，拉斯韦尔模式如今依然能够较好地解释大多数传播现象。

7.3.2　香农 - 韦弗模式

1949 年，美国数学家香农和合作者韦弗在《通信的数学理论》一书中，为解决机器间的信息交换，提出了著名的通信模式。该模式被认为是信息传播的母模式[⊖]，如图 7-7 所示。

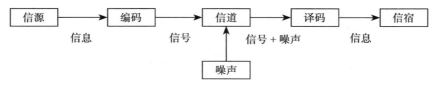

图 7-7　香农 - 韦弗模式

香农 - 韦弗模式包括发送者、编码器、信道、解码器、接收者和噪声六个基本要素。发送者是指产生信息并选择信道与发送信息的人；编码器也被称为传送器，是将信息转化为信号或者二进制数据的人或者机器；信道是用于传输信息的媒介；解码器是将信号或者二进制数据转化为信息的机器，或者将信号转译为信息的人；接收者是指信息接收者或者信宿，是接收信息的人或者信息传输的终点，它可以根据接收到的信息提供反馈；噪声是指来自外界的物理干扰，会阻碍原始信息抵达接收者。例如，经理在电话中对员工说"我们明天 8 点钟在办公室开会。"此时由于电话网络干扰丢失了"8 点钟"这个时间信息。于是员工问："几点开？"这是员工的反馈。在这个例子中，信息的发送者是经理，信息的编码器是电话网络公司，信道是移动网络，而由于噪音的干扰，部分信息丢失了。信息的解码器是移动电话，最终信息到达了他的接收者员工，员工因为不知道开会的时间而提供了反馈。

香农 - 韦弗模式构建了信息论的基本框架，第一次使得通信过程变得可以量化，且明确提出了噪声的概念，人们就可以通过消除噪音使得信息交流更加有效。该模式还从双向视角看待信息交流，使其适用范围更加广泛。当然，这个模式也存在着一些局限：一方面，它只适用于人际通信，也就是点对点的通信，并不适用于群组通信或大众传播；另一方面，该模式对反馈仍不够重视，接收者在通信过程中较为被动。

7.3.3　施拉姆模式

1955 年，美国著名传播学家威尔伯·施拉姆（W. Scheramm）对香农 - 韦弗模式进行

⊖　SHANNON C E. A mathematical theory of communication[J]. The bell system technical journal, 1948, 27（3）: 379-423.

了改进，提出一个循环模式。该模式包括三个基本要素：编码者，即编码或者发送信息的人，也就是信息的来源；释码者，指尝试理解信息的人，例如分析感知或者编译信息的人；译码者，指接收信息的人。在施拉姆循环模式中，A、B 需要将自己想要传递的信息编码传递给对方，同时需要编译对方传递过来的信息，并且做出相应的反馈。也就是说，A 的输入就是 B 的输出和反馈，B 的输入就是 A 的输出和反馈，这样信息交流循环过程得以建立。施拉姆提出的循环模式反映出通信过程的循环本质，这个模式打破了发送者、接收者的传统模式，从而使得通信过程更加实际。由于循环模式的存在，信息交流过程不再仅是单一直线型的，认知主体并没有严格的发送者、接收者之分，也没有角色限制。施拉姆循环模式如图 7-8 所示。

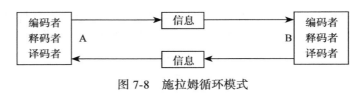

图 7-8　施拉姆循环模式

施拉姆循环模式还基于"共同经验说"引入了"语义噪音"的概念。施拉姆认为，个人的知识、经验与文化背景同样在信息交流中扮演着重要角色，来自不同文化、宗教或者背景的个人可能会从不同的角度来解释相同的信息，只有信息内容处于信息发送者与接收者的共同经验范围中，才能顺畅完成信息交流。此处所述的共同经验其范围广泛，可以是交流中符号体系的互相理解，例如语言、文字等，也可以指相近的生活环境和文化积累，如图 7-9 所示。例如，一位美国顾客比尔来到中国，他对酒店服务员说："我想喝点儿热的，我的喉咙有点干。"于是服务员为他端来了一杯温水，但是比尔实际想要的是一杯巧克力热咖啡。从通信的角度来看，实际上，服务员从另一个角度解释了比尔的信息，尽管比尔的语音信号完整地传递给了服务员，但服务员与比尔的餐饮背景不同，因此没有理解比尔的真实需求。这并非比尔或者服务员的过错，原因只在于他们二人之间拥有不同的文化背景，信息交流过程中存在语义噪声。

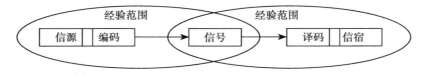

图 7-9　基于"共同经验说"的信息交流

此外，施拉姆还提出一种一对多的传递模式：大众传播模式（见图 7-10）。之所以被称为大众传播模式，是因为在其中，信息交流过程中的主体是媒介组织和普通大众，将个体看作集体中的个体，考察个体与个体、个体与群体间的信息传播过程。

施拉姆模式首先是一个动态模式，反映出了环境的随时变化，更符合实际生活场景。其次，该模式引入了"语义噪声"概念，表明冗余是信息交流过程中的一个重要组成部分。最后，由于引入了反馈这一核心特征，建立了与主体互动的联系，使得信息交流成为一种互动的循环过程。接收者在接收信息后，会与其他受众进行交流，对所接收的信息进行"再解释"，向信息发送者反馈信息。但该模式并没有对语义噪声的概念给出详细的阐释，也未能区分信息发送者与接收者双方的地位差别，而在实际生活中双方的地位很少是完全平等的。

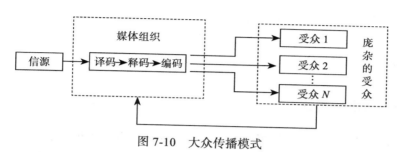

图 7-10　大众传播模式

◎ 延伸阅读资料：约哈里之窗（Johari Window）

在信息交流中信息发送者和信息接收者能不能实现真正的交流沟通，一定程度上取决于他们对沟通的目标或者事物是否有共同的理解或者共同的知识背景。大多数情况下，信息发送者不会完全地打开心扉，以致接收者难以完整、全面、正确地理解信息。1955年，美国心理学家约瑟夫·卢夫特（Joseph Luft）和哈里·英汉姆（Harry Ingham）提出"约哈里之窗"(Johari Window)，用以分析人际关系和信息交流。

如图 7-11 所示，他们按照信息交流双方对彼此的了解情况，将信息分为四个区间：开放之窗（Open Area）或者是公共区：自己和他人都知道的信息；盲点之窗（Blind Area）：他人知道而自己不知道的信息；隐蔽之窗（Hidden Area）或者是隐私区：自己知道而他人不知道的信息；未知之窗（Unknown Area）：自己和他人都不知道的信息。为了提升信息交流的效率和质量，应该努力扩大"开放之窗"的范围，缩小"盲点之窗"与

图 7-11　约哈里之窗示意图

"隐蔽之窗"的范围，探索"未知之窗"的区域。具体到实践过程中，我们可以主动进行自我暴露，向他人传递关于自身的信息，辅助他人了解自己。同时也可能激发反馈，通过他人反馈的信息，进一步加深对自我和他人的理解，培养健康的人际关系。

讨论：

用"约哈里之窗"分析自己：将自己列出的与他人列出的一一比较便可能出现以下四种情况。

①自己知道他人也知道的信息被称为公开信息。

②自己不知道而他人知道的信息被称为盲点信息。

③自己知道而他人不知道的信息被称为隐私信息。

④自己不知道他人也不知道的信息被称为潜在信息。

在这个过程中，除了那些你和他人都知道的公开信息外，或许你会意识到你有一些优点他人并不知道（隐私信息），或者你不知道但他人知道的优点（盲点信息）。因此，个体通过对这些信息的编码和释码分析能够对自己以及自己的社会形象有一个更全面的认识。同样的，个体的缺点是否也可以使用这种方式分析呢？

资料来源：根据网络资料自行整理。

7.3.4 米哈依洛夫模式

针对科学信息活动，苏联情报学家、教育家米哈依洛夫针对科学信息交流模式进行了专门研究。他将科学交流分为正式交流和非正式交流。正式交流是指通过科技文献系统，或者第三方的控制而进行的情报交流，如科学出版物的出版、图书馆书目工作等。如图7-12所示，正式交流不需要直接与信息生产者见面，只需要根据个人需求从文献中获取全面、详细、可靠的情报信息。但这种方式依靠文献等中介，必然需要一定的检索技巧，门槛相对较高，且信息更新、传递往往不及时。非正式交流是指科学家之间通过个人接触进行的情报交流，如参观实验室、交换书信、参加展览会等。非正式交流无需经过中介，信息更新、传递和反馈十分快速，且信息接收者与信息生产者直接接触，更方便获取有针对性的信息，理解没有写进正式出版物中的具体细节。同时，由于非正式交流的时空限制较为严格，能够参与的人仅仅是少数，往往难以记录和检验，降低了信息的可靠性。研究结果表明，信息交流中非正式交流占到相当大的比例，尤其是在研究起步阶段，普莱斯也曾指出，科学家使用的资料80%来自非正式交流。

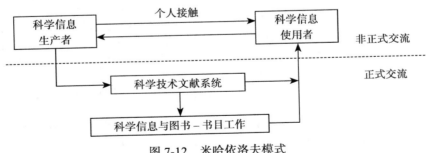

图7-12 米哈依洛夫模式

在科学研究过程中，科学家一方面产生信息，将研究成果通过正式与非正式的渠道传播出去；另一方面又借由正式与非正式渠道寻求信息。在具体实践过程中，往往需要两者的结合才能达到较好的效果，例如，在学术会议中，学者既可以通过会议所印刷的论文集传递和寻求科学信息，也可以通过茶歇、研讨会进行非正式交流，以获取即时、深入的其他信息。

◎ 延伸阅读资料：MOOC 中的信息交流[⊖]

MOOC 是 Massive Open Online Course（大规模在线开放课程）的缩写，是面向大众开放的免费在线教育模式。在 MOOC 平台上，用户不仅可以免费观看各类课程视频、提交作业、参加考试，还可以与老师、同学进行讨论互动，目前已经被广泛应用于多种教学环节。由网易与高教社共同推出的中国大学 MOOC 就是其代表性平台之一，其中包含数所国内知名高校的在线视频课程，资源丰富，内容优质，免费开放。图 7-13 是中国大学 MOOC 首页页面。

图 7-13　中国大学 MOOC 首页页面

从信息交流过程来看，MOOC 形式综合了非正式交流与大众信息交流。在学习过程中，同学与同学之间、老师与同学之间都可以针对课程内容进行互动；用户还可以选择加入学习小组，与组内成员进行互动交流。这种个体与个体之间的信息交流属于非正式交流的范畴，平台仅作为信息的传播渠道。此外，MOOC 中的组织或高校可以面向大众通过平台发布各种类型的课程视频，用户可以根据个人兴趣和需求自行选择课程学习，并且可以根据课程内容和学习情况向组织机构提供反馈信息。因此，MOOC 平台所采用的信息交流模式属于个体与群体间的大众传播模式，见图 7-14。

相对传统的线下教育过程，MOOC 平台的信息交流便捷、迅速，不受时空限制，可以及时进行信息发布、信息组织；交流模式也更加多元化、个性化，用户可以根据自己的实际情

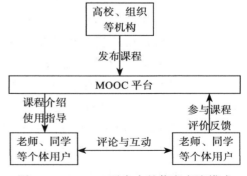

图 7-14　MOOC 平台中的信息交流模式

⊖　曹瑞琴, 刘艳玲, 邸杨芳. MOOC 背景下的信息交流模式 [J]. 农业图书情报学刊, 2018（10）: 119-123.

况选择课程、参与时间、参与形式等。这种自由度较高的形式所取得的效果因人而异，对用户自身知识和素养的要求较高，且在初期发展阶段，仍然存在监管不足的问题，课程质量良莠不齐，平台秩序相对混乱，也会影响信息交流的质量。

7.3.5 信息交流的其他模式

信息交流还有其他多种模式，例如维克利模式、社会传播传染病模式、兰开斯特模式、得福勒模式等。随着在各领域应用的逐渐深入，也出现了一些针对特定领域的信息传播及交流模式，如政策信息交流模式、学术信息交流模式等。篇幅所限，本小节仅对维克利模式、兰开斯特模式、UNISIST 科学交流模式和社会传播传染病模式进行简要介绍。

（1）维克利模式

维克利模式由英国信息学家 Brain C. Vickery 和 Alina Vickery 提出。该模式中包含信息源（Source）、交流渠道（Channel）和信息接收方（Recipient）三个要素，又被称为 S-C-R 模式。如图 7-15 所示，信息交流过程是指信息源发出信息，通过各种社会渠道传播，之后信息接收方接收到信息的过程。可

图 7-15 维克利模式

以看到，S-C-R 模式与香农等提出的通信模式相似，但其作为社会学领域的理论，与通信模式相比，更侧重信息交流的人本属性，如社会地位、个体认知等，这些因素无所不在，可能会对信息源、信息渠道和信息接收方产生影响，因此维克利强调要在社会背景下研究信息交流过程。此外，维克利还揭示了信息源和接收者之间的相互寻求关系，考察了信息交流过程的交互性和双向性。

（2）兰开斯特模式

早在 20 世纪 70 年代，美国图书馆学家兰开斯特（F. W. Lancaster）就设想了一种"无纸化科学信息交流系统"。如图 7-16 所示，兰开斯特模式仍是以信息链为基础模型，根据主体所履行的功能来定义主体角色，承担科研活动和科学信息生产的是作者，承担出版和发行任务职能的是出版商，

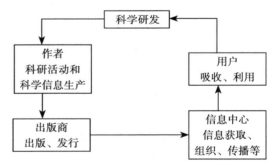

图 7-16 兰开斯特模式

而承担信息获取、组织、传播等职能的中介机构是信息中心等。从这个观点出发，科学家就不一定仅仅是信息发送者，而是随着承担职能的不同会有不同的角色。

兰开斯特模式也存在一定局限：对信息交流过程中要素的列举并不全面；没有考虑到时间因素在信息交流中的作用；对正式渠道和非正式渠道以及不同学科也未加区分。这在一定程度上限制了该模式的广泛适用性。

（3）UNISIST 科学交流模式

20 世纪 70 年代初，联合国教科文组织和国际科学联盟理事会合作提出 UNISIST 科学交流模式。该模式将科学信息分为三种类型：一次信息源、二次信息源和三次信息源。一次信息源是指最基础的科学信息发布形式，是科学信息的起点和信息基础；二次信息源是指在一次信息的基础上进行汇集、整理、组织和描述之后的信息，如目录、索引、文摘等；三次信息源是在一次和二次信息的基础上进一步汇编的结果，如综述、专题汇编等。

此外，该模式还考察了信息中介与用户，以及二者之间的关系。该模式把信息中介分为 6 种：①出版商；②文摘索引服务商；③图书馆；④情报中心；⑤数据中心（主要处理早于正式出版过程或与之同时产生的原始科学信息）；⑥数据交换中心（主要是分析、存储和传播非正式出版的文献）。信息交流渠道包括正式、非正式和表单，其中表单形式主要是指以图表形式展示与传播信息，多见于科技信息中，与正式渠道和非正式渠道中的信息有重合。虽然 UNISIST 科学交流模式的出发点是科学技术信息，但该模式在自然科学、人文社会科学等都具有普适性。

（4）社会传播传染病模式

早在 1885 年，古斯塔夫·勒庞（Gustave Le Bon）就在《人群：大众心理研究》一书中提出"行为传染"概念（Behavioural Contagion），认为人的行为常常会像传染病暴发一样迅速传播蔓延。20 世纪 50 年代，赫伯特·布鲁默（Herbert Blumer）提出"社会传染"（Social Contagion）概念，说明行为和情绪等信息的传播具有类似的疾病感染效应，信息对应病毒，拥有信息的人对应感染病毒的病人，尚不知悉信息的人则对应易感人群，这种信息传染很大程度上来自个体对群体中其他成员的模仿行为。之后，社会传染效应在多个实践领域中被验证，并逐渐发展为社会传染（Social Contagion）理论，主要是指情感、态度或行为在群体或网络中的自发传播，且大多数情况下接收者无法察觉到发起者在有意施加影响。

◎ **延伸阅读资料：抖音的张同学**[○][○]

2021 年下半年，抖音的张同学突然火出了圈，一度出现全网都在刷张同学、全网都在模仿张同学的风潮。张同学的爆火与全网都在模仿、制作张同学画风的视频，共同形成了一次经典的社会传染的案例。

张同学的账号从 2021 年 10 月 4 号发布第一个作品至 2021 年年底只发布了 42 条视频动态，却在短短两个月时间里吸粉超千万，单个视频点击量动辄过亿，被网友戏称"全抖音都在刷张同学"。不仅如此，张同学式的拍摄手法还引来了大批网红博主争相模仿，

○ 黄青春. 张同学何以"击穿"抖音？[EB/OL].（2021-12-31）[2023-02-01]. https://www.huxiu.com/article/478244.html.

○ 张丰. 从李子柒到张同学：年轻人为何爱看乡村生活？[EB/OL].（2021-12-31）[2023-02-01]. http://yn.people.com.cn/n2/2021/1203/c378440-35034049.html.

形成了"张同学风"。简单来说，张同学的视频用专业的剪辑技术与镜头调配展现着真实的农村生活，让渴望淳朴农村生活却又厌烦过于下沉的土味视频的都市人们找到了真正的农村生活，成为大家回到儿时、逃离城市的情感寄托。

强大的社会传染力的背后一定具有某种属于社会集体记忆的共同情感，如此才会形成全网的广泛传播。2021年以来，国家整治娱乐圈，推行教育"双减"，其背后的逻辑是高速发展的中国经济也给现在离开农村前往大城市打拼的年轻人很大的压力，大家在奔忙的同时需要一个怀旧的、真实的、属于儿时的心灵寄托。张同学真实的农村生活记录填充了一代年轻人的共同心灵。从情感上来说，张同学能够走红并形成强大的社会传染力，是因为他击中了两代人（80后和90后）的避世憧憬。"生活和工作的压力让年轻人喜欢通过憧憬短暂逃离现状，他的生活状态无疑契合了这种情感诉求。而且，这种白描农村青年物质、精神形态的创作更容易产生亲和力。"一位评论人这样说。

此外，新奇度也是具有强大的社会传染力所必不可少的一部分。在此之前，农村题材一直是各平台短视频领域经久不衰的"流量密码"。只不过，低俗、魔幻、荒诞曾一度成为贴在农村题材短视频身上的标签。而如今，张同学提供给网友的依旧是一个窥探农村生活样貌的入口，只不过张同学通过专业的拍摄手法和巧妙的构思剪辑，让作品有了更强的穿透力和生命力，也使得作品能以一种田野观察、保护性景观的形式存在。这种新奇性与新鲜感也在无形之中增强了社会传染的速度和力度，毕竟对新鲜事物的好奇心是人类的共同情感。

7.4 网络信息交流

7.4.1 网络信息交流的兴起

计算机、网络通信技术不断发展，深刻改变了人类所处的信息环境，带来了信息交流的巨大变革。从纸张、声像、电子等载体到网络载体的过程中，存储容量逐渐变大，成本体积逐渐缩小，信息存储与传递的效率逐步提高，信息展示形式逐渐丰富，同时突破了时空限制，电子邮件、BBS论坛、博客等都是网络环境下典型的信息交流方式，极大地突破了人类个体的认知局限。之后，同步信息通信技术的发展，改变了个体与网络的连接方式，为个人或其他社会主体之间的信息交互过程提供了技术条件，如即时信息（Immediately Message，IM）、聊天和短信服务（Short Message Service，SMS）等。近些年来，语义技术的发展进一步促进了数据互联，使网络技术更加智能，能够在语义层面理解信息内容，让信息更高效、及时地在主体间传播。

根据中国互联网络信息中心（CNNIC）发布的《第50次中国互联网络发展状况调查统计报告》，截至2022年6月，我国网民规模为10.51亿。《第48次中国互联网络发展状况调查统计报告》显示，个人互联网应用使用行为主要包括信息获取、交流沟通、网络娱乐、商务交易四大类，交流沟通中即时通信用户规模9.81亿，使用率和渗透率均最高，持续推荐服务商业化和产品专业化；用户信息获取涉及搜索引擎、网络新闻、网络视频、网络直播等多种类型，尤其是交互类、视频类信息交流渠道增长近 10%。[⊖]

7.4.2 网络信息交流的模式及特点

在 7.3.4 中，我们介绍了苏联情报学家米哈依洛夫提出的科学信息交流模式，他将科学信息交流分为"正式交流"和"非正式交流"，划分这两种交流方式的依据是是否存在科学文献等正式出版物。但是这种划分标准在网络环境下不再泾渭分明，网络环境下无论是正式还是非正式信息交流，大多以网络载体为媒介，信息的存在和传递都基于网络，使得正式交流和非正式交流机制的界限模糊，甚至开始融合。且信息发送者同时可以是信息接收者，信息接收者也可以是信息发送者，信息交流过程中参与主体之间的界限也变得模糊，更加强调交流的对等性、互动性、双向性。

从信息交流的六大要素来看，相比传统信息交流，网络信息交流的信息源和交流通道的改变最为明显。

网络信息源是指利用现代通信技术处理的、具有使用价值的信息集合。相比传统的信息源，网络信息源所携带的信息量更大，信息类型更丰富，结构也更加复杂。按照信息源的内容，网络信息源可以分为人文科学、自然技术、商业经济、娱乐休闲等各种类型；按照交流方式，网络信息源可以分为正式信息源、半正式信息源、非正式信息源；按照信息内容特征，网络信息源可以分为一次信息源、二次信息源等。信息之间并不是孤立存在的，互联网更是通过超链接增强了网络信息的交互性和关联性，为信息的组织和检索提供了便利。但另一方面，开放的互联网也拉低了信息质量，网络信息的重复冗余、错误等问题更加突出，一些信息源的组织并无规范和标准，信息迭代消亡更快，增加了信息的无序性和波动性。这些信息源功能上互补，结构上更多样，内容上也具有互联性。

交流通道是指信息交流过程中提供技术系统基础并接收、过滤、处理、控制、发布信息内容的中介。网络环境下的交流通道主要包括无线局域网、手机通话交流、Ftp、Telenet、Gopher 等网络通信平台，或 E-mail、Newsgroup、MSN、QQ、Blog 等网络交流工具。这些网络载体作为信息中介，接收信息源所传递的信息，并传递给信息接收者，根据其对信息的介入和控制程度可以将其划分为三类：纯技术型中介、内容选择控制型中介和内容完全控制型中介。[⊜]纯技术型中介仅作为网络信息交流的技术支持，并不介入和影响信息内容。内容选择控制型中介会对信息内容进行过滤，但介入程度较浅，可以删除或屏蔽部分内容，但并不进行组织整理。内容完全控制型中介对信息内容的介入较强，不仅可以筛选信息，还能整理、组织、存储、发布和管理信息。显然，不同类型的

⊖ CNNIC. 第 50 次中国互联网络发展状况调查统计报告 [EB/OL].（2022-08-31）[2023-02-01]. https://www.cnnic.net.cn/n4/2022/0914/c88-10226.html.

⊜ 胡振华，吴志荣 . 论数字信息的交流模式 [J]. 图书情报工作，2008(5): 48-50，148.

中介对信息的控制程度不同，所产生的信息交流效果也有差异，据此产生了不同的网络信息交流模式：零栈交流、准零栈交流、有栈交流。其中，有栈交流又可以根据信息栈的不同类型，进一步分为组织栈交流模式和个人栈交流模式。⊖

　　网络环境下的零栈交流是信息发送者与接收者之间的直接交流，仅有纯技术型中介参与，比如微信、QQ、E-mail（电子邮箱/件）等在线交流工具，中介仅提供物理层面的支持，不干扰交流内容。这种方式类似传统的直接交流模式，是信息交流双方之间点对点、一对一的信息交流，如图 7-17 所示。

　　准零栈交流是指经过内容控制型中介的信息交流模式。如果中介没有对交流内容进行过滤操作，则相当于零栈交流；如果中介

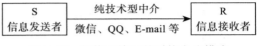

图 7-17　网络环境下的零栈交流模式

对于交流内容做出删除或屏蔽的操作，则相当于有栈交流。网络环境下的准零栈交流模式是点对面、一对多的信息交流，利用论坛、微博等途径实现，兼有零栈交流和有栈交流的一些特征，如图 7-18 所示。

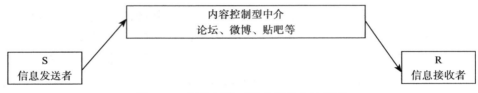

图 7-18　网络环境下的准零栈交流模式

　　有栈交流是指内容完全控制型中介参与的交流，可以按照一定的规范对信息内容进行筛选、整理和组织。根据中介结构的层次，可以划分为组织栈交流和个人栈交流。组织栈一般是指具有特定功能的组织结构，如搜索引擎、综合文献中心和咨询机构等，对信息控制严格规范，所提供的信息具有专业性和针对性，质量较高；个人栈则是指单独个体根据自身知识结构、社会背景和心理偏好对信息进行处理和传递，随意性和局限性较大，信息质量参差不齐，与个人关系较大。网络环境下的有栈交流模式如图 7-19 所示。

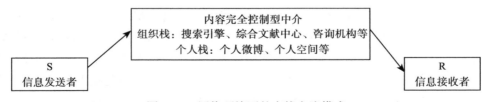

图 7-19　网络环境下的有栈交流模式

　　网络环境下的信息交流模式具有以下特点。

　　第一，更加强调交互性与双向性。网络信息交流中，信息发送者与信息接收者的界限模糊，多数个体同时承担两种角色，交流过程是双向对等的。网络交流工具的多样化

⊖　张克晖，吕维平．网络环境下信息栈模式探析 [J]．科技情报开发与经济，2013(5): 107-110.

也使得个体拥有了空前的话语权，每个人都可以在网络上发布信息和获取信息，尤其是Blog、Vlog、短视频的出现，进一步增强了信息交流的交互性。

第二，突破了时空限制。计算机和网络通信技术极大地丰富了信息交流的方式，即时信息交流、移动信息交流、数字文献交流等多种渠道的综合应用，克服了传统信息交流中实物载体依赖造成的时空障碍，实现多渠道、全方位、多媒体的信息交流。

第三，对工具的依赖性强。网络信息交流依靠网络交流工具和网络通信载体实现。这种中介机构作为信息交流渠道是信息交流过程的要素之一，无处不在，无时不在，提高了信息传递效率的同时，也增强了网络信息交流对它的依赖。

7.4.3　网络环境下的科学信息交流

（1）科学信息交流的含义

科学信息交流是指研究成果或其他学术产出创作、评价等各种科学信息从信息发布者到用户之间的各个环节的过程，是专门针对科学信息的交流过程。科学信息交流既有一般社会信息交流的特点，也有自己的特点。按照交流介质和信息载体的不同，科学信息交流可以分为正式科学信息交流和非正式科学信息交流。正式科学信息交流过去主要是指以学术文献（如图书、期刊等）为主的科学信息传递，这种形式的信息质量较高，可保存回溯，突破了时空限制，但信息获取往往不够及时。非正式科学信息交流则是指科研人员借助学术会议、研究讨论、口头演讲等形式进行的面对面交流，与其他正式科学信息交流过程类似，这种形式时滞性弱，针对性强，信息丰富，但也受到时间空间、组织成本的限制。在网络环境下，电子信息渠道成为重要的中介，数字出版物、E-mail、博客、虚拟会议等新渠道，大大丰富了正式科学信息交流和非正式科学信息交流的形式。

（2）科学信息交流的发展

科学信息交流过程中包含科学信息生产者、科学信息接收者、科学信息和科学信息载体四种要素，是信息交流的必要条件。1970 年，美国社会学家 William Garvey 和 Belver Griffith 通过对心理学领域科学交流的分析，提出科学交流系统的加维 – 格里菲斯模型（Garvey-Griffith Model）。几乎同时，联合国教科文组织和国际科学联盟理事会共同发布 UNISIST 科学交流模式，描述了科学信息从生产者到接收者的详细过程。1976 年，苏联科学家米哈依洛夫就已经按照是否存在纸质载体，将科学信息交流分为正式科学信息交流与非正式科学信息交流。

20 世纪 70 年代之后，计算机技术和万维网的发展深刻影响了科学信息交流的各个方面，原本建立在纸质印刷和纸质载体环境中的经典理论受到挑战。1996 年，美国学者 Julie M .Hurd 改进了加维 – 格里菲斯模型，引入电子会议、电子出版物、数据库等新元素，描述网络环境下的数字化信息在科学信息交流系统中的流动过程。之后 Hurd 又对模型进行修正，加入了开放获取、网络出版、机构库等新元素，并对网络环境下各类主体的角色及其职能进行定位，这些主体角色包括科学家、大学、图书馆、出版商等。21世纪以来，即时交流工具、社会化媒体、虚拟社区等新型中介层出不穷，为非正式交流提供了技术基础。科学交流网站、网上知识库、电子出版物、数字图书馆、网络服务商等新型的网络交流系统得到广泛应用。

（3）科学信息交流的特点

上述新型的网络交流系统的广泛应用对依托传统纸质载体的正式交流形成挑战，科学信息交流过程被深刻影响，展示出新的特点。

第一，打破了角色和功能的对应关系，催生了新的信息类型和角色类型。比如，传统科学信息交流中一般是由出版商承担编辑、出版的职能，但在网络环境下，作者可以"自助出版"，图书馆也可以生产各种信息产品，哈佛大学、剑桥大学、华盛顿大学等高校的图书馆都曾尝试开放存取出版活动。网络环境下科学信息交流中各个角色打破了严格有序的学术分工，界限模糊。

第二，信息交流流程浓缩和简化。科学交流系统呈现去中心化趋势，在作者和读者之间存在各种连接方式，包括经过评议的和未经评议的材料，正式渠道和各种网络论坛等。"多种渠道前所未有的发展与共融，功能承载主体的多样化，使学术交流中心不再固化在某一主体上"，而体现出了"去中心性"的特点。社会化网络空间本身就更加强调自由、平等的对等交流模式，最大限度地激活用户交流潜能，增加信息关联程度，也使得读者的信息来源更加多样化。

（4）网络环境下的非正式科学信息交流

传统的非正式交流主要基于物理空间，而网络技术、信息技术的发展，使其得以突破空间限制，多样的社会化媒体、在线交流工具、电子媒介等更是为非正式交流开辟了新场地。无形学院作为一种由来已久的非正式交流渠道，在网络环境下也有了新的发展。虚拟学术社区可以理解为无形学院在现代社会环境下的新形式，成员之间的非正式联系、交流空间的虚拟性是其重要特征。在这种虚拟学术社区中，成员可以通过发帖、回复、点赞或转发等形式进行信息交流。由于成员交流更加平等，思维更加分散，成本也更可控，虚拟学术社区已经成为重要的非正式交流形式。虚拟学术社区中的成员角色包括信息生产者、信息接收者和信息评价者，前两个大家都十分熟悉，信息评价者是指具有一定专业领域知识、能够客观精准评价信息资源的人，可以保障社区中的信息质量。[⊖]三种角色可以互相转换，共同促进社区中的信息流动、共享和增长。社区管理者也是社区的重要组成部分，其负责指导、激励用户开展信息活动，组织序化各种信息等，对维持社区秩序与良好生态具有重要作用。虚拟学术社区中的信息交流过程如图7-20所示。

（5）网络环境下的正式科学信息交流

传统环境下的正式科学信息交流主要以纸质印本为载体，这种方式在互联网出现之

⊖ 朱继朋. 移动互联网时代虚拟学术社区信息运动模式研究 [J]. 图书馆学刊，2018（3）：46-49.

前对科学信息交流做出了很大贡献。但随着科学技术的发展、研究成果的积累，纸质印本的信息承载量、传播效率和垄断性质均受到质疑。网络环境改变了传统的学术交流生态，使得信息载体和交流方式更加多样化，但新的环境和技术并没有破坏科学的结构，正式交流渠道仍然是必需的。并且随着科研人员对网络技术的熟悉和掌握，互联网已经从非正式交流的工具演进为正式交流的重要载体，主要表现形式有电子期刊、预印本、灰色文献。[⊖]

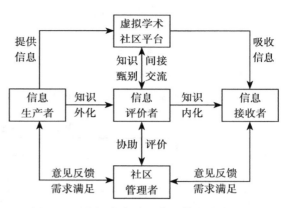

图 7-20　虚拟学术社区中的信息交流过程

电子期刊（E-journal）是指以电子或数字形式存在的期刊，包括传统纸质期刊的电子化和只以数字形式存在的原生电子期刊。这种出版形式将科学信息以二进制代码的形式存储在光、磁、电等介质上，具有较大的灵活性和多样性，已经成为学术期刊出版商和文献机构必不可少的服务形式。如自然出版公司在 1996 年就发布 Nature 出版平台，为读者提供纸质期刊的电子版本和检索、订阅等服务，使其在世界范围内迅速扩大了影响力。

预印本（Preprints）是指在正式出版或同行评审之前就已经发布的文献。传统环境下纸质期刊的发表机制环节复杂，时效性差，难以协调争取优先权与提升科学交流效率的目标。在 20 世纪 70 年代，物理学家就已经开始采用预印本进行科学交流，但是基本都是科学家个人之间的私下交流，没有经过正常的期刊发表环节，因此常被认为是非正式交流。互联网技术充分发挥了预印本的优势，各种网络预印平台的出现，大大提升了研究成果发表的时效性，解决了纸质预印本的诸多难题。

灰色文献（Gray Literature）或未出版文献，介于正式发行的白色文献与不公开出版并深具隐秘性的黑色文献之间，涉及种类广泛。其包括技术或研究报告、博士学位论文、会议论文、官方出版物等，常见于机构服务器。这部分文献在网上相对易获取，价格低廉。

◎ 延伸阅读资料：PLoS 开放存取期刊出版平台[⊜]

开放获取（Open Access，OA）是 20 世纪 90 年代兴起的一种新兴的科学信息交流模式，打破了传统期刊的垄断格局，大大提升了信息交流效率。它包括电子期刊、预印本、灰色文献以及未以文献形式展现的其他支撑材料，如数据集、声像材料等。开放获取学术交流模式的诞生，不但实现了学术资源的开放获取，而且在知识创造过程中发挥了巨大作用，研究者可以便利、安全地存储科研过程中的各种资料，大大方便了研究工作和

⊖　徐丽芳. 数字科学信息交流研究 [M]. 武汉：武汉大学出版社，2008：6-7.

⊜　匡登辉. PLoS 开放存取期刊网络平台知识服务研究 [J]. 中国科技期刊研究，2016（1）：72-78.

个人声誉的提升。开放获取模式的基本要素同样包括作者（信息发送者）、学术信息（信息内容）、信息中介（交流渠道）、读者（信息接收者）和读者评议（反馈）这些要素，但彼此之间的关系发生了变化。

PLoS 为美国科学公共图书馆（the Public Library of Science）的简称，是 2000 年创立的开放存取期刊出版平台，包括 7 种顶级开放获取期刊，如表 7-3 所示。期刊上的全部论文都经过严格的同行评议，即时免费提供使用，在生物医学领域具有较大影响力。

表 7-3　PLoS 期刊列表

期刊	eISSN	Impact Factor（2020）
PLoS Medicine	1549-1676	11.069
PLoS Biology	1545-7885	8.029
PLoS Pathogens	1553-7374	6.823
PLoS Genetics	1553-7404	5.917
PLoS Neglected Tropical Diseases	1935-2735	4.411
PLoS Computational Biology	1553-7358	4.475
PLoS ONE	1932-6203	3.240

PLoS 的服务模式是基于用户喜好的自主、自助式知识服务，提供以下功能：数字化论文展示、采编平台、信息检索、个性化知识服务和社交媒体互动服务。数字化论文展示页面支持免费查看论文全文及图表，用户还可以发表评论，得到相关文章推荐和文献咨询服务。采编平台实现作者–编辑–评审–出版商的业务处理，四者之间的交流方便顺畅，大大提升了文献在线出版的效率。信息检索由用户根据个人需求进行自主检索，平台提供简单检索和高级检索方式，以及期刊、主题、文献类型、作者、编辑、研究机构等过滤器。个性化知识服务主要包括期刊精选服务（Journal Alert）、专题精选服务（Search Alert）和 RSS 订阅服务。Twitter、Facebook 等社交媒体互动服务的高连接性和互动性，可以帮助 PLoS 扩大影响力，进一步提升科学信息交流的效率。PLoS 检索页面如图 7-21 所示。

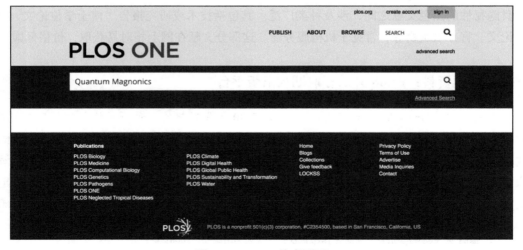

图 7-21　PLoS 检索页面

7.4.4 网络信息交流的发展

信息与通信技术的发展已经使得互联网本身成为一种重要的信息载体和交流渠道，极大地改变了人们的信息交流活动。随着语义技术、社会化媒体、虚拟平台和虚拟社区的发展，网络环境本身也在进行更迭变化：人机交流更加智能，数据流动更加顺畅，信息搜索更加精准便捷。用户不仅可以通过互联网快速检索、获取和传播信息，还可以参与信息交流的各个环节，除信息接收者之外，用户还承担着信息传播者、生产者、探索者和收集者等多种角色，主动性大大增强。

目前来看，网络信息交流正在呈现以下现象。

第一，网络信息交流正在摆脱纯粹的工具性特征，从而转为塑造社会关系网络、知识空间和社会文化的有效途径。一般来说，人们对网络信息交流的认知主要停留在工具理性之上，即单纯地认为信息交流只是在网络空间得以实现或者二次再现。而实际上，网络信息交流正在潜移默化地改变人们的认知，改造着人们的知识世界，影响着社会文化，最终成为社会发展的得力"帮手"。例如，微博作为重要的社会化传播平台，其信息内容已经从早期的碎片化、低质量逐渐转化为涉及政治、文化、经济等各层面的专业信息，且讨论话题与人们关系密切，互动性较强，对广大用户思想的影响十分深入。

第二，网络信息交流拓展了网络信息资源开发利用的空间。随着互联网、移动互联网的兴起，信息交流的媒介呈现多样化的趋势，实现了信息在时间与空间上的即时传递与实时分享。信息生产者、组织者的数量大大增加，消费者和自媒体在网络开放平台上通过视频、博客、评论、问答等形式贡献信息，信息内容的质量和专业化程度也逐渐提高。在此背景下，各种网络信息资源得以被充分开发利用，网络信息交流的内容在数字化转型等背景下不断地拓展和延伸，基于网络的数据资源开放共享成为新的方向。实际上，互联网恰似一个全球性、"无限"扩充的"图书馆"，即随着网络信息资源更加丰富，信息交流的内容更加多样化。

第三，网络信息交流平台的"智慧"打造更加凸显。网络信息交流平台是保障网络信息交流的重要载体，在用户需求驱动下，网络信息交流平台打造出了各种信息交流的服务功能，实现了智慧赋能。一方面，用户信息交流不仅有主动的选择权，可以自由发布自己的内容，分享自己的经验看法，对共同感兴趣的话题形成讨论，还能够根据自己的需要主动地甄别信息。同时，面对海量的网络资源，网络信息交流平台为缓解用户信息搜索困境，利用偏好信息处理、语义网、个性化引擎技术，实现对用户特征信息的收集与分析，自动向用户推荐符合其兴趣特征的信息，从而减少用户寻找信息和交流信息的成本，提高所得信息的准确度等。

第四，网络信息交流正在塑造信息流动的网状结构。传统环境下的信息交流模式多以线性和树形结构为主，而网络信息交流模式更加强调网络结构及其小世界特征、长尾效应、自组织特征。这种散布式的网状结构，使得信息提供者生产、发布的信息一旦进入网络，就能够迅速地以非线性方式传播出去，突破了单向大众传播与双向人际传播的局限，实现了多网络主体的协同传播，使得信息能够在网络空间结构内多向自由流动。

当然，网络信息交流带给人们极大便利的同时，也存在一些不可忽视的问题。

第一，信息质量问题。报纸、电视等传统信息渠道具有专业化的运作机制，传播的信息具有真实性、可靠性的优势。然而在网络环境中，信息数量爆炸性增长，种类繁多，分布广泛，很多自媒体的创作者为了吸引眼球，提高点击率，传播虚假信息。用户生成内容（UGC）盛行，大量信息未经专业审核，使得信息质量良莠不齐，信息污染问题严重。同时，网络信息传播的低成本也助推了网络虚假信息的泛滥。网络的匿名性与身份的模糊性降低了责任的风险，促进了虚假信息的肆意传播，无疑增加了人们获取高质量信息的阻碍。

第二，信息侵权问题。在网络环境中，信息交流更加便捷，网民对海量信息进行复制、传播，信息获取变得更加容易。与此同时，知识产权面临更大的挑战。例如，很多论坛的资源共享区有大量没有经作者许可上传共享的资源。另外，通过文件传输工具分享文件视频资料的现象也屡见不鲜。知识产权是指法律赋予知识产品所有人及其智力成果享有的专有权利，如商标权、专利权、著作权等。网络环境下知识产权对信息交流的影响巨大。一方面，保护知识产权有利于原创性知识的生产，减少了信息重复和冗余，是信息交流的源泉。但另一方面，知识产权维护作者权利的同时，也阻碍了信息交流。例如，商业数据库对创作者信息产品的垄断，降低了信息交流的效率，这种现象在科学信息交流中体现地更为明显，已经引致批评。

第三，信息安全问题。在网络信息交流环境中，由于技术限制、监管不力及相关法律缺失等问题，信息安全受到了很大的威胁。信息内容的安全是信息安全最基础的问题，包括内容完整性、真实性等。交流过程的安全，包括信息的安全存储、传输和处理，有时还需要对非法信息、不良信息进行过滤，以防止其干扰正常的信息交流活动。信息交流系统的安全涉及硬件与软件两个方面，硬件包括计算机、交换机、路由器等物理设备，软件包括信息传输系统、组织系统等。这些信息安全问题不仅带来信息存储和传输过程中的风险，也威胁着用户的隐私，盗取信息、网上拦截等问题层出不穷，已经引起社会的重视。

针对网络信息交流的发展以及一系列的现实问题，可以从以下几个方面着力构建和完善网络信息交流的生态。

第一，完善网络信息传播与交流相关的法律。目前，我国网络信息交流相关法律已经涵盖了信息安全、知识产权、网络监管等方面，对于规范网络信息交流行为起到了一定的作用。但随着网络信息技术发展和开放文化的影响，也产生了一些需要关注的新问题。在今后的网络信息交流与传播的立法中，可紧密结合快速发展的技术背景，通过完善网络信息交流与传播相关的立法，形成比较完善的法律监督体系。

第二，建立网络信息管理机制。网络信息交流与传播的监管涉及国家工业与信息化部、国家安全部、公安部门等多个管理部门，通过理顺各个部门的职责，建立起多部门、跨区域合作的网络信息管理机制。

第三，创新信息交流模式。VR、AR 技术的出现，颠覆了信息交流与传播的模式，信息交流从文字、图片、视频传播转变成了"场景""体验"的互动。因此，无论报纸、杂志、期刊等传统的媒介，或是微信、微博等网络媒介，都可以借助虚拟现实技术，叠加虚拟场景与现实场景，为用户带来更好的体验。在国外，《纽约日报》、BBC、美联社、《经济学人》等媒体都在尝试"VR+ 新闻"的新型信息呈现与传播的模式。国内，新华社、《人民日报》、光明网、《广西日报》等都纷纷开始利用 VR 技术。

第四，提高用户的媒介素养。网络信息交流中，用户不仅仅是信息的接受者，还成为信息的生产者与传播者，因此进行媒介素养教育势在必行。充分利用网站、电视、报纸、广播等多种媒介开展教育，可以以视频公开课、游戏问答、在网站设立模块等多种形式展开。

◎ 延伸阅读资料：新闻聊天机器人[⊖]

2016 年的美国大选，民调支持率和实际公民得票率都偏低的特朗普成功当选总统。此次大选过程中出现了多种新技术和新方式，新闻聊天机器人（News Chatbots）就是其中一个典型代表。早在 2014 年，美联社就开始使用机器人写作简单的财经报道，再将此类新闻通过传统渠道分发。但聊天机器人强调与用户的直接互动交流，无需经过传统的媒体渠道。2016 年，Facebook 发布了可在 Facebook Messenger 内建设聊天机器人的 API（应用程序编程接口），真正开启了聊天机器人的大规模应用。截至 2016 年 10 月，Facebook Messenger 平台上线各类聊天机器人 3.3 万个。之后，CNN、《纽约时报》和《华盛顿邮报》等诸多美国知名媒体也迅速跟进。为后续大选过程中聊天机器人发挥其作用奠定了基础。

新闻媒体是大众信息传播、交流与反馈等环节的重要渠道，而美国大选过程中的主流媒体均在报道过程中采用聊天机器人，如《纽约时报》的新闻发布机器人、BuzzFeed 的新闻采集机器人、CNN 的新闻概要抽取机器人等。研究显示，在与美国大选相关的全部 Twitter 消息中，有 20% 的推文是由机器人发布的。这些机器人信息来源广泛，且具有一定的人性化特质，可以基于专家经验、语义技术了解人类意图，尝试回答较为复杂的问题。大部分正规媒体的机器人保持客观言论，但也存在一些有明显的政治倾向性的机器人，以倾向性的言论引导舆情，在一定程度上有损公平。例如，在大选前的 2016 年 10 月，希拉里竞选团队在 Facebook 上推出了一个聊天机器人"Text Trump"，用以收集特朗普不当言论，并模仿特朗普的语气回答用户的提问，鼓励用户转发这些言论。

这些机器人的使用一方面拓宽了新闻来源，提高了信息交流和信息甄别效率，能够在互动交流中深化对用户的认识，针对性地提供信息服务。另一方面，随着机器人智能

⊖ 张操. 从美国大选报道战看新闻聊天机器人的发展 [EB/OL].（2021-08-27）[2023-02-01]. http://media.people.com.cn/n1/2017/0314/c411605-29145031.html.

化水平的提高，普通用户往往难以辨别，这就可能极大地影响舆论风向，威胁到社会稳定与信息安全。

◎ 复习思考题

1. 简述信息交流的类型。
2. 结合案例，比较正式信息交流与非正式信息交流。
3. 简述信息交流的内在机制。
4. 简述信息交流的主要模式。
5. 简述网络信息交流的新特征及发展趋势。

第 8 章

信 息 用 户

■ 教学目的与要求

　　理解信息用户的概念及其重要性；掌握用户信息需求的内涵和相关理论；熟悉用户信息行为的定义、类型、特征等；掌握数据驱动的用户画像内涵、构建流程等；认识用户数据的利用与价值实现的典型应用等。

　　信息用户是信息链条的终端，也是信息产品与服务的归宿。在大数据时代，沟通的无边界性前所未有地释放了个体的力量，信息链上的主体角色正在从"受众"向"用户"转变，使得信息用户的崛起已成为不争的事实。通过数据的描述、分析和挖掘，信息用户的价值能够得到深刻开发与利用。在新环境下，信息用户的形式、内核、价值等正在发生新的重要变化，而如何听到更多的"用户"声音，成为信息资源管理领域关注的重点。

8.1 信息用户概述

8.1.1 什么是信息用户

　　在进一步探讨信息用户研究之前，必须首先回答一个基本问题，即什么是信息用户。

　　无论是受众、客户还是用户，这些称谓都反映的是一个共同的对象——人类。关于人的定义各式各样：人是会发明和使用工具的动物（Homo Faber）；人是有闲的、会玩耍的动物（Home Ludens）；人是能够说话的动物（Homo Loquens）；人是会迁移的动物（Homo Mobens）。这些关于人的定义的描述，反映了人的多样性，也决定了人类需求的多样化。例如：Homo Faber 反映了人类对各种知识的需求；Home Ludens 则体现了人类对文化、娱乐的需求，对自我实现的需求；Homo Loquens 则体现了人类对信息交流、社交的需求；Homo Mobens 反映了人类对安全的需求。

　　而信息服务就是以信息为内容、满足人们信息需求的业务活动。无论是在生产经营活动、科学研究活动、文化艺术活动还是军事活动中，信息服务都有至关重要的作用。信息用户作为信息服务的对象，是指在信息环境下各类活动中利用信息的个人或组织。由于信息服务具有普遍性和社会性，开展信息服务也是从全体社会成员的实际需求出发，以满足用户信息需求为主要目标，因此一切信息用户都可以视为信息服务的用户。在上述活动中，作为信息用户的个体或团体往往在获取和利用信息时，也会伴随着新信息的产生与传播，因此信息用户往往同时是信息的利用者、生产者与传播者。

8.1.2　信息用户研究的重要性

　　信息用户研究是一项复杂系统的工作，涉及信息用户需求、信息用户满意度、信息用户反馈、信息技术与信息用户、不同情境下信息用户服务应用等各个方面，可用于指导相关产品、工具等的设计、架构和提升优化。

　　美剧《硅谷》中的一段剧情突出表现了信息用户的重要性。片中的主人公开发了一款存储软件。他很兴奋，希望得到用户的反馈。可是产品发布后，来自各行各业人士的无情批评让他无地自容。他困惑不解，为什么在开发过程中，他的同事、朋友都没有提出这么尖锐的意见？显然，他理解错了用户研究中用户的范围：信息产品的用户是真正使用产品的公众，他们既非实验室中的同事、朋友，也非专业的工程师。

　　长期以来，信息用户始终是信息资源管理领域的重要研究组成，对信息用户需求、行为规律等内容的深入探讨能够有效支撑信息相关产业、服务业的科学决策。脱离信息用户研究的产品很难满足用户的使用习惯，难以契合用户倾向性风格，在激烈的市场竞争环境中将会处于劣势。而信息用户的研究可以提供有价值的信息，比如核心与潜在用户群体、产品的使用环境和情境、产品的关键技术、产品的性能与效用、信息用户的需求以及体验等，有助于信息产品和服务提供者打造"完美"产品和服务，提升用户体验，最终提升产品和组织的竞争力。为理解信息用户的重要性，下面列举了高校图书馆的案例。

◎ **延伸阅读资料：信息用户的重要性**[⊖]

　　高校图书馆的主要信息用户是教师、科研人员和学生。网络时代的到来使得信息获取更加便捷、信息来源更加丰富，高校图书馆也面临着较为严峻的挑战。而信息服务是图书馆的核心业务之一，用户需求个性化、多样化特征日益增长的形势也要求其必须以用户为中心提供信息服务，为高校的教学科研人员、学生提供主动的个性化信息服务。信息服务的提供思路从传统的"我提供什么，用户就接受什么"变为"用户需要什么，

　　⊖　豆丁网.数字图书馆用户信息需求研究.[EB/OL].（2021-06-16）[2023-02-01]. https://www.docin.com/p-1536166728.html.

我们就提供什么"，只有这样，高校图书馆的职能才能在网络时代得以延续和发展。

例如，美国康奈尔大学图书馆的 **My Library** 系统就是较为成功的案例之一。该系统由康奈尔大学图书馆馆员和程序员自行研发。在项目实施之初，该校针对全校师生展开大面积调研，并且在上线后持续关注用户体验与反馈，反复迭代，不断完善功能。其系统功能大致分为五部分：我的链接（**My Links**），帮助用户搜集和组织数字化资源；资源更新（**My Updates**），将信道资源及时通知给用户；我的目次（**My Contents**），面向用户主动提供期刊目录；我的书目（**My Catalog**），为用户提供个性化的联机书目检索服务；我的文献传递（**My Document Delivery**），为用户提供馆际互借服务。系统围绕用户实际需求设计，为用户提供稳定、可靠、安全和高效的服务能力。整体来看，对信息用户的调研与对其需求的关注在系统建设中起到了关键作用。首先，这符合图书馆"以人为本"的理念；其次，用户的个性化信息需求为信息服务提供了动力；最后，扩展了高校图书馆的服务范围，帮助图书馆在网络时代占有一席之地。

8.1.3 信息用户研究的主要内容

信息用户研究的主要内容包含信息用户的行为过程以及态度。一般情况下，信息用户研究内容会随着信息产品的不同阶段而相应地变化。信息产品的生命周期可分为规划、测试、发布、迭代和改版五个阶段。每一阶段的核心问题、用户数据以及研究内容如表 8-1 所示。

表 8-1　信息用户研究的内容

阶段	规划	测试	发布	迭代	改版
核心问题	用户是谁 应该提供什么样的功能和内容 如何组织信息 如何交互 如何提高界面视觉效果?	影响用户有效、高效和满意的因素	产品的商业目标是否达到	实际使用中用户遭遇什么问题	用户的新需求 当前版本产品的缺陷
用户数据	目标用户群体的人口特征数据 目标用户的行为模式数据 目标用户的态度和期望数据	使用产品的任务成功率、出错率等性能数据	用户满意度数据 用户体验数据	用户满意度数据 用户体验数据	用户的关键交互行为数据
研究内容	产品方向 产品目标 市场环境	方案可行性 方案竞争力	用户使用反馈 用户心智 核心功能 认知走查	用户使用反馈 用户流失原因 用户体验	新的增长点 产品改进策略

8.1.4 信息用户研究的主要方法

从方法论层面来看，信息用户研究是通过科学合理的方法来采集信息用户使用产品中的行为和态度数据，以解决不同阶段的核心问题。罗勒（C. Rohrer）在《用户体验研究方法选择手册》中将用户研究方法划分为两个维度：一是定性与定量方法，二是态度与行为。[一]例如：针对数据搜集，访谈为定性方法，而调查问卷则是定量方法；针对数据采集的内容，焦点小组是基于态度的方法，而眼动实验则是基于行为的方法。根据数据采集过程中产品的使用环境，分为产品的自然使用（Natural or Near-natural Use of the Product）、产品的脚本使用（Scripted Use of the Product，即实验室）以及不在研究过程中使用产品（Not Using the Product During the Study）等情形。基于此，信息用户研究的主要方法体系如图 8-1 所示。

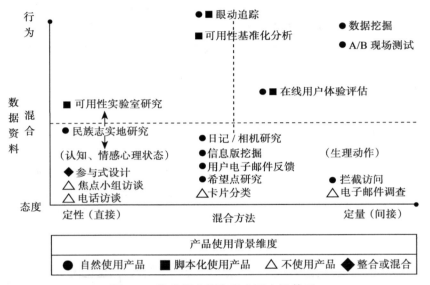

图 8-1　信息用户研究的主要方法体系

8.2　用户信息需求

8.2.1　用户信息需求的内涵

现在竞争环境不仅仅是企业技术、商业运营模式等的竞争，对于用户信息需求与用户体验的研究和细致的把握也是企业争取竞争优势的关键。用户信息需求和人们的其他需求类似，但更强调对信息、信息内容及其相关活动的期待、渴望和需要。人类需求是行为产生的根源，用户对于信息的需求会作为信息行为的动机。可以认为，信息需求就是为满足人的理想、感情和认知所产生的对于信息的需求，有信息需求就有寻求信息的可能。[二]

　　[一]　ROHRER C.When to use which user-experience research methods[EB/OL].（2021-08-12）[2023-02-01]. https://www.mendeley.com/catalogue/368c8b95-4675-37cf-b1ae-45c74c8515db/.

　　[二]　WILSON T D. On user studies and information needs[J]. Journal of documentation，2006，62（5）：658-670.

8.2.2 用户信息需求的层次性

信息需求具有层次性，用户从事各项活动以满足其各方面的需求，在这些活动中需要获取不同的信息资源，因此用户的信息需求具有层次性。按照马斯洛需求层次模型[⊖]，信息需求表现在五个层次。

生理需求：如日常衣食住行、物质生活方面的信息需求。

安全需求：如关于工作环境、自然环境、人身安全的信息需求。

社交需求：如社会交往、社会适应等方面的信息需求。

尊敬需求：如社会地位、工作、价值观等方面的信息需求。

自我实现需求：如自我提升、学习等方面的信息需求。

泰勒（Taylor）[⊜]则将用户信息需求的表达分为四个层次：第一层是内在需求，指实际存在但未表达的需求，此类需求可能还未发展成熟，仍处在不断的变化之中；第二层是意识需求，指的是存在于人类大脑中的有意识的信息需求，这些需求可以与他人交流；第三层是形式化需求，是指对意识需求的表达；第四层是折中需求，指的是面向有形的信息服务系统所提交的信息需求，该需求的表达与可用的信息资源相对应。前三层需求本质上是隐含的，而第四层需求是明确的。泰勒认为用户对于信息的寻求过程是动态的，需要经过多次反复完成从第一层到第四层的转化，才能最终确认并实现信息需求。

8.2.3 用户信息需求的状态

用户信息需求的状态是不断地发展变化的，且受时空的限制。信息科学家科亨（M. Kochen）将用户需求分为客观状态、认识状态以及表达状态。[⊜]例如，一个人身体出现不适的时候，他想到当地医院就诊，为此他需要上网搜寻信息以选择一个合适的医院。那么客观状态的信息需求就是围绕这个问题的所有相关信息，认识状态的信息需求是用户意识到他要查医院的名称、地址、交通路线以及工作时间等，而表达状态的信息需求即为他在网上用搜索引擎搜索时所构造的一系列代表查询请求的关键词。

科亨关于信息需求三种状态的观点，为用户的信息需求机理分析提供了依据（见图 8-2）。

现实中，这三种信息需求状态并不等同，从而会产生以下两种情形。

第一，用户认识到的信息需求不一定等同客观状态信息需求。这种情形又分为以下两种情况：一是信息用户能精准地意识到部分信息需求，但未能全面认

图 8-2 科亨的信息需求的三种状态

⊖　MASLOW A H. Motivation and personality[M]. New York：Harper & Row，1970.

⊜　TAYLOR R S. Question-negotiation and information seeking in libraries[J]. College & research libraries, 1967, 29: 88.

⊜　胡昌平. 现代信息管理机制研究 [M]. 武汉：武汉大学出版社，2004：124-132.

识客观信息需求；二是用户意识到的信息需求不尽是客观上真正需求的信息，其中可能存在错觉导致的主观需求。前一种情况下，用户所认识到的信息需求有可能产生遗漏，如用户可能还需要知道医院医生出诊的时间，才能按照客观情况选择最合适的医生。

第二，用户表达的信息需求不一定代表了用户认识到的信息需求，也不一定反映了用户客观状态的信息需求。如在制定旅游方案时，用户客观状态的信息需求是一条令人满意的旅游路线，但是往往认识状态的信息需求是需要查找目的地的交通方案、酒店、餐馆等信息，表达状态的信息需求则是在网上搜索相关信息时所构造的一系列关键词。

8.2.4 用户信息需求的满足

用户信息需求的特点决定了信息产品是从不同的层次满足用户的需求。马斯洛需求层次模型的各个层次都可以找到对应的代表性的信息产品，如表 8-2 所示。

表 8-2 马斯洛需求层次模型各层次代表性信息产品

需求层次	代表性信息产品
生理需求	饿了么、美团外卖、高德导航、墨迹天气
安全需求	健康 App、智能手环、理财通
社交需求	微信、微博、QQ
尊敬需求	美图秀秀、美颜相机、朋友圈
自我实现需求	MOOC 教育、游戏、Keep 运动等 App 或网站

可以看到，像诸如饿了么、美团外卖、高德导航、墨迹天气这类 App 的出现是为了满足用户日常衣食住行的生理需求。而诸如 MOOC 教育、游戏、Keep 运动等 App 或网站的出现主要是为了满足用户自我实现的需求。这些 IT 产品的出现都缘于满足用户各类需求。同时，用户需求对信息产品的迭代更新产生影响，决定着产品最终的形态。

◎ 讨论：微信的产品设计是如何满足用户信息需求的？

微信是一款社交应用软件，它是作为"熟人之间的通信工具"而诞生的。2011 年最初的版本仅具有四个功能即设置头像和微信名、发送信息、发送图片以及导入通讯录，主要是为了满足人们社交的目的。在经过几年的发展后，微信版本几经迭代，最核心的聊天功能不断优化。围绕这一核心功能，微信已实现通信工具-社交平台-移动互联网枢纽-移动商业城池的进化。下文将从马斯洛需求层次模型出发，了解微信的不同版本如何满足用户全方位的需求。

生理需求：用户的基本需求是衣食住行，微信在最新的版本嵌入了购物、美团外卖、淘票票等涉及衣食住行的小程序。

安全需求：信息泛滥的时代，用户对自身的隐私格外关注。微信中支持只显示 3 天朋友圈、屏蔽朋友圈点赞评论、支持插件卸载安装免打扰。为了避免信息爆炸对用户信息认知造成障碍，将微信公众号划分为订阅号和服务号两种类型。这些功能都在一定程度上为用户的安全需求提供了保障。

社交需求：除了基本的文字、语音、视频聊天功能外，微信通过照片和视频在朋友圈内的分享、转发位置给好友的功能，摇一摇和漂流瓶功能连接了更多的人，而后者因为安全性问题而下线。

尊敬需求：朋友圈的点赞功能使得用户渴望被认可、被尊重的需要得到满足。用户还可生成自己的赞赏码，接受打赏。各种表情符号的使用，可以让用户更好地表达各种情感。

自我实现需求：微信在满足用户自我实现需求上提供了平台，用户可以利用微信发布提升自我价值的信息或产品，或参与事件并发表观点。

8.3　用户体验

8.3.1　用户体验的内涵

人的体验无时无刻不存在，它是人类对所处环境以及所经历的事物在生理以及心理上的综合感受，如愉悦、伤感、开心、悲伤等。本书所要介绍的用户体验属于人类所有体验的一个子集。用户体验（User Experience, UE/UX）目前已经引起了学界的热烈探讨，虽然最终并没有给出一个共同的定义，但是从不同角度丰富和发展了用户体验理论，形成了一个独特的研究领域。

国际标准化组织 9241-210（ISO）将用户体验定义为：A person's perceptions and responses that result from the use or anticipated use of service。翻译为中文就是：用户体验是一个人对如何使用系统、产品、服务等的主观感受。ISO 还解释了用户体验包括用户所有的情感、信念、偏好、认知、心理以及生理反应、行为以及使用前中后的结果。这意味着影响用户体验的主要因素为系统、用户和使用环境。[⊖]系统是用户体验的对象，通常是产品，如产品的操作是否简易方便；用户则是体验的主体，即系统、产品、服务的使用者或者消费者，虽然产品没有办法做到满足每一个用户的个性化需求，但是通过科学的用户研究过程可以识别出具有共性的用户群体，从而提供差别化的产品；使用环境是指用户体验发生的具体情境，如时间、地理位置、物理条件等因素。从实体环境到线上环境，从桌面系统到移动界面，我们看到用户体验的环境发生了天翻地覆的变化，而不同使用环境下，用户体验的目标和内容也不相同。

洛（E. L. Law）等[⊖]比较了用户在使用系统、产品以及服务时的体验和用户所有的体验之间的区别。按照洛等对用户体验的理解，真正的用户体验涵盖产品、系统、服务与界面对象的体验，而不包括事件、空间、品牌、运动、艺术、面对面的互动等体验。这

⊖　人机交互的人类工效学 . 第 210 部分：交互式系统用以人为主的设计（ISO 9241-210-2010）[EB\OL].（2021-09-11）[2023-02-01]. https://www.antpedia.com/standard/6006718-1.html.

⊖　LAW E L, ROTO V, HASSENZAHL M, et al. Understanding, scoping and defining user experience[J]. Proc chi, 2009: 719-728.

是一种按照体验对象来理解用户体验概念的视角（见图 8-3 ）。

著名的心理学家诺曼（D. A. Norman）[⊖]

则从认知心理学视角将用户体验分为感官层体验、行为层体验和反思层体验（见图 8-4 ）。感官层体验是低级阶段本能的体验，来源于产品的形态、色彩、质感等外观属性对感觉器官的本能刺激；行为层体验是中级阶段交互过程的体验，产品的操作流程、产品带来的效用都可能引起行为层体验；反思层体验是高级阶段个体对产品使用带来的精神层面的体验，是用户探索和思考的结果，如产品所传达的形象是否符合用户自身价值定位。以网站设计为例：感官层体验方面，网站设计主要是通过视觉呈现和界面设计给用户带来美观、诱人、独特的视觉体验；行为层体验

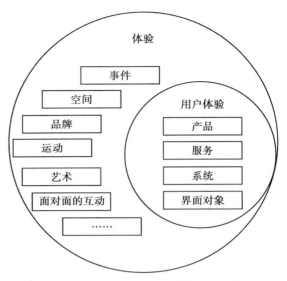

图 8-3 洛等对体验与用户体验的比较

方面，通过网站信息架构设计、导航系统、功能设计等给用户带来方便、快捷、清晰的交互体验；反思层体验方面，通过情感设计向用户传递网站要表达的情感和风险。

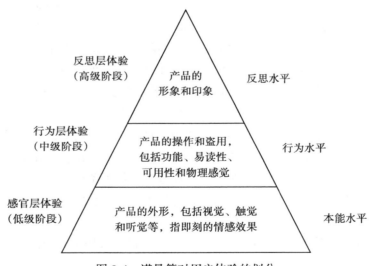

图 8-4 诺曼等对用户体验的划分

因此，用户体验对产品与服务十分关键，用户体验的提高可使得产品在市场竞争中保有一席之地，对于信息产品而言亦是如此，用户体验决定了信息产品的竞争力。

⊖ NORMAN D A, ORTONY A. Designers and users: two perspectives on emotion and design[C]//Symposium on foundations of interaction design. Ivera, 2003: 1-13.

8.3.2 用户体验设计五要素模型

2002 年，美国网站 AJAX 之父加瑞特（J. Garrett）出版了第 1 版的《用户体验要素：以用户为中心的产品设计》。这本书被称为互联网入门必读的书籍，系统介绍了用户体验五要素，即用户体验设计五要素模型，从下往上分别为战略层（Strategy）、范围层（Scope）、结构层（Structure）、框架层（Skeleton）和表现层（Surface），也被称为"5S"结构。该模型关注网站设计背后的思路，而不是工具和技术，因此能够用清晰的说明和生动的图示展示以用户为中心的复杂网站设计方法，如图 8-5 所示。[⊖]

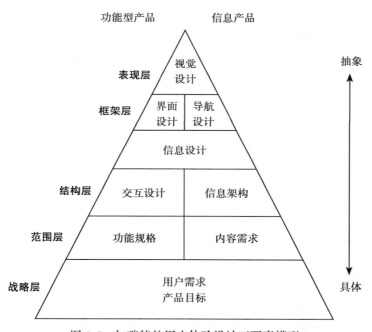

图 8-5 加瑞特的用户体验设计五要素模型

◎ **讨论：在线购物网站是如何满足用户体验的？**

下文将基于用户体验设计五要素模型，讨论在线购物网站如何从战略层、范围层、结构层、框架层和表现层五个方面满足用户体验的。

①战略层。战略层聚焦产品目标和用户需求，把握产品的总体方向。产品目标是指做出什么样的产品，对于电商网站而言，即经营者能够从网站获得什么；用户需求是指产品能够满足用户什么需求。对于购物类电商网站，有些战略目标是明确的，比如商家的目标是售出更多的产品，用户的目标是购入理想的产品，而有些目标是不明确的，例如用户在不了解自己具体的购物需求时，就需要电商网站分析用户的偏好和兴趣来给用

⊖ GARRETT J J. 用户体验的要素：以用户为中心的 Web 设计 [M]. 范晓燕，译 . 北京：机械工业出版社，2008.

户推荐合适的产品。

②范围层。范围层的任务是确定产品需求，对产品具体的功能或内容进行细化，即集合产品目标对产品的各项功能服务展开具体设计，对产品的信息要素进行细节勾勒。例如，关于电商网站的收藏夹功能，用户在浏览到喜欢的物品时，可以先加入收藏夹，下次再考虑是否购买，网站也可以通过用户收藏的商品来分析用户感兴趣的商品。这些功能是否纳入产品设计就是范围层的职责。

③结构层。结构层的任务是对产品进行交互设计和确定其信息架构，也就是解决怎样做的问题。对功能型产品，结构层将范围层描述的具体"功能"转化为系统如何响应用户请求。例如，结构层确定哪个商品类别出现在哪个位置上。

④框架层。框架层是在结构层的基础上，对产品进行原型设计制作的层次，涉及界面设计、导航设计和内容（信息）设计。对功能型产品，需要选择界面中的元素并帮助用户完成任务；对信息产品，则是使用户拥有的信息空间中随意移动的能力。无论哪种类型的产品，均需要研究产品中信息呈现的方式，使人们易于使用和理解。例如：一个成功的界面设计需要遵循"更简洁、更多信息"的原则，优化界面布局，以达到界面元素使用的最大效率；应该尽量方便用户的使用，譬如用户容易找到按钮的位置并使用。

⑤表现层。表现层是产品最终功能和内容的视觉展现。表现层需要融合产品的内容、功能、美学，呈现产品的最终形态。例如，在网站上，用户看到一系列网页由图片和文字组成，图片可以展示商品的外观、传递信息，也可以提示用户能进行的操作（如购物车图标）。

8.3.3　用户体验的测量

目前对于用户体验的测量，不同行业、不同产业都有不同的测量标准和模型。在本小节中，我们对几个著名的通用性用户体验测量模型进行简要介绍。

（1）谷歌 HEART 模型

谷歌公司曾提出用于分析用户信息行为和态度的用户体验指标框架——HEART 模型。该模型将用户的体验描述为五要素：愉悦感（Happiness）、参与度（Engagement）、接受度（Adoption）、留存率（Retention）、任务完成率（Task Success）。[⊖]

①愉悦感（Happiness），指用户体验中的主观感受，如用户的满意度、感知易用性、视觉感受、信任程度、向其他人推荐的意愿等。我们可以通过设计问卷来获得对这一指标的数据。

谷歌在推出其个性化首页的服务（iGoogle）时，利用产品内置的检测手段，跟踪了一周内一系列的指标来研究改版和新功能的影响。在一次大改版之后，起初用户满意度

⊖ RODDEN K, HUTCHINSON H, FU X. Measuring the user experience on a large scale: user-centered metrics for Web applications[C]// Proceedings of the 28th International Conference on Human Factors in Computing Systems. Atlanta, 2010: 2395-2398.

指标是大幅下降的，但是随着时间推移，这个指标逐渐恢复，这表明大幅下降只是因为刚改版时的不适应。渐渐习惯这次改版之后，用户实际上是很喜欢的。这一信息反映了改版是成功的。

②参与度（Engagement），指通过用户对某一产品参与的程度（通常是一段时期内访问的频度、强度或互动深度的综合）进行测量。比如，单用户每周的访问次数，或者用户每天上传的照片数，这比用户访问总量、上传总数等总量指标要好，因为总量的增长可能是因为更多的用户而不是更多的使用行为产生的。

谷歌的 Gmail 团队选择用一周内访问五天或者更多的百分比指标来度量用户的参与度，这比一些传统的七天活跃用户数（只是上周使用该产品用户的简单计数之和）更能体现参与度。

③接受度（Adoption）和留存率（Retention），这两个指标反映了新老用户的差异，可以通过统计一定时期的用户，以确定新老用户间的差异。接受度监控一定时期内开始使用产品的新用户量（比如，最近 7 天内新创建的账号），留存率则监控一定时期内存在并且下一个时期内仍然存在的用户量（比如，某一周的 7 天活跃用户在 3 个月后仍然在 7 天活跃用户中）。

在 2008 年证券市场暴跌时，谷歌金融在浏览量和七日活跃用户指标上都有一次井喷，但无法确定数据的剧增是来自关心金融危机的新用户或是恐慌性不停查看他们的投资信息的老用户。在不知道是谁增加了这些访问量之前，决定是否要改版网站以及如何进行修改是十分困难的。为此，谷歌金融通过接受度和留存率两个指标来区分用户群体，关注继续使用该服务的新用户的百分比。

④任务完成率（Task Success），指对传统用户体验指标的整合，如效率、效果、正确率等。

谷歌地图曾有过两种不同的搜索框，一种是用户可分开输入"目的"和"地点"的双重搜索框，另一种是单个搜索框处理所有的类别。有人觉得单个搜索框就可胜任一切，同时又保持了效率。在之后的 A/B 测试中，团队比较了两个不同版本的错误率，发现用户在单个搜索框版本中能更有效达成搜索目的。这一结果让团队在所有地图上移除了双搜索框功能。

谷歌公司正是通过各种措施去提高其产品的 HEART 指标，进而增加收益，最终成为全球 IT 行业的巨头。

（2）Whitney Quesenbery 的 5E 模型

在可用性工程中，可用性表示一个产品的质量和属性，尼尔森（Jakob Nielsen）给出产品可用性相关的五个属性：易学性、效率、可记忆性、容错和满意度。Whitney Quesenbery 的 5E 模型便是在此基础上发展而来的用于测量用户体验的指标体系（见图 8-6）。

用户体验中的 5E 模型有五个度量指标。[⊖]

　⊖　QUESENBERY W. Balancing the 5Es of usability[J]. Cutter IT journal，2004，17（2）：4-11.

①有效性（Effective）：测度的是产品的有用程度，用户使用该产品能有效实现预期目标和任务。不具有有效性的产品，无法帮助用户达到工作目标。

②效率（Efficient）：用户使用产品进行工作的速度。Whitney Quesenbery 认为效率可以通过一定的方式精确测量，例如，可以用一天内处理的工作量测度呼叫中心操作员的工作效率。

③吸引性（Engaging）：测度的是用户通过使用该产品给用户带来的满意、快乐和感兴趣等的主观积极情绪。

图 8-6　Whitney Quesenbery 的 5E 模型

④容错（Error Tolerant）：在用户使用产品的过程中，该产品能够防止错误发生的能力以及能从错误状态中恢复的能力。如用户错删了某段落，是需要重新输入，还是可以通过撤销错误输入来恢复，这是容错要考虑的重要问题。

⑤易学（Easy to Learn）：产品对新手的引导功能以及如何支持更深度的学习的能力。用户使用产品完成预期任务时都可能面临能否回忆起如何操作或重新学习的问题，随着用户使用时间的增加，用户能否挖掘出产品中的新功能，更大程度发挥产品价值，这是易学指标面临的问题。

以上就是 5E 模型的含义。需要指出，以上五个要素不是同等重要，Whitney Quesenbery 认为，在 5E 模型中有效性最为重要。另外，不同的用户对每个要素赋予的重要性不同，例如，一个公司财务管理软件，普通的雇员使用时会更注重有效性、易学等要素，把效率放在次要地位，而公司的所有者则将需求更多的放在效率上。

（3）用户体验蜂窝模型

2004 年，"信息架构之父"彼得·莫维尔（P. Morville）提出用户体验蜂窝模型（User Experience Honeycomb），用七个要素来测量用户体验，分别为有用（Useful）、可用（Useable）、可寻（Findable）、可靠（Credible）、可接近（Accessible）、合意（Desirable）、价值（Valuable），其中价值为核心要素（见图 8-7）。[⊖]

①有用，是指产品对用户的价值。

②可用，是指产品或系统是否容易使用。

③可寻，是指产品本身以及功能是否容易被用户找到。

④可靠，是指用户对产品的信任程度。

⑤可接近，是指产品是否容易操作，有时甚至要考虑特殊人群的需求。

⑥合意，是指包括情感设计在内的各个方面，如品牌、形象、界面、图形、配色等。

⊖　Semantic Studios.User Experience Design[EB/OL].（2021-08-19）[2023-02-01].http://semanticstudios.com/user_experience_design/.

⑦价值，是指产品本身必须具有价值，能够帮助用户完成预期任务，提升用户满意度。

图 8-7　用户体验蜂窝模型

8.4　用户信息行为

8.4.1　用户信息行为的定义

　　信息行为研究主要关注信息用户在使用信息或信息资源时呈现出的特征和规律，与心理学、社会学、人类学、计算机学等学科密切相关，长期以来也是产业界和学术界重要的研究热点。用户由于具有信息需求，从而产生主动或被动的信息搜寻、信息使用等行为，[注]也就成为信息用户。因此，从一般意义上来说，对信息用户的行为的关注本质上仍然是对用户的信息行为的关注，为避免多重表述造成的语义偏差，我们统一使用用户信息行为代表信息用户在信息产品和服务使用过程中产生的各类信息行为。

8.4.2　用户信息行为的类型

　　对用户信息行为进行科学和系统的分类是进一步研究信息用户的行为效用、机制等内容的重要前提。然而，当前学界对用户信息行为的分类还没有达成统一认识。就行为特征、主题内容、行为目的等的不同，用户信息行为的分类方式差异迥然。

　　从用户交互出发，用户信息行为可划分为个人内在的信息行为、人与人之间的信息行为以及超个体因素的信息行为三个方面。[注]其中，包括信息检索、信息使用等完全由信

　　○　WILSON T D. On user studies and information needs[J]. Journal of documentation，2006，62（6）：658-670.

　　○　FEINMAN S, MICK C K, SAALBERG J, et al. A conceptual framework for information flow studies[C]. Information Politics, Proceedings of the 38th annual meeting of the American Society for Information Science. Oxford, 1976, 13（1）：106.

息用户独自完成的都属于个人内在的信息行为，而多个信息用户共同参与完成的行为则被称为人与人之间的信息行为。在此基础上，各类具体的行为能够根据信息用户的不同得到进一步拓展。

根据信息用户主体的不同，可以将用户信息行为划分为综合人群、大学生、科研人员、青年人、老年人、农民、旅行者、残疾人、备孕妈妈、职业女性等不同对象的信息行为。

根据信息行为的特征和具体内容，可以将用户信息行为划分为综合性信息行为、信息搜寻行为、交互信息行为、信息采纳行为、信息倦怠行为、信息规避行为、跨屏行为、信息复用行为、中缀行为、虚拟社区信息求助行为等。[○]

根据用户接入终端的不同，可以将用户信息行为分为手机网络用户行为和计算机网络用户行为；根据我国用户使用的 ISP 不同，可以将用户信息行为分为电信网络用户行为、移动网络用户行为以及联通网络用户行为。[○]上述分类方式对识别不同终端用户特征，改进用户体验具有重要的意义。例如，近年来短视频等新兴移动 App 的设计和实现就充分考虑了手机用户碎片化的使用时间和兴趣导向的使用习惯。

从应用情境上看，用户信息行为也可以分为个人和组织两个层面，其中个人层面包括学习情境、健康情境，组织层面主要包括工作情境。学习情境又可划分为正式学习和非正式学习的信息行为；健康情境关注的是个体身体健康、健康护理、弱势群体等方面的内容；工作情境关注的是工作环境、任务要求和成员等因素下的信息需求和信息行为。[○]而在网络环境下，用户心理及用户信息行为发生了变化，从应用情境看，可以划分为基础应用类、商务交易类、网络金融类、网络娱乐类、公共服务类等。其中，基础应用类主要表现在即时通信、搜索引擎、网络新闻、社交应用等方面，商务交易类表现在网络购物、网上外卖、旅行预订等方面，网络金融类表现在互联网理财、网上支付等方面，网络娱乐类表现在网络音乐、网络文学、网络游戏、网络视频、网络直播等方面，公共服务类表现在网约车、在线教育等方面。[○]

当然，对用户信息行为的分类方式还有很多，本章不再一一列举。

8.4.3 用户信息行为的特征

用户信息行为的特征是指信息用户在使用信息产品和服务的过程中体现出的规律特征。首先需要强调的是，用户信息行为与一般性的社会行为存在一定的一致性，尤其是行为的普遍特征和基本要素是相似的，但用户信息行为主要关注的还是与信息这一要素

○ 李月琳，张建伟，王姗姗，等.回望"十三五"：国内信息行为研究的特点、不足与展望 [J].信息资源管理学报，2022，12（1）：21-33，45.

○ 曾瑾.局域网络用户行为分析 [D].北京：北京邮电大学，2011：11.

○ 赵海平，邓胜利.不同情境下的信息行为研究：从 ISIC 2016、ASIS&T 2016、iConference2017 会议看信息行为研究前沿 [J].情报资料工作，2018（6）：52-59.

○ 杨明，董庆兴，陈烨.网络时代的用户心理及其信息行为研究综述 [J].图书情报知识，2020（6）：117-127.

直接相关或间接相关的特征。尤其是在大数据时代，信息和数据量大且冗余，信息价值更趋时效性，相关载体多样化，大学科和交叉学科显现，用户信息行为特征也随之发生变化。具体而言，用户信息行为具有广泛性、虚拟性、交互性、超时空性[⊖]、差异性、可刻画性等特征。

①广泛性。在现代信息服务过程中，用户信息行为表现出广泛性，这不仅仅体现在用户从需求产生到消费使用环节表征而出的各种信息搜寻、查询、分享、传递等行为内容的广泛性，还体现在不同平台、不同载体上的用户信息行为的广泛性。

②虚拟性。现代环境下用户信息行为主要依附的环境是互联网，在互联网环境中，用户信息行为牵扯范围广，信息用户主体及其行为的隐蔽性比较强，使得用户信息行为的特征更加复杂。

③交互性。用户信息行为的交互性是指用户之间在生产、传播、分享等行为过程中信息、知识和用户情感之间产生了交互。例如，在 2021 年的郑州暴雨事件中，社交媒体成为重要的救灾信息渠道，大量求助信息通过微博平台发布，并引起广大用户的参与、转发、评论与互动。

④超时空性。信息的超时空性是指互联网延伸了用户行为所依附的时间和空间。对于一般性社会行为而言，用户行为产生与影响必然受制于其所处的时间和空间。然而在互联网环境下，这一界限被极大打破，任何相关的行为都可能被长期记录和保存，并在其他时空范围内得到再一次运用。

⑤差异性。由于个体在知识基础、行为倾向、观点立场等方面的差异，在对具体事件、活动等方面表现出来的信息行为往往存在不同。当然，这种差异也就催生出了针对用户的个性化服务，而不是单纯的普适性服务。

⑥可刻画性。虽然用户信息行为是一个复杂的系统问题，也涉及很多内在复杂的机理问题，但在现代环境下，由于用户数据被客观记录下来，尤其是移动互联网环境下的用户数据生成，使得用户信息行为具有一定的可刻画性，这对于更好地优化用户信息服务、知识服务乃至智慧服务等具有重要意义。

当然，上面仅从宏观角度探讨了用户信息行为的特征，对于特定用户群体的具体信息行为，仍然需要根据主体和行为的特征进一步归纳。以青少年群体信息检索行为为例，相关研究显示，[⊜]青少年在信息检索过程中的特征包括以下四个方面：第一，相对于关键词检索方式，青少年更倾向于采用成功率较低的浏览和遍历的信息检索方式；第二，青少年在检索信息资源时不经常使用检索策略而是自然语言；第三，青少年在检索信息资源时对视觉线索更加偏爱，从而对检索结果的相关性产生影响；第四，青少年对信息检索的结果的评估较少，而且在信息检索词的输入过程中容易出现拼写错误。这些结论与青少年群体的特征是息息相关的，对这些特征进行深入研究，显然能够帮助改进面向青少年群体的信息产品设计。

⊖ 冯鹏志.网络行动的规定与特征：网络社会学的分析起点 [J].学术界，2001（2）：74-84.
⊜ 蔡韶莹，黄雪峰.国外青少年信息行为研究 [J].中华医学图书情报杂志，2012（9）：47-50.

◎ 延伸阅读资料：短视频自媒体用户行为特征[⊖]

　　近年来，短视频自媒体呈现井喷式发展。在数字媒体时代，短视频自媒体成为人们获取信息和娱乐消遣的重要方式，能够更加直观、立体化地传播及时性、海量性的信息内容，符合当代人们碎片化的阅读习惯，"秒拍""微视""抖音""美拍"等短视频应用大量涌现。

　　下面以美拍为例分析短视频自媒体用户行为特征，从众多特征中选取能够量化并具有现实意义的特征量进行统计分析，包括用户浏览、关注、点赞、评论、发布等行为随时间间隔分布及其相互关系，揭示用户行为特征量分布的变化趋势。

1. 样本采集过程

　　选取美拍短视频自媒体排行榜上的视频数据和用户数据为研究样本。相比其他内容，排行榜上的短视频内容用户参与度更高，影响范围更广，用户的行为特征也更为显著，因此所选数据具有一定的代表性。数据采集方式主要有两种：一种是通过专业的爬虫软件"八爪鱼"采集器对指定页面进行爬取，获取所需视频数据和用户数据；另一种是通过 R 语言自编程序爬取相关信息和用户关注列表。

　　选取美拍短视频自媒体平台 2019 年 1 月 21 日的视频排行榜数据，除去重复出现的视频内容，共 17 个类别 315 个视频信息，跟踪这些视频信息自 2019 年 1 月 21 日至 1 月 27 日共 7 天内的数据变化情况，同时采集视频发布用户的个人信息和关注列表。

2. 短视频自媒体用户行为特征统计分析

　　①时间序列分析。本次采集周期共 7 天，通过统计最后一天的终期值发现，除去关闭或限制评论功能的数据共 8 个（最低评论数为 1），播放量、点赞数、评论数和分享数之间存在数量级的差异（见表 8-3）。因此可以得到用户的行为偏好：播放 > 点赞 > 评论 > 分享。同时根据均值统计，短视频的转化率 = (点赞数 + 评论数 + 分享数) / 播放量，实际转化率仅为 2.64%，说明大多数用户仍停留在浏览层面，对于视频的点赞、评论、分享等行为的参与度较低。

　　通过统计 304 个视频的发布时间可以发现（见图 8-8），用户的发布行为集中在 8:00 至 24:00 这一时间段内，在 18:00 至 20:00 达到最高峰，其余分别在 10:00 至 14:00 和 20:00 至 22:00 点达到小高峰，这恰恰符合人们的日常作息规律。每天的 0 点到 8 点为睡眠时间，因此除去工作时间大多数用户会在午休或晚上的休息时间发布视频，这种行为更符合人们娱乐和休闲的习惯，该类视频所受的关注度也相对更高。

表 8-3　短视频自媒体用户行为特征统计分析

类目	数量	最小值	最大值	均值	标准差	偏度	峰度
播放量	304	1 430	1 441 000	17 632.41	231 107.02	2.098	5.85
点赞数	304	16	70 979	439.58	7 558.75	4.145	25.29

　　⊖　王潇雪. 短视频自媒体中用户行为特征和关系研究 [D]. 南京：南京大学，2020：31.

（续）

类目	数量	最小值	最大值	均值	标准差	偏度	峰度
评论数	304	0	12 881	223.37	845.84	12.372	173.93
分享数	304	0	4 927	49.14	297.50	14.911	241.23
有效个案	304						

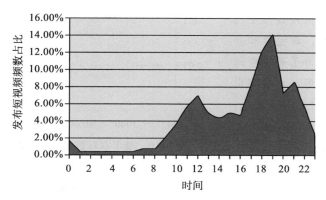

图 8-8　用户发布短视频的时间序列分布

②群体用户行为分析。美拍数和转发数统称为发布数，其中美拍数代表用户发布的原创短视频的数量，而转发数代表用户转发自身或其他用户短视频的数量。由图 8-8 可知，群体用户发布短视频频数表现出较强的不均匀性，其度分布也呈现分段幂律分布的形式。在统计过程中，排除两个转发量过万的异常数据，从均值和双对数坐标上的散点图分布来看（见图 8-9），发布的美拍数整体大于转发数，说明在美拍短视频自媒体平台上用户的原创内容居多，更符合短视频自媒体支持用户原创内容（UGC）的初衷。目前，美拍平台上共有两类短视频创作者，一类是专业制作团队（PGC），另一类是用户原创内容。从数据分析结果来看，原创内容生产者要远远高于专业团队，但是也仍然存在诸如"陈翔六点半""二更视频"这类的专业短视频创作者，两类用户共同发展，相辅相成。

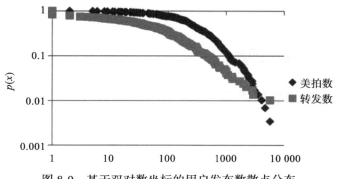

图 8-9　基于双对数坐标的用户发布数散点分布

从用户粉丝数来看（见图 8-10），粉丝数具有典型的非均匀分布特性，大多数用户的粉丝数值集中分布在两百万以下这一区间内，而少部分用户的粉丝数突破五百万，甚至达到将近千万，他们是美拍短视频自媒体中最受关注的群体，也担当着信息传播过程中的"舆论领袖"的角色。

3. 用户行为偏好分析

采集所得的短视频数据中包含短视频的点赞数、评论数和分享数这几项数据，为了更清晰地了解用户的行为偏好，本研究引入了"短视频受关注数"的概念。用公式表示为：

$$短视频受关注数 = 点赞数 + 评论数 + 分享数$$

短视频受关注数代表了视频的热度。用户的点赞、评论、分享行为越多，说明其对短视频的关注程度越高，短视频的热度越高。

从短视频受关注数在双对数坐标上的散点分布图可以看出（见图 8-11），短视频的受关注数服从幂律分布。在实际生活中，普通用户往往倾向于关注那些已

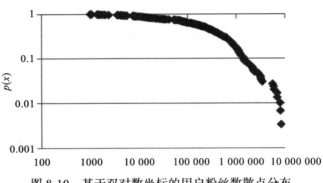

图 8-10　基于双对数坐标的用户粉丝数散点分布

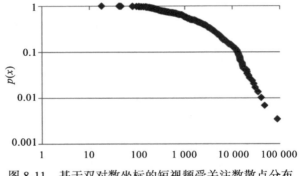

图 8-11　基于双对数坐标的短视频受关注数散点分布

获得较高点赞、评论或分析次数的短视频，从而造成短视频信息在传播过程中出现两极分化的"马太效应"。这样的行为特征我们一般称之为"级联特性"，即大多数用户在点赞、评论和分享的过程中，都会倾向于优先选择热门微博，这样大大缩减了事件发生的时间间隔，对幂律的成因进行了较好的解释。

8.5　数据驱动的用户画像

8.5.1　用户画像的定义与内涵

电子商务的飞速发展，催生了一个备受关注的领域——用户画像。用户画像是根据信息用户在使用互联网的过程中产生的各种行为轨迹，运用技术手段将用户的行为数据抽象出代表用户特征的标签，从而勾勒出一个生动、丰富、具体的形象。用户画像既能帮助组织实现其商业目标和价值，又能为用户提供个性化服务，对大数据时代的信息产业发展具有重要意义。

虽然在国内学术界，用户画像的提法非常普及，但是从英语的表述来看，相关的术语表述有 User Persona（用户角色）和 User Profile（用户画像）。用户角色的概念起源于交互设计领域，强调软件设计师在构建用户原型时要考虑真实的用户数据，将目标用户的特征具象化，并据此设计产品原型，[⊖]如图书馆借阅系统中的读者和管理员就是不同的用户角色。随着网络服务的发展，用户画像的含义也不断变化，数据挖掘、机器学习、神经网络等技术进一步推动了结合具体应用场景和真实用户数据的用户画像出现。C.Teixeira 等认为，用户画像是从海量数据中提取用户信息集合，并独立进行用户需求、偏好和兴趣描述的模型。[⊜]由于全面真实地表征了用户属性特征，用户画像可以很好地辅助用户行为分析，广泛应用在电子商务、数字图书馆、计算广告等领域。

国内学者对于用户角色和用户画像也有不同的理解。赵雅慧等认为，用户角色从定性角度通过主观经验、用户调研等方法来描述目标用户需求，构建的模型不一定能反映用户的真实特征；用户画像则结合了特定场景和真实数据，从定量角度构建用户模型。[⊝]王子玉认为：用户角色是对一类人的典型特征进行抽象概括，在实际应用中往往根据不同类型构建多个典型模型；用户画像指将用户信息标签化以辅助分析与决策，例如在电子商务中，企业可以通过整合用户数据，从多个维度刻画用户全貌，据此制定营销策略进行精准营销。^⑭整体来看，两者既有相同点，又有不同之处。相同点在于两者本质上都是基于用户数据，利用各种技术方法从多个维度刻画用户特征，最终应用于具体场景，均具有标签化、时效性、动态性的特点。二者的不同之处在于：用户角色更偏定性，其典型方法是虚拟故事构建法和基于知识工程的构建方法，多用于产品调研与交互设计；用户画像更偏定量，其技术方法以统计学、主题模型、聚类分析等为主，多用于运营与数据分析。

总之，用户画像作为一种用于描述目标用户的工具，其概念内涵、技术手段、应用领域等也仍处在不断发展更新之中。

8.5.2　用户画像的构建流程

数据驱动的用户画像构建一般分为三个环节：基础数据采集、用户行为建模、用户画像构建。^⑮

①基础数据采集，主要关注用户数据维度的选择，关系到后续用户画像数据采集的

⊖　亓丛，吴俊. 用户画像概念溯源与应用场景研究 [J]. 重庆交通大学学报（社会科学版），2017（5）：82-87.

⊜　TEIXEIRA C, PINTO J S, MARTINS J A. User profiles in organizational environments[J]. Campus - Wide information systems，2008，25（3）：329-332.

⊝　赵雅慧，刘芳霖，罗琳. 大数据背景下的用户画像研究综述：知识体系与研究展望 [J]. 图书馆学研究，2019（24）：13-24.

⑭　王子玉. 用户标签的集合：用户画像及其应用 [EB/OL].（2019-11-28）[2023-02-01]. https://blog.csdn.net/yiguanfangzhou/-article/details/91985881.

⑮　朱宁. 在线音乐平台用户参与行为特征研究 [D]. 南京：南京大学，2020：16-22.

字段与口径，往往需要结合具体的应用场景来确定。用户维度的选择和细化过程中往往伴随着用户标签体系建立、完善。例如，刘蓓琳等总结了具有较高代表性的六类用户维度，包括用户基本属性、社交属性、行为特征、兴趣属性、能力属性、心理属性。[一]张海涛等基于用户背景信息（性别、地区、认证、职业、教育等）、博文信息内容（标签、简介、博文、点赞博文）、用户行为信息（发博、关注、转发、点赞）三个维度构建了微博用户的属性描述模型，尝试给不同维度赋予不同的权重进行加权分析。[二]互联网企业较多关注网络行为（活跃人数、页面浏览量、访问时长等）、服务行为（浏览路径、页面停留、访问深度等）、用户内容偏好（浏览、收藏、评论、互动等）、用户交易（贡献率、客单价、流失率等），以及用户的人口属性、兴趣偏好、消费特征、地理位置、设备信息、行为、社交等各个方面数据，通常采用数据的获取难度、覆盖率、准确率等指标来衡量数据指标的合理性。

②用户行为建模，主要关注用户标签值的提取。用户画像的原始数据一般通过前端埋点、日志挖掘、数据库调用等方式获取，后续经过数据的加工、处理，生成可以用于构建用户标签的数据，包括数据清洗、转换、变换、衍生，对特征进行降维、过滤、包装、嵌入等。所提取出的标签可以按照标签值的性质分为不同类型：从原始数据中提出的事实标签、根据理论模型计算得出的模型标签、通过预测算法挖掘生成的预测标签。用户标签的提取方法也可以按照使用场景的不同，分为基于本体的方法、基于规则定义的方法、基于贝叶斯网络的方法、基于主题模型的方法、基于统计分析的方法、基于聚类算法的方法六种类型。

③用户画像构建，主要关注结果呈现。针对不同的研究对象，可以分别构建个体用户画像和群体用户画像。个体用户画像关注单个用户，通过研究具体场景下某一用户的多维度特征，实现对单个用户各维度属性的预测和对用户行为的描述。群体用户画像关注宏观的某类群体，从海量的用户数据中对具有相似特征的用户进行聚类，实现用户分类，可以辅助企业进行差异化的信息营销策略调整，结合不同群体的行为规律进行针对性的运营。个体用户画像存在噪声过大、无法满足群体推荐的缺陷，群体用户画像可以弥补这一缺陷。

以一个电商平台为例来说明用户画像的数据来源与呈现，如图 8-12 所示。

由图 8-12 可知，用户画像的数据来源主要包括静态的用户属性数据和动态的用户行为数据。

用户属性数据：如用户的性别、年龄、教育背景、年收入、兴趣爱好、注册账号时间、所在城市等基本属性。

用户行为数据：这里的用户行为是指购物行为，它是用户画像最重要的数据来源，也是用户画像价值实现的关键。

⊖ 刘蓓琳，张琪.基于购买决策过程的电子商务用户画像应用研究 [J].商业经济研究，2017（24）：49-51.
⊜ 张海涛，唐诗曼，魏明珠，等.多维度属性加权分析的微博用户聚类研究 [J].图书情报工作，2018（24）：124-133.

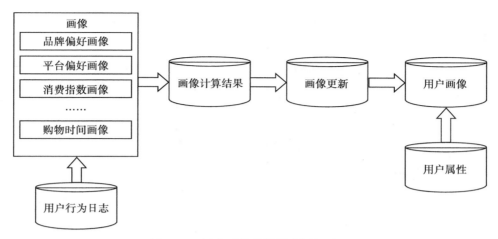

图 8-12 用户画像的数据来源与呈现

用户画像不能仅依靠静态的用户属性数据的原因如下。首先，用户的基本属性往往较稳定甚至恒定，一般都是用户注册网站账号时，根据网站要求提供，或者是通过问卷调研、访谈等方法获取。它们反映的是用户的基本特征，实时性不够。其次，虽然在早期用户研究中曾流行过利用用户文档提供的基本属性实现推荐，但是这种推荐结果不太精确，依据的是一般性的规则。例如，人们普遍认为女性喜欢鲜艳的颜色，而男性喜欢素净的颜色。但实际上，这种推荐规则的建立是存在偏见的。因而用户画像的构建关键是捕捉用户的动态行为，一次点击行为、一条浏览商品的路径、一次支付等动态数据都成为用户画像的一部分。

总的来说，构建电子商务领域用户画像数据包括人物、时间、地点、事件等要素，网络空间还包括用户的活跃度、忠诚度、社交关系等指标。

人物：如性别、年龄、地域、教育、婚姻、生育、行业、职业等。

时间：时间戳和时间跨度，如购物或者支付过程所花费的时间等。

地点：购物的场所，如喜欢在家里购物还是在办公场所购物。

事件：购物行为过程中的活动，如选择的商品品牌、类型、消费能力、签收、退货行为。

用户的活跃度：用户在电商网站停留的时长、每日登录购物网站的频次、在线购物频次。

用户的忠诚度：用户对某个购物平台或者某个商品的偏好和忠诚感，如正面评价、收藏商品或品牌的行为数据。

用户的社交关系：用户的邮箱、QQ、微信、微博账号等信息。

因此，一个电子商务平台的用户画像最后可能是图 8-13 的结果。

图 8-13 是一个定性化的用户画像。在这个例子中，我们可以看到该用户的收入、年龄、地区等基本的人口特征，还可以看到该用户的品牌和商品偏好、搜寻信息的习惯、购物的需求、以及个性上的特征，通过以上特征可以对用户的基本属性和行为特征进行勾勒与概括。

图 8-13　定性的电子商务平台用户画像[⊖]

此外，我们还可以从定量角度构建用户画像。在图 8-14 的这个用户画像中，数据反映了该用户群体的年龄、兴趣爱好、性别、社区风格等特征。

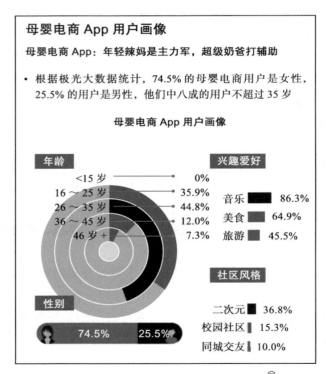

图 8-14　定量的电子商务平台用户画像[⊖]

⊖　Rain. 浅谈用户画像在电商领域的现状和发展 [EB/OL].（2021-08-27）[2023-02-01]. http://www.woshipm. com/-user-research/673939.html/comment-page-1.

⊜　母婴电商 App 行业研究报告 [EB/OL].（2021-08-27）[2023-02-01]. http://www.woshipm.com/it/827364.html.

8.5.3 用户画像的特点

用户画像的特点可以总结为时效敏感性、非普适性、动态性、定性和定量的双重方法特征四个特点，具体如下。

首先，用户画像具有时效敏感性。一个星期前采集的用户行为数据相比一个月前的用户行为数据对构建用户画像更具有参考价值。用户兴趣和使用习惯随着时间可能发生转移，采集的兴趣标签的时间距离当下越久远，对用户画像构建的权重越小。因此，用户画像应是实时动态变化的，在构建用户画像时，需要建立科学的动态更新机制，精准勾勒用户属性与行为，支持智慧服务。

其次，用户画像的非普适性。各领域用户画像构建的侧重点迥异，以信息内容服务为主的新闻或阅读类网站以及搜索引擎网站，将重点放在提取用户的阅读偏好、浏览习惯、浏览内容等特征。社交网站的用户画像注重提取用户的社交网络，发现与用户有密切的互动行为的节点。虽然电商购物网站的用户画像的数据来源更广泛，但是也将重点放在提取用户的购物偏好和消费能力等指标。

再次，用户画像随情境和环境变化，具有动态性。用户画像数据的来源包括静态的属性数据和动态的行为数据。静态的属性数据虽然具有一定的稳定性，但是仍会随着个体特征变化而造成用户兴趣的改变，如同一个用户单身时和成为父母时的购物偏好会不一样。动态的行为数据更是带来动态变化的用户画像的主要因素。我们能够注意到，在节假日或者电商网站大促销期间，网络购物行为会与平时不同，这就是购物情境所致。

最后，用户画像还具有定性和定量的双重方法特征。无论是定性地描述用户画像还是通过数据展示用户画像都是从不同的角度丰富对用户特征的描述。焦点小组、深度访谈等定性研究方法能够让研究者把握行为背后的深层次动机、情感倾向和认知心理，具有用户研究的深刻性优点；定量的方法通过统计方法找出用户的行为规律，具有用户研究的精确性优点。通过定性来描述用户类型，并辅以定量数据的验证，这是用户画像的可取之道。

8.6 用户数据的利用与价值实现

用户数据的价值体现在方方面面，本节将主要介绍在搜索引擎、推荐系统以及金融市场用户信用风险评价中的应用案例。

8.6.1 搜索引擎

互联网的本质是一个海量、无序、复杂的信息资源库，用户通过互联网满足自身信息需求的过程中必须借助一定的中介工具。从互联网诞生到搜索引擎出现的漫长时间内，通过网站分类目录查询一直是公众访问互联网的主要方式。这些分类网站通过人工组织和描述，精选部分优秀站点并放置在相对应的目录下，使得用户可以根据自身需求通过目录来访问对应的网站和服务。然而，20世纪90年代起，随着网络信息的进一步爆炸式增长，目录访问的效率已经无法满足用户对网络信息的需求，通过搜索引擎系统成为用户访问互联网的主要桥梁。1990年，加拿大麦吉尔大学（University of McGill）计算机学院的师生开发出的 Archie 被认为是搜索引擎的雏形，其自动搜集信息资源、建立索引、提供检索服务的功能成为后来通用型搜索引擎的基本工作方式。

搜索引擎的基本原理是根据特定策略，基于搜索器从互联网中自动发现、搜集信息，并建立索引数据库以抽取、组织信息。当用户通过搜索引擎门户查找特定内容时，通过检索内容和信息资源的匹配，将检索结果排序输出，最终为用户提供有效的信息导航。从用户角度来看，用户在使用搜索引擎服务时，自然生成了海量的用户搜索行为数据，如检索时间、计算机 IP 地址以及 Cookie 等。这些数据能够得到广泛的应用，如搜索引擎在提供服务时，根据用户输入的搜索关键字以及构建的用户画像，实现对用户信息需求的精准分析和精准营销。事实上，谷歌、雅虎、微软等全球搜索引擎的主要供应商都将用户的检索行为数据储存在庞大的数据库之中。例如，微软搜索引擎记录了用户搜索类型，而谷歌记录了浏览器类型和语言。

在国内，主要的搜索引擎供应商也在探索检索结果之外的服务创新，其核心依然在于对用户检索行为数据的深度开发。搜狐公司 CEO 张朝阳指出，人工智能是搜狗通向未来的路径。张朝阳说，除了继续和百度争夺搜索市场之外，搜狗竞争力在于"重新定义搜索"，通过人工智能帮助用户对搜索的结果进行推理和判断，而非仅仅提供"一些链接"。张朝阳还强调，大数据的应用场景包括信息流和搜索引擎。其中，信息流首先是用户画像，在搜狐矩阵里，多年积累了大量用户消费的点击行为，成为一个用户画像的构建参数。在这种用户研究理念的引导下，搜狐公司充分挖掘了自身产品中用户数据的价值优势，在搜索引擎搜狗中推出机器翻译、语音 AI 识别等先进的技术。[一]

搜索引擎营销（Search Engine Marketing, SEM）是搜索引擎对用户数据利用最为普遍的方式之一。搜索引擎服务的提供商根据用户使用搜索引擎的方式，利用用户检索信息的机会尽可能地将营销信息传递给目标用户。这种营销方式充分利用了用户对搜索引擎的依赖和使用习惯，在用户使用搜索引擎时将特定信息传递给目标用户，引导用户点击进入特定网站来进行进一步的信息发现。这种营销方式包括竞价排名、关键词广告、分类目录、搜索引擎优化等。搜索引擎营销的核心在于信息推送的效率，盲目的、无用的广告推送无疑会损害用户搜索引擎使用的体验。因此，充分收集并组织用户搜索行为数据，分析用户习惯是实现搜索引擎精准营销的基础。

○ 张朝阳. 大量机器学习的应用和大数据，广告也迎来新的维度 [EB/OL].（2021-08-27）[2023-02-01]. http://www.sohu.com/a/207143794_118680.

◎ **延伸阅读资料：搜索引擎视角下的用户数据利用**

宝马公司 ⊖

　　巴瓦利亚机械制造厂股份公司（BMW）是德国著名高档汽车与摩托车制造商（在中国通常被称为"宝马"），每年投入大量资源开展市场营销活动，其中各国的主流搜索引擎也是其营销策略中的重要环节。尤其在美国，BMW 采取了十分激进的搜索引擎营销策略，通过研究用户在搜索引擎使用过程中的各种关键词组合方式，采取策略使得旗下各类产品都置于搜索引擎相关检索结果的首位。此外，BMW 还与搜索引擎运营商合作，搜集用户的 IP 信息，进行地方二级市场的精准营销操作。用户在某地搜索 BMW 产品时，除 BMW 官方网站位于搜索结果第一位外，当地的 BMW 经销商则排在搜索结果第二位。

谷歌流感趋势 ⊖⊜

　　除商业性的广告营销外，搜索引擎中的用户数据还能够服务于公共卫生事业，其中最为典型的案例当属著名的谷歌流感趋势（Google Flu Trends, GFT）。2008 年 11 月，谷歌公司启动了 GFT 项目，目标是预测美国疾控中心（CDC）报告的流感发病率。该项目假定，民众在出现感冒症状时，会第一时间通过搜索引擎检索相关信息，而非直接前往医院就诊。因此，从宏观角度来看，当特定时间段有关感冒的检索词急剧增加，则意味着当地可能存在流感风险。2009 年，GFT 团队在《自然》发文称，通过分析数十亿搜索中 45 个与流感相关的关键词，GFT 成功预报 2007 ~ 2008 年季流感的发病率。由于正常流感从潜伏期到就医往往存在两周的时间，这就意味着 GFT 的预测结果比 CDC 公布的就诊数据整整提前两周，使得公共卫生部门和普通民众有充足的时间做好应对流感的准备。虽然在随后的研究中，GFT 被指出存在过度拟合、高估风险等问题，但用户搜索引擎数据的开发价值得到了充分的体现。

8.6.2　推荐系统

　　用户借助搜索引擎获取信息的前提是能够明确认知自身的信息需求，并将其表达为检索关键词。然而事实上，许多情况下很难将需求明确地表达出来。例如，某用户想听一首自己从未听过的歌曲，但面对海量的音乐资源，可能会显得茫然无措。对此，用户推荐系统成为解决这一问题的重要途径。

　　推荐系统是大数据挖掘的重要算法之一，其基本原理是通过收集并分析用户的各类行为数据来自动判别用户的潜在兴趣或需求，然后将符合用户兴趣与需求的内容主动

　⊖　藏锋者 . 网络营销实战指导：知识、策略、案例 [M]. 2 版 . 北京：中国铁道出版社，2013：305-306.
　⊖　现代快报 . 感冒了？去谷歌看"流感地图" [EB/OL].（2021-08-27）[2023-02-01]. http://news.sina.com.cn/w/2008-11-13/031514721009s.shtml.
　⊜　段歆涔 当谷歌遇上流感：透视网络技术监测传染病优劣 [EB/OL].（2021-08-27）[2023-02-01]. http://news.sciencenet.cn/htmlnews/2013/2/274916.shtm.

推送给用户。总体来说，最主要的推荐算法包括协同过滤推荐、基于关联规则推荐、基于知识推荐、基于内容推荐等算法。无论采取何种算法，都高度依赖于用户在产品使用过程中积累的历史数据。以协同过滤推荐算法为例，通过广泛收集用户数据，并不断地和网站互动，使得用户推荐列表能够不断过滤掉不符合用户需求和兴趣的内容，从而越来越满足用户期望。目前，协同过滤推荐算法主要存在基于用户（UserCF）和基于物品（ItemCF）两种算法。基于用户的推荐算法是根据用户对物品的行为，找出兴趣爱好相似的其他用户，并将其中一个用户喜欢的东西推荐给另一个用户。如表 8-4 所示，系统收集了用户 A 对商品 1、商品 2 和商品 4 的购买行为。当新用户 C 已经购买商品 1 和商品 2 后，系统会判断用户 A 与用户 C 的相似性，进而根据用户 A 的购买记录，将商品 4 推荐给用户 C。而随着用户基础不断增加，用户兴趣相似度计算复杂性不断加剧，此时通常会采取基于物品的推荐算法。该算法的本质是根据用户历史选择物品的行为，通过物品间的相似度，给用户推荐其他物品。在具体实现上，推荐系统首先会根据相应规则计算物品之间的相似度，然后根据用户的历史行为和物品的相似度，为用户生成推荐列表并排序。例如，在电影售票网站中，如果用户 A 喜欢观看《复仇者联盟》，推荐系统则会根据影片的标签（科幻、漫威、超级英雄等）向其推荐《钢铁侠》等类似影片。与反映群体兴趣的基于用户算法不同，基于物品算法反映了用户本人的兴趣爱好，推荐结果更具个性化。总而言之，用户的每一次操作都会被记录和利用，最终通过推荐系统得到进一步的价值开发。

表 8-4　基于用户的推荐算法示例

用户	商品 1	商品 2	商品 3	商品 4
用户 A	√	√		√
用户 B			√	
用户 C	√	√		推荐

当前，推荐系统在互联网领域得到了广泛的应用，本书以电子商务、阅读、新闻三个领域中典型的应用为例，考察用户数据的企业价值创造。

电子商务网站能够采集用户在网站购物时发生的一系列行为，包括浏览行为、收藏店铺、加入购物车、购买商品、评价商品等，这些都是构成用户画像的用户行为特征数据。基于对用户画像的分析可提供个性化的用户信息推送，如淘宝网基于用户使用记录为用户提供的每日推送、搜索发现、搜索框推送、每日好店等。

阅读领域的相关推荐系统以豆瓣为例。豆瓣的推荐形式并不复杂，根据用户点击的"想看""看过"标签以及用户的收藏和打分，明确用户信息需求。例如，当用户将某部新上映的电影放入"看过"标签，同时对电影进行了打分和评价，系统就会根据用户行为分析用户的电影偏好，推荐系统据此为用户推送相关类型的电影。

今日头条 App 是新闻推送领域的典型代表，其 CEO 张一鸣认为，今日头条并不是传统的新闻门户，而是一家科技公司。通过关键词推送、同地区推送、热门新闻推送、基于社交关系的推送等个性化内容推送机制，今日头条自动为用户推荐个性化和感兴趣的信息，并且随着使用次数的增加，信息推荐准确率逐渐增高，从而不断提升用户使用黏性，用户群体日益壮大，为今日头条公司创造出更多的市值。

然而，对于用户数据的分析与开发不仅仅局限在互联网行业，对于广大的传统行业，依然具有极大的开发潜力。例如，美国著名零售企业塔吉特超市长期以来高度重视用户购买数据的开发工作，并且取得了突出的成绩。其中，2012 年刊登在美国《纽约时报》上的一篇引起了巨大反响的报道，充分反映了塔吉特超市数据开发的效用。

2012 年，美国一名男子向其居所附近的一家塔吉特超市抗议，原因是超市给他还在上高中的女儿邮寄孕妇品广告，并发放了婴儿纸尿片和童车的优惠券。他认为超市在鼓励其 17 岁的女儿怀孕，并且很快得到了超市方的道歉。然而，一个月后，该男子又来到超市，并向工作人员道歉，因为他的女儿真的怀孕了。事实上，塔吉特超市的数据分析师通过对孕妇习惯进行大量的测试和分析，得到了非常有用的信息：孕妇在怀孕的头 3 个月后会购买大量无味润肤露，同时积极补充各类营养素；在预产期来临前，无味肥皂和大包装的棉球的采购也会突然增多。塔吉特超市最终锁定了 25 种商品，通过对这些商品的跟踪分析，能够比较准确地判断出哪些顾客是孕妇，甚至能够估算出其预产期。

8.6.3　金融市场用户信用风险评价

在金融市场，用户的信用等级依照多种指标制定，包括用户的人口情况（包括年龄、职业、家庭状况、文化程度等）、行为习惯（购物习惯、购买能力等）以及偿债能力（收入水平）等。金融服务提供商通常会收集用户相关数据，利用大数据技术对用户信用进行全面评估，进而实现信贷支持、风险管理等。

京东商城作为国内第二大电商品牌，经过多年的发展积累了规模庞大的会员群体。在互联网金融发展壮大的背景下，京东开始利用积累的用户数据来拓展和延伸业务。京东白条就是在京东商城上推出的允许符合条件的京东注册会员在购买京东商城所销售的商品时的一种消费贷款类产品，具备授信、透支、还款、分期等特征。那么，哪些京东会员能够申请京东白条呢？京东公司应用的是大数据建模技术，依据的是用户在商城中浏览、下单、支付、配送、评价等信息，就和传统的商业银行消费信贷的审批时根据借款人的历史信用信息、职业背景、教育程度、收入支出状况、消费记录来建模一样。京东白条最后将客户的信用评分分为 5 级，信用评分越高说明违约风险越大。依托网上交易场景和这套以大数据为核心的信用评分体系，京东白条能够快速、低成本地获取相关用户数据，从而有效控制信用风险。

◎ **延伸阅读资料：智能手机 App 信息与用户信用风险**[⊖]

智能手机已经成为人们生活中必不可少的一部分，根据艾媒咨询发布的《2020～2021 年中国移动社交行业研究报告》，2020 年中国移动社交用户规模突破 9 亿人。个人

⊖ 郭伟栋，周志中，乾春涛. 手机 App 列表信息在信用风险评价中的应用：基于互联网借贷平台的实证研究 [J/OL]. 中国管理科学，30（12）：96-107[2023-02-15]. https://doi.org/10.16381/j.cnki.issn1003-207x.2021.0359.

手机 App 能够反映手机用户的性格与人口结构特征，且获取成本较低，是一类较为方便使用的资源。假设智能手机上的 App 信息能够反映出手机用户的信息风险，那么用户智能手机上安装的 App 列表信息就与用户借贷风险之间存在关系。

通过研究分析发现，手机上安装的 App 和借款人的信用状况存在关联关系。安装生活类、金融类和买房买车类 App 的借款人比没有安装这些 App 的借款人信用风险低；记账类、外卖类、股票类和买房类 App 对借款人的信用风险有较强的识别能力。把手机 App 列表信息加入信用风险评价模型后，信用风险评价模型的区分能力显著提高。这一简单易获取的信息用户数据的有效利用，就能够帮助金融机构区分借款人信用风险从而降低损失，具有一定的实践意义和应用价值。

◎ 复习思考题

1. 请结合实例，简述信息用户研究的重要性。
2. 请结合实例，谈谈对加瑞特用户体验设计五要素模型的理解。
3. 简述用户信息行为的类型及特征。
4. 简述用户画像的内涵及其构建流程。
5. 请从典型应用场景角度谈谈用户数据的利用与价值实现。

信息政策与信息治理

■ **教学目的与要求**

理解信息市场失灵与政策干预之间的内在关系；理解信息政策的定义、基本功能、框架和基本类型；熟悉知识产权相关政策，了解数据产权相关知识；熟悉信息公开相关知识，了解数据开放相关知识；熟悉个人信息保护相关政策与治理实践；熟悉国家信息安全政策与治理实践等。

信息资源管理有内容视角、技术视角、应用视角等，信息政策是信息资源管理的重要应用视角，是实施信息管理的重要手段和工具。本章主要包括五个部分的内容：信息市场失灵与政策干预、知识产权、信息公开、个人信息保护、国家信息安全。其中，信息市场失灵与政策干预部分主要解释信息政策存在的原因并介绍相关基础理论知识，知识产权、信息公开、个人信息保护、国家信息安全这四个模块是信息活动最具代表的政策方向，本章将重点从政策背景、政策理论、政策主张以及政策实施效果等方面进行详细介绍，它们也是信息政策与信息治理的重要前沿领域。

9.1 信息市场失灵与政策干预

信息政策作为一种宏观信息治理方法，其主要功能是弥补信息市场机制的不足，或者说是应对信息市场的失灵。本节主要介绍信息市场失灵的原因以及应对信息市场失灵的信息政策相关基础知识。

9.1.1 市场失灵与信息市场失灵

市场失灵是一种市场形态，是指通过市场配置不能实现资源的有效配置，进而造成了市场的无谓损失。[○]相应地，信息市场失灵是指借助传统的市场运行机制配置信息资源的过程中，出现了配置结果与市场运行相偏离的情况。在这样的情况下，就需要政府的政策干预来优化信息资源配置。所以，信息资源的宏观管理，有很多情况就是信息活动的政策干预。市场失灵与信息市场失灵的关系如图 9-1 所示。

信息市场失灵在实践中有很多的表现形式。比如，在没有版权法与相关的信息法律保护下，出版市场上往往盗版横行，会导致图书作者创作激励不足，进而造成出版市场上原创作品不足，影响整个出版市场；再比如，如果没有政府的干预，网络运营商可能会利用其市场的垄断地位，提高信息服务的价格，使得公众承担更高的、额外的信息使用成本，进而造成信息用户数量减少；还比如，如果没有相应的惩戒机制，个人信息的保护也无从谈起；等等。

图 9-1　市场失灵与信息市场失灵的关系

可见，信息市场行为并不能完全保障信息资源的优化配置。那么，为什么信息市场会失灵呢？这与信息市场结构、信息消费与利用的特征等密切相关。具体而言，下列的信息消费与利用特征，可能造成信息市场配置的失灵。

第一，信息消费的非损耗性，也就是信息在消费过程中不会减少信息所有者的信息总量，造成信息消费的边际信息成本为零的情况，市场配置中的边际效益会因此而失效。

第二，信息消费的外部性，因为信息消费造成了额外的社会收益或者是社会成本，从而使得信息消费者或者信息生产者，对信息的边际成本或边际收益的判断产生偏差，最终导致市场配置偏差。

第三，信息的自然垄断属性，信息在生产过程中，具有高首稿成本、低边际成本的特征，使得信息市场容易形成垄断，从而导致垄断情况下的价格偏离市场需求价格。

第四，信息消费的体验性与路径依赖，也就是说，存在一定的学习成本和使用习惯，使得消费者不愿意轻易地改变消费和使用习惯，进而导致信息市场的价格可能高于成本价格。

第五，知识产权的专有性，形成了新的知识垄断。

第六，信息不对称，信息不对称容易造成逆向选择与道德风险的深层次问题。

上述六个特征，都容易造成信息市场配置的失灵。

因此，在信息市场失灵的情况下，客观需要政策来调节和改善市场配置结果，这就是信息治理问题，一类宏观层面的信息资源管理问题。

从现行的政策调节范围来看，信息治理主要面临两类议题。

第一类议题是，市场价值如何与社会价值相互平衡，也就是说，信息活动既需要考虑到信息市场行为的效率与效果，也需要考虑信息的社会价值问题。在这样的平衡尺度

○ 田贵平. 物流经济学 [M]. 北京：机械工业出版社，2007.

下，一般会考虑诸如信息配置效率与信息公平问题、信息权益中的知情权问题以及知识产权保护中的有效性问题。

第二类议题是，如何消除或者减弱信息活动中的负面效应，这种负面效应既包括技术层面的信息安全与保密，又包括伦理层面的隐私保护与遗忘权问题。

9.1.2 信息政策的定义

作为信息治理的重要工具，信息政策就是国家引导和调控信息活动的主要手段，代表了信息技术和服务的战略需求与社会规范。所以，美国的信息政策学家赫农与雷耶（Hernon&Relyea）就认为，信息政策是对信息生命周期进行监督和管理的指导原则、法令、指南、规则、条例、程序而构成的一套治理体系。⊖我国卢泰宏教授认为，信息政策是国家用于调控信息产业发展和信息活动的行为规范的准则，涉及信息产品的生产、分配、交换和消费等环节，以及信息产业的发展规划、组织和管理等综合性问题。⊜

要深入认知信息政策，首先应该理解什么是政策。在政策的呈现方式上，广义上可以将具有统一行动意志的决策系统统称为政策，比如政府或者公共机构所发布的规范性文件。由此，政策可以理解为由国家政权机关、政党组织和其他社会政治集团为了实现自己所代表的阶级、阶层的利益与意志，以权威形式标准化地规定在一定的历史时期内，应该达到的奋斗目标、遵循的行动原则、完成的明确任务、实行的工作方式、采取的一般步骤和具体措施等。信息政策是与信息活动相关的政策体系，目前关于信息政策主要有三类观点。

一是信息政策是国家根据需要而规定的有关发展和管理信息事业的方针、措施和行动指南。

二是信息政策是政府或组织为实现一定的目标而采取的行动准则。

三是信息政策是调控社会信息活动的规范与准则。

比如，布朗（Browne）在讨论信息政策内涵时，对政策的界定就提出了政党的理念、政府的态度、公共事务的说明、活动的声明、政府决策、建议以及事务处理流程等不同的界定层次。⊜

因此，信息政策的定义能反映出以下几点。

第一，信息政策本身是一个不确定性概念，而且围绕信息活动中的问题而展开。信息政策的实施，也因"信息问题"的认知而产生。比如"信息公平"问题、"信息垄断治理"问题都是在特定时期才被认识和提出的。

第二，信息政策的执行主体具有多样化特征。不同国家信息产业及社会发展水平不

⊖ HERNON P，RELYEA H C. Information policy [M]. In Encyclopedia of library and information science, New York, NY：Dekker，2003：1300-1315.

⊜ 卢泰宏. 国家信息政策 [M]. 北京：科学技术文献出版社，1993：63-122.

⊜ BROWNE M. The field of information policy: 2. Redefining the boundaries and methodologies[J]. Journal of information science，1997，23（5）：339-351.

一样，会导致信息政策的理解不同，执行效果也不同。

第三，信息政策的目标具有多重化，不能单纯地理解为经济价值或社会价值。

9.1.3 信息政策的基本功能

信息政策在信息市场失灵中能够发挥重要作用，一般认为，信息政策具有三种基本功能，即引导、调节与控制和分配。

第一，引导功能。引导功能即信息政策的规范和引导作用，在信息政策体系中，信息政策的主体为实现特定目标，基于策略、规划、路线、方针、办法等政策手段，对相关行为加以引导。一般而言，政策都有明确的目标，政策的制定是依据公众利益、社会条件和政府能力，确定科学、有效的目标体系。因此，政策体系包含了价值系统、规范系统和行为系统。价值系统告诉人们政策的界限，即哪些可以做、哪些不可以做；行为系统则告诉人们要达到目标所应该采取的途径，即如何做的问题。

因此，信息政策的规范引导作用主要通过两个途径来表现：第一，借助目标要素来规范人们的行为方式，明确地告知应该如何处置；第二，借助于价值要素规范人们的行为方向，比如，《科技成果转化管理办法》中增加了职务发明中个人权益占比，这能够有效地激励和鼓励在职科研人员的发明创造。

第二，调节与控制作用。调节与控制作用是指国家、政府或组织采用政策手段，调节与控制信息活动中各类利益分配或矛盾冲突的功能。调节与控制作用在政策中相辅相成，通常控制的政策中包含调节，通过调节达到控制的目的。在调控的过程中，也有两种基本取向。

第一种被称为非平衡性调控政策，也就是说，通过政策来推动一些产业的优先发展或者抑制某一领域的信息活动的蔓延。

第二种被称为平衡性调控政策，主要是通过遏制自由发展可能导致的马太效应或者不平衡状态，如最低收入调控、垄断限制调控。在信息政策领域，美国的信息非歧视性法案，也是一种推动信息获取的公平的一种典型政策。

第三，政策的分配作用。典型的如税收、补贴、罚款这些再分配政策，能够有效地刺激信息经济活动的发展。信息政策之所以具有分配功能，是因为政府具有参与社会再分配的职能。一类是通过给予政策对象某些权利使其获得社会利益的政策，其分配对象往往是部分特定群体。另一类是再分配政策，政府有计划地积极行动，涉及社会各阶层和团体中的财富、收入、财产、权力的转移性分配。

9.1.4 信息政策的框架

政策分析学者通过信息特征或政策功能对信息政策进行了结构性分析，提出了信息政策框架或体系的概念。信息政策的框架体现了信息政策单元之间的逻辑结构与相互关系，既是信息政策制定者的宏观规划指南，也是信息政策研究者可供借鉴的分析工具与方法。

从信息政策的定义来看，它包括五个基本要素。

第一，国家或政府是信息政策的主体。信息政策体系的构建，不仅涉及政治、经济、文化、教育等领域，而且涉及社会各阶层、集团、组织的利益。因此，应该是国家和政府来推动信息政策的制定和实施。

第二，政策目标。政策目标是指基于信息政策制定实现的利益协调与分配关系，体现了特定时期、特定区域关于信息活动的价值判断与实现目标。

第三，政策问题。政策问题是指能列入政策制定议程的客观社会问题，也是信息政策应解决的社会矛盾问题。

第四，政策内容。政策内容是指信息政策所规范的内容与采用的政策工具，主要包括一些技术手段、经济手段、行政手段和法律手段等内容。

第五，政策形式。信息政策会选择最有效的方式来执行政策内容。

目前，卡尼（Karni）、特奥斯（Trauth）、莫尔（Moore）以及罗兰茨（Rowlands）等学者从不同视角提出了信息政策框架，它们是信息政策分析的重要工具。本书简要介绍卡尼的信息政策矩阵和特奥斯的信息政策框架。

第一，卡尼的信息政策矩阵。[⊖]

在 1983 年，卡尼从信息系统设计的角度提出了一种信息政策矩阵的构建方法，也就是将信息政策作为信息系统设计的表现方式，来反映组织内的信息目标、已有的信息资源以及可行的信息策略等综合评价，最终适用于组织范畴的信息系统规划与管理。

卡尼在设计信息政策矩阵的过程中，将信息政策界定为信息服务的组织、控制和运营的最优政策方案的集合，并将信息政策设计成组织内不同要素或不同方案之间的交互关系的评估。在一个边界清晰、目标明确的组织环境中，信息政策可以理解为四类要素的有机组合即政策的目标、政策的行动、政策的措施以及政策的系统，彼此之间构成了两两交互的政策空间。通过对上述各种潜在政策要素的综合研判，最终提出一个最佳解决方案的实施方法。

第二，特奥斯的信息政策框架。[⊖]

在 1979 年，特奥斯提出了信息政策框架，也被称为信息政策的适应性模型。他认为，信息政策框架包括四个基本要素：信息的政策目标、信息的政策环境、信息的政策扰动以及信息的规制机制。

信息的政策目标可以理解为决策过程的改善，包括增强工作质量、新兴的产品和服务以及信息获取的管理、集中化管理。信息的政策环境主要是政策的影响因素，包括信息消费者、信息供给者以及已有的管制框架。信息的政策扰动是政策影响因素或者政策

⊖　KARNI R. A methodological framework for formulating information policy[J]. Information and management, 1983, 6（5）: 269-280.

⊖　TRAUTH E M. An adaptive model of information policy[D]. Pittsburg: University of Pittsburg, 1979.

活动的输入，包括政策、信息资源的认知、信息获取权利的认知、信息技术与实践，一般认为是推动政策启动的主要动力。信息的规制机制主要体现在五个层面，也就是政策的研究机构、政策的实施机构、政策的协作改进、政策需要增加地方投资的地方以及信息技术采用的扩展。

9.1.5　信息政策的基本类型

信息政策要想在信息市场治理中发挥其作用，就必须通过具体的规范来实现，这实际上就是信息政策的类型问题。一般而言，根据信息政策作用方式，可以划分为禁止性规范、义务性规范与授权性规范三种基本类型。

第一，禁止性规范，是关于"不可以干什么"的行为规范，是属于"禁止当事人采用特定模式的强制性规范"，其中包含"取缔规范"和"效力规范"。比如，一般的保密管理条例会要求涉密的岗位人员"十不准"，要求不准涉密人员将计算机接入互联网、不准将涉密的存储设备接入互联网等。

第二，义务性规范，是关于"必须干什么"的行为规范。比如，我国的政府信息公开条例明确地要求我们的政府部门具有及时、完整地公开相关政府信息的义务。

第三，授权性规范，即关于"可以干什么"的行为规范。比如，相关的知识服务领域的认证许可制度和行政许可制度等。

9.2　知识产权

知识产权是信息政策与法规的重要领域和方向，知识产权政策对于创新产出具有保护、推动等作用。本节主要介绍知识产权相关知识，并对数据产权相关问题进行简要介绍。

9.2.1　知识产权的定义

知识产权是指权利人对其智力劳动所创作的成果或经营活动中的标记、信誉所依法享有的专有权利。[一]知识产权是基于创造性的智力劳动和工商业标记依法产生的权利的统称。

知识产权一般包含著作权和工业产权两大类。著作权（也被称为版权、文学产权）是指自然人、法人或者其他组织对文学、艺术和科学作品依法所享有的财产权利和精神权利的总称，主要包括著作权及与著作权有关的邻接权。工业产权（也被称为产业产权）是指工业、商业、农业、林业和其他产业中，具有实用经济意义的一种无形财产权，主要

㊀　百度百科. 知识产权 [EB/OL].（2021-06-21）[2023-02-01]. https://baike.baidu.com/item/%E7%9F%A5%E8%AF%86%E4%BA%A7%E6%9D%83/85044?fr=aladdin#reference-[1]-11191707-wrap.

包括专利权、商标权以及反不正当竞争等。⊖

由于科学技术的迅速发展，新的智力成果类型和知识的利用方式不断创造出来，不仅给知识产权带来了一系列新的保护客体，比如出现了软件著作权，出现了工程设计图纸、集成电路等新的形式，还带来了新的侵权形式和保护内容。因此，传统的知识产权边界也不断延展。

另外，知识产权的界定仍然具有一定的模糊性。例如，我们平时所接触到的日历、电话黄页等，这样的印刷类产品是否具有知识产权？一般而言，根据知识产权的客体的创造性假定，我们可以否定它。但是，那些个性化设计的数据图表或者深度加工后的数据库，它们是否具有知识产权呢？这就很难界定了。在我国的知识产权客体范畴中，我们很难对原始数据进行加工所形成的所谓"衍生数据"找到一席之地，其与著作权客体汇编作品中的数据库在表征上虽有一定的相似性，但是并不完全适用。

9.2.2　知识产权的本质和特征

知识产权具有如下特征。

第一，知识产权的客体是创造性的智力成果，它必须具有为人所知的客观形式，所以知识产权由国家机关依法核准或确认而产生。

第二，知识产权具有专有性，即排他性，知识产权的拥有者享有对自己智力成果的专有权利。

第三，知识产权具有时效性，即知识产权只在一定时限内受到法律保护，期限届满即丧失效力。因人的智力成果具有高度的公共性，与社会文化、产业的发展拥有密切的关系，因此不宜被任何人所长期独占，所以法律对知识产权也规定了很多限制。比如：著作权的有效期最长，为作者的终生及其死亡后的 50 年；商标权的有效期是无限的，但是必须每 10 年进行一次续展；专利权的有效期，一般而言，发明专利的有效期是 20 年。

第四，知识产权具有地域性，也就是说，任何一个国家所确认的知识产权只在本国领域内有效，而在其他国家或地区往往不发生效力。

第五，知识产权具有法律确认性，或者被称为产权登记制度。智力成果内容的无形性，决定了它本身不能直接地产生知识产权，而必须依照专门的法律确认或授予才能产生知识产权。

综合其本质，知识产权体现了财产权与人格权的双重属性。

其一，知识产权是一种无形的财产权。所谓的财产权是指智力成果被法律承认以后，权利人可利用这些智力成果来取得报酬或者取得奖励的权利，这种权利也被称之为经济权利。根据《中华人民共和国公司法》第二十七条，股东可以用货币出资，也可以用实

⊖　到底什么是知识产权？ [EB/OL]. （2021-06-21） [2023-02-01].https://baijiahao.baidu.com/s?id=1697633902163238560&wfr-=spider&for=pc.

物、知识产权、土地使用权等可以用货币估价并可以依法转让的非货币财产作价出资。这也确认了知识产权的质押权。

其二，知识产权从本质上看，仍然是人格权、人身权利或者是精神权利的具体体现。例如，作者在其作品上署名的权利，或者是对其作品的发表权、修改权都被称为精神权利。以著作权为例，著作权是指基于文学、艺术和科学作品依法产生的权利。在世界范围内对著作权的保护也存在两种取向：英美法系国家强调著作权是个人财产权利，强调商业目的，并称之为版权，其原意是复制的权利；以法德为代表的大陆法系国家则认为著作权是人的一种自然权利，即将"天赋人权"的思想引入著作权理论领域，强调著作权的人身属性。在中国，基于作品而产生的权利包括两方面的内容。一是与人身利益相关的内容，比如作者的发表权、署名权、修改权和保护作品的完整性权，这是作者人格的一种表现形式，属于著作人身权范畴；二是与财产权利相关的内容，如各种形式的使用权和获得报酬权。因此，人身权和财产权是有机结合的，共同构成了著作权的整体，这也体现了知识产权保护的基本原则。

9.2.3 知识产权的制度

知识产权制度对知识产权保护各种问题进行规范化和规则化。知识产权制度安排主要有两种不同的取向，一种是要更强的产权保护，另一种是要更加开放的产业氛围。在实践中，这两种取向应如何统筹呢？我们可以从相关案例看起。

◎ **延伸阅读资料：如何统筹知识产权制度的两种取向？** ⊖⊜

第一个案例被称为布瑞尔争论。布瑞尔是美国的现任大法官，他曾经提出过关于版权保护问题的一次论辩，认为应该放松对版权的保护。第一，即使没有版权法，正规的出版商也能通过发行比盗版价格更加便宜的"反击版本"，来把盗版逐出市场，进而保护自己的产权。第二，正规的出版商有充足的时间优势来保证回收投资，也就是说他们具有"时间领先"的优势。但是，反对方认为，只要图书市场上的任何畅销书的高额利润仍然存在，都将会吸引盗版者源源不断地进入。对于正规出版商来说，所谓"时间领先"的优势其实并不存在，因为受高额利润的驱使，盗版者总能想到办法让非法的盗版比正版更快地进入市场。这个案例反映的核心问题是知识产品的个人收益与社会福利的取舍问题。

第二个例子涉及劳伦斯·莱西格及其提倡的知识共创的公益组织的理念。劳伦斯·莱西格是一位著名的法律学者。他认为，当前苛刻的知识产权保护法律不利于人

⊖ 袁泳. 数字技术与版权领域的利益平衡论 [J]. 南京大学学报（哲学 . 人文科学 . 社会科学版），1999（3）：131-139.

⊜ Lessig Calls for WIPO To Lead Overhaul of Copyright System [EB/OL]. （2021-07-11）[2023-02-01].https:// www.ip-watch.org/2010/11/05/lessig-calls-for-wipo-to-lead-overhaul-of-copyright-system/.

类知识的普及与推广活动，他认为在数字时代下的版权保护应该大幅度地缩减它的保护年限。不仅如此，莱西格还倡导成立了知识共创的公益组织，也就是我们常说的 CC（Creative Commons）组织。这个组织向创作者免费地提供知识共创协议，倡导灵活的"部分权利保留"的著作权利用模式，并鼓励对作品内容进行合法的分享与使用，进而帮助实现其作品的广泛传播和公众对知识和信息的开放获取。也就是说，CC 提供了一种作者主动放弃部分复制权的情境。这个案例反映的核心问题是知识共享与著作权保护的平衡问题。

那么，知识产权争论的实质究竟是什么呢？如果我们采用肯尼斯·阿罗在 1962 年的表述，我们会发现，从社会福利的角度看，知识最终应该是自由的流动，但是公众免费获取却不能为进一步的知识生产提供激励。这就是知识生产过程中面临的两难抉择。汪丁丁也对知识产权争论提出以下观点：从最长远的角度来看，知识产品属于全人类，是公共物品；从短期生产来看，为了保障知识的激励，社会及其政府应当保护知识产权，甚至允许一定范围和一定期间内的知识垄断，最终，就形成了特定时期对知识产权保护的度的均衡。

基于这样的认知，知识产权制度的安排也产生了三种基本观点。

第一种被称为标准理论。这种理论认为，由于知识利用过程中存在着"效果的外溢"，所以，私人市场的信息生产总是会显得"不足"。因此，应当由政府出面来组织信息的生产和传播，或者对私人的信息生产给予补贴、资助，或者是有效的保护机制。

第二种观点却恰恰相反，倾向认为竞争性的私人市场会以重复投入形式导致信息生产过剩，因此，政府应当通过授予特许权的方式来限制竞争。这种理论被称为自然垄断理论。

第三种观点则介于二者之间，认为由于原始生产者可以以某种间接的方式获得相应的收益来弥补信息生产的成本，不受干预的自由市场完全可以生产出最优数量的信息，因此，政府的任务不是直接干预，而是保证信息市场竞争的条件。因为这一观点最早由波斯纳（R.Posner）提出来，所以这一理论也被称为波斯纳理论。

在知识产权的实践过程中，上述三种效应都在不同的领域发挥作用，因此，对于知识的生产和传播，我们需要建立一种更加开放、理性的思维方式。

9.2.4　数据产权

随着大数据、人工智能、5G 技术等的发展，数据的基础性战略资源属性进一步凸显，在此背景下，数据资源的发展及其相关保障问题日益受到各国政府、产业界、学术界等的高度关注。

我国高度重视大数据发展与安全问题。2020 年 4 月，中共中央、国务院印发《关于构建更加完善的要素市场化配置体制机制的意见》，将数据与土地、劳动力、资本、技术并列为五大要素，并提出要加快培育数据要素市场，推进政府数据共享，提升社会数据资源价值，加强数据资源整合和安全保护。[一]在此背景下，数据即资产、数据即价值的概念更加深入人心，数据产业迅速发展，数据开放共享、数据交易流通等得到了全新的政策支持，数据要素的战略地位基本形成。在数据带来红利的同时，也带来了诸如数据财产权、数据跨境传输、数据主权、数据管控中的一系列问题，各种数据（资源）层面的纠纷、不确定争议、泄露事件等层出不穷，为此，确定数据的法律属性、对数据进行保护成为一个新问题，相关制度立法迫在眉睫。2020 年 11 月 30 日，习近平总书记在中央政治局就加强我国知识产权保护工作举行第二十五次集体学习时就曾强调，要健全大数据、人工智能、基因技术等新领域新业态知识产权保护制度。也就是说，数据产权保护这一大数据、数字经济时代的新问题需要引起我们新的关注和重视。

那么，首先需要考量的问题就是，数据产权与前面所说的知识产权是什么样的关系。正因信息链的存在，数据与信息具有天然的相关性，这也导致数据产权与知识产权之间具有很强的相似性，如有相似的调整对象（包括非实体形式、类似的权利外观、权利内容与边界需要借助符号构建、部分数据产品表现形式类似）、类似的制度目标（如利益平衡目标）、相似的保护模式（如通过设定法律拟制权利保护）等。[二]因此，一些学者认为，可以将数据纳入知识产权体系中进行保护，换言之，可以适用知识产权相关法律法规来保护数据产权。

另一方面，数据产权与知识产权所存在的差异和区别，如数据的创造性问题以及新业态催生的各种新型数据权利问题，都是以往知识产权所不能覆盖的。《中华人民共和国民法总则（草案）》一审稿中第一百零八条曾规定，"数据信息"作为知识产权的权利部分受到法律的保护。而在后来发布的二审稿中又删去了该项规定，没有将数据纳入知识产权体系中进行保护。在最终出台的《中华人民共和国民法总则》（现已废止）中也只是规定了数据受法律保护，未再次将数据作为知识产权的客体进行保护。其中的缘由或许是，有些数据并不具备创造性，而知识产权侧重的是对独创性的思维进行保护和奖励，因此它们之间存在典型差异。[三]由此可见，传统的知识产权保护政策体系并不能覆盖所有的数据产权问题，在此背景下，对数据产权进行专门的界定与保护变得尤为重要。

对数据产权的定义目前也缺乏有效共识，现有相关信息政策体系并未给出完整的定义和框架。一般认为，数据产权是对数据资源的权利，包括归属权、占有权、支配权、使用权、收益权等，是一个集合性的概念。与知识产权类似，数据产权包括权利主体、权利客体、数据内容三要素。权利主体不仅是政府，也可以是企业和个体等拥有数据资源需求的任何经济主体。权利客体是指不同类型的数据资源，如政府数据、企业数据、

[一] 中共中央国务院关于构建更加完善的要素市场化配置体制机制的意见 [EB/OL].（2021-07-30）[2023-02-01]. http://www.gov.cn/zhengce/2020-04/09/content_5500622.htm.

[二] 秦元明. 数据产权知识产权司法保护相关法律问题研究 [N]. 人民法院报，2021-04-29（7）.

[三] 朱振洁. 论我国数据产权类型化法律保护 [D]. 石家庄：河北经贸大学，2019：15-22.

个人数据等。数据内容指客体的所有权和使用权。[⊖]

目前来看，数据产业仍然是一种新型产业，对数据产权的保护也在不断摸索之中。可以肯定的是：一方面，数据产权定然需要通过法律来规定其权利属性，保障和维护数据要素市场平稳推进。另一方面，数据产权保护又需要避免过细、过紧的政策治理模式，避免打击新兴数据产业发展的积极性和活力。因此，如何平衡解决数据产权问题，是未来理论与实践界的一个重要议题。

9.3　信息公开

信息公开是以公众权益为主体的政策实践，也就是知情权，或者说知的权力。本节主要阐述信息公开相关知识，并对数据开放相关问题进行简要介绍。

9.3.1　知情权与信息公开

虽然早在 1766 年瑞典就制定了《新闻自由与获取公共档案权法》，而且在西方立宪时，"权利法案"中也有关于言论自由和出版自由的规定，但是并未提及知情权或信息自由的概念。而知情权、信息公开、阳光下的政府等概念和制度主要是"二战"后才逐渐形成的法律体系。

知情权（Right to know）作为一种权利要求，最早由美国的新闻记者肯特·库伯在 1945 年 1 月的一次演讲中提出，主要是对战时新闻管制的一种松绑诉求。与此同时，公众也感觉到政府公共权力快速扩张，人们越来越感觉到自己的一切都受制于政府，因而要求政府信息公开，公众可以监督并参与政府决策过程。于是，知情权与信息公开的立法应运而生。[⊜]知情权的基本含义是：有关主体有获知与他相关的信息的权利。后来，知情权逐渐扩展到传播信息的权利和自由，最终产生了"信息自由"的概念。什么是信息自由呢？信息自由是公众基于知情权要求有关主体向公众公开它掌握的相关信息的义务。最终，信息自由催生了"信息公开"制度。

信息公开制度是指公民对国家拥有的信息具有公开请求权，并且国家有义务回应这种请求。随着权力的多元化和社会化，信息公开的主体已不限于国家政府，还包括企业、事业组织、社会团体等，这些机构享有支配他人的社会权力，同时也承担信息公开义务。可见，信息公开是一个大范围概念，涉及政府、企业、高校等，但一般而言更多被用于指向政府行为，因此很多信息公开默认的是政府信息公开领域。政府信息公开是指国家行政机关和法律、法规以及规章授权和委托的组织，在行使国家行政管理职权的过程中，通过法定形式和程序，主动将政府信息向公众或依申请而向特定的个人、组织公开的制度。

⊖　魏鲁彬. 数据资源的产权分析 [D]. 济南：山东大学，2018：43-65.

⊜　刘杰. 知情权与信息公开法 [M]. 北京：清华大学出版社，2005.

对于政府而言，信息公开制度具有重要的社会意义。

第一，政府信息公开体现了以人为本的执政理念，保障了公众知的权利。

第二，政府信息公开制度有利于公民评价和监督政府活动的公正性、合法性以及办事效率，有利于公民作为国家主人行使对政府组织的监督、批评、评论与要求纠正的权力，也有利于提升政府的公信力，促进政府与公众合作。

第三，政府信息公开也是防止腐败的重要措施。

第四，政府信息公开是公民维护并实现知情权和其它权利的基础。政府开放其信息，公民才能实现他们的信息权利以及相应的政治、物质与其它权利。

此外，在大数据环境下，政府信息公开也是发掘政府的潜力、提升政府效能的重要途径。因为，政府掌握的海量的优质信息和大数据资源（如民政数据、社保数据、工商数据、安监数据、旅游数据、环保数据等）已经越来越成为重要的社会公共资产，其开发利用可以创造更大的社会价值。甚至可以说，大量经济创新活动依赖于政府信息和大数据资源的有效流转和利用。

因此，政府信息公开制度是国家治理现代化的一项基础性工作，是全球普遍所接受的一种基本制度安排。《中华人民共和国政府信息公开条例》也于 2007 年被通过，并于 2008 年 5 月开始施行。

9.3.2　信息公开制度的制定与实施

一般而言，政府信息公开制度包括政府信息公开的主体、政府信息公开的客体、公开形式、公开程序以及政府信息公开的监督与责任、法律救济等问题。

第一，政府信息公开的主体。所谓政府信息公开主体，即政府信息公开的执行者，从狭义上理解就是政府，从广义上理解应该是具有公共事务管理职能的组织和机构。我国主要有三类机构具有公共事务管理职能。一是行政机关。我国《政府信息公开条例》规定，各级人民政府及其所属的部门应当建立健全本行政机关的政府信息公开工作制度，并指定机构作为政府信息公开工作机构，负责本行政机构的政府信息公开日常工作。二是法律、法规授权的具有管理公共事务职能的组织，如地震局、气象局、银保监会等机构，它们虽然是事业单位，但是法律授权其管理公共事务的职能，它们在公共管理过程中涉及的信息也属于政府信息。三是与群众利益密切相关的公共企事业单位，比如教育机构，医疗卫生机构，供水供电机构以及供气、供热、环保、公共交通等公共服务部门，其工作内容与人们生产生活密切相关，关系到社会稳定，也应受到人民群众的监督。

第二，政府信息公开的客体。究竟什么样的信息是可以公开的？在政府信息公开条例中，除了前面介绍的"政府的范畴"的界定，还有一个"可公开"的界定。《政府信息公开条例》第十九条提到，对涉及公众利益调整、需要公众广泛知晓或者需要公众参与决策的政府信息，行政机关应当主动公开。同时，行政机关应当按照上述规定，主动公开本行政机关相关政府信息，如行政法规、规章和规范性文件、国民经济和社会发展统计信息、突发公共事件应急预案、预警信息及应对情况等。

第三，政府信息公开的形式。从公开形式上看，政府信息公开主要有主动公开与依申请公开两种方式：主动公开，是指政府机关为了满足社会公众所普遍关注的信息需求，根据法律的规定和本政府机关的职权，在政府信息形成之后，主动向社会公众公开的信息内容。依申请公开，是指行政机关基于特定个人、特定组织的申请而向此人或组织所提供的政府信息。

根据国际通例，各国政府都采取了不同类型的公开形式。根据《政府信息公开条例》第二十三条的规定，其形式涉及政府公报、政府网站或者其他互联网政务媒体、新闻发布会以及报刊、广播、电视等途径。针对依申请公开，政府机构必须在规定日期内予以答复。若公民或法人的对象文件申请合法，则被申请机构需向特定申请对象公开信息。

9.3.3　信息公开的原则

信息公开的基本原则有权利保障原则、最大公开原则等。

权利保障原则体现的权利是公民获取政府信息的权利，而实现的是公民知情权的内容。获取政府信息是公民的权利，提供政府信息是政府的义务。实现公民知情权的方式，一是公民申请政府公开信息，二是政府主动提供信息，两者结合共同促进政府机关形成公开文化。

最大公开原则坚持以公开为原则、不公开为例外，或者被称为公开为常态，不公开为例外。而且公开过程中，应当尽可能地保证信息的完整性、可读性与一致性。最大公开原则意味着以下几个方面。

第一，信息范围和机构范围的最大化。从前面主客体的界定范围我们可以看到，信息公开政策采用的实际上是公开必要性的判断依据，也就是能公开即公开。

第二，行政机关应当履行主动公开的义务。主动意味着积极而非消极的态度，在政府信息公开条例中，主动信息公开强调行为上的主动公开，应该在公开范围的政府信息应当自该政府信息形成或者变更之日起的 20 个工作日之内予以公开。

第三，为依申请公开提供便利。这意味着政府机关需要对依申请公开积极做出回应，对于不作为的机构应该予以惩戒。

第四，特殊情况下的"裁量公开"。一般涉及四种形式上的不予公开的特殊情况：一是如果信息不属于政府信息范畴，可以不予公开；二是信息不存在；三是非本机关所掌握的信息；四是申请内容不明确。

同时，在实质审核上，当涉及安全和隐私问题时也能予以拒绝公开。

拒绝公开的理由一是依据相关规定。《政府信息公开条例》第十七条规定，行政机关应当建立健全政府信息公开审查机制，明确审查的程序和责任。行政机关在公开政府信息前，应当依照《中华人民共和国保守国家秘密法》以及其他法律、法规、国家有关规定对拟公开的政府信息进行审查。行政机关对政府信息不能确定是否可以公开时，应当依照法律、法规和国家的有关规定报有关主管部门和同级的保密工作部门来确定。行政机关不得公开涉及国家秘密、商业秘密和个人隐私的政府信息。但是，经权利人同意公开或者行政机关认为不公开可能对公共利益造成重大的影响的涉及商业秘密、个人隐私的政府信息，是可以予以公开的。此外，对于依申请公开而公开的内容，如果行政机关认为依申请公开的政府信息涉及商业秘密、个人隐私，公开后可能损害第三方的合法权益的，应当书面征求第三方的意见；第三方不同意公开的，不得公开。但是，行政机关认为不公开可能对公共利益造成重大影响的，仍然应当予以公开，并将决定公开的政府信息内容和理由书面通知第三方。

在具体的操作过程中，还会涉及国家秘密的界定问题。具体而言，国家秘密的界定主要有以下几个原则：第一，国家事务的重大决策中的秘密事项；第二，国防建设和武装力量活动中的秘密事项；第三，外交和外事活动中的秘密事项以及对外承担的保密义务的秘密事项；第四，国民经济和社会发展中的秘密事项；第五，科学技术中的秘密事项；第六，维护国家安全活动和追查刑事犯罪中的秘密事项；第七，经国家保密行政管理部门确认的其他秘密事项。那么，政党的秘密事项也符合前款规定，也属于国家机密。

拒绝公开的理由二是商业秘密的审查。商业秘密是指不为公众所知悉、能为权利人带来经济利益、具有实用性并经权利人采取保密措施的技术信息和经营信息。不公开商业秘密的理由主要有两点：第一是要保护商业秘密所有者的私人利益；第二是要保护行政机关的利益。只有对商业秘密进行保护，才能使企业放心地向行政机关提供准确、可靠的信息。

拒绝公开的理由三是个人隐私问题。行政机关认为申请公开的政府信息涉及个人隐私，公开后可能损害第三方合法权益的，应当书面征求第三方的意见。第三人的同意应该是明示的。个人隐私判断的标准主要有两点：第一，是否是不向公众公开的、不愿公众知悉的内容；第二，公开后是否会对权利人的生产、生活造成不当影响的。

除此之外，还有两类信息是不适宜公开的。第一类我们称之为"内部信息"，是指行政机关内部的意见交换，涉及内部管理实务、做出决定前的讨论情况，不予公开是为了保护官员能在没有压力的情况下畅所欲言，真实发表自己的观点。第二类是"过程性信息"，是指行政决定做出前形成的研究、讨论、请示、汇报等信息，一旦公开或过早公开，可能会妨害决策的完整性和有效性。⊖⊜

9.3.4 信息公开相关制度

政府信息公开还有一些相关的制度和法令，比如 RFC（Request for Correction）制度，即信息更正申请制度。中国和美国的相关信息公开制度都设立了信息更正申请的制度，

⊖ 戚红梅. 我国政府信息豁免公开制度研究 [D]. 苏州：苏州大学，2013：55.

⊜ 邱丽玲. 我国政府信息公开豁免中的保密审查机制研究 [D]. 南宁：广西大学，2015：35.

即政府公开和公众需求的相关信息，如果公众认为其中存在错误，并且能明确提供证据证明公开的信息中存在错误，是可以提出信息更正申请的。

另外，保密制度也是一个重要方向。保密与公开，从来都是相互依存、共同发展的。脱离了保密讲公开，或者脱离了公开讲保密，都无从谈起。《政府信息公开条例》明确规定了行政机关的保密审查义务。2010 年正式实施的《中华人民共和国保守国家秘密法》，对信息公开与保密工作做出了更新的、细致的补充规定。总之，在具体的政策实践过程中，政府信息公开与信息保密和安全是相辅相成的。

9.3.5　数据开放

随着大数据、开放科学、数据科学等的兴起，社会及公众的参与意识逐渐增强，由此对政府公共服务提出了更高要求。在此背景下，过去纯粹的政府信息公开已经难以满足人们的需要，人们迫切需要有原始度、广度、深度的政府数据开放体系。政府数据开放目前已经在全球广泛开展，我国也将政府数据开放作为重点战略，出台了相关政策法规。2015 年 9 月，国务院发布的《关于印发促进大数据发展行动纲要的通知》中就已经明确提出"加快政府数据开放共享，推动资源整合，提升治理能力"的整体任务要求。⊖2016 年 9 月，国务院印发的《政务信息资源共享管理暂行办法》中就提到，要"加快推动政务信息系统互联和公共数据共享，增强政府公信力"。⊜2017 年 12 月，习近平总书记在"实施国家大数据战略，加快建设数字中国"中指出，"要坚持数据开放、市场主导，以数据为纽带促进产学研深度融合，形成数据驱动型创新体系和发展模式"。⊜目前为止，国内大多数省市都出台了各类与政府数据开放相关的政策文件，各类大数据管理机构成立并持续推进政府数据资源的开放和共享，很多政府数据开放平台也得以搭建或升级完成，我国政府数据开放运动得到了良好发展。

那么，什么是数据开放？数据开放与信息公开的联系与区别又在哪儿呢？数据开放一般是指政府数据开放，是政府部门在保障国家秘密、商业秘密和个人隐私的前提下，将自身掌握的需要向社会公众公开或对社会有利、对公众有用的数据最大限度开放出来，以不断激发创新活力，创造经济和社会价值。数据开放是在传统的信息公开体系基础之上提出来的，数据开放与信息公开既有联系，也有区别。它们之间的联系一方面在于数据与信息本身的关联特征具有类似性，另一方面在于两者都属于政务公开大概念下的子系统，都是公众知情权制度保障的重要方面。而它们的区别可以表现在多个方面。第一，时代背景不同。一般将政府数据开放视为政府信息公开在大数据环境下的深化与发展，

⊖　国务院关于印发促进大数据发展行动纲要的通知 [EB/OL].（2021-07-21）[2023-02-01].http://www.gov.cn/zhengce/content/-2015-09/05/content_10137.htm.

⊜　国务院关于印发政务信息资源共享管理暂行办法的通知 [EB/OL].（2021-07-21）[2023-02-01]. http://www.gov.cn/zhengce/-content/2016-09/19/content_5109486.htm.

⊜　习近平：实施国家大数据战略，加快建设数字中国 [EB/OL].（2021-07-21）[2023-02-01]. http://www.cac.gov.cn/2017-12/09/-c_1122085408.htm.

是数字政府建设的不同阶段。换句话说，政府数据开放可以理解为政府信息公开的升级版，是大数据环境催生而出的。第二，目的不同。政府信息公开旨在为公众提供信息，而政府数据开放目的除了开放数据的职责和义务本身之外，更多在于利用数据提供增值服务，促进经济增长。第三，粒度不同。顾名思义，政府数据开放的粒度比较细，可以精确到单个数字内容，而政府信息公开往往以文件、通知等形式出现，整体粒度粗糙化。第四，互动强度不同。政府信息公开往往缺少互动交流的过程，而政府数据开放强调公民可以对开放数据的内容、质量等提出质疑，多了一个互动沟通的过程。第五，开放方式不同。政府信息公开往往是独立的信息部分的公开，而政府数据开放能够强调多个数据之间的关联，甚至搭建一个相关数据资源的专门模块或平台。第六，利用度不同。政府信息公开的信息资源往往可以被直接使用，而政府数据开放的数据资源则需要通过进一步的整合与分析，才有可能产生有价值的结果，等等。⊖⊜

尽管我国政府数据开放体系取得了一定的进展，但仍然存在诸多不足，如目前还没有国家层面的数据开放平台，平台总体数量少，参与部门少，多个地方政府虽然已建设相关数据开放平台，但存在地区差异，地方平台发展不平衡。从政府数据开放政策保障来看，英国、美国、加拿大政府数据开放方面起步较早的国家，政府数据开放计划无不由国家政策发挥顶层领导力。⊜相比于政府数据开放实施较早的西方国家，我国数据开放进程缺少相对完善的政策法律保障，在相关政府数据开放政策整体战略规划、政策法规与标准体系、政策实施内容、政策工具、数据开放政策与数据安全政策协同等方面存在较多不足。如在政策工具方面，供给型、环境型、需求型的政策工具使用频率存在不平衡、不完善问题，主要以供给型政策工具为主。⊛为此，在数字政府建设大背景下，从政策高度重视我国政府数据开放工作，从全局角度推进我国政府数据开放政策保障，进一步提升我国政府数据开放能力显得尤为重要和迫切。

9.4 个人信息保护

个人信息保护看似老话题，却在全新的（移动）互联网、大数据环境下成为新焦点。本节主要阐述个人信息以及个人信息保护的相关政策与实践。

9.4.1 个人信息的界定

个人信息与个人的生活、学习、工作、社交活动等密切相关。在当今社会，各种碎

⊖ 郑磊. 开放不等于公开、共享和交易：政府数据开放与相近概念的界定与辨析 [J]. 南京社会科学，2018（9）：89-97.

⊜ 王本刚，马海群. 开放政府理论分析框架：概念、政策与治理 [J]. 情报资料工作，2015（6）：37-41.

⊜ 陈美. 德国政府开放数据分析及其对我国的启示 [J]. 图书馆，2019（1）：52-57，94.

⊛ 陈玲，段尧清. 我国政府开放数据政策的实施现状和特点研究：基于政府公报文本的量化分析 [J]. 情报学报，2020（7）：698-709.

片化的个人信息充斥着我们周围的每一个角落，如网站阅读痕迹、购物信息、图书借阅信息等。那么，什么是个人信息呢？对个人信息实际上有多种不同的表述或称谓，如"个人隐私""个人数据""个人资料""隐私信息""公民信息""用户信息"等。不同的政策以及不同的学者对个人信息定义或内涵都有自己的界定或见解。

从一些政策看，1974 年美国的《隐私法》中提到，个人信息是行政机关根据公民的姓名或其他标识而记载的信息，涉及教育、经济、医疗、工作等关于个人情况的信息记载。[⊖]2016 年欧盟《通用数据保护条例》（GDPR）将个人数据（信息）视为任何指向一个已识别或可识别的自然人（数据主体）的信息。[⊜]2016 年，我国颁布的《网络安全法》提到，个人信息是指以电子或者其他方式记录的能够单独或者与其他信息结合识别自然人个人身份的各种信息，包括但不限于自然人的姓名、出生日期、身份证件号码、个人生物识别信息、住址、电话号码等。[⊜]2021 年 8 月，我国正式颁布的《中华人民共和国个人信息保护法》中对个人信息界定为：个人信息是以电子或者其他方式记录的与已识别或者可识别的自然人有关的各种信息，不包括匿名化处理后的信息。^㉕

而在学术界，很多学者也从自己的认知、学科等出发对个人信息做了相关界定和阐释。张新宝界定了个人隐私与个人信息的差异，认为两者呈交叉关系，有些个人隐私属于个人信息，而有的则不属于，认为个人信息是指与一个身份已经被识别或者身份可以被识别的自然人相关的任何信息，包括个人身份信息、医疗记录、人事记录、照片等。^㊄曹树金等从智慧城市的角度出发，认为个人信息是指与某一个体相关的所有信息的总和，涉及个人基本信息（如社保信息）、个人行为信息（如位置信息）、个人偏好信息（如兴趣爱好）等。^㊅在个人信息管理领域，对个人信息的解读引起了国内外学者的高度关注。如 Jones 等认为个人信息包括四大类：个人直接或间接所有的信息、与个人有关但被他人所有或控制的信息、个人经历但不被个人控制的信息、个人指向的信息。^㊆后来 Jones 等又将其拓展为六大类：个人所有或个人控制、与个人相关、直接面向个人、由个人发出、个人的经历、对个人有用。^㊇王文韬等认为，个人信息作为个人信息管理的对象，可以从

⊖　艾伦，托克音顿. 美国隐私法 : 学说判例与立法 [M]. 北京：中国民主法制出版社，2004：1-399.

⊜　丁晓东. 欧盟首个数据保护条例 GDPR 中文版全文 [EB/OL]. （2021-07-15）[2023-02-01].https：//www.souhu.com-/a/232773245_455313.

⊜　《中华人民共和国网络安全法》[EB/OL].（2016-11-07）[2023-02-01]. http://www.cac.gov.cn/2016-11-07/c_1119867116.htm.

㉕　《中华人民共和国个人信息保护法》[EB/OL].（2021-08-20）[2023-02-01]. http://www.npc.gov.cn/npc/c30834/202108/a8c4e3672c7449/a80b53a/72bb753fe.shtml.

㊄　张新宝. 从隐私到个人信息：利益再衡量的理论与制度安排 [J]. 中国法，2015（3）：38-59.

㊅　曹树金，王志红，古婷骅. 智慧城市环境下个人信息安全保护问题分析及立法建议 [J]. 图书情报知识，2015（3）：35-45.

㊆　JONES W, BRUCE H. A report on the nsf-sponsored workshop on personal information management, seattle, wa, 2005[C]//Report on the NSY PIM Workshop. Seattle, 2007：27-29.

㊇　JONES W. How is information personal? [C]//In "Personal Information Management: PIM 2008", CHI 2008 Workshop，2008：1-3.

物理、生理、心理、社会等多个层面理解，并从信息与个人的相关程度、个人对信息的可控程度和信息的生产方式三个维度进行探讨。[⊖]

虽然目前政策界、学术界等对个人信息的内涵界定还未达成共识，但可以总结看出，个人信息是指与自然人及其活动直接或间接相关的信息。通俗来说，就是个人不愿意公开、不想让外界知晓或非倾向透露的信息及其相关内容。在现代社会，个人信息不仅仅包括可识别的身份信息、档案信息、网站注册信息、医疗记录、行踪信息等，还包括基于以上信息的特定描述和利用的信息。

实际上，个人信息在不同的时代背景下有不同的对应内容，如果从个人信息的载体、形式、特征等角度对其发展脉络进行归纳，我们可以将个人信息问题大致分为三个发展阶段。第一个阶段属于传统型阶段，主要是在互联网到来之前，这个时期的个人信息主要表现为档案信息、身份信息等，其主要特征是很多个人信息保存和保护都是以某个领域或方向的具体需求和任务为导向，并以实体文件和纸质资料的记录、保管和存档为主。到了网络化阶段，也就是第二个阶段，个人信息逐渐呈现出"透明化"状态。很多个人社会活动开始在网络上留下痕迹，包括各类个人注册信息、消费信息、物流信息等。在信息网络和信息系统影响下，各种与个人信息相关的数据库开始投入建设，个人信息映射到了互联网空间并"被保存"下来，走向数字化。随着大数据环境的到来，也就是第三个阶段，个人信息和数据有了更广阔的开发和利用空间，"双刃剑"特性也给个人信息保存带来了新的困境。在此背景下，出现了用户数据画像、数据交易等新现象或问题，个人数据信息俨然带有更多的分析和挖掘色彩，并成为一种特殊的"生产"要素。比如，在电子商务领域，很多平台利用用户个人信息进行关联性融合，为用户提供感兴趣的产品和准确个性化的服务。与此同时，个人信息面临盗用、滥用的风险。随着人们数字化场景应用的发展，各种无法控制的个人信息及风险呈进一步上升趋势，尤其在人工智能发展大背景下，人工智能与个人信息相关的问题日益显露。未来，随着人工智能的进一步发展，个人信息问题也将出现新的特征和内容。

9.4.2 个人信息的"失控"及政策保护

如前所述，个人信息是一个广义问题，在技术、数据、人文等影响下，个人信息问题逐渐从不被人们所关注到成为各方保护的重要对象。但在实践中，个人信息"失控"现象广泛存在。在我们的身边尤其是各类新闻报道中可以发现，关于个人信息泄露的案例和事件比比皆是，我们的个人信息似乎进入了"裸奔"时代。例如，从国外来看，大概在 2017 年 8 月至 2018 年 1 月期间，印度国家身份认证系统阿达哈尔（Aadhaar）就发生了严重的数据泄露事件，导致 11 亿印度公民敏感信息泄露。2018 年 3 月，Facebook 个人信息泄露事件在互联网上引起轩然大波，在未经授权的情况下，超过 5 000 万用户的个人资料数据遭到滥用。在我国，相关个人信息泄露事件近几年也曾发生。2021 年我国

⊖ 王文韬, 谢阳群, 谢笑. 论作为 PIM 对象的个人信息 [J]. 图书情报知识, 2015（4）: 63-70.

央视 "3·15" 晚会专门披露了公众人脸信息被 "偷" 的现状，20 多家装有人脸识别系统的商户，在用户不知情的情况下偷偷获取其人脸识别信息，进行一些非法的商业化分析和利用。

那么，为什么会出现个人信息的 "失控" 现象呢？究其原因，与很多因素密切相关。比如：从信息主体本身来看，很多机构和平台缺乏规范化的管理和保护措施，无意或有意的导致了用户信息和数据被泄露；从用户角度来看，个人（或者说网民）隐私保护和信息安全的意识还不够，一些民众在对待个人信息问题上 "不设防"，身份信息等被非法盗用却浑然不知，进而带来不必要的骚扰，或者在个人信息处理上的安全保护经验和技术不足；从信息市场和行业自律来看，在大数据、数据要素等推动下，各种信息和数据的开放、交易等蓬勃发展，然而目前很多数据交易市场比较混乱，甚至存在黑色产业链，导致个人信息被滥采滥用；从外在约束层面来看，目前缺少有力的法律制度保护，这也是需要个人信息保护政策发挥信息治理作用的原因。

个人信息的保护依赖于多方的参与和努力，其 "保护盾" 构建则是一个多维度的主题，目前主要形成了以技术和政策为核心的二维范式体系。从本章的信息政策视角来看，在大数据与人工智能的影响下，传统的以 "控制" 建构起来的保护情境在内容和模式上都面临 "失控" 的场面。因此，重视新环境下的隐私威胁特征，结合新环境下个人信息（数据）的边界、价值考量、权利义务、运作等，从整体性层面重新构建个人信息保护制度系统是一个重要而紧迫的议题。也就是说，个人信息保护亟待信息政策层面的治理，一方面，各国需要根据自己的发展路径和立法模式构建符合自身国情和新环境特征的个人信息保护政策法规体系，另一方面，从数据流动、跨界融合、国际合作等角度看，个人信息保护立法与实践也需要建立全球共识，促进全球范围内相关协同机制的发展。

9.4.3　国外典型国家（地区）个人信息保护政策与实践

世界各国（地区）都在努力推进个人信息保护的立法工作，这一部分主要介绍国外典型国家（地区）个人信息保护政策与实践，包括美国、欧盟、日本[一][二][三]。

第一，美国的个人信息保护政策。[四]美国被视为个人信息保护立法的先驱。美国关于个人信息保护的立法理论、立法技术对很多国家的个人信息法律保护有着重要的指引作用。例如，早在 1970 年，美国在征信领域就出台了《公平信用报告法》，这是世界首部保护个人信用信息的法律。1975 年，美国实施了《隐私法》。1986 年，美国在通讯行业出台了《电子通信隐私权法》。1995 年，美国实施了《个人隐私与国家信息基础结构》。到了网络化时代，2012 年，美国白宫发布《网络世界中消费者数据隐私：全球数字经济

[一]　占南. 国内外个人信息保护政策体系研究 [J]. 图书情报知识，2019（5）：120-129.
[二]　许亚绒. 国外个人信息保护法律制度探析 [J]. 法制博览，2021（4）：16-18.
[三]　高荣伟. 国外个人信息保护立法机制扫描 [N]. 人民邮电，2020-11-06（3）.
[四]　张薇，池建新. 美欧个人信息保护制度的比较与分析 [J]. 情报科学，2017（12）：115-119, 128.

中保护隐私及促进创新的框架》，对网络用户个人数据的应用范围和企业责任做了说明。2014 年，美国总统执行办公室发布全球"大数据"白皮书——《大数据：把握机遇，守护价值》，可见美国对大数据环境下个人信息问题的高度关注。2018 年，借鉴欧盟《通用数据保护条例》的立法模式，美国加州出台了《2018 年加州消费者隐私法》（CCPA），在重视产业利益的同时重视个人信息保护，该法在一定程度上也体现了美国统一个人信息保护标准的发展趋势。

总体来看，美国个人信息保护政策执行的是隐私权保护法理逻辑，重视投诉的事后救济和行业自律。为了保障信息安全，美国制定了一系列的个人信息保护政策法规，形成了联邦法、各州法律等交织而成的政策网络，总体上属于一种"分治式"立法和管理模式。

第二，欧盟的个人信息保护政策。⊖欧盟个人信息的保护起源于个人的住宅等传统隐私信息的保护。早在 1950 年，欧洲理事会成员国在罗马就签署颁布了《欧洲人权公约》，它被视作欧洲第一代个人信息保护法，后来的《关于自动化处理的个人信息保护公约》《关于个人信息处理保护及个人信息自由传输的指令》等都深受其影响。2000 年的《欧洲联盟基本权利宪章》将个人信息保护权确立为一项基本权利。2002 年的《隐私与电子通信指令》的目的是对个人数据和隐私在传递过程中进行保护。2016 年，欧洲理事会和欧洲议会分别表决通过了《通用数据保护条例》。该条例于 2018 年正式实施，由于该法设置了一系列的保护门槛和机制，因而被认为是欧盟有史以来最严格的数据保护条例。这种统一立法模式很快受到了多个国家的支持和效仿，并逐渐成为全球个人数据保护的立法参考。

总体来看，欧盟在个人信息保护领域主要将捍卫人权、个人信息自决权等作为政策制定的出发点，总体取向严格，采取的是提前申报备案的事前管制方式。一方面，欧盟从整体层面制定个人信息保护相关政策，另一方面，欧盟成员国在统一的欧盟指令框架下，执行国家立法主导，制定和修订适合各自实际情况的个人信息保护政策体系。因此，欧盟的个人信息保护所采取的总体上属于"统合"式的立法和管理模式。

第三，日本的个人信息保护政策。⊜日本一直重视行政领域内和私权领域内的个人信息保护问题。早在 20 世纪 70 年代，也就是 1975 年，日本就出台了《关于涉及行政机关等利用电子计算机之隐私保护制度的存在方式的中间报告》。2003 年，日本出台了核心法律《个人信息保护法》，其与《行政机关保有的个人信息保护法》《信息公开和个人信息保护审查会成立法》《独立行政法人等保有的个人信息保护法》《伴随（行政机关保有的个人信息保护法）等的施行而整理相关法律的法律》一起被称为"个人信息保护关联五法案"。自此，日本基本构建了个人信息保护的制度框架。由于互联网的发展的影响，2015 年，日本对《个人信息保护法》进行了大幅修正。2017 年，日本《个人信息保护法》修订版全面生效。

⊖ 张薇，池建新. 美欧个人信息保护制度的比较与分析 [J]. 情报科学，2017（12）：115-119，128.
⊜ 魏健馨，宋仁超. 日本个人信息权利立法保护的经验及借鉴 [J]. 沈阳工业大学学报（社会科学版），2018（4）：289-296.

总体来看，日本个人信息保护政策的制定借鉴了美国和欧盟国家的很多相关理念，在注重行业自律的同时，也注重国家主导。日本在个人信息保护方面制定、修订了专门的《个人信息保护法》，并以此为基础，根据主体（政府行政机关、独立行政法人等）以及领域（信用、医疗、电信等）等差异制定了不同或专门的规章制度、自律规范等，目前已经形成了多重且灵活的个人信息保护政策法规体系。

9.4.4 我国个人信息保护相关政策与实践

与国外发达国家相比，我国对个人信息保护的立法起步较晚。在 2003 年，国务院信息化办公室曾部署个人信息保护法立法研究工作。后来这项工作一直没有得到有效进展，相关条文内容散见于多部法律法规、司法解释、部门规章和规范性文件中。我国主要个人信息保护相关政策有《网络安全法》《全国人民代表大会常务委员会关于加强网络信息保护的决定》《刑法修正案（九）》《消费者权益保护法》《民法典》《最高人民法院、最高人民检察院关于办理侵犯公民个人信息刑事案件适用法律若干问题的解释》《国家情报法》《公共图书馆法》《宪法修正案》《电子商务法》等。这些相关政策法规都从各自领域和角度规定和限定了个人信息的相关权限和义务，但由于相互之间缺乏呼应，因而在实践中难以完全适用。

随着科技对个人生活和活动的影响更加普遍和深入，分散的个人信息保护立法状态已经无法形成合力和专指性。在此背景下，我国专门的《个人信息保护法》持续成为热点议题。在 2019 年的两会中，全国人大常委会将《个人信息保护法》列入立法规划，提出要出台专门的《个人信息保护法》。2020 年 10 月 21 日，《个人信息保护法（草案）》由十三届全国人大常委会第二十二次会议审议后公布并向社会公开征求意见，标志着《个人信息保护法》走上了"快车道"。《个人信息保护法（草案）》从总则、个人信息处理规则（一般规定、敏感个人信息的处理规则、国家机关处理个人信息的特别规定）、个人信息跨境提供的规则、个人在个人信息处理活动中的权利、个人信息处理者的义务、履行个人信息保护职责的部门、法律责任、附则等详细规定和阐述了个人信息及其保护的相关问题。2021 年 4 月，十三届全国人大常委会第三十次会议对《个人信息保护法（草案二次审议稿）》进行了审议，主要针对公众反映的个人信息收集、使用规则不透明以及个人信息被过度收集、使用等突出问题做了进一步的修改和完善。2021 年 8 月 20 日，十三届全国人大常委会第三十次会议表决通过《个人信息保护法》，自 2021 年 11 月 1 日起施行，意味着我国专门个人信息保护法的正式出台，我国个人信息保护领域也有了"基本法"的加持，对于维护公民个人信息权利、保障个人信息有序流通将有重要深远意义。

9.5 国家信息安全

随着大国博弈的白热化，信息安全成为各个国家悬在头顶的达摩克里斯之剑。前文中所提到的个人信息保护等问题，实际上也涉及一些信息安全方面的问题，这节主要从整体上专门关注国家信息安全。

9.5.1 信息安全与国家信息安全的相关概念

无论是在人类生产生活中，还是在社会治理、国家发展等中，安全一直是一个重要的议题。安全总体上就是一种不受威胁的状态，不同领域的安全问题常常显示出不同的内容和特征，而且在现代社会中安全还常常与发展融合到了一起，因此对安全问题的探讨显得更加复杂。

信息安全是信息化、网络信息化等环境下发展而出的安全问题，是一种特殊的安全领域。对信息安全概念的理解可以从诸多维度和视角来观察，主要涉及计算机信息系统、信息流的安全等方面。从相关概念上看，目前至少有"计算机安全""网络安全""信息内容安全""网络空间安全"等之类的提法和说法。比较让人容易混淆的是信息安全、网络安全、网络空间安全三者之间的概念。国内学者王世伟总结了三者之间的逻辑关联和差异。他认为，信息安全可以泛称各类信息安全问题，网络安全可以指网络所带来的各类安全问题，网络空间安全则特指与陆域、海域、空域、太空并列的全球五大空间中的网络空间安全问题。由此，我们基本上可以看出三者之间的联系、区别和主要定位。三者关系如图 9-2 所示。

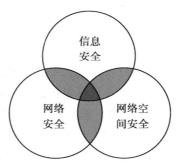

图 9-2　信息安全、网络安全与网络空间安全的关系[⊖]

关于信息安全的定义，一些政策标准里给出了相关界定，如英国 BS 7799 信息安全管理标准给出的定义是："信息安全是使信息避免一系列威胁，保障商务的连续性，最大限度地减少商务的损失，最大限度地获取投资和商务的回报，涉及的是机密性、完整性、可用性。"[⊜]美国《联邦信息安全管理法案》给出的定义是："信息安全是保护信息和信息系统，以避免未授权的访问、使用、泄漏、破坏、修改或者销毁，确保信息的完整性、

⊖　王世伟. 论信息安全、网络安全、网络空间安全 [J]. 中国图书馆学报，2015（2）：72-84.

⊜　BS 7799 标准 [EB/OL].（2021-06-21）[2023-02-01].https://baike.baidu.com/item/BS7799%E6%A0%87%E5%
87%86/9958-201?fr=Aladdin.

保密性和可用性。"⊖国际标准化委员会给出的定义是："为数据处理系统而采取的技术的和管理的安全保护，保护计算机硬件、软件、数据不因偶然的或恶意的原因而遭到破坏、更改、显露。"⊜一些学者也对信息安全做了较为全面的定义。如王世伟认为，"信息安全是保障国家、机构、个人的信息空间、信息载体和信息资源不受来自内外各种形式的危险、威胁、侵害和误导的外在状态和范式及内在主体感受"。⊜从系统性的角度出发，信息安全可以说是物理安全、网络安全、数据安全、信息内容安全、信息基础设施安全等总和，涉及信息系统、信息、信息内容等层面的信息保障。在大数据环境下，信息安全更加关注数据和数据资源的安全，而这些牵扯到数据交易、数据流动、隐私保护、数据资产等相关问题。

信息安全在很多应用领域引起了广泛关注，如电子政务信息安全、企业信息安全、金融信息安全、图书馆信息安全、档案信息安全、医院信息安全、智能电网信息安全、实验室信息安全等。然而，信息安全不仅仅关系到个人权益、机构稳定、企业发展等，还关系到国家层面的安全稳定。现代社会中，各种数据和信息常常涉及国家地理、政治、文化、产业等方方面面，很多数据具有隐私性或保密性，尤其是一些关键数据和信息一旦出现安全问题，就会给国家安全带来极大隐患和风险。因此，从国家层面看，信息安全至关重要，信息安全也是国家安全的一个重要组成部分。国家信息安全就是从国家整体层面出发的信息安全范畴和范式体系，涵盖了国家信息安全技术、国家信息安全产业、国家信息安全教育、国家信息安全政策等内容。

9.5.2　国家信息安全政策与治理

近几年来，世界范围内各类信息安全事件屡有发生。例如：2013 年 6 月，"棱镜门"事件曝出的绝密电子监听计划，让世界人民不禁对 IT 上的信息安全表示担忧；2017 年 5 月，"魔窟"勒索病毒席卷全球，网络病毒和传播方式防不胜防；2018 年 3 月，"剑桥分析"事件惊动互联网界，这不仅仅是前文所说的用户对于个人信息泄露不满的一次集中爆发，实际上还牵扯到更多的数据保护法制、经济政治形态安全等敏感话题；等等。

可见，在新形势下，信息安全保障的重要性日益凸显。为此，很多国家建立了信息安全相关管控、维护、测评、认证等体系。例如，中国信息安全测评中心作为国家信息安全权威测评机构，定期对国家信息安全相关领域的信息技术安全性、信息技术产品安全、信息安全服务和信息安全人员资质等进行测评，并定期向社会公布。⊛尽管此举从技术层面、人力层面等能够在一定程度上有效防范信息安全问题，但若从整体战略角度出发，信息安全的保护很大程度上需要完备的法治体系来予以保障，如此才能构建稳定

⊖　张敏 . 大数据时代的网络安全立法趋势分析 [J]. 信息安全研究，2016（9）：815-820.
⊜　商书元，耿增民，刘正东，等 . 信息技术导论 [M]. 北京：中国铁道出版社，2016（8）：321.
⊜　王世伟 . 大数据与云环境下国家信息安全管理研究 [M]. 上海：上海社会科学院出版社，2018：15-67.
⊛　中国信息安全测评中心 [EB/OL].（2021-08-07）[2023-02-01]. http://www.itsec.gov.cn/.

高效的信息环境。信息安全政策是调控信息活动的规范和准则，是为保护信息的完整性、可用性、保密性、可靠性等而制定的一系列措施、规划、原则或行动指南。作为一种重要工具，信息安全政策在信息环境保护方面能够发挥导向、调控、管制等功能。在导向功能上，信息安全政策主要规范目标群体的行为方式和行为方向，从而实现信息安全政策目标；在调控功能上，信息安全政策主要针对信息使用中的各种矛盾调控，同时还包括对信息安全流通的有序化调控；在管制功能上，信息安全政策主要通过禁止政策对象"不做什么"，或说使政策对象不发生相关过度行为等。这些都可以通过具体的政策条文来直接表现。[⊖]

为了达到信息安全政策的预期效果，信息安全政策往往需要从更加体系化的角度进行把握。为了适应新形势，至少有以下几个方面的问题需要考虑。

第一，能够反映信息安全政策的基本特性。

第二，能够包含现在以及未来阶段内的核心信息安全政策问题。

第三，能够体现政策问题群之间的关系，保障协调一致。

第四，应该是一个开放的体系结构。

第五，能够考虑利益相关者的权益。

第六，应该是根据本地域特点制定针对性的政策体系。

基于以上考虑，信息安全政策体系框架应包括物理环境安全政策、数据安全政策、系统安全政策、网络安全政策、应用安全政策等多方面的内容。[⊜]同时，信息安全政策体系的建构还需要符合主体需求、政策对象的需求和利益等。

国家信息安全政策实际上就是国家根据实际需要制定的保障信息环境有序和和谐发展的一系列信息安全管理法律法规的综合。目前各国国家信息安全政策在不断加码，愈加复杂环境下的国家信息安全问题也需要通过信息政策建构起一道"防护墙"，为现实空间、网络空间、信息交流空间等保驾护航。

9.5.3 国外典型国家（地区）信息安全政策与实践

为了应对信息安全带来的威胁和挑战，各国（地区）政府纷纷制定相关的信息安全政策，颁布相关法律、法规、标准等。不同国家（地区）在制定信息安全政策方面有着不同的出发点和考虑，本小节主要介绍国外典型国家（地区）信息安全政策与实践，包括美国、欧盟、日本。

第一，美国的信息安全政策。^{⊜⊜⊜}由于计算机、互联网等在美国有着悠久的发展历史，因此美国很早就注重对信息安全的保护。从 20 世纪 80 年代开始，美国就以政府通

⊖ 刘婷婷. 我国信息安全政策及其绩效评价的研究 [D]. 哈尔滨：黑龙江大学，2014：19-30.

⊜ 高思静，马海群. 信息安全政策体系构建研究 [J]. 情报理论与实践，2011（10）：13-16.

⊜ 魏波，周荣增. 美国信息安全立法及其启示与分析 [J]. 网络空间安全，2019（5）：1-6.

⊛ 马海群，王茜茹. 美国数据安全政策的演化路径、特征及启示 [J]. 现代情报，2016（1）：11-14.

⊜ 翟志勇. 数据安全法的体系定位 [J]. 苏州大学学报（哲学社会科学版），2021（1）：73-83.

告、总统令等多种形式制定各种信息安全政策方针和规章制度。如 1987 年的《计算机安全法》，要求国家标准和技术局负责有关敏感信息的信息安全工作。2000 年的《政府信息安全改革法》，规定了联邦政府在信息安全保护方面的责任。"9·11"事件发生后，美国加快了信息安全立法的进度，开始关注网络空间安全、信息共享与信息安全平衡等问题。2001 年 10 月，在"9·11"事件影响下，美国发布行政令《信息时代的关键基础设施保护》，并成立了"总统关键基础设施保护委员会"。2002 年，美国通过了《联邦信息安全管理法案》，要求各联邦机构制定并实施信息安全计划。2009 年，美国颁布《网络安全法》，设立专门的网络安全咨询办公室。2011 年，美国颁布出台了《网络空间国际战略》。2015 年，美国国会通过一部有关网络安全的综合性法律——《通过加强网络安全威胁信息共享提高美国的网络安全以及其他目的》，简称为《网络安全法》。

美国信息安全立法总体数量多，涉及范围广泛，并坚持因时而变的法律导向，在注重多部门协作的同时注重一系列的标准制定等工作，以保障其在国际上的领先地位。随着总体战略的变化，美国信息安全立法不断扩大政府机构在网络监管中的权限，各类信息安全政策的"扩张性"也愈加凸显。

第二，欧盟的信息安全政策。[一][二]欧盟在信息安全政策方面也做了多年的尝试。例如，欧盟早于 1992 年就制定的《信息安全框架决议》，翻开了欧盟信息安全立法的新篇章，此后陆续出台了 1999 年的《关于计算机犯罪的协定》、2002 年的《关于打击信息系统犯罪的框架决议》、2004 年的《关于建立欧洲网络和信息安全机构的规则》。2016 年 7 月，欧盟立法机构通过了首部欧盟层面的网络安全法——《网络与信息系统安全指令》，涉及国家框架、跨国合作、基本服务运营者与数字服务提供者等方向的网络与信息系统安全内容。2018 年，欧盟颁布了号称史上最严的《通用数据保护法》，为保护个人隐私与信息安全提供了强有力的法律屏障等。

总体来看，欧盟不断形成欧盟一体化立法与成员国立法相互协调、相互结合的多层次信息安全法律体系，重视关键信息基础设施的信息安全问题，并不断更新相关法律框架以适应信息网络、大数据技术等发展的要求。

第三，日本的信息安全政策。[三][四]日本一直将建设世界一流的"信息安全先进国家"作为自己的战略目标。日本出台了一系列比较有代表性的信息安全政策：2000 年的《高度情报通信网络社会形成基本法》，旨在保障政府信息和电信网络安全可靠；2000 年，受日本政府网站被非法篡改事件的影响，日本出台了《日本信息安全指导方针》，成为日本信息安全的政策基础；2003 年的《信息安全总体战略》，将信息安全提升到国家安全层面；2005 年 4 月，日本成立了国家信息安全政策会议与国家信息安全中心，分别负责日本信

[一]　雷玙. 欧盟信息安全立法综述 [J]. 中国信息安全，2013（2）：57-59.

[二]　王肃之. 欧盟《网络与信息系统安全指令》的主要内容与立法启示——兼评《网络安全法》相关立法条款 [J]. 理论月刊，2017（6）：177-182.

[三]　林永熙. 日本信息安全政策概述 [J]. 中国信息安全，2010（12）：66-71.

[四]　高思静，马海群. 信息安全政策体系构建研究 [J]. 情报理论与实践，2011（10）：13-16.

息安全领域基本政策的规划制定以及信息安全政策的具体执行，其中国家信息安全中心设置于内阁，是日本处理国家信息安全问题的实体机构；2010 年信息安全政策会议通过了《日本保护国民信息安全战略（2010 ～ 2013）》，提出了要保障全民信息安全，构建主动的信息安全政策理念；2013 年的《网络安全战略》，明确提出"网络安全立法"；2014年的《网络安全基本法》为日本建立网络安全强国确立了法制基础。

总体来看，日本信息安全政策涉及基础设施安全、网络安全、系统安全等多个方面，为实现安心安全国民生活积极推动相关政策落地，重视国民与用户观点，并确定了围绕经济发展战略的信息安全政策理念。

9.5.4 我国国家信息安全政策与实践

我国近些年来一直在积极完善和推进信息安全政策与治理。早在 1990 年，国家科委就发布了中国科学技术蓝皮书（第 4 号）《信息技术发展政策》，指出要重视现代信息保密技术，提升信息安全工作水平。2003 年，中共中央办公厅、国务院办公厅颁布实施了《国家信息化领导小组关于加强信息安全保障工作的意见》，对信息安全保护工作提出了总体要求和主要原则。2006 年 3 月，中共中央办公厅、国务院办公厅印发了《2006—2020 年国家信息化发展战略》，提出要全面加强国家信息安全保障体系建设，大力增强国家信息安全保障能力。2014 年 4 月 15 日，习近平总书记在主持召开中央国家安全委员会第一次会议时提出：坚持总体国家安全观，走出一条中国特色国家安全道路；我国国家安全内涵和外延比历史上任何时候都要丰富，时空领域比历史上任何时候都要宽广，内外因素比历史上任何时候都要复杂；要构建"11 种安全"于一体的国家安全体系，其中信息安全是总体国家安全观中 11 种国家安全之一。

实际上，我国信息安全政策总体交织复杂，国家依据信息安全总体战略在不同领域、不同方向出台了很多信息安全相关的政策法规。国内学者将网络与信息安全政策分为三个层次，具有一定的代表性。^{⊖⊜}第一个层次是未直接描述但规范有关信息安全的法律，如《宪法》《国家安全法》《保守国家秘密法》《国家情报法》《反恐怖主义法》等；第二个层次是直接约束计算机安全、网络安全、信息安全的政策法律，包括《网络安全法》《电子商务法》《计算机信息系统安全保护条例》《计算机信息网络国际联网管理暂行规定》等；第三个层次是针对信息内容、信息技术、信息安全产品等的政策法律，如《电子出版物管理暂行规定》《中国互联网络域名注册暂行管理办法》《互联网信息服务管理办法》等。

除了以上之外，随着大数据、云计算等发展，我国还根据信息环境发展出台了相关新政策文件，如 2021 年 6 月 10 日颁布的《中华人民共和国数据安全法》，这是一部为规范数据处理活动，保障数据安全，促进数据开发利用，保护个人、组织的合法权益，维

⊖ 王英，王涛. 我国网络与信息安全政策法律中的情报观 [J]. 情报资料工作，2019（1）：15-22.
⊜ 牛少彰. 信息安全概论 [M]. 北京：北京邮电大学出版社，2004：1-252.

护国家主权、安全和发展利益而制定的专门法律。[注]该法从数据安全与发展、数据安全制度、数据安全保护义务、政务数据安全与开放等角度对我国数据安全相关问题做了全新的政策指引和规范。此外，2021 年 7 月，工信部等印发《网络产品安全漏洞管理规定》。该法于 2021 年 9 月 1 日起施行，主要针对网络产品安全漏洞发现、报告、修补和发布等行为进行行政法规规范。可见，信息安全政策具有发展性，随着未来人工智能等发展，一些新的数据和信息安全问题必将不断涌现，相关国家信息安全政策也会持续跟进。

从目前来看，我国信息安全政策的特点主要表现在三个方面：第一，作为一个重要抓手，国家信息安全政策的顶层设计已现雏形，总体导向和调控功能更加凸显；第二，信息安全政策立足前沿，内容丰富，聚焦国家关键基础设施、网络安全核心技术、关键数据资源管控等内容；第三，更加强调多边合作，积极参与全球信息安全治理，充分体现了中国特色的安全观、治理观等。

◎ 复习思考题

1. 简述信息市场失灵与政策干预之间的内在关系。
2. 简述信息政策的基本功能。
3. 请谈谈对数据产权的理解。
4. 论述大数据环境给信息公开带来的机遇与挑战。
5. 论述我国《个人信息保护法》正式实施的意义。
6. 论述信息安全与国家安全之间的关系。

　　⊖　中华人民共和国数据安全法 [N]. 人民日报，2021-06-19（7）.

第 10 章

信息资源管理的前沿方向与未来发展

■ **教学目的与要求**

　　熟悉信息资源管理领域的前沿方向；了解大数据时代信息资源管理面临的新挑战；理解信息资源管理的未来发展趋势。

　　信息资源管理发展至今，其理论、方法、技术等一直在持续更新，这主要与信息资源管理对政策环境、社会环境、技术环境等变化的高敏感性密切相关。随着外在环境的不断变化，信息资源管理领域面临着全新的机遇与挑战，其未来发展也逐渐引起了学术界等的密切关注和思考。 ⊖⊖ 本章在介绍信息资源管理领域相关前沿方向的基础上，分析信息资源管理所面临的新机遇、新挑战，凝练总结了未来信息资源管理领域的发展方向。

10.1　信息资源管理领域的前沿方向

　　近几年来，信息资源管理领域在网络化、数字化、智能化等环境下，催生了诸多研究课题和前沿方向，可以从文献计量、学术会议、专题著作等多个角度获悉和了解相关研究热点与研究前沿。

　　目前一些学者通过文献计量分析来识别和发现信息资源管理领域的前沿方向。如一项针对最近十年（2009 年至 2019 年）国内外信息资源管理领域的文献计量研究发现，该

⊖　孙建军，裴雷，柯青，等 . 新文科背景下 "信息资源管理" 课程教学创新思考 [J]. 图书与情报，2020（6）：19-25.

⊖　朝乐门 . 信息资源管理理论的继承与创新：大数据与数据科学视角 [J]. 中国图书馆学报，2019（2）：26-42.

学科领域研究的交叉性有所增强，该学科领域相关热点研究主题主要在电子政务与开放数据管理、知识共享与知识学习、文献计量方法与应用、文本挖掘方法与应用、数据管理与数据挖掘、图书馆教学与信息素养、阅读习惯与偏好、信息组织与信息检索、网络分析与数据挖掘、社交信息管理与用户分析、图书档案的保存与数字化、图书信息管理中的数据与方法等方向。⊖可以看出，这些热点主题很多都与大数据与数据科学、新信息技术应用等密切相关，尤其是近几年来，相关文献呈明显增长趋势，表明信息资源管理领域的"数据性""技术性"等正在增强。

另外一项针对国内信息资源管理领域（2000 年至 2016 年）的文献计量研究发现，相关研究热点包括信息资源管理基本理论、政府信息资源管理、企业信息资源管理、网络信息资源管理、档案信息资源管理、图书馆信息资源管理、公共信息资源管理、信息资源管理方法技术、信息资源管理专业教育。该研究还通过突变词监测相关研究前沿发现，跨部门、跨系统、全媒体、数字化、虚拟化等信息资源管理以及科学数据、知识资源、数字档案、文化遗产、数字媒体、信息空间等类型的信息资源管理研究，是目前国内信息资源管理学术界关注的前沿方向⊖。

信息资源管理领域有很多专门的学术会议或研讨论坛，近几年相关学术会议或研讨论坛的会议主题以及相关学术报告的主题内容在一定程度上也能反映这个领域的前沿方向。

信息资源管理国际学术会议（International Conference on Information Resources Management, Conf-IRM）是针对信息资源管理领域的一个专门性学术会议，是当前信息系统领域最顶级的全球纯学术专业组织信息系统协会（AIS）的一个附属会议。该会议起始于 2008 年，建立在信息资源管理协会（IRMA）的传统基础上，每年召开一次，致力于为广大信息资源管理领域的学者和科研人员提供一个国际交流平台，分享信息资源管理领域前沿研究成果，促进信息资源管理及其相关领域的学术创新。其中，第十一届信息资源管理国际学术会议（Conf-IRM）于 2018 年 6 月 4 日至 6 日在浙江宁波召开，由于是在国内召开，吸引了很多国内学者的密切关注。该届的主题是"通过数字化转换应对全球变化"，设置了 14 个方向的专题：大数据、商业智能与数据分析；企业系统和知识管理；信息通信技术设计、发展与服务管理；信息通信技术建设；信息安全、隐私及风险管理；信息通信技术对个体、企业及社会的影响；信息通信技术在政府、医疗、教育行业的运用；数字化转化与创新研究；信息通信技术的治理与管理办法；信息通讯技术在拉丁美洲及加勒比海区域的发展研究；电子商务与物联网；信息通讯技术在中国及亚太地区的发展研究；技术研讨会、技术培训及技术讨论；相关从业研究及应用研究。这些主题方向也是当前信息资源管理领域的前沿方向。

中国信息资源管理论坛是国内针对信息资源管理领域举办的一个年度学科高端论坛，会议由中国人民大学信息资源管理学院创办，起始于 2004 年，每一届论坛都会关注信息

⊖ 丁洁兰，任弢，龙艺璇，等 . 信息资源管理领域发展态势研究：基于 WoS 论文的文献计量分析 [J]. 科学观察，2021（1）：42-62.

⊖ 王宽全，魏晓峰 . 国内信息资源管理研究热点与前沿分析 [J]. 图书馆理论与实践，2018(12): 34-38.

资源管理领域的前沿主题，特别关注本土学术界的相关热点和前沿。2018 年为纪念改革开放 40 周年、探讨中国档案事业发展之路，该论坛以"改革开放 40 周年中国档案事业发展"为主题展开讨论。2019 年，从《国务院关于在线政务服务的若干规定》的政策背景出发，该论坛的主题为"大数据治理与在线政务服务"。2020 年，该论坛的主题为"融合与协同：信息资源管理类学科未来发展战略"，探讨了数据科学课程、大数据管理与应用、数字人文、科学数据管理等相关主题。2021 年，该论坛主题聚焦于"变革与创新：面向 2035 年的信息资源管理"，对信息资源管理的长远发展进行了深度探讨，涉及数智赋能与信息资源管理、信息资源管理教育创新、信息资源管理学科建设等内容。2022 年该论坛的主题为"学习贯彻党的二十大精神，建构中国自主的信息资源管理知识体系"，对信息资源管理一级学科新背景开展探索和交流，同时对科研的组织开展进行了专门探讨。

此外，国内针对信息资源管理领域还专门编著了相关的研究进展书籍，比较有代表性的是武汉大学胡昌平教授主编的《信息资源管理研究进展》。最新版的《信息资源管理研究进展》已于 2017 年 6 月出版，涉及数字学术资源信息安全保障、知识融合、信息生态、数字资源的语义揭示、健康信息资源开发利用、关联数据、科学数据管理、知识管理、移动搜索行为、嵌入式信息服务、行业信息融合服务、智慧服务等信息资源管理领域的诸多前沿方向。[一]而 2008 年版的《信息资源管理研究进展》涉猎主题主要是移动信息服务、期刊信息资源管理、信息法学、网络信息资源、知识转移、信息抽取技术等。[二]最新版与 2008 年版相比，在保留信息资源管理核心领域的基础上，出现了很多与数字资源开发、数据分析与管理、健康信息、智能服务等相关的前沿方向，足见信息资源管理领域的数字化、智能化发展趋势。

10.2 信息资源管理面临的新机遇与新挑战

10.2.1 信息资源管理面临的新机遇

身处大数据时代，信息资源管理面临着众多的新机遇。从政策环境来看，十九大报告中就已经提到"推动互联网、大数据、人工智能和实体经济深度融合""推动新型工业化、信息化、城镇化、农业现代化同步发展"等相关话题和内容，这些都与信息、信息资源开发利用密切相关。国家"十四五"规划和二〇三五远景目标纲要中也提出了要加快数字发展，建设数字中国。而从不同领域来看，各个领域的信息资源管理问题在政策层面也得以进一步关注和推进。如 2019 年 4 月国务院安委会办公室、国家减灾委办公室、应急管理部联合印发《关于加强应急基础信息管理的通知》，提出"加强应急基础信

[一] 胡昌平，邓胜利. 信息资源管理研究进展 [M]. 武汉：武汉大学出版社，2017：141.

[二] 胡昌平，陈传夫，邱均平，等. 信息资源管理研究进展 [M]. 武汉：武汉大学出版社，2008：145.

息管理，整合各方资源，推进信息共享共用"。再如，疫情防控期间，国家卫健委发布《关于进一步落实科学防治精准施策分区分级要求做好疫情期间医疗服务管理工作的通知》以及《关于加强信息化支撑新型冠状病毒感染的肺炎疫情防控工作的通知》，再次拉动国内医疗信息化产业新一轮变革等。而在教育层面，新文科政策导向的提出对信息资源管理也产生了巨大影响。新文科是相对于传统文科进行学科重组、文理交叉，即把新技术融入哲学、文学、语言等诸如此类的人才培养中，为学生提供综合性的跨学科学习。信息资源管理是一门跨学科的综合性科学，也需要主动回应新文科理念，积极运用大数据、人工智能等新一代信息技术，促进研究品质和应用能力的提升。在新环境中，新文科建设与发展是信息资源管理的绝对发展机遇。可以说，在各类相关政策福利和支持下，信息资源管理领域有必要进一步启动"加速度"，实现新一轮的创新发展。

从学理环境来看，在用户需求变化、大数据与数据科学等影响下，信息资源管理学理探索也面临新的发展和变革。在学术思想上，在传统的技术范式、资源范式、用户范式的基础上，数据驱动范式成为信息资源管理研究的新参考，信息资源管理在研究对象上从狭义、单一、抽样的（文献）信息资源等升级到各类数据空间的资源，信息资源管理领域从强调因果性转变到开始逐渐接受数据模糊下的整体性、相关性、容错性等，这正是数据驱动范式给信息资源管理带来的新变化。在技术应用上，数字化、物联网、云计算、GIS 技术等新信息技术逐渐进入信息资源管理研究的范畴和应用之中，数据和信息的可及性、可分析性等大大增强，促使信息资源管理领域过去很多不能研究和实现的问题逐渐变得可探寻、可挖掘、可转化，信息资源管理领域学理研究的科学性也更加显著。

从业务实践来看，大数据、人工智能等为信息资源管理实践注入了新的活力。一方面，在数字经济、用户需求等的催动下，传统信息资源管理业务的局限性越来越凸显，信息资源管理业务开始重视"系统互联""数据驱动""用户至上""实时反馈"等理念和内容，在此背景下，信息资源管理的业务活动呈现出数据化、智能化、协同化、流程化等增强化发展趋势，各种业务大数据与信息资源库建设不断兴起，各种数据驱动逻辑、信息集成技术等在业务创新方面不断嵌入和应用，使得信息资源管理之于组织创新发展处于一个全新的战略层次。另一方面，信息资源管理的应用场景也在急剧变化与升级。过去，信息资源管理往往聚焦于文献信息搜索与检索等相关应用场景，也有部分涉及网络空间治理、企业信息化等领域。在新环境下，信息资源管理逐渐脱离"信息资源稀缺""技术薄弱"等枷锁，在数字记忆、公共文化、国家安全、科技创新、应急决策等不同场景下都得到了开拓和延展，信息资源管理的实践空间得到了极大丰富。

总之，在各类新政策、新思维、新业务等新环境下，信息资源管理发展面临着全新的机遇，有了更广阔的发展空间。

10.2.2 信息资源管理面临的新挑战

机遇与挑战常常是并存的，信息资源管理在面临新机遇的同时也面临着各种严峻的新挑战，主要表现在以下三个方面。

第一，旧范式与新范式的共存与博弈问题。在数据驱动范式"热"的背景下，如何合理拓展本领域的数据驱动范式，实现传统研究范式与新兴研究范式的结合和统一，这是信息资源管理领域需要考虑的基本问题，也是当前很多信息资源人的困惑。目前，数据科学、数据驱动已然成为各个学科的新增长点，信息资源管理领域也不例外。由于信息资源管理与大数据、数据科学的天然联系，信息资源管理一直在不断强化和增加数据驱动范式在本领域、本学科的分量。这同时带来了一些问题：过去信息资源管理的研究范式是否就要抛弃？旧范式在新范式下的生存空间如何？显然，一方面信息资源管理的旧范式（如机构范式、技术范式、认知范式等）在特定空间和情境下仍然占据着重要角色，发挥着重要功能，具有不可替代性。另一方面，数据驱动范式又因为其极强的创造力，为信息资源管理带来了各方面的升级，包括研究问题、研究对象、分析流程、服务场景等。因此，数据驱动范式作为数智化环境的主流，它的出现必然会对旧范式带来强烈的冲击，目前这一冲击仍在持续之中。信息资源管理领域中，这种旧与新的碰撞带来的挑战急需得到合理回答和解决。

第二，富足信息资源环境下的信息资源开发问题。在互联网、大数据等影响下，信息资源正在从"稀缺"走向"富足"，那么如何从各类数据价值密度低的大数据中快速洞见有价值的信息并将其转化为行动，⊖如何实现以愿景为目标、以需求为导向的规范化管理和持续性的开发利用，如何建构信息资源的生态观，实现信息资源"建、管、服"一体化，推动信息资源智慧型发展与绿色发展，这些都是信息资源管理领域需要面对的挑战。尤其在提倡开放数据管理的新环境下，各种信息资源看似廉价且易获取，但由于数据粗糙化、知识产权、数据安全性等问题，这些丰富信息资源反而成了"烫手山芋"。从信息资源管理的角度来看，如何将这些丰富信息资源利用和开发好，是一个极大的挑战。

第三，技术与人文的融合问题。显然，技术因素是影响信息资源管理活动的关键点，很多信息资源管理活动在新技术影响下得以变革和创新。但信息资源管理不单纯是技术，因此，在新一轮信息技术革命背景下，如何实现技术理性与人文价值的智慧融合，是信息资源管理需要考虑的。信息资源管理借力"技术"支持相关的管理研究与实践活动，这显然是可取的，也是必要的，但作为一个具有人文属性的领域和学科方向，如何在技术主导下保留自己的人文认知与人文贡献，考虑社会发展、用户至上、信息环境协调等，进而建构一个兼顾技术与人文的信息资源管理开发路径，是需要考虑的问题。尤其在智慧社会建设的大背景下，信息资源管理视角下的这种考虑变得尤为必要。

除了以上挑战外，信息资源管理领域还面临着诸如特色凸显困境、复杂情境应用、学科调整等其它方面的压力与挑战。可以预测，至少在当前以及未来的十到二十年，这些问题是需要面对并且着重解决的。

⊖　韩丽华, 魏明珠. 大数据环境下信息资源管理模式创新研究 [J]. 情报科学，2019（8）：158-162.

10.3 信息资源管理的未来发展趋势

10.3.1 从信息资源管理到基于信息资源的管理

过去，信息资源管理领域一直围绕"信息资源"这一对象展开，是以信息资源本身的管理为中心，这主要有两个方面的局限：一是信息资源包括了信息、技术、人等多个生产要素，而这些往往分散在不同学科，因此作为信息资源管理领域往往显得"力不从心"；二是从实践角度来看，信息资源管理很难脱离其它生产要素进行独立的管理，政府、社会等也比较难找到与之相对应的独立的部门或岗位。因此，基于信息资源的管理将在未来成为一个新方向。

与传统的针对信息资源的管理不同，基于信息资源的管理不仅仅需要关注和管理信息资源本身，还需要研究与探索如何基于信息资源进行其它资源的规划、配置、监测、调度与优化。也就是说，基于信息资源的管理的重点在于通过信息资源的开发利用来实现人力、财力、市场等其它生产要素的管理，进而使得这些管理活动更加敏捷、高效和安全。未来，基于信息资源的管理将涉及以下五个方面的重点内容。第一，数据密集型科学发现。数据密集型科学发现即改变传统的目标或任务型的驱动管理模式，将数据驱动范式引入信息资源管理研究之中。第二，信息资源的实时监测与动态优化。对政府、企业等各类主体的内外信息资源进行监测，进而不断优化相关主体的信息资源管理活动。第三，基于信息资源的安全策略与应急预案。从安全维度出发，将信息资源的监测结果纳入组织安全与应急管理之中，支持组织安全策略与应急预案构建。第四，信息资源的业务化。通过信息资源的一系列分析、处理等工作，为组织定义新的业务，既能洞悉机遇又可回避风险。第五，基于信息资源的治理。推动信息资源从"管理"到"治理"的转变，通过信息资源管理活动为相关政策、法规、规章等的制定与执行提供参考依据，从而进一步规范基于信息资源的管理活动等。⊖

10.3.2 信息资源管理的内容管理革新

信息资源的内容管理是指以信息的采集、组织、检索、分析、处理、开发利用等为核心的信息资源管理活动。⊜面对新环境，信息资源管理的内容管理将不断发生革新，具体可表现在以下几个方面。

第一，信息采集模式的革新。在新一代信息技术影响下，信息采集的理念、技术等都发生了很大的变化，无论是科学研究还是业务实践，信息采集将趋向于多元化发展，其重心从"单数据""小数据"向"大数据""智慧数据"转变，追求更加全面、实时、细

⊖ 朝乐门. 信息资源管理理论的继承与创新：大数据与数据科学视角 [J]. 中国图书馆学报，2019（2）：26-42.
⊜ 马费成，赖茂生，孙建军，等. 信息资源管理 [M].3 版. 北京：高等教育出版社，2018.

化、科学、可靠的信息采集模式，以从"源头"拓展信息资源管理的空间。

第二，信息存储平台的进化。随着数据复杂度的不断提升，信息资源管理对信息存储、数据存储也提出了新的要求。过去以关系型数据库为核心的架构及处理速度存在较大缺陷，越来越多的大数据分布式信息存储平台不断投入构建，如数据仓库中的大规模并行处理系统等。

第三，信息分析流程的优化。与传统的信息分析流程相比，未来的信息分析流程将更加注重信息资源的完备性，更加注重定性定量的结合，更加注重多源异构数据的融合与清洗，更加注重深度加工与规范分析，更加注重集成化、自动化、协同化分析，更加注重与用户的关联，更加注重各个环节之间的连接等，以此打造一个系统化、规范化、智能化的信息分析流程。

第四，信息提供质量的转变。过去的信息产品提供往往比较单一化、被动化和粗糙化，随着各类主体对信息产品需求变化，如何面对更多的用户提供更多的产品，同时保障信息产品的质量，是未来信息提供需要考虑的问题。新环境下的信息产品提供将更加注重与接受者之间的沟通与对接，在提供个性化、精准化的信息服务的同时注重信息安全与隐私保护。[一]

第五，信息资源开发利用的全程渗透。信息资源开发利用是信息化建设的核心。全程渗透理念强调将信息资源开发利用视为一个生命周期的全过程，强调信息资源业务应该统筹好信息生产、信息采集、信息组织、信息分析等各个环节以及它们之间的关系。[二]过去的信息资源内容管理往往是分散的，各流程分工可能明确但无法集中"发力"，或存在环节冗长、部门壁垒等各种问题，甚至往往产生成效局部化的尴尬境地。随着信息资源管理技术以及流程管理理念等的升级，全程渗透理念将在信息资源管理领域得到进一步贯彻。全程渗透一般依赖于一个集中式的信息资源管理平台（或信息服务平台），因此，未来的信息资源管理显然将会搭建出更多的协同化、集成化、智能化的统一性平台，将其作为内容管理的坚强后盾，以实现信息资源的全过程、全时段开发利用。

10.3.3　信息资源管理的领域化与全域化

一直以来，在信息资源管理理论、技术、方法等发展下，政府信息资源管理、企业信息资源管理、高校信息资源管理、医院信息资源管理等不同领域和方向的信息资源管理得到了长足的发展。随着新环境的到来，信息资源管理的应用场景不断拓展，一方面旧场景中出现了很多新问题新业务，如数据业务等，另一方面也出现了全新的场景（或者说过去涉猎不多、涉猎偏浅的场景），如国家安全、数字人文等。因此，从领域化的角度来看，未来不同领域、不同方向的信息资源管理活动将呈现"多点开花"的局面。尤其是随着社会环境的变化，新场景、新业态、新业务不断涌现，呼唤信息资源管理活动

　　[一]　易明，冯翠翠，莫富传 . 大数据时代的信息资源管理创新研究 [J]. 图书馆学研究，2019（6）：56-61.
　　[二]　杜占河，原欣伟 . 企业信息资源管理与大数据的融合与变革 [J]. 情报科学，2017（3）：8-12，30.

的思维、机制、模式等在不同领域的适应、嵌入与支持。例如，新冠疫情的发生促使各类应用场景发生改变，如应急业务层面的数据联动、网络空间的虚假信息治理、疫情与政府数据开放革新、教学上的线上信息资源利用、对抗疫情的科技信息支持等。可以说，一切围绕疫情、围绕"疫情信息"的新场景或旧场景的更新，都需要信息资源管理在领域化层面加强适应能力、改造能力、支持能力乃至引领能力。尤其是在不确定、不稳定的将来，更多的复杂交叉性的场景将不断涌现，信息资源管理需要未雨绸缪，以发挥自己的功能和价值。

信息资源管理活动也呼唤"全域治理"的到来，即在领域化场景应用拓展与更新的基础上，能够形成一个场景生态，包括不同场景下的信息资源管理的借鉴与交流、多场景下信息资源管理的融合与提升、全场景下信息资源管理的统筹与规划等。尤其是从全场景的角度来看，全场景式的信息资源管理范式对于应对不确定的未来具有重要意义，这就对信息资源以及基于信息资源的组织协调、规划、协同、共享、开放等能力提出了更高要求。在此背景下，积极推动信息资源管理领域的整体规划，加强多元化数据信息主体的合作，形成上下互动的全员参与新氛围，推进日常和应急情境下的信息动员和数据动员，提高基于信息资源的创新活力，进而打造信息资源的数据链、服务链、价值链，可以说是未来信息资源管理领域的发展趋势。

10.3.4　信息资源管理的本土化及话语建构

我国信息资源管理的理论早期主要是从国外引进来的，与此同时，一些老一辈学者通过自己的积极探索与创新，提出了一些理论架构，出版了一些经典之作，使得信息资源管理领域不断扎根和发展壮大。[一]尤其是在社会信息化、数字化建设等浪潮下，信息资源管理在广度上得到了很好的延伸，但在深度上仍然停滞不前，没有实质性突破，尤其在本土化的理论体系与实践路径上缺乏自我建构。因此，如何建构信息资源管理领域的话语权，实现信息资源管理的本土化、特色化和智慧化发展目标，是未来信息资源管理领域的重要发展方向。

在新的出发点下，信息资源管理领域应通过构建自身的目标体系与知识体系，争取在新时代国家发展与安全决策体系中获得更多话语权。例如：在总体导向上，要进一步梳理信息资源管理的时代科学问题，结合本土凝练出核心理论体系，建构信息链为基本定位的本土化信息资源管理学科整合框架与应用体系，提高本学科领域在国际学科格局中的位势；在学科建设上，结合新文科建设导向等，需要进一步加大"数据"元素的灌输，增设新信息技术与信息资源管理交叉的相关课程，[二]培养新环境下信息资源管理学术共同体等；在实践工作上，通过各类政策、制度、资金等的实施和支持，重视各类信息

㊀ 王琳.情报学研究范式与主流理论的演化历程（1987—2017）[J].情报学报，2018（9）：956-970.

㊁ 孙建军，裴雷，柯青，等.新文科背景下"信息资源管理"课程教学创新思考[J].图书与情报，2020（6）：19-25.

资源工程项目的推进，推动面向领域和方向的各类智慧服务开展等。总之，只有建构我国信息资源管理本土化、特色化、智慧化的话语体系，才能实现信息资源管理创新和可持续发展。

◎ 复习思考题

1. 介绍当前信息资源管理领域的几个前沿方向。
2. 论述信息资源管理面临的新机遇与新挑战。
3. 论述信息资源管理的未来发展趋势。

参 考 文 献

[1] AIDA M, ABE T , TAKAHASHI N . A proposal of Dual Zipfian Model for describing HTTP access trends and its application to address cache design[J]. IEICE transactions on communications, 1998, E81-B(7): 1475-1485.

[2] ALBERT R, JEONG H, BARABASI A L. Error and attack tolerance of complex networks[J]. Nature, 2000, 406(6794): 378-382.

[3] ALBERT R, JEONG H, BARABASI A. Diameter of the World-Wide Web[J]. Nature,1999(401): 130-131.

[4] ALMIND T C, INGWERSEN P. Informetric analyses on the World Wide Web: methodological approaches to "webometrics" [J]. Journal of documentation, 1997, 53(4): 404-426.

[5] AMIN M, MABE M A. Impact factors: use and abuse[J]. Medicina (Buenos Aires), 2003, 63(4): 347-354.

[6] AVERSA E S. Citation patterns of highly cited papers and their relationship to literature aging : a study of the working literature[J]. Scientometrics, 1985, 7(3-6): 383-389.

[7] AVRAMESCU A. Actuality and obsolescence of scientific literature [J]. Journal of the American Society for Information Science, 1979, 30(5): 296-303.

[8] BARABASI A, ALBERT R. Emergence of scaling in random networks[J]. Science, 1999, 286(11): 509-512.

[9] BARABASI A L, ALBERT R, JEONG H. Mean-field theory for scale-free random networks[J]. Physica A: statistical mechanics and its application, 1999, 272(1-2):173-187.

[10] BARBER B. Resistance by scientists to scientific discovery: this source of resistance has yet to be given the scrutiny accorded religious and ideological sources[J]. Science, 1961, 134(347): 596-602.

[11] BARNES J A. Class and committees in a Norwegian island parish[J]. Human relations, 1954, 7(1): 39-58.

[12] BHARAT K, CHANG B W, HENZINGER M R, et al. Who links to whom: mining linkage between websites? [C]// ICDM. San Jose, 2001:51-58.

[13] BIANCONI G, BARABASI A L. Competition and multiscaling in evolving networks[J]. Europhys lett, 2000, 54(1):37-43.

[14] BJÖRNEBORN L. Small-world link structures across an academic web space: a library and

information science approach[D].Copenhagen: Copenhagen Royal School of Library and Information Science, 2004:11-27.

[15] BRODER A Z, KUMAR R, MAGHOUL F, et al. Graph structure in the Web[J]. Computer network, 2000, 33(1-6): 309-320.

[16] BROWNE M. The field of information policy: 2. redefining the boundaries and methodologies[J]. Journal of information science, 1997, 23(5): 339-351.

[17] COSTAS R, VAN LEEUWEN T N, VAN RAAN A F J. Is scientific literature subject to a "sell-by-date"? A general methodology to analyze the "durability" of scientific documents[J]. Journal of the American society for information science and technology, 2010, 61(2): 329-339.

[18] CRANE D. Invisible colleges[M]. Chicago: University of Chicago Press, 1972: 384.

[19] CROXTON F E, COWDEN D J. Applied general statistics[M]. London: Pitman & Sons, 1955: 267.

[20] EGGHE L, RAO I K R. Citation age data and the obsolescence function: fits and explanations[J]. Information processing & management, 1992, 28(2): 201-217.

[21] EGGHE L, RAO I K R. Classification of growth models based on growth rates and its applications[J]. Scientometrics, 1992, 25(1): 5-46.

[22] FAYYAD U M. Data mining and knowledge discovery: making sense out of data[J]. IEEE expert-intelligent systems & their applications,1996, 11(5): 20-25.

[23] FEINMAN S, MICK C K, SAALBERG J, et al. A conceptual framework for information flow studies[C]// Information Politics, Proceedings of the 38th annual meeting of the American Society for Information Science. Oxford, 1976, 13(1): 106.

[24] FORTNER R S. Excommunication in the information society[J]. Critical studies in mass communication, 1995, 12(2): 133-154.

[25] GAIL H. Systems of knowledge organization for digital libraries: beyond traditional authority files[R]. Washington, American: The Digital Library Federation, 2003: 4-7.

[26] GALLAGHUR H M. Dr. Osborn's 1941 "the crisis in cataloguing" [J]. cataloguing and classification quarterly, 1991(3/4): 3-33.

[27] GARFIELD E. More delayed recognition part.1. examples from the genetics of color-blindness, the entropy of short-term-memory, phosphoinositides, and polymer rheology[J]. Current contents, 1989, 38: 3-8.

[28] GATTESCHI V, LAMBERTI F, DEMARTINI C, et al. To blockchain or not to blockchain: that is the question[J]. IT professional, 2018, 20(2): 62-74.

[29] GRAFIELD E. Uncitedness Ⅲ : importance of not being cited[G]. Current contents, 1973(8): 5-6.

[30] GUARE J, SANDRICH J, LOEWENBERG S A. Six degrees of separation[M]. USA:LA Theatre Works, 2000: 32.

[31] HEIDORN P B. Shedding light on the dark data in the long tail of science[J]. Library trends, 2008, 57(2): 280-299.

[32] HERNON P, RELYEA H C. Information policy [M]// Encyclopedia of library and information science. New York, NY: Dekker,2003: 1300-1315.

[33] JONES W, BRUCE H. A report on the NSF-sponsored workshop on personal information management[C]//Report on the NSY PIM Workshop. Seattle, 2007: 27-29.

[34] JONES W. How is information personal? [C]// "Personal Information Management: PIM 2008", CHI 2008 Workshop. 2008:1-3.

[35] JURAN J M. Juran's quality handbook[M]. New York:McGraw-Hill (Tx),1951.

[36] KARNI R. A methodological framework for formulating information policy[J]. Information and management, 1983, 6(5): 269-280.

[37] KUMAR R, RAGHAVAN P, RAJAGOPALAN S, et al. Trawling the Web for emerging cyber-communities[J]. Computer networks, 1999,31(11-16), 1481-1493.

[38] LAW E L, ROTO V, HASSENZAHL M, et al. Understanding, scoping and defining user experience[J]. Proc CHI, 2009:719-728.

[39] LAWRENCE S, GILES C L. Accessibility and distribution of information on the Web[J]. Nature, 1999,400 (8):107-109.

[40] LI J, SHI D, ZHAO S X, et al. A study of the "heartbeat spectra" for "sleeping beauties" [J]. Journal of informetrics, 2014, 8(3):493-502.

[41] LI J, YE F Y. The phenomenon of all-elements-sleeping-beauties in scientific literature[J]. Scientometrics, 2012, 92(3):795-799.

[42] LIU G, YU Y, HAN J, et al. China Web graph measurements and evolution[C]// Asia-Pacific Web Conference. Berlin, 2005: 668-679.

[43] LUBETZKY S. Cataloguing rules and principles: a critique of the A.L.A. rules for entry and a proposed design for their revision [M]. Washington: Processing Department, Library of Congress, 1953.

[44] MASLOW A H. Motivation and personality[M]. New York: Harper & Row, 1970.

[45] MEADOWS D H, GOLDSMITH E, MEADOW P. The limits to growth[M]. New York: Universe Books, 1972.

[46] MENCZER F. Growing and navigating the small world Web by local content [J]. PNAS, 2002, 99(22): 14014-14019.

[47] MIN C, DING Y, LI J, et al. Innovation or imitation: the diffusion of citations[J]. Journal of the association for information science and technology, 2018, 69(10): 1271-1282.

[48] MIN C, SUN J, PEI L, et al. Measuring delayed recognition for papers: uneven weighted summation and total citations[J]. Journal of informetrics, 2016, 10(4): 1153-1165.

[49] NAISBITT J, BISESI M. Megatrends: ten new directions transforming our lives[J]. Sloan management review, 1983, 24(4): 69.

[50] NORMAN D A, ORTONY A. Designers and users: two perspectives on emotion and design[C]// Symposium on the foundations of interaction design. Ivrea, 2003: 1-13.

[51] QUESENBERY W. Balancing the 5Es of usability[J]. Cutter IT journal, 2004, 17(2): 4-11.

[52] RESCHER N. Scientific progress[M]. Pittsburgh: University of Pittsburgh Press, 1978: 185.

[53] RODDEN K, HUTCHINSON H, FU X. Measuring the user experience on a large scale: user-centered metrics for web applications[C]// Proceedings of the 28th International Conference on

Human Factors in Computing Systems. Atlanta, 2010: 2395-2398.

[54] SANGAM S. Obsolescence of literature in the field of psychology[J]. Scientometrics, 1999, 44(1): 33-46.

[55] SEETHARAM G, RAO I R. Growth of food science and technology literature: a comparison of CFTRI, India and the world[J]. Scientometrics, 1999, 44(1): 59-79.

[56] SHANNON C E. A mathematical theory of communication[J]. The bell system technical journal, 1948, 27(3): 379-423.

[57] STENT G S. Prematurity and uniqueness in scientific discovery[J]. Scientific American, 1972, 227(6): 84-93.

[58] SUN Y, GILES C L. Popularity weighted ranking for academic digital libraries[C]// Advances in Information Retrieval, 29th European Conference on IR Research, ECIR 2007. Rome, 2007: 605-612.

[59] TAYLOR R S. Question-negotiation and information seeking in libraries[J]. College & research libraries, 1967, 29: 88.

[60] TEIXEIRA C, PINTO J S, MARTINS J A. User profiles in organizational environments[J]. Campus-wide information systems, 2008, 25(3): 329-332.

[61] THELWALL M. Link analysis: an information science approach[M]. New York: Elsevier, 2004: 59.

[62] TOLOSA G, BORDIGNON F, BAEZAYATES R, et al. Distinctive Features of the Argentinian Web[C]//Latin American Web Conference. Santiago, 2007: 136-143.

[63] TRAUTH E M. An adaptive model of information policy[D]. Pittsburg: University of Pittsburg, 1979.

[64] TRAVERS J, MILGRAM S. An experimental study of the small world problem[M]. Princeton: Princeton University Press, 2011: 130-148.

[65] VAN RAAN A. Sleeping beauties in science[J]. Scientometrics, 2004, 59(3): 467-472.

[66] WATTS D J, STROGATZ S H. Collective dynamics of "small-world" networks[J]. Nature, 1998, 393(6684): 440-442.

[67] WILSON T D. On user studies and information needs[J]. Journal of documentation, 2006, 62(6): 658-670.

[68] WYATT H V. Knowledge and prematurity: the journey from transformation to DNA[J]. Perspectives in biology & medicine, 1975, 18(2): 149-156.

[69] ZHOU S, MONDRAGON R J. The rich-club phenomenon in the Internet topology [J]. IEEE communications letters, 2004, 8(3):180-182.

[70] ZHOU S, MONDRAGON R J. Towards modelling the Internet topology: the interactive growth model[J]. Teletraffic science and engineering, 2003, 5: 121-129.

[71] 阿里巴巴数据技术及产品部. 大数据之路：阿里巴巴大数据实践 [M]. 北京：电子工业出版社，2017.

[72] 艾伦，托克音顿. 美国隐私法：学说判例与立法 [M]. 冯建妹，石宏，郝倩，等编译. 北京：中国民主法制出版社，2004：1-399.

[73] 坎特威茨，罗迪格，埃尔姆斯，等．实验心理学：掌握心理学的研究 [M]．上海：华东师范大学出版社，2010：100-190.

[74] 毕强，杨达，刘甲学，等．超文本信息组织技术 [M]．北京：科学技术文献出版社，2004：331-333.

[75] 蔡韶莹，黄雪峰．国外青少年信息行为研究 [J]．中华医学图书情报杂志，2012（9）：47-50.

[76] 藏锋者．网络营销实战指导：知识、策略、案例 [M]．2 版．北京：中国铁道出版社，2013：305-306.

[77] 曹彩英．科技信息资源检索 [M]．北京：海洋出版社，2013：157.

[78] 曹瑞琴，刘艳玲，邰杨芳．MOOC 背景下的信息交流模式 [J]．农业图书情报学刊，2018（10）：119-123.

[79] 曹树金，王志红，古婷骅．智慧城市环境下个人信息安全保护问题分析及立法建议 [J]．图书情报知识，2015（3）：35-45.

[80] 曾瑾．局域网络用户行为分析 [D]．北京：北京邮电大学，2011：11.

[81] 曾蕾，王晓光，范炜．图档博领域的智慧数据及其在数字人文研究中的角色 [J]．中国图书馆学报，2018，44（1）：17-34.

[82] 曾伟，徐明伟，吴建平．网络拓扑模型述评 [J]．计算机应用研究，2005（7）：1-5.

[83] 曾忠禄．21 世纪商业情报分析：理论、方法与案例 [M]．北京：中国经济出版社，2018：162.

[84] 查先进，严亚兰．论企业竞争对手 [J]．情报科学，2000（2）：123-125.

[85] 查先进．信息分析与预测 [M]．武汉：武汉大学出版社，2000：2.

[86] 朝乐门．信息资源管理理论的继承与创新：大数据与数据科学视角 [J]．中国图书馆学报，2019（2）：26-42.

[87] 陈根．基于大数据分析的集中监测智能化研究 [D]．北京：中国铁道科学研究院，2020：10.

[88] 陈鹤阳，朝乐门．信息分析的若干核心问题探讨 [J]．情报理论与实践，2016，39（2）：38-43.

[89] 陈健．大数据背景下信息资源管理与利用 [J]．合作经济与科技，2019（20）：132-133.

[90] 陈兰杰，崔国芳，李继存．数字信息检索与数据分析 [M]．保定：河北大学出版社，2016：212.

[91] 陈玲，段尧清．我国政府开放数据政策的实施现状和特点研究：基于政府公报文本的量化分析 [J]．情报学报，2020（7）：698-709.

[92] 陈美．德国政府开放数据分析及其对我国的启示 [J]．图书馆，2019（1）：52-94.

[93] 陈耀盛．网络信息组织 [M]．北京：科学技术文献出版社，2004：27.

[94] 陈依彤．绿色供应链领域科研合作特征及合作网络动态演化研究 [D]．南京：南京审计大学，202：7.

[95] 程琳．信息分析概论 [M]．武汉：武汉出版社，2014：6.

[96] 程明，张蒙．从信息连接到信息融合：信息学视域下广告传播的逻辑进路 [J]．学习与实践，2021（7）：115-124.

[97] 代闯闯，栾海晶，杨雪莹，等．区块链技术研究综述 [J]．计算机科学,2021,48（11）：500-508.

[98] 代根兴，周晓燕．信息资源类型研究 [J]．中国图书馆学报，2000（2）：76-79.

[99] 翟志勇.数据安全法的体系定位 [J].苏州大学学报(哲学社会科学版),2021(1):73-83.

[100] 丁洁兰,任俤,龙艺璇,等.信息资源管理领域发展态势研究:基于 WoS 论文的文献计量分析 [J].科学观察,2021(1):42-62.

[101] 丁晴.人工智能的公共安全问题与对策 [J].网络空间安全,2018,9(7):36-41.

[102] 杜芸.从《91 条规则》到《国际编目原则声明(草案)》:图书馆目录功能的演变研究 [J].图书馆杂志,2007(3):14-17.

[103] 杜占河,原欣伟.企业信息资源管理与大数据的融合与变革 [J].情报科学,2017(3):8-12;30.

[104] 樊重俊,刘臣,霍良安.大数据分析与应用 [M].上海:立信会计出版社,2016:173.

[105] 冯力.统计学实验 [M].大连:东北财经大学出版社,2008:146.

[106] 冯鹏志.网络行动的规定与特征:网络社会学的分析起点 [J].学术界,2001(2):74-84.

[107] 冯周,左鹏飞,刘进军.大数据存储技术进展 [J].科研信息化技术与应用,2015,6(1):18-28.

[108] 付金会.统计学 [M].徐州:中国矿业大学出版社,2017:119.

[109] 甘绍宁,曾志华.专利竞争情报理论与实践 [M].北京:知识产权出版社,2014:53-54.

[110] GARRETT J J.用户体验的要素:以用户为中心的 Web 设计 [M].范晓燕,译.北京:机械工业出版社,2008.

[111] 高建忠.信息资产的概念及特征 [J].合作经济与科技,2007(10):10-11.

[112] 高金虎.军事情报学 [M].南京:江苏人民出版社,2017:67.

[113] 高金虎.军事情报学研究现状与发展前瞻 [J].情报学报,2018,37(5):477-485.

[114] 高荣伟.国外个人信息保护立法机制扫描 [N].人民邮电,2020-11-06(3).

[115] 高尚.分布估计算法及其应用 [M].北京:国防工业出版社,2016:87.

[116] 高思静,马海群.信息安全政策体系构建研究 [J].情报理论与实践,2011(10):13-16.

[117] 国家知识产权局专利局专利审查协作北京中心.专利初审流程事务实用手册 [M].北京:知识产权出版社,2017:3.

[118] 拉斯维尔.传播在社会中的结构与功能 [M].何道宽,译.北京:中国传媒大学出版社,2015.

[119] 韩丽华,魏明珠.大数据环境下信息资源管理模式创新研究 [J].情报科学,2019(8):158-162.

[120] 戴克,赵文丹.互联文化:社交媒体批判史 [M].北京:中国传媒大学出版社,2018:86.

[121] 胡昌平,邓胜利.信息资源管理研究进展 [M].武汉:武汉大学出版社,2017:141-145.

[122] 胡昌平.现代信息管理机制研究 [M].武汉:武汉大学出版社,2004:124-132.

[123] 胡琳.大数据背景下图书馆数据资产的建设框架与管理体系 [J].图书馆理论与实践,2019(3):88-92.

[124] 胡振华,吴志荣.论数字信息的交流模式 [J].图书情报工作,2008(5):48-50;148.

[125] 黄新平.基于区块链的政府网站信息资源安全保存技术策略研究 [J].图书馆,2019(12):1-6.

[126] 姜金贵,宋艳,杜蓉.管理建模与仿真 [M].哈尔滨:哈尔滨工程大学出版社,2015:12.

[127] 蒋永福.图书馆与知识组织:从知识组织的角度理解图书馆学 [J].中国图书馆学报,1999(5):19-23.

[128] 柯青，丁松云，秦琴 . 健康信息可读性对用户认知负荷和信息加工绩效影响眼动实验研究 [J]. 数据分析与知识发现，2021（2）：70-82.

[129] 匡登辉 . PLoS 开放存取期刊网络平台知识服务研究 [J]. 中国科技期刊研究，2016（1）：72-78.

[130] 来新夏 . 文献编目教程 [M]. 天津：南开大学出版社，1995：3.

[131] 赖吉平 . 基于社会网络分析方法的中国计算机领域科研论文合作规律探析 [D]. 南昌：江西师范大学，2012：5.

[132] 雷珩 . 欧盟信息安全立法综述 [J]. 中国信息安全，2013（2）：57-59.

[133] 李德荃 . 计量经济学 [M]. 北京：对外经济贸易大学出版社，2014：121.

[134] 李纲，巴志超 . 科研合作超网络下的知识扩散演化模型研究 [J]. 情报学报，2017，36（3）：274-284.

[135] 李后卿，董富国，郭瑞芝 . 信息链视角下的医学信息学研究的重点及其未来发展方向 [J]. 中华医学图书情报杂志，2015，24（1）：1-5.

[136] 李江，姜明利，李玥婷 . 引文曲线的分析框架研究：以诺贝尔奖得主的引文曲线为例 [J]. 中国图书馆学报，2014，40（2）：41-49.

[137] 李明瑞 . 信息战视域下军事情报研究 [D]. 哈尔滨：哈尔滨理工大学，2014：15.

[138] 李兴国，左春荣 . 信息管理学 [M]. 2 版 . 北京：高等教育出版社，2007：22.

[139] 李旭晖，秦书倩，吴燕秋，等 . 从计算角度看大规模数据中的知识组织 [J]. 图书情报知识，2018（6）：94-102.

[140] 李亚婷 . 知识聚合研究述评 [J]. 图书情报工作，2016（21）：128-136.

[141] 李阳 . 面向应急管理的情报支持研究 [M]. 南京：南京大学出版社，2019：40.

[142] 李永刚，陈春俊，龚桃 . 2010—2017 年仁寿县儿童免疫规划疫苗接种情况抽样调查 [J]. 预防医学情报杂志，2019，35（3）：288-296.

[143] 李月琳，张建伟，王姗姗，等 . 回望"十三五"：国内信息行为研究的特点、不足与展望 [J]. 信息资源管理学报，2022，12（1）：21-33，45.

[144] 李月明 . 我国网络信息资源地域分布及优化配置研究 [J]. 四川图书馆学报，2015（5）：14-17.

[145] 李运蒙 . 信息资源管理 [M]. 广州：华南理工大学出版社，2016：90.

[146] 李宗闻，姜璐璐，王鹏尧 . 推动科学数据开放共享 [N]. 中国社会科学报，2021-03-30（4）.

[147] 梁战平 . 情报学若干问题辨析 [J]. 情报理论与实践，2003（3）：193-198.

[148] 廖鹏飞，李明鑫，万锋 . 基于长尾关键词的领域新兴前沿探寻模型构建研究 [J]. 情报杂志，2020，39（3）：51-55.

[149] 林永熙 . 日本信息安全政策概述 [J]. 中国信息安全，2010（12）：66-71.

[150] 林章武 . 企业信息资源采集的原则、途径和策略 [J]. 情报探索，2011（9）：77-79.

[151] 刘蓓琳，张琪 . 基于购买决策过程的电子商务用户画像应用研究 [J]. 商业经济研究，2017（24）：49-51.

[152] 刘春年，肖花 . 网络环境下区域图书馆信息服务联盟功能、实效与产业化发展分析 [J]. 情报理论与实践，2010（12）：29-32.

[153] 刘芬 . 数据挖掘中的核心技术研究 [M]. 北京：地质出版社，2019：91，106.

[154] 刘海桑.决策情报学：从概念、框架到应用 [M].厦门：厦门大学出版社，2018：160-161.

[155] 刘杰.知情权与信息公开法 [M].北京：清华大学出版社，2005.

[156] 刘军.整体网分析讲义：UCINET 软件实用指南 [M].上海：格致出版社，2009：17.

[157] 刘留.基于博弈论的时序合作网络链路预测研究 [D].南京：南京财经大学，2019：9.

[158] 刘全根.科技情报分析研究 [M].兰州：甘肃科学技术出版社，1993：5-7.

[159] 刘婷婷.我国信息安全政策及其绩效评价的研究 [D].哈尔滨：黑龙江大学，2014：19-30.

[160] 刘晓丹.大数据在军事情报分析中的作用 [D].长沙：国防科技大学，2019：15.

[161] 刘晓英.图书馆评价研究 [M].北京：知识产权出版社，2015：8.

[162] 柳宏坤，杨祖逸，苏秋侠，等.信息资源检索与利用 [M].上海：上海财经大学出版社，2017：25.

[163] 卢泰宏.国家信息政策 [M].北京：科学技术文献出版社，1993：63-122.

[164] 卢小宾.信息分析 [M].北京：科学技术文献出版社，2008：199.

[165] 鲁晓明，王博文，詹刘寒.淘宝网商品信息组织分析 [J].图书情报工作，2013，57（S2）：244-248.

[166] 吕斌，李国秋.信息分析新论 [M].北京：世界图书出版公司，2018：17，62.

[167] 吕叶欣，张娟.基于本体和关联数据的单元信息知识组织模式研究 [J].现代情报，2019，39（5）：41-47；115.

[168] 马费成，赖茂生，孙建军，等.信息资源管理 [M].3 版.北京：高等教育出版社，2018：35-39.

[169] 马费成，宋恩梅，张勤.IRM-KM 范式与情报学发展研究 [M].武汉：武汉大学出版社，2008：122.

[170] 马费成，宋恩梅，赵一鸣.信息管理学基础 [M].3 版.武汉：武汉大学出版社，2018：155-156.

[171] 马费成.情报学发展的历史回顾及前沿课题 [J].图书情报知识，2013（2）：4-12.

[172] 马费成.推进大数据、人工智能等信息技术与人文社会科学研究深度融合 [N].光明日报，2018-07-29（6）.

[173] 马费成.导言：情报学中的序 [J].图书情报知识，2008（3）：5-7.

[174] 马费成.科学情报的基本属性与情报学原理 [J].图书馆论坛，2002（5）：14-17；135.

[175] 马费成.信息管理学基础 [M].武汉：武汉大学出版社，2002：131-140.

[176] 马海群，王茜茹.美国数据安全政策的演化路径、特征及启示 [J].现代情报，2016（1）：11-14.

[177] 马小琪，李亚赟.信息栈视角下微信公众平台出版模式研究 [J].出版发行研究，2017（7）：27-30.

[178] 马张华.信息组织 [M].3 版.北京：清华大学出版社，2008：131.

[179] 塞沃尔.链接分析：信息科学的研究方法 [M].孙建军，李江，张煦，译.南京：东南大学出版社，2009：41.

[180] 孟雪梅，田丽君，孙凡，等.信息采集 [M].长春：吉林人民出版社，1995：12.

[181] 闵超，DINGY，李江，等.单篇论著的引文扩散 [J].情报学报，2018，37（4）：341-350.

[182] 莫祖英.大数据处理流程中的数据质量影响分析 [J].现代情报，2017，37（3）：69-72.

[183]　牛红亮 . 关于公共信息资源管理的探讨 [J]. 情报理论与实践，2007（2）：164-167.

[184]　牛少彰 . 信息安全概论 [M]. 北京：北京邮电大学出版社，2004：1-252.

[185]　欧石燕 . 面向关联数据的语义数字图书馆资源描述与组织框架设计实现 [J]. 中国图书馆学报，2012（6）：58-71.

[186]　卢里达斯 . 真实世界的算法：初学者指南 [M]. 王刚，译 . 北京：机械工业出版社，2020：163-167.

[187]　彭宁波 . 信息自组织的产生、形成和发展探析 [J]. 图书馆学研究，2010（7）：10-13.

[188]　彭知辉 . 公安情报学研究 30 年（上）：研究内容及其分布状况 [J]. 北京警察学院学报，2017（1）：52-65.

[189]　彭知辉 . 论公安情报分析与大数据分析的融合 [J]. 情报理论与实践，2017，40（10）：36-40；73.

[190]　戚红梅 . 我国政府信息豁免公开制度研究 [D]. 苏州：苏州大学，2013：55.

[191]　漆世钱 . 面向互联网的开源情报搜集研究 [J]. 公安海警学院学报，2020（2）：29-34.

[192]　亓丛，吴俊 . 用户画像概念溯源与应用场景研究 [J]. 重庆交通大学学报（社会科学版），2017（5）：82-87.

[193]　秦元明 . 数据产权知识产权司法保护相关法律问题研究 [N]. 人民法院报，2021-04-29（7）.

[194]　邱均平 . 我国文献计量学的进展与发展方向 [J]. 情报学报，1994（6）：454-463.

[195]　邱均平 . 信息计量学 [M]. 武汉：武汉大学出版社，2007：79；362.

[196]　邱均平 . 文献计量学 [M].2 版 . 北京：科学出版社，2019：119-131.

[197]　邱丽玲 . 我国政府信息公开豁免中的保密审查机制研究 [D]. 南宁：广西大学，2015：35.

[198]　邱莉榕，胥桂仙，翁彧 . 算法设计与优化 [M]. 北京：中央民族大学出版社，2017：188-189；117.

[199]　任磊，杜一，马帅，等 . 大数据可视分析综述 [J]. 软件学报，2014，25（9）：1909-1936.

[200]　阮敬 .Python 数据分析基础 [M].2 版 . 北京：中国统计出版社，2018：160.

[201]　商书元，耿增民，刘正东，等 . 信息技术导论 [M]. 北京：中国铁道出版社，2016（8）：321.

[202]　施艳萍，李阳 . 人文社科专题数据库关联数据模型的构建与应用研究 [J]. 现代情报，2019（12）：19-27.

[203]　司莉 . 信息组织原理与方法 [M]. 武汉：武汉大学出版社，2011：22-24.

[204]　宋凯 . 社会化媒体：起源、发展与应用 [M]. 北京：中国传媒大学出版社，2018：77.

[205]　苏婧，刘柏嵩 . 基于 RDF 的数字图书馆内容管理 [J]. 宁波大学学报（理工版），2002（3）：74-76.

[206]　苏新宁，吴鹏，朱晓峰，等 . 电子政务技术 [M]. 北京：国防工业出版社，2003：185.

[207]　孙成权，曹霞，黄彦敏 . 战略情报研究与技术预见 [M]. 上海：上海科学技术文献出版社，2008：109-110.

[208]　孙建军，成颖，邵佳宏，等 . 定量分析方法 [M]. 南京：南京大学出版社，2002：206.

[209]　孙建军，柯青，陈晓玲，等 . 信息资源管理概论 [M]. 南京：东南大学出版社，2008.

[210]　孙建军，裴雷，柯青，等 . 新文科背景下"信息资源管理"课程教学创新思考 [J]. 图书与情报，2020（6）：19-25.

[211] TAN P, STEINBACH M, KUMAR V. 数据挖掘导论（完整版）[M]. 范明，范宏建，译. 北京：人民邮电出版社，2011：278-281.

[212] 唐超. 国家竞争情报系统构架的基础性理论框架研究 [D]. 天津：天津师范大学，2008：22.

[213] 唐志锋，何娜，林江珠. 应用统计学 [M]. 武汉：华中科技大学出版社，2018：321.

[214] 滕佳东. 经济信息管理与分析教程 [M]. 北京：经济科学出版社，2001：59.

[215] 田昶. 大数据领域机构合作对科研产出的影响研究 [D]. 重庆：重庆师范大学，2018：14.

[216] 田贵平. 物流经济学 [M]. 北京：机械工业出版社，2007.

[217] 王本刚，马海群. 开放政府理论分析框架：概念、政策与治理 [J]. 情报资料工作，2015（6）：37-41.

[218] 王崇德. 科技情报史纲：第二讲 从"看不见学院"到学会组织 [J]. 情报理论与实践，1989（5）：44-47.

[219] 王进孝. 网络商务信息资源管理的理论与实践研究 [D]. 北京：中国科学院文献情报中心，2002：12-13.

[220] 王宽垒，魏晓峰. 国内信息资源管理研究热点与前沿分析 [J]. 图书馆理论与实践，2018（12）：34-38.

[221] 王琳，赖茂生. 中国科技情报事业回顾与展望：基于情报学理论的视角 [J]. 中国图书馆学报，2021（4）：28-47.

[222] 王琳. 情报学研究范式与主流理论的演化历程（1987—2017）[J]. 情报学报，2018（9）：956-970.

[223] 王朋进. 算法创作：大数据时代电视节目创作的新模式：以《纸牌屋》为例 [J]. 中国电视，2017（2）：31-34.

[224] 王世伟. 论信息安全、网络安全、网络空间安全 [J]. 中国图书馆学报，2015（2）：72-84.

[225] 王世伟. 大数据与云环境下国家信息安全管理研究 [M]. 上海：上海社会科学院出版社，2018：15-67.

[226] 王肃之. 欧盟《网络与信息系统安全指令》的主要内容与立法启示：兼评《网络安全法》相关立法条款 [J]. 理论月刊，2017（6）：177-182.

[227] 王伟军，蔡国沛. 信息分析方法与应用 [M]. 北京：清华大出版社，2010：18.

[228] 王卫，张梦君，王晶. 国内外大数据交易平台调研分析 [J]. 情报杂志，2019（2）：181-186；194.

[229] 王文韬，谢阳群，谢笑. 论作为 PIM 对象的个人信息 [J]. 图书情报知识，2015（4）：63-70.

[230] 王潇雪. 短视频自媒体中用户行为特征和关系研究 [D]. 南京：南京大学，2020：31.

[231] 王馨平. 科学—技术主题关联识别及演化研究 [D]. 武汉：武汉大学，2020：6.

[232] 王英，王涛. 我国网络与信息安全政策法律中的情报观 [J]. 情报资料工作，2019（1）：15-22.

[233] 王正明，温桂梅，路正南. 基于耗散结构系统熵模型的产业有序发展研究 [J]. 中国人口·资源与环境，2012（12）：54-59.

[234] 魏波，周荣增. 美国信息安全立法及其启示与分析 [J]. 网络空间安全，2019（5）：1-6.

[235] 魏伯乐，维杰克曼. 翻转极限：生态文明的觉醒之路 [M]. 程一恒，译. 上海：同济大学出版社，2019.

[236] 魏健馨，宋仁超．日本个人信息权利立法保护的经验及借鉴 [J]．沈阳工业大学学报（社会科学版），2018（4）：289-296．

[237] 魏鲁彬．数据资源的产权分析 [D]．济南：山东大学，2018：43-65．

[238] 温亮明，李洋．我国科学数据开放共享模式、标准与影响因素研究 [J]．图书情报研究，2021，14（1）：33-41．

[239] 文必龙，高雅田．R 语言程序设计基础 [M]．武汉：华中科技大学出版社，2019：185．

[240] 文庭孝，陈能华．信息资源共享及其社会协调机制研究 [J]．中国图书馆学报，2007（3）：78-81．

[241] 吴丹，蔡卫萍，梁少博，等．信息描述实验教程 [M]．武汉：武汉大学出版社，2016：224．

[242] 吴增基，吴鹏森，苏振芳．现代社会调查方法 [M]．上海：上海人民出版社，2018：260．

[243] 夏蓓丽．网络信息增长模型研究 [D]．南京：南京大学，2008：18．

[244] 谢云，闫凌州．技术预见在新兴产业发展战略中的应用：以航空航天技术领域为例 [J]．天津科技，2011，38（6）：46-50．

[245] 邢轶清．公安情报分析系统的设计与实现 [D]．呼和浩特：内蒙古大学，2007：3．

[246] 熊明辉．逻辑学导论 [M]．上海：复旦大学出版社，2019：267．

[247] 熊泽泉，段宇锋．中文学术期刊论文的引文模式研究：以 2006—2008 年图书情报领域期刊论文为例 [J]．图书情报工作，2019，63（8）：107-115．

[248] 徐涵．大数据、人工智能和网络舆情治理 [M]．武汉：武汉大学出版社，2018：161-165．

[249] 徐克虎，孔德鹏，黄大山，等．智能计算方法及其应用 [M]．北京：国防工业出版社，2019：51．

[250] 徐丽芳．数字科学信息交流研究 [M]．武汉大学出版社，2008：6-7．

[251] 许鑫，张悦悦．非遗数字资源的元数据规范与应用研究 [J]．图书情报工作，2014（21）：13-20，34．

[252] 许亚绒．国外个人信息保护法律制度探析 [J]．法制博览，2021（4）：16-18．

[253] 薛一波．大数据的前世、今生和未来 [J]．中兴通讯技术，2014（3）：41-43．

[254] 严怡民，马费成，马大川．情报学基础 [M]．武汉：武汉大学出版社，1987：150-151，228．

[255] 杨峰，周宁，张会平．基于网络信息组织的信息传递模式研究 [J]．现代图书情报技术，2004（4）：6-8，12．

[256] 杨建军．科学研究方法概论 [M]．北京：国防工业出版社，2006：1．

[257] 杨建林，李品．基于情报过程视角辨析情报分析与数据分析的关系 [J]．情报理论与实践，2019，42（3）：1-6．

[258] 杨良斌．信息分析方法与实践 [M]．长春：东北师范大学出版社，2017：13；174．

[259] 杨明，董庆兴，陈烨．网络时代的用户心理及其信息行为研究综述 [J]．图书情报知识，2020（6）：117-127．

[260] 杨善林，周开乐．大数据中的管理问题：基于大数据的资源观 [J]．管理科学学报，2015，18（5）：1-8．

[261] 杨秀璋，颜娜．Python 网络数据爬取及分析：从入门到精通（分析篇）[M]．北京：北京航空航天大学出版社，2018：119．

[262] 杨滟，孙建军．基于生命周期管理的科学长尾数据管护研究 [J]．情报理论与实践，2016，39（4）：45-50．

[263] 杨张博，王新雷.大数据交易中的数据所有权研究 [J]. 情报理论与实践，2018（6）：52-57.

[264] 杨智峰.计量经济学 [M]. 上海：立信会计出版社，2018：36.

[265] 易明，冯翠翠，莫富传.大数据时代的信息资源管理创新研究 [J]. 图书馆学研究，2019（6）：56-61.

[266] 裔隽，张怿檬，张目清，等.Python 机器学习实战 [M]. 北京：科学技术文献出版社，2018：154.

[267] 于良芝."个人信息世界"：一个信息不平等概念的发现及阐释 [J]. 中国图书馆学报，2013，39（1）：4-12.

[268] 于湃.地方政府部门间合作网络结构研究：基于社会网络分析的视角 [D]. 厦门：厦门大学，2017：47-49.

[269] 余波.现代信息分析与预测 [M]. 北京：北京理工大学出版社，2011：3.

[270] 袁泳.数字技术与版权领域的利益平衡论 [J]. 南京大学学报（哲学·人文科学·社会科学版），1999（3）：131-139.

[271] 岳增慧.高校图书馆网络空间链接特征研究 [D]. 曲阜：曲阜师范大学，2011.

[272] 占南.国内外个人信息保护政策体系研究 [J]. 图书情报知识，2019（5）：120-129.

[273] 张斌，马费成.大数据环境下数字信息资源服务创新 [J]. 情报理论与实践，2014，37（6）：28-33.

[274] 张广荣，赵兰香，刘卉.逻辑学 [M]. 济南：山东人民出版社，2013：141.

[275] 张海涛，唐诗曼，魏明珠，等.多维度属性加权分析的微博用户聚类研究 [J]. 图书情报工作，2018（24）：124-133.

[276] 张恒超.共享因素对参照性交流双方学习的影响 [J]. 心理学报，2017，49（2）：197-205.

[277] 张家年.国家安全情报和战略抗逆力的融合模型与绩效研究 [D]. 武汉：武汉大学，2017.

[278] 张靖雯，孙建军，闵超.引文起飞的定义与量化方法研究 [J]. 情报学报，2019，（8）：786-797.

[279] 张康之.数据治理：认识与建构的向度 [J]. 电子政务，2018（1）：1-13.

[280] 张克晖，吕维平.网络环境下信息栈模式探析 [J]. 科技情报开发与经济，2013（5）：107-110.

[281] 张敏.大数据时代的网络安全立法趋势分析 [J]. 信息安全研究，2016（9）：815-820.

[282] 张鹏鹏.数据仓库和数据挖掘技术在超市 CRM 中的应用 [D]. 石家庄：河北科技大学，2013：19.

[283] 张薇，池建新.美欧个人信息保护制度的比较与分析 [J]. 情报科学，2017（12）：115-119；128.

[284] 张向波，赵中凯.管理决策模型与方法 [M]. 北京：国防工业出版社，2017：21.

[285] 张新宝.从隐私到个人信息：利益再衡量的理论与制度安排 [J]. 中国法学，2015（3）：38-59.

[286] 张志兵.空间数据挖掘及其相关问题研究 [M]. 武汉：华中科技大学出版社，2011：35.

[287] 章成志，何大庆.专题：Web2.0 上社会化标签的深度挖掘　序 [J]. 图书情报工作，2013，57（23）：10.

[288] 赵海平，邓胜利.不同情境下的信息行为研究：从 ISIC 2016、ASIS&T 2016、iConference2017

会议看信息行为研究前沿 [J]. 情报资料工作，2018（6）：52-59.

[289] 赵惠洁. 电子信息源对图书馆参考咨询服务的影响 [J]. 河北经贸大学学报（综合版），2011，11（2）：124-126.

[290] 赵蓉英. 信息计量分析工具理论与实践 [M]. 武汉：武汉大学出版社，2017：11.

[291] 赵绍成. 逻辑学 [M]. 成都：西南交通大学出版社，2015：204.

[292] 赵旭. 商业银行客户 SNA 社会关系网络大数据分析 [D]. 包头：内蒙古科技大学，2020：4.

[293] 赵雅慧，刘芳霖，罗琳. 大数据背景下的用户画像研究综述：知识体系与研究展望 [J]. 图书馆学研究，2019（24）：13-24.

[294] 郑洁红，彭建升. 新一代人工智能变革大学教育的方向与限度 [J]. 中国高校科技，2018（12）：45-47.

[295] 郑磊. 开放不等于公开、共享和交易：政府数据开放与相近概念的界定与辨析 [J]. 南京社会科学，2018（9）：89-97.

[296] 中华人民共和国数据安全法 [N]. 人民日报，2021-06-19（7）.

[297] 钟义信. 从信息科学视角看《信息哲学》[J]. 哲学分析，2015，6（1）：17-31；197.

[298] 周宁，吴佳鑫. 信息组织 [M]. 武汉：武汉大学出版社，2010：80.

[299] 周文杰. 教育水平之于个体信息贫富差异的影响研究：基于信息源可及性和可获性的比较 [J]. 中国图书馆学报，2021，47（4）：61-75.

[300] 编委会. 图书馆学百科全书 [M]. 北京：中国大百科全书出版社，1993：76.

[301] 周英，郭布雷，范群发. 动漫信息资源的收集与整理初探 [J]. 科技情报开发与经济，2012，22（19）：119-121.

[302] 周尊. 基于网络分析方法的高校图书馆网站影响力研究 [D]. 长春：东北师范大学，2019：9.

[303] 朱继朋. 移动互联网时代虚拟学术社区信息运动模式研究 [J]. 图书馆学刊，2018（3）：46-49.

[304] 朱宁. 在线音乐平台用户参与行为特征研究 [D]. 南京：南京大学，2020：16-22.

[305] 朱庆华. 信息分析基础、方法及应用 [M]. 北京：科学出版社，2004：4-27；105.

[306] 朱钰涵. 在线视频社区中弹幕信息交互群体的用户画像研究 [D]. 南京：南京大学，2019：8-12.

[307] 朱振洁. 论我国数据产权类型化法律保护 [D]. 石家庄：河北经贸大学，2019：15-22.

[308] 朱正元，陈伟侯，陈丰. Logistic 曲线与 Gompertz 曲线的比较研究 [J]. 数学的实践与认识，2003（10）：66-71.